**Main Idea로 푸는** 열왕기상·하

HOLMAN Old Testament Commentary

# I & II Kings

General Editor Max Anders | Author Gary Inrig

Main Idea 로 푸는

# 열왕기상·하

맥스 앤더스(Max Anders) 책임 편집 | 게리 인리그(Gary Inrig) 지음 | 마영례 옮김

디모데

세월과 함께 점점 더 소중한 친구와

조언자와 귀감이 되어준

하워드(Howard)와 진 핸드릭스(Jeanne Hendricks) 부부와

알렌(Alan)과 셜리 헐(Shirley Hull) 부부에게.

2002년 12월

게리 인리그(Gary Inrig)

## 추천의 글

요즘, 여러 사람들에게 읽히며 회자되는 목사님들의 설교나 글을 읽어보며 많은 생각을 하게 됩니다. 그 글들의 대부분은 성경보다는 성경 이후의 얘기나 성경보다 더 멋지게 말하려는 흔적들로 가득 차 있습니다. 그러한 글들이 처음에 쓰여질 때는 물론 성경에 근거를 두었겠지만 그 글에 영향을 입은 사람들은 성경은 없고 텍스트가 된, 성경과는 전혀 다른 모습의 인간상들을 만들어낼 가능성이 높아집니다.

변하지 않는 것이 있습니다. 사람은 변하지 않습니다. 그리고 하나님은 변하지 않습니다. 그러나 주위를 보면 변화되는 것들을 센스 있게 기록해놓은 것들로만 가득해서 변하지 않는 인간의 영혼, 그 깊숙한 곳의 문제들이 전혀 해결되지 않은 채 남아 있습니다.

영혼을 찔러 쪼개는 유일한 도구는 하나님의 말씀입니다. 그러므로 교회가 다시 성경의 근거를 마련하고 그 토대 위에 말씀을 세우는 작업을 놓쳐서는 안 됩니다. 이것은 이미 했다고 해서 무관심할 것이 아닌, 중단없이 계속되어져야 하는 것입니다. 제 이야기를 하자면, 제 속에 변하지 않는 모습을 봅니다. 하나님 말씀에 불순종하는 데 익숙한 제 모습입니다. 신앙 생활을 시작할 때 말씀 공부를 충분히 하면 어느 날엔가는 하나님의 말씀으로 풍성한 삶을 살 것이라 기대하며 오늘까지 달려왔습니다. 그러나 요즘 하나님 말씀에 불순종하는 변하지 않는 제 모습을 보며 경악합니다. 이런 제게 오직 주의 말씀이 은혜로 임할 때, 제가 그 말씀 앞에 순종하는 모습을 봅니다.

우리는 다시 성경을 보아야 합니다. 그 말씀이 무엇을 말하고 있는지 깊이 추적해야 합니다. 이 책, 「Main Idea 시리즈」는 하나님의 말씀에 순종하고자 하는 사람들에게 바른 길잡이이자, 말씀을 깊이 사랑하는 사람들에게 좋은 영향을 줄 책이라고 생각합니다. 또한 성경을 자신의 생각과 형편에 맞추어 해석하려는 것이 아니라 성경이 말하는 진정한 뜻을 찾는 사람들에게 큰 도움이 될 것입니다.

**홍정길**(남서울은혜교회)

**우리 시대는** 정보의 홍수 시대라고 할 만합니다.
문제는 이 홍수 속에서 우리가 향방 없이 떠밀려 내려가고 있다는 것입니다.
정보의 부재가 문제가 아니라 정보의 향방이 문제입니다.
우리 시대의 설교와 성경 공부가 동일한 위기에 직면해 있습니다.
이 책은 이런 위기를 돌파하는 예지를 제공합니다.
성경 텍스트의 메인 아이디어는 바로 메시지의 향방이어야 합니다.
저는 그래서 이 책이 모든 진지한 성경학도들과 설교자들을 위한
다윗의 물맷돌이기를 기도하며 추천하는 바입니다.

## 추천의 글

이 책은 명료한 요약, 명료한 주석, 명료한 적용, 명료한 결론이 명료하게 나타나 있습니다.
거기에 명료한 예문은 설교자의 구미를 돋구기에 가히 매력적입니다.
이 책의 매력에 중독되는 것이 오히려 한국교회 강단의 축복일 것을 예언하고 싶습니다.

감사와 기대를 담아
***이동원**(지구촌교회)*

# Contents
# 차 례

# Main Idea로 푸는 열왕기상·하

하나님의 말씀과 하나님의 백성들과의 관계는 물과 물고기의 관계만큼이나 절실하고 심각한 관계다. 하나님을 사랑하는 사람들은 성경을 통해 말씀하시는 하나님의 음성을 듣기를 갈망한다. 그 이름이 목사든, 전도사든, 선교사든, 교사든 하나님의 말씀을 가르치는 모든 일꾼들 또한 영적으로 굶주린 사람들에게 하나님의 말씀으로 풍성한 양식을 공급함으로 그들이 영적인 활력을 갖게 되기를 갈망한다. 그래서 하나님의 말씀을 보다 쉽게, 보다 재미있게, 보다 분명하게 가르칠 수 있도록 인도해줄 자료를 구하지만 쉽게 찾아볼 수 없는 것이 현실이다. 성경을 가르치는 사람에게는 책임이 있다. 누구를 가르치든, 어느 본문을 가르치든 성경

**본문 구성**

**들어가는 글_** 대표적인 크리스천 저술가들이 쓴 주옥같은 글을 인용함으로 각 개인과 그룹 모임을 하나님의 말씀으로 끌어들이는 토론으로 유도한다.

**본문 이해_** 한 절 한 절을 쉽고 명쾌하게 해설한다.

Main Idea

**메인 아이디어_** 각 장의 내용과 가르침을 요약하여 한눈에 파악하도록 돕는다.

**결론_** 성경의 원리를 요약하고 그것이 삶과 연결되도록 다리를 놓는다.

에 대한 흥미를 자극하고, 성경에 대한 지식을 확대하며, 구체적으로 순종할 수 있는 성경의 원리를 발견하고, 발견한 진리를 삶에 적용함으로 그들의 삶에 변화가 일어나도록 해야 한다.

본서는 구약 성경을 공부해가는 동안 이러한 역동적인 결과를 얻어낼 목적을 가지고 특별한 틀로 구성하였다.

이 작은 도구가 성경을 보다 더 쉽게, 더 분명하게, 더 정확하게 배우고 가르치기를 원하는 모든 하나님의 종들의 손에 들려짐으로 성경에서 막 튀어나온 듯한 건강한 하나님의 백성들을 세우는 성령의 도구로 쓰여지길 기도한다.

*발행인 고종율*

**삶의 적용**_ 현재의 삶과 성경의 진리를 연결하도록 돕는다.

**기도**_ 각 장에서 발견한 원리와 적용의 실행을 위해 기도할 수 있도록 돕는다.

**티칭 가이드**

**티칭 가이드**_ 성경 교사들을 돕기 위한 성경 교수 계획을 제시한다.

**심층 연구**_ 더 깊은 지식을 원하는 사람들을 위해 낱말과 어구와 주제에 대한 보다 깊은 연구로 인도한다.

# 열왕기상·하 서문

나는 뉴욕 시 그라운드 제로(ground zero)에서 벌어졌던 참사를 직접 보지는 못했다. 그러나 그 때 그곳에 있었던 사람들은 그 광경이나 그 사건 앞에서 느꼈던 감정을 표현하는 데 어려움을 느낀다. 텔레비전 화면은 그 모습을 상당히 정확하게 보여주었지만, 그 규모나 상황이나 그 소리를 모두 다 전달해주지는 못했다. 무너져내린 세계무역센터의 쌍둥이 고층 건물의 잔재가 그 지역 전체를 뒤덮었다. 한때 거대한 건물들이 서 있었던 그 자리의 모습과 그 참상의 규모를 잘 알고 있는 사람들은 허물어져내린 텅 빈 자리에서 느끼게 되는 야릇한 기분을 이루 다 헤아리기 어려울 정도다.

그러나 설명하기 더 힘든 것은 사람들이 느끼는 감정이다. 친구들과 동료 직원들의 잔해를 찾아다니는 사람들의 얼굴 표정과 그 고뇌를 무슨 말로 어떻게 표현할 수 있겠는가? 그 엄청난 재난이 지진이나 태풍과 같은 자연 재해 때문에 일어난 사태가 아니라는 사실이 주는 고통과 분노를 어떻게 설명할 수 있겠는가? 그 사건은 아무 의심 없이 그저 부지런히 일하는 사람들이 모여 있던 곳을 쑥대밭으로 만들어 놓는 일에 성공한 사람들이 계획하고 수행한 극악무도한 일이었다.

앞으로는 뉴욕을 방문하는 여행에 그라운드 제로도 포함될 것이다. 그리고 예전에는 그곳이 어떤 곳이었는지, 또 어떻게 사라지게 되었는지, 그리고 그런 일이 또다시 일어나지 않게 하려면 어떻게 해야 할 것인지를 이야기하게 될 것이다. 폐허는 우리에게 과거를 돌아보게 하고 지혜를 가지고 앞으로 나아갈 수 있게 한다.

열왕기 기자도 바벨론에 끌려가 있는 자기 민족의 역사를 기록하기 위해 펜을 들면서 그런 생각을 했을 것이다. 911 사태만큼이나 소름끼치는 그 사건 앞에서 그는 망연자실해 있었다. 예루살렘은 그리 큰 도시는 아니었다. 그러나 도시 전체가 강력한 힘을 가진 적에게 무너졌다. 그곳에 살고 있던 사람들은 모두 죽임을 당했거나, 추방을 당했거나, 포로로 끌려갔다. 찬란했던 성이 폐허더미가 되었고, 재난의 유적지가 되었다. 더구나 이 세상에서 특별하게 선택된 하나님의 백성들로 이루어진 나라의 주체성이 사라지는 것처럼 보였다. 말하자면 그는 예루살렘의 그라운드 제로에 서서 다음 질문들을 했던 것이다. 무슨 일이 일어난 것이며 이제 앞으로 어떻게 해야 할 것인가? 지금까지 우리는 어디에 있었으며 이제 어디를 향해 가고 있는 것인가? 우리가 무엇을 잘못했는가? 그리고 같은 잘못을 다시 범하지 않기 위해 우리는 어떻게 해야 할 것인가?

이 질문들에 대답하기 위해 열왕기상하가 기록되었다. 열왕기상하는 다윗 왕의 죽음으로부터 시작해서 유다의 마지막 왕에 이르기까지 이스라엘 군주 시대의 역사를 제공해주고 있다. 그러나 현대 역사가들이 역사를 기록하듯이 그렇게 기록된 역사는 아니다. 객관적이고 공정하게 보고하는 역사가 아니라 '설교된 역사', 즉 사실에 충실하면서도 메시지를 전달하기 위해 구성된 역사 기록이다. 매우 선택적이고, 거의 400년에 이르는 역사를 매우 광범위하게 다루고 있다. 솔로몬, 엘리야, 엘리사, 히스기야, 요시야 같은 인물들에 대해서는 아주 상세하게 다루고 있는 반면, 다른 부분들에 대해서는 간략하게 언급하고 있다. 열왕기상하는 신학적 이야기체 문학이라고 말하는 것이 가장 좋은 설명이 될 것이다. 즉, 이야기로 엮어진 문학이며, 하나님의 백성들을 다루시는 하나님에 관한 메시지를 담고 있는 신학이다.

열왕기상하는 원래 한 권의 책으로 기록되었다. 오래 전 사건들을 기록하고 있지만 놀랍도록 현실적인 메시지를 전달하고 있다. 물론 우리와 무관한 내용들도 있을 것이다. 그리고 여러 가지 풍습들이 우리에게는 이상하고 생소하게 보일 것이다. 그러나 사람들은 여전히 사람들이고, 그들에게 닥쳤던 위험과 그들이 경험한 실패들은 우리가 경험하는 것들과 그리 많이 다르지 않다. 삼위일체 하나님께 대한 절대적인 충성이라는 본질적인 요소는 공격적인 다원주의와 함께 우리 시대가 다루어야 할 중요한 문제가 되고 있다. 무엇보다 하나님은 여전히 하나님이시다. 지금은 이스라엘이라는 정치적 실체가 아니라 교회가 하나님의 백성이다. 그러나 교회의 특징과 기본적으로 믿음과 순종이 요구된다는 사실에는 변함이 없다.

열왕기상하를 공부하며 시간을 보낸 것이 내게는 개인적으로 매우 풍요로운 경험이었다. 그리고 내가 섬기고 있는 교회의 교인들과 그 경험을 나누었을 때 그들 역시 그 힘을 느낄 수 있었다. 이 책을 통해 자주 외면당하고 있는 성경의 한 부분이 새로운 힘을 가지고 살아날 수 있게 되길 기도한다.

## 저자

열왕기상하를 누가 썼는지는 알 수 없다. 그러나 처음에는 한 권으로 쓰였다가 나중에 편의상 두 권의 책으로 나뉘게 되었다는 것은 알 수 있다. 또 열왕기하의 마지막 구절을 통해 B.C. 561년 유다의 마지막 왕 여호야긴이 옥에서 풀려나게 된 것을 알 수 있다. 그러므로 열왕기상하는 여호야긴이 석방된 이후부터 B.C. 539/538년 경 포로들이 예루살렘으로 일차 귀환하게 될 때까지의 시기에 바벨론에서 쓰인 저자를 알 수 없는 책이다. 그러나 열왕기상하 안에서는 그런 귀환이 정치적인 상황으로 임박하고 있음을 보여주는 실마리가 보이지 않는다. 따라서 이런 정황들을 고려해볼 때 열왕기상하는 B.C. 555년경 기록된 것으로 추정되고 있다. 예레미야를 저자로 보고 있는 고대 랍비들의 문헌들은 예레미야 52장과 열왕기하 24-25장이 밀접한 관계가 있음을 보여주고 있다. 그러나 예레미야가 저자라는 주장은 설득력 있는 지지를 얻지 못하고 있다.

열왕기서를 기록하면서 저자는 그 당시 있던 자료들을 사용했다. 그는 '솔로몬의 행장'(왕상 11:41)과 '유다 왕 역대 지략'(18차례, 왕상 14:19)과 '이스라엘 왕 역대 지략'(15차례, 14:29)을 언급했다. 그런 역대 지략들은 바벨론과 앗수르에서 흔히 볼 수 있는 것들이었다. 역대 지략들에는 왕의 통치와 중요한 정치적·종교적·군사적 사건들이 포함되어 있었다. 남아 있는 자료는 없지만 이스라엘의 역대 지략들도 아마 그와 같은 형태를 취했던 것으로 보인다. 열왕기하 기자가 따로 언급하지는 않았지만 아마 다른 자료들도 사용했을 것이다. 열왕기하 18-20장은 이사야서 36-39장을 기초로 하고 있으며, 열왕기하 24-25장은 예레미야 52장과 밀접하게 연결되어 있음을 분명히 볼 수 있다. 아마도 초기 형태의 역사 기록들이 존재하고 있었을 것이다.

그러나 저자가 그저 편집자로서의 역할만을 한 것은 아니다. 그는 하나님의 인도하심을 받아 기록한 선지자였다. 그의 지식은 역대 지략에서 발견한 것들에만 국한되지 않았다. 그는 특정한 사건들에 대한 하나님의 마음을 알고 있었다. 따라서 조사뿐 아니라 계시를 기초로 기록했다. 그래서 유대인들은 그들의 정경에서 열왕기상하를 '이전 선지서'로 분류했던 것이다. 저자는 단순한 역사가가 아니라 선지자였다. 그리고 신명기의 영향을 많이 받았던 것이 분명하다. 그는 신명기의 축복과 저주에 비추어 많은 사건들을 평가했다. 그는 또 사무엘상하의 저자와 많은 공통점을 지니고 있다.

사무엘상하와 열왕기상하는 밀접한 관계가 있으며, 열왕기상은 사무엘하의 이야기를 이어받고 있다. 한 저자가 사무엘상하와 열왕기상하를 모두 기록했을 수도 있고, 비슷한 생각을 가지고 '이스라엘 역사' 프로젝트를 함께 수행한 학자들이 있었거나, 아니면 한 저자가 다른 저자가 한 것을 그저 따라한 것일 수도 있다. 어떤 경우인지 확실히 알 수는 없다.

현대 성경 비평가들은 열왕기상하의 저자에 대한 상당히 복잡하고 확실치 않은 이론들을 개발했다. 이 책에서 그런 주장들을 다 다룰 수는 없다. 다만 그들이 내린 결론들은 성경의 독특성을 부인하고 이스라엘의 종교 발전에 대한 다른 주장들을 지지하려는 의도를 지닌 가정에서 나온 것들이라는 사실을 언급해두는 것으로 족하리라 생각한다.

## 열왕기상하의 개관

열왕기상하는 4개의 중요한 연대를 중심으로 이루어져 있다. B.C. 967년 이스라엘 통일 왕조의 왕인 다윗의 아들 솔로몬이 예루살렘에서 성전을 건축하기 시작했다(왕상 6:1). 그러나 B.C. 931년경 나라가 둘로 갈라졌다. 여로보암의 반역 아래 열 개 지파가 모여 새로운 이스라엘 왕조를 형성했고, 유다는 다윗의 계보를 이은 르호보암의 통치 아래 새로운 왕조의 기초를 형성하게 되었다(왕상 12:18-20). 세 번째 중요한 연대는 이스라엘 왕조가 앗수르의 공격을 받아 무너지면서 역사의 무대에서 사라지게 된 B.C. 722년이다. 유다 왕조는 바벨론의 공격으로 무너지게 된 B.C. 587/586년까지 계속되었다.

이 연대들을 – 통일 왕조(왕상 1-11장), 분열 왕조(왕상 12장-왕하 17장), 유다 왕조(왕하 18-25장) – 기준으로 열왕기상하를 단락지을 수도 있다. 물론 타당한 방법이다. 그러나 그 방법에는 저자가 특별히 강조하고 있는 부분들을 드러내주지 못하는 단점이 있다. 저자는 역사의 특정 시기에 훨씬 더 많은 시간을 할애하고 있다. 특별히 중요한 것은 엘리야와 엘리사의 행적을 강조하고 있다는 점이다. 저자가 솔로몬을 제외하고 이 두 사람보다 더 많은 지면을 할애한 사람이 없다. 그 이유는 아합과 바알 숭배로 인한 위협 때문이었다. 다음 개요는 열왕기상하의 중요한 골격을 보여준다.

I. 통일 왕조: 솔로몬의 통치와 성전 건축(왕상 1:1-11:43)
II. 분열 왕조 초기: 이스라엘과 유다(왕상 12:1-16:34)
III. 엘리야와 아합의 싸움(왕상 17:1- 왕하 1:18)
IV. 엘리사와 아합 일가의 몰락(왕하 2:1-10:36)
V. 분열 왕조 말기(왕하 11:1-17:41)
VI. 유다 왕조: 명맥 유지기로부터 포로기까지(왕하 18:1-25:26)
VII. 바벨론에서 본 희망의 징조(왕하 25:27-30)

## 주제

열왕기상하는 바벨론에서 포로생활을 하게 만든 이스라엘 백성들의 반복적인 죄를 경고하기 위해 기록된 책으로, 두 권의 책 속에 흐르고 있는 특정한 주제들을 볼 수 있다. 그 주제들은 다음과 같다. 각 주제의 자세한 특성들은 본문 속에서 보다 확실하게 드러나게 될 것이다.

여호와, 이스라엘의 하나님만이 참 하나님이시다. 다른 나라의 신들은 사람들이 만들어낸 것이며 따라서 공허하고 무력하다.

여호와 하나님은 우상숭배에 조금도 오염되지 않은 절대적인 예배를 요구하신다. 이스라엘 백성들이 언약에 충실하기 위해서는 십계명의 첫 번째와 두 번째 계명을 지키는 것이 매우 중요한 일이었다. 하나님은 하나님의 영광이나 하나님의 백성들을 그 어떤 적수와도 나누지 않으신다. 따라서 다원주의나 혼합주의는 있을 수 없는 일이다.

이스라엘의 희망은 언약을 지키시는 하나님의 신실하심에 있다. 다윗과 맺으신 언약뿐 아니라 아브라함, 이삭, 야곱과 맺으신 언약과 성전에 여호와의 '이름' 을 두기로 솔로몬에게 약속하신 언약에 그들의 희망이 있었다.

여호와 하나님이 율법과 선지자들을 통해 하나님 자신과 하나님의 뜻을 계시하신다.

하나님의 백성들은 하나님이 계시하신 것에 순종해야 할 책임이 있다.

하나님은 오래 참는 분이시지만, 언약에 충실치 못한 하나님의 백성들은 분명히 징벌하신다.

## 열왕기상하의 연대기

다른 나라들을 여행하다보면 사소한 것들이 큰 혼란을 불러올 수 있다는 사실을 알게 된다. 예를 들면, 오스트레일리아에서는 1층을 '지층' 이라 부르고 그 위층을 1층이라 부른다. 그러나 북미에서는 지층을 1층으로 본다. 그러므로 미국 사람이 오스트레일리아에서 온 사람과 10층에서 만나기로 약속할 경우 두 사람 다 상당히 실망하는 일이 벌어지게 될 것이다. 연대기에서도 그런 일이 일어날 수 있다. 어떤 나라에서는 왕이 즉위하는 해를 통치 첫해로 보는 반면, 다른 나라에서는 '즉위한 해' 로부터 일 년이 지난 다음 해를 통치 첫해로 계산한다. 게다가 모든 나라가 다 같은 달력을 쓰는 것도 아니다. 이런 것들이 연대기를 비교하기 어렵게 만든다. 특히 공통된 달력이 없을 경우 더욱 그렇다.

열왕기상하의 연대기는 구약 성경 학자들에게 가장 풀기 어려운 문제들 중의 하나다. 즉위 연도를 계산하는 방식과 서로 다른 달력들을 사용하는 데 따르는 문제들과 함께 정확한 숫자보다 '대략적인' 숫자를('15개월' 대신 '2년') 사용하는 데 따르는 문제와 아버지와 아들이 함께 통치한 섭정 기간의 문제까지 겹쳐 매우 복합적이기 때문이다. 예를 들면, B.C. 931년에서 722년까지 209년 동안 이스라엘에서 19명의 왕이 통치했다. 그러나 왕들이 통치했다고 말하고 있는 햇수들을 모두 합해보면 241년이 된다. 이런 차이가 나는 것은 오류 때문이 아니라 섭정으로 생겨나게 된 현상 때문이다.

이런 문제들을 해결하려는 것이 이 책의 의노는 아니다. 따라서 이 분야에 권위 있는 에드윈 틸리(Edwin Thiele)의 다음 연대표를 따르기로 했다. 연도에 한 해 정도의 차이를 보이는 곳도 있을 것이다. 그것은 우리 달력은 1월에 시작하는 반면, 이스라엘과 유다는 봄과 가을에 시작하는 달력을 사용했다는 사실을 보여준다. 이어지는 연대표는 열왕기상하가 다루고 있는 부분에 해당하는 기간이다. 겹치는 연대들은 섭정기를 뜻한다.

| 열왕기상하 | |
|---|---|
| 이스라엘(북 왕조) | 유다(남 왕조) |
| 솔로몬(B.C. 970-931/30) | |
| 여로보암(B.C. 930-909) | 르호보암(B.C. 930-913) |
| | 아비얌(B.C. 913-910) |
| | 아사(B.C. 910-869) |
| 나답(B.C. 909-908) | |
| 바아사(B.C. 908-886) | |
| 엘라(B.C. 886-885) | |
| 시므리(B.C. 885) | |
| 오므리(B.C. 885-874) | |
| 아합(B.C. 874-853) | |
| | 여호사밧(B.C. 872-848) |
| 아하시야(B.C. 853-852) | |
| 여호람(요람, B.C. 852-841) | |
| | 여호람(B.C. 848-841) |
| | 아하시야(B.C. 841) |
| 예후(B.C. 841-814) | 아달랴(B.C. 841-835) |
| | 요아스(B.C. 835-796) |
| 여호아하스(B.C. 814-798) | |
| 요아스(B.C. 798-782) | |
| | 아마샤(B.C. 796-767) |
| 여로보암 II (B.C. 793-753) | |
| | 아사랴(B.C. 792-740) |
| 스가랴(B.C. 753-752) | |
| 살룸(B.C. 752) | |
| 므나헴(B.C. 752-742) | |
| | 요담(B.C. 750-732) |
| 브가히야(B.C. 742-740) | |
| 베가(B.C. [753]740-732) | |

| 이스라엘 | 유다 |
|---|---|
| | 아하스(B.C. 735-715) |
| 호세아(B.C. 732-722) | |
| | 히스기야(B.C. 715-686) |
| | 므낫세(B.C. 696-642) |
| | 아몬(B.C. 642-640) |
| | 요시야(B.C. 640-609) |
| | 여호아하스(B.C. 609) |
| | 여호야김(B.C. 609-598) |
| | 여호야긴(B.C. 598) |
| | 시드기야(B.C. 597-587) |

# 열왕기상 1:1-2:46

## 정권 이양

*"지도자들은 할 수 있는 한 최대한 앞서 나가야 한다. 그리고 사라져야 한다. 그들이 남긴 재 때문에 그들이 지핀 불을 꺼지게 해서는 안 된다."*

*- H. G. 웰즈(H. G. Wells)*

**열왕기상 1:1-2:46** 노년에 이른 다윗의 건강이 점점 약해지면서 나라는 왕위 계승 문제로 중대한 위기 국면을 맞이하게 된다. 다윗의 남아 있는 아들들 중 가장 연장자였던 아들은 왕위에 오르기 위해 갖은 노력을 다했다. 그러나 다윗의 측근들에 의해 다윗이 계승자로 정해둔 솔로몬이 왕위에 오르게 된다. 이 두 장은 솔로몬이 다윗의 후계자로 왕위에 오르게 되는 과정을 기록하고 있으며, 다윗 왕조가 번창할 수도 있고 몰락할 수도 있는 기본적인 원리들을 보여주고 있다.

### 인물 소개: 다윗

- 열왕기상에는 사무엘하에서 이어진 다윗 왕의 이야기가 계속된다.
- 다윗은 40년 간(B.C. 1011-971) 왕으로 통치했다. 초기에는 헤브론에서 유다 지파만을 다스리는 왕이었고, 기원전 1004년부터 예루살렘에서 통일된 나라를 다스리게 되었다.
- 다윗은 열왕기상하에 나오는 가장 유력한 인물이다. 그의 이야기는 열왕기상 1-2장에서만 볼 수 있지만, 그의 이름을 95번이나 언급하고 있는 열왕기상하 전체에 그의 자취가 남아 있는 것을 볼 수 있다.
- 하나님이 다윗과 맺으신 언약은 사무엘하 17장에 기록되어 있는데, 다윗에게 영원한 나라를 약속하고 있으며 유다의 영원한 소망의 기초가 되었다(왕상 2:33, 45, 5:5, 8:15, 19, 24-26, 9:5, 11:12-13, 32-38, 15:4, 왕하 8:19, 19:34, 20:6, 21:7).
- 다윗과 주님께 대한 그의 순종은 그의 뒤를 이은 유다 왕들을 평가하는 기준이 되었다.
- 다윗은 19명 이상의 아들을 둔 아버지였다(대상 3:1-10). 열왕기상 1장 1절이 시작될 때 다윗의 첫 세 아들은(암논, 길르압, 압살롬) 이미 세상을 떠난 후였고, 넷째 아들 아도니야가 살아 있는 아들 중 가장 연장자였다. 다윗의 가족 관계는 오랫동안 혼란에 혼란을 거듭했다.

# 들어가는 글

## 권력 투쟁

2000년 미국 대통령 선거는 미국 역사상 가장 폐쇄적이고 혼란스러웠으며, 가장 많은 물의를 일으킨 선거였다. 전문가들은 부통령 앨 고어(Al Gore)와 텍사스 출신의 주지사 조지 부시(George Bush)의 접전을 예상했다. 그러나 그렇게까지 박빙의 승부가 되리라고는 아무도 생각하지 못했다! 선거일 밤 일반 투표에서는 앨 고어가 더 많은 득표수를 얻어 앞서가고 있었지만, 최종 결과는 근소한 차로 부시가 승리를 거둔 플로리다 주에서 판가름이 나게 되었다.

그 다음 주 방송 전파는 선거 부정행위와 사법부의 편견과 수상한 술책들과 정치 부패에 대한 논란 등으로 뜨겁게 달구어졌다. 상대편을 향한 비난들과 합법적이지만 교묘한 책략들과 예상치 못했던 현상들이 매일 새롭게 터져나오는 듯했다. 그런 공방은 몇 주 동안 계속 이어졌지만, 결국 35일만에 고어가 양보를 하면서 조지 부시가 미국의 43대 대통령으로 당선되었다.

비록 복잡하고 뒤엉키긴 했지만 그 과정은 평화롭게 진행되었다. 그것은 미국 사람들이 가장 소중하게 여기는 가치관을 반영해주는 것이었다. 시위에 참가한 사람들이 거리를 점령했고, 사람들의 감정이 고조되었으며, 뜨거운 논쟁이 오갔다. 그러나 무장단체가 나타나거나 폭력을 사용하며 맞서는 심각한 위협은 없었다. 정권 이양이 미루어지고 그 과정이 고통스럽긴 했지만, 민주적이고 평화적으로 이루어졌다. 혼란은 무질서나 재앙으로 이어지지 않았다. 그것은 인간 역사의 긴 연대기 속에서 보기 드문 일이었다.

이스라엘은 하나님의 특별한 백성이었다. 그러나 모든 사람 속에서 작용하고 있는 타락 요인까지 그들 속에서 제거된 것은 아니었다. 열왕기상의 시작과 함께 우리는 통일 왕조의 역사 속에서 중대한 위기의 순간에 접하게 된다. 다윗은 두 번째 왕이었고, 그 때까지 정권 이양이 순조롭게 이루어졌던 적은 없었다. 이스라엘의 외부 적들은 군사적으로 뛰어난 재능을 발휘한 다윗에 의해 모두 평정된 상태였다. 그러나 두 가지 위험이 남아 있었다. 하나는 다윗의 뒤를 이어 왕위에 오를 계승자를 둘러싸고 일어난 내부적 분란이었다. 누가 그 자리를 이어받을 것인가? 그리고 다른 하나는 잘 드러나지는 않았지만 훨씬 더 중요한 문제였다. 다윗의 뒤를 이어받게 될 왕의 마음속에서 어떤 일이 일어나게 될 것인가라는 문제였다. 그 때문에 열왕기상의 처음 두 장 속에 들어 있는 중심 구절이 국가의 장래를 결정하는 열쇠와 같은 역할을 하게 되었다.

다윗과 솔로몬의 마지막 대화가(2:1-4) 앞으로 이어지게 될 이스라엘 전 역사의 진로를 결정하게 되었다. 그리고 그 일을 둘러싸고 일어난 권력 투쟁은 솔로몬의 왕권을 견고하게 확립하는 결과를 불러왔다. 이 두 장 전체는 정치적, 영적 힘에 대한 문제를 다루고 있다.

## 본문 이해

### 정권 이양

| Main Idea | 하나님은 하나님 나라의 목적들을 이미 성취하셨다. 그러나 하나님의 백성들은 여전히 그 목적들을 이루어나가야 한다. |
|---|---|

### A. 왕위를 둘러싸고 벌어진 싸움(1:1-53)

| Supporting Idea | 하나님의 백성들은 하나님의 나라를 확장하기 위해 지혜롭고 결단력 있게 행동해야 하는 타락한 세상에 살고 있다. |
|---|---|

**1:1-4.** 열왕기상 1장에서 가장 중요하게 제기된 문제는 사무엘하에 기록된 다윗의 가정 내에서 일어난 다툼에서 기인한 것으로, 누가 다윗의 뒤를 이어 왕위에 오를 것인가 하는 문제였다. 이 문제는 이런저런 모습으로 열한 번이나 반복되어 나타나고 있다. 이 문제가 중요한 이유는 1장 서두에 잘 나타나 있다. 다윗은 나이가 많이 들었을 뿐 아

니라 점점 쇠약해져가고 있었다. 이불을 덮어도 따뜻하지 아니한지라고 한 것은 아마도 동맥경화증의 악화로 혈액순환이 잘 이루어지지 않았다는 뜻일 것이다. 그것은 개인적인 문제였을 뿐 아니라 의미심장한 정치적 문제이기도 했다.

정치 지도자들은 우리에게는 이상하게 보이는 방법으로 - 다윗을 돌보고 따뜻하게 해주기 위해 젊은 여인을 데려오는 방법으로 - 문제를 해결하려 했다. 그들이 선택한 아리따운 어린 처녀 아비삭은( '심층 연구' 를 보라) 다윗의 첩이 되었다. 이런 정황에서 다윗이 그녀와 동침하지 않았다는 것은 다윗의 순수한 성품을 말해주는 것이 아니라 육체적으로 그만큼 허약해져 있었다는 사실을 말해주는 것이다. 그 허약함은 정치적 진공 상태를 불러왔다.

**1:5-10.** 다윗의 살아 있는 아들들 중 아도니야가 정치적 진공 상태를 메우기로 다짐했다. 그는 다윗이 선택한 후계자는 자신이 아니라 솔로몬이라는 사실을 분명히 알고 있었다. 그렇지 않았다면 그저 흘러가는 대로 지켜보고 있었을 것이다. 그러나 다윗은 그의 후계자를 공개적으로 거론하지 않았다. 그래서 기회를 노리던 아도니야가 왕위를 차지하기 위해 나서보기로 했다. 아도니야를 향한 다윗의 편애에 대한 묘사는 불길한 어조를 띄고 있다. 특히 압살롬에 대한 언급과 함께 연결되어 있어 더욱 그렇다. 아버지에게 반감을 가지고 반역을 일으켰던 압살롬처럼 아도니야 역시 잘생긴 응석받이였다. 그런 그가 권력을 쥐기 위해 아버지 뒤에서 모반을 주도했다. 그의 결심은 분명했다. 내가 왕이 되리라.

왕좌에 오르기 위해 아도니야는 먼저 권력의 장식물들로 - 병거와 기병과 전배 오십인으로 - 자신을 에워쌌다. 그것은 군대와 맞먹는 병력이었으며 강력한 사회적 이미지를 형성하는 데 사용되었다. 그는 또 다윗의 권력 브로커들에게, 특히 막강한 힘을 가지고 있던 두 사람에게 협조를 구했다. 그 중 한 사람은 군대를 지휘하는 요압이었고, 다른 한 사람은 종교 지도자 아비아달이었다. 그런 다음 그는 자신을 새로운 왕으로 백성들에게 소개하기 전에 거행하는 마지막 행사로 예루살렘에서 조금 벗어난 곳에서 축하잔치를 벌였다. 그곳에 참석한 사람들은 그의 무력 정변을 구체적으로 수행할 사람들이었다. 즉위식이나 다를 바 없는 그 잔치 자리에 참석함으로 그들은 아도니야와 계약을 체결하게 되었다.

**1:11-27.** 아도니야는 자신의 의지가 모든 사람들에게 인정받을 만한 것이 아니라는

사실을 잘 알고 있었다. 그래서 다윗의 측근들을 조심스럽게 배제시켰다. 선지자 나단… 제사장 사독과 여호야다의 아들 브나야 등이 그들이었다. 그는 또 그의 동생 솔로몬도 배제시켰다. 노쇠한 다윗이 사태의 심각성과 긴박감을 인식하지 못하고 있음을 염려하게 된 나단 선지자가 주도권을 잡았다. 그는 경건하고 지혜로운 사람이었을 뿐 아니라 하나님이 다윗에게 하나님의 언약을 계시하기 위해 사용하셨던 선지자이기도 했다. 그는 하나님의 뜻이 이루어지기를 그저 수동적으로 기다리지 않았다. 자신들이 원하는 일에만 마음을 쓰고 있는 사람들이 야기하게 될 위험을 알아차린 그는 하나님의 목적들을 보호하고 장려하기 위해 영리하고 결단력 있게 행동했다.

나단은 왕비 밧세바가 아들에게 깊은 관심을 가지고 있을 뿐 아니라 다윗에게 접근할 수 있는 유일한 사람이라는 것을 알고 그녀를 찾아갔다. 그리고 아도니야가 추진하고 있는 일을 알리고 다윗이 그녀에게 한 준엄한 약속을 - 네 아들 솔로몬이 정녕 나를 이어 왕이 되고 나를 대신하여 내 위에 앉으리라 - 다윗에게 상기시켜줄 것을 요구했다. 이 약속이 성경에 기록된 것을 찾아볼 수는 없다. 그러나 이 약속의 진위를 의심해야 할 이유는 없다. 나단은 밧세바에게 이 일이 솔로몬과 밧세바 자신의 생사가 걸린 일임을 상기시켜주었다. 왜냐하면 일반적으로 새로 즉위하는 왕은 그의 정적들을 모두 제거했기 때문이다. 아도니야가 솔로몬을 잔치에 초대하지 않은 것은 아도니야가 솔로몬을 위험한 경쟁자로 여기고 있음을 보여주는 것이었다.

밧세바는 나단의 조언에 따라 왕을 알현하게 되었다. 그녀는 왕이 솔로몬에 대해 왕의 하나님 여호와를 가리켜 맹세한 약속을 왕에게 상기시켜주며 간청했다. 그런 맹세는 그것이 하나님의 뜻이라는 사실을 다윗이 확신하고 있었음을 보여주는 약속으로, 결코 어길 수 없는 것이었다. 그녀는 왕에게 약속을 상기시키는 동시에 사태를 알리고 위험을 경고하면서(내 주 왕은 알지 못하시나이다) 간청했다(온 이스라엘이 왕에게 다 주목하고… 반포하시기를 기다리나이다). 그녀는 또 솔로몬과 자신이 위험에 처해 있음도 왕에게 알렸다(나와 내 아들 솔로몬은 죄인이 되리이다).

그 때 나단이 들어와 밧세바의 주장이 사실임을 왕에게 확인시켜주었다. 이 두 사람은 다윗의 가장 은밀한 비밀을 - 우리아에게 범한 죄를 - 잘 알고 있었으며 왕의 신임을 받고 있었다. 나단은 단도직입적으로 "내 주 왕께서 이르시기를 아도니야가 나를 이어 왕이 되어 내 위에 앉으리라 하셨나이까?" 라고 물었다.

**1:28-40.** 다윗의 몸은 노쇠했지만 정신은 온전한 상태였다. 그는 기력을 모아 밧세바를 가까이 부른 다음 자신의 약속을 재확인시켜주었다. 네 아들 솔로몬이 정녕 나를 이어 왕이 되고 나를 대신하여 내 위에 앉으리라. 그런 다음 행동을 취했다. 나라의 지도자들에게 - 제사장 사독과 선지자 나단과 브나야 - 왕의 신복들을 이끌게 했다. 다윗의 시위대장 브나야가 총지휘를 했다. 그들은 솔로몬을 다윗의 노새에 태워(왕족임을 보여주는 표시) 사람들이 많이 모이는 곳인 기혼으로 갔다.

솔로몬은 공개된 장소에서 다윗의 최고위 관리들에게 둘러싸여, 행사를 알리는 양각소리가 울려퍼지고 솔로몬 왕 만세를 외치는 사람들의 환호 속에서 제사장과 선지자에게 기름부음을 받았다. 그런 다음 왕궁으로 행진해 돌아가 왕위에 앉았다. 그는 다윗을 왕위에서 퇴거시키지 않고 자신과 함께 다스리며 섭정할 수 있게 했다.

관리들은 즉각 다윗의 명령을 수행했다. 그날 해가 지기 전에 왕위 승계에 따른 위기 사태를 즉시 다루었다. 다윗이 지정한 계승자가 국가의 종교 지도자에 의해 공개적으로 기름부음을 받았고, 피리를 불며 크게 즐거워하는 백성들의 인정을 받게 되었다.

**1:41-53.** 일이 매우 신속하게 진행되었기 때문에 아도니야와 그의 측근들은 자신들의 계획이 수포로 돌아가게 되었다는 사실조차 모르고 있을 정도였다. 그들이 모여 있던 에느로겔은(9절) 기혼에서 약 1.6킬로미터가량 떨어진 계곡에 위치해 있었다. 고참용사인 요압의 귀에 들린 양각 소리는 그들의 실패를 알리는 단서가 되었다. 그리고 제사장 아비아달의 아들 요나단의 도착으로 모든 의혹은 순식간에 사라졌다. 솔로몬이 기름부음을 받게 된 사실이 세 번째로 또다시 기록된 것을 볼 수 있다.

아도니야의 초대를 받았던 사람들은 그 사건의 심각성을 깨닫고 아도니야를 떠나 뿔뿔이 흩어졌다. 그들은 다 놀라 일어나 각기 갈 길로 간지라. 아도니야 역시 상황이 바뀌었다는 사실을 깨달았다. 그는 솔로몬의 보복을 두려워하면서 도피처로('심층 연구'를 보라) 정해진 제단으로 도망을 쳤다. 그는 자신의 생명이 위태롭게 되었다고 생각하고 필사적으로 제단 뿔에 매달렸다. 솔로몬을 죽이기로 작정했었기 때문에 자신도 동생에게 그와 비슷한 처단을 받게 될 것이라 생각했을 것이다. 두려움에 찬 그는 왕에게 자비를 구하는 메시지를 보냈다. 솔로몬 왕이 오늘날 칼로 자기 종을 죽이지 않겠다고 내게 맹세하기를 원한다. 그는 솔로몬이 왕위에 오른 것의 합법성을 그렇게 스스로 인정했다.

처음으로 솔로몬이 취한 조처가 나온다. 지금까지는 다른 사람들이 그를 대신해 행동했다. 그러나 이제 그가 왕으로서의 권위를 가지고 아버지의 자문을 받지 않고 행동하면서 그의 성품을 드러내게 된다. 그는 아도니야가 선한 사람이 될진대라는 조건하에 그를 풀어주라는 명령을 내렸다. 아도니야에게는 이제 반란을 일으킬 만한 여지가 조금도 남아 있지 않게 되었다. 새로 즉위한 왕이 모든 것을 통제하게 되었고, 아도니야의 실력 행사는 실패로 끝이 났다.

### B. 왕권의 유지(2:1-12)

| Supporting Idea | 일이나 지위는 하나님이 주시는 하나의 선물이다. 그러나 영적인 순종과 실제적인 지혜에 의해서만 유지될 수 있다. |
|---|---|

**2:1-4.** 아버지가 아들에게 남기는 마지막 말은 언제나 매우 중요하다. 특히 왕권과 하나님의 목적이 결부되어 있을 때는 더욱 그렇다. 하나님이 사용하신 위대한 지도자들이 그 후계자들에게 횃불을 넘겨주는 일은 흔히 있는 일이었다(야곱: 창 48-49장, 모세: 신 32장, 여호수아: 수 23-24장). 그러므로 임종을 앞두고 있는 다윗 역시 솔로몬에게 개인적인 책임과 정치적인 조언들을 남겨주었다.

다윗은 군인이었다. 그래서 전쟁터에서 임무를 맡기는 것과 같은 지시로(삼상 4:9) 그의 유언을 시작했다. 너는 힘써 대장부가 되라. 그리고 이어지는 지시가 특별히 중요한 것이었다. 솔로몬은 하나님의 계명에 따라 자신의 삶을 관리함으로써만 대장부가 되고 강해질 수 있었다. 그의 사생활에 있어서나 왕으로서의 직무를 수행함에 있어서 가장 중요한 것은 하나님의 뜻을 따르는 것이었다. 이스라엘의 왕은 명령을 내리는 다른 이방 나라의 왕들과는 달랐다. 그는 명령 아래 있는 사람이었다. 그러므로 그는 하나님 여호와의 명을 지켜 그 길로 행하여 그 법률과 계명과 율례와 증거를 모세의 율법에 기록된 대로 지켜야 했다. 법률, 계명, 율례, 증거 등의 다양한 용어들을 열거한 것은 하나님의 말씀과 하나님의 도를 존중하고 따르는 것이 왕에게 주어진 가장 큰 책임이라는 사실을 강조하는 것이었다(신 17:18-20).

하나님의 명령을 지키는 삶에 따르는 결과들이 있었다. 첫째, 솔로몬은 개인적인 성공을 거두게 될 것이다. 네가 무엇을 하든지 어디로 가든지 형통할지라. '형통하다' 라는 말에는 통찰력을 가지고 기술적으로 대처하고 그 결과 성공을 거두게 된다는 개념이 포함되어 있다. 왕실과 국가의 번영은 순종하는 삶에 따르는 부산물이었다. 둘째, 그런 순종은 왕조의 계승을 불러오게 될 것이다. 이스라엘 왕위에 오를 사람이 네게서 끊어지지 아니하리라. 이것은 하나님이 다윗과 맺으신 언약에(삼하 7:11-16) 포함된 중요한 한 약속이었다. 이 무조건적인 하나님의 약속은 다윗 왕조가 영원할 것이며, 궁극적으로 다윗의 후손으로 오실 메시아이신 주 예수님을 암시하는 약속이었다. 그 왕조는 다윗의 후손들의 공적이 아니라 하나님의 약속을 기초로 한 영원한 왕조가 될 것이다.

그러나 무조건적인 하나님의 언약 안에는 다윗의 자손들 중 누구라도 죄를 범할 때는 "사람의 매와 인생의 채찍으로 징계하려니와 내가 네 앞에서 물러나게 한 사울에게서 내 은총을 빼앗은 것처럼 그에게서 빼앗지는 아니하리라"(삼하 7:14-15)는 규정이 포함되어 있었다. 왕위를 물려받을 적임자가 늘 있을 것이라는 약속이 모든 세대가 하나님의 은총을 경험하게 될 것이라는 의미는 아니었다. 다윗은 네 자손이 그 길을 삼가 마음을 다하고 성품을 다하여 진실히 내 앞에서 행하면이라고 말하며 개인적인 복을 받을 수 있는 조건을 솔로몬에게 상기시켜주었다. 은총은 자동적인 것이 아니었다. 또 심판을 받게 될 수도 있었다.

진실함은 하나님의 기준에 합당한 삶을 사는 것뿐 아니라 하나님께 헌신된 마음을 뜻하는 것이다. 이 조건이 열왕기상을 이루고 있는 신학의 핵심이다. 또 하나님이 친히 솔로몬에게 거듭 말씀하신 주제이기도 하다(왕상 3:14, 6:12, 9:4-9, 11:11). 다윗의 왕권은 하나님의 무조건적인 언약을 기초로 확립되었다. 각 왕과 그 왕이 다스리는 나라의 번영은 하나님을 향한 왕의 진실함과 밀접하게 연결되어 있었다.

**2:5-9.** 왕권은 영적인 순종에 의해서만 보존될 수 있었다. 그러나 다윗은 또 보위에 오른 솔로몬의 위력이 미약하기 때문에 슬기로운 행동으로 보호되어야 할 필요가 있다는 사실을 잘 알고 있을 만큼 실제적인 사람이었다. 우리는 잔인한 면이 있는 한 사회의 냉혹하고 무정한 정치 세계를 갑자기 접하게 된다. 임종을 앞두고 있는 다윗이 정리하지 못한 일이 남아 있었다. 요압과 시므이에 관한 일이었다. 다윗이 그 두 사람을 처단할 수 없었던 피치 못할 이유들이 있었다. 그럼에도 불구하고 그는 그들이 자신의 아들에게 위협을 가할 수 있다는 사실을 알고 있었다.

요압은 다윗의 친척이었고, 또 오랫동안 다윗과 군사적 동맹을 맺고 있었다. 그러나 그는 또 무자비한 사람이었고, 경험이 없는 솔로몬에게 큰 위협을 가할 수 있는 이기적인 사람이었다. 그는 자신에게 위협을 느끼게 한 동족 이스라엘 사람들의 목숨을 두 번씩이나 빼앗았다(아브넬: 삼하 2-3장, 아마사: 삼하 20:9-10). 더구나 그는 최근 왕위 계승 문제를 둘러싸고 아도니야 편에 가담했었다. 그는 하나님 앞에서 피로 더럽혀진 사람이었지만, 다윗 자신은 그의 죄를 적절하게 다루지 못했다. 임종을 앞둔 왕은 아들에게 그 일은 반드시 바로잡아야 할 일이며, 요압에게 그의 죄에 대한 대가를 반드시 지불하게 해야 한다는 조언을 했다. 그런 골칫거리를 아들에게 맡기는 모습은 다윗이 내리막길을 가고 있음을 보여주는 예였다!

또 다윗은 베냐민 지파이며 이전 왕이었던 사울의 문중 사람 시므이에 대해서도 아들에게 경고했다. 사울을 대신하게 된 다윗에게 앙심을 품고 있었던 시므이는 공개적으로 다윗에게 저주를 퍼부었고, 압살롬의 반역을 피해 도망하는 다윗을 조롱했던 인물이었다(삼하 16:5-13). 압살롬의 죽음으로 반역이 진압되자 시므이는 다윗을 조롱했던 자신의 죄가 얼마나 심각한 것인지를 깨닫고 천 명에 달하는 베냐민 지파 사람들을 이끌고 다윗을 찾아와 자비를 구했다. 순간적인 자만심에 빠진 다윗은 시므이의 목숨을 구해주었다. 그러나 다윗은 그의 증오심이 사라지지 않았다는 것을 알고 있었다. 그는 기회를 엿보는 힘을 가진 적으로서 새로 즉위한 왕에게 지속적인 위협을 가할 수 있었다. 그래서 다윗은 아들에게 그 위험을 제거할 수 있는 적절한 방법을 강구해서 그의 백발의 피를 흘려 저로 음부에 내려가게 함으로 정의를 실현하라고 지시했다.

그러나 이 구절에 언급된 세 번째 사람은 달랐다. 압살롬의 반역으로 다윗의 정권이 전복될 것처럼 보였을 때 바실래는 다윗에게 먹을 것을 가져다주며 왕에 대한 충성심을 보여주었다(삼하 17:27-29). 솔로몬은 바실래의 가족들을 자기 상에서 먹는 자 중에 참여하게 함으로 그의 친절에 보답하라는 지시를 받았다. 그것은 왕실 연금을 주는 것에 상당하는 대우였다.

**2:10-12.** 다윗의 죽음은 영적 거장의 죽음이었다. 그러나 그 사건은 매우 간략하게 기록되었다. 저자의 주된 관심은 하나님의 약속이 성취되는 것에 있었다. 솔로몬이 그의 아비 다윗의 위에 앉으니 그 나라가 심히 견고하니라. 1장의 이 마지막 구절은 2장 24절과 45-46절에서 다시 반복되고 있으며, 2장 나머지 부분의 주제가 되고 있다. 그러나 그 왕권은 솔로몬과 그의 아들들이 하나님을 따를 때에만 안전하게 유지될 수 있는 것이었다(2:2-4).

### C. 왕권의 확립(2:13-46)

| Supporting Idea | 지도자에게는 어려운 일을 해야 할 것이 요구된다. 그리고 자신을 어두운 면에 빠지게 만들려는 유혹에 맞서 싸워야 한다. |
|---|---|

**2:13-25.** 솔로몬에게 위협을 가한 첫 번째 사람은 다윗이 언급한 사람은 아니었지만, 곧 그 본색을 드러냈다. 아도니야는 1장 53절에서 솔로몬에 의해 선한 사람이 될 것을 전제로 한 집행유예를 선고받았다. 그러나 그는 왕위에 오르려는 야망을 버리지 못했다. 아마도 그는 자신의 본심이 드러나지 않을 것이라 생각했을 것이다. 다윗의 첩이었던 아비삭을(1:2-4) 아내로 삼게 해달라는 그의 요청은 사랑하는 여인에게 청혼하려는 남자의 순진한 간청이 아니었다. 그는 밧세바가 국왕의 어머니로서 왕에게 접근할 수 있다는 것을 알고 있었기 때문에 그녀를 찾아가 솔로몬 왕에게 말씀하여… 아비삭을 내게 주어 아내를 삼게 하소서라는 청을 했다. 그 당시 사회에서 전 왕의 후궁을 소유하는 일은 왕권에 대한 권리를 주장하는 것과 다를 바 없는 것이었다(삼하 3:8, 16:20-22). 아도니야는 왕이 될 정당한 권리가 자신에게 있다는 생각을 고수하고 있었고(온 이스라엘은 다 얼굴을 내게로 향하여 왕으로 삼으려 하였는데) 솔로몬을 퇴거시키기 위해 또 한 번의 시도를 벌이려 했던 것이 분명했다.

밧세바는 그의 의도를 파악했던 것으로 보인다. 그러나 그녀는 아도니야가 부탁한 대로 아들에게 요청하겠다는 동의를 해주었다. 솔로몬은 즉각 무슨 일이 벌어지고 있는지 알아차렸다. 그는 자신이 하나님의 뜻으로 왕위에 오르게 되었다는 사실을 확신하고 있었다. 그러므로 아도니야의 요청은 선한 사람이 될 것을 전제로 한 집행유예를 위반하는 처사일 뿐 아니라 하나님을 무시하고 도전하는 것이었다. 솔로몬은 아도니야의 처형을 명했고, 시위대장이었던 브나야가 형을 집행했다.

**2:26-27.** 아도니야의 위협을 뿌리 뽑기로 작정한 솔로몬은 음모에 가담했던 제사장 아비아달을 다음 목표로 삼았다. 그러나 제사장이라는 그의 역할과 그가 다윗과 유지했던 오랜 친분관계 때문에 그를 사형에 처하는 대신 가택 감금을 선고했다. 아비아달은 제사장 직분에서 파면되었다. 그것은 사무엘상 2장 27-36절에 기록된 하나님의 예언이 성취된 것이었다. 예언의 성취는 열왕기상에 나타나 있는 또 하나의 주요한 주제다.

**2:28-35.** 눈치 빠른 요압은 자신이 편들었던(1:7, 41) 아도니야의 처형이 곧 자신에게

이어질 것이라는 사실을 잘 알고 있었다. 그래서 아도니야가 받았던 것과 같은 집행유예를(1:49-53) 기대하며 도피처인 제단으로 도망을 쳤다. 그러나 제단은 무고한 사람들을 위한 도피처였다(출 21:12-14). 요압에게는 무고한 피를 흘리게 한 죄가 있었다. 따라서 솔로몬은 브나야에게 그를 제단에서 끌어내어 처형할 것을 명했다. 다윗이 솔로몬에게 요압에 대해 지시한 조언은 요압 자신의 행동으로 촉발되어 수행되었다.

**2:36-46.** 솔로몬이 끝내야 할 마지막 남은 과제는 시므이였다. 솔로몬은 그에게 기드론 시내를 건너가거나(그의 고향 지역으로 가는 길) 어디든지 나가지 말라고 명했다. 그는 예루살렘에 머물러 있어야 했다. 시므이에게 그런 제약은 성가시게 느껴졌을 것이다. 그러나 그는 3년 동안 그 명령을 잘 따랐다. 그러던 중 그의 두 종이 도망을 쳤고, 가드라는 블레셋 도시에서 붙잡혔다. 시므이는 어리석게도 솔로몬의 허락 없이 두 종을 잡아오기 위해 그곳으로 갔다. 그 소식을 들은 솔로몬은 그들의 약속과 그의 부친에게 행한 바를 상기시켜주었다. 그런 다음 브나야에게 사형집행인의 칼을 다시 한 번 더 휘두르도록 명했다(25, 34).

솔로몬은 자신에게 남겨진 일을 모두 처리했다. 나라가 솔로몬의 손에 견고하여지니라. 대가를 지불하지 않을 수는 없었다. 그러나 단 세 사람만 목숨을 잃었고 솔로몬이 통치하던 기간 중에 피를 흘리는 일은 더 이상 일어나지 않았다.

| Main Idea 복습 | 하나님은 하나님 나라의 목적들을 이미 성취하셨다. 그러나 하나님의 백성들은 여전히 그 목적들을 이루어나가야 한다. |
|---|---|

# 결론

## 하나님의 뜻과 우리의 책임

열왕기상은 '누가 다윗의 뒤를 이어 왕위에 오를 것인가?' 라는 문제로 시작한다(1:20). 그리고 1장과 2장이 그 대답을 해주고 있다. 솔로몬이 그의 아버지 다윗을 이어 왕위에 올랐고 그의 나라는 견고하게 되었다(2:12, 24, 46). 그것은 정치적인 결과만을 뜻하는 것이 아니었다. 다윗과(1:48) 솔로몬과(2:4) 심지어는 아도니야까지(2:15) 알고 있었듯이 하나님이 뜻하신 결과이기도 했다. 그러나 솔로몬의 왕위 승계가 자동적으로 이루어진 것은 아니었다. 다른 왕을 원하는 사람들이 상당수 있었다. 그러나 2장 끝에 이를 때쯤에는 적들은 모두 정리되고, 솔로몬은 무적의 왕으로 자기 아버지의 뒤를 이어 왕좌 위에 확실하게 올라앉게 된다.

하지만 솔로몬의 가장 큰 적은 제거되지 않았다. 그 적은 그의 마음속에 있었다. 솔로몬의 통치를 가장 위태롭게 한 것은 솔로몬 자신이었다. 하나님은 그의 아버지 다윗을 통해 여호와 앞에서 진실하게 행하며 순종하는 삶을 사는 것이 무엇보다 중요하다는 사실을 분명하게 말씀하셨다. 은총을 입게 할 수도 있고 심판을 받게 할 수도 있는 이 삶의 원리가 열왕기상하에서 일어나는 모든 일을 결정짓는 중요한 요소가 될 것이다.

오래된 연재만화 「포고(Pogo)」는 "우리는 적을 만났다. 그런데 그 적은 바로 우리 자신이었다" 라는 대사로 유명하다. 2장 끝에서 볼 수 있는 솔로몬의 왕위는 매우 견고한 것처럼 보인다. 그러나 앞으로 보게 되겠지만, 그 견고함은 그의 마음상태에 달려 있었다.

▣ 진리 알기

- 중요한 전투는 마음속에서 일어난다. 신실한 마음과 순종하는 생활을 대신할 수 있는 것은 아무것도 없다.
- 하나님께 하나님 나라의 목적이 있다는 것을 안다고 해서 그 목적이 전개되기를 수동적으로

기다릴 수 있는 것은 아니다. 하나님의 백성들은 하나님의 목적을 이루어가기 위해 결단력을 가지고 행동해야 한다.

• 하나님의 무조건적인 언약에는 하나님의 은총을 경험할 수 있기 전에 우리가 먼저 만족시켜야 할 요구 사항들이 포함되어 있다.

• 악을 조용히 두고 볼 수 없는 때가 있다. 그때는 수술을 하듯이 반드시 도려내야 한다.

▣ 적용하기

• 악한 사람들이 그들의 이기적인 목적을 추구할 때 그저 수동적으로 지켜보며 앉아 있지 말라.

• "무릇 지킬 만한 것보다 더욱 네 마음을 지키라 생명의 근원이 이에서 남이니라"(잠 4:23)고 한 솔로몬의 조언을 따르라.

• 선한 사람들이 아무것도 하지 않으면 악이 승리를 거두게 된다. 그러므로 무언가 하라!

• 앞서가는 지도자들과 지속적으로 연락하고 주위 상황을 늘 파악하라.

• 마무리되지 않은 일을 뒤따라올 사람들에게 넘겨주어야 하는 상황을 만들지 말라.

## 삶의 적용

### 리더십에 관한 교훈

다윗이 아들에게 남긴 마지막 유언에는 역사상 가장 위대했던 지도자들 가운데 한 사람이 전해주는 리더십에 관한 중요한 통찰력이 들어 있다. 솔로몬의 권세는 군사력이나 행정력이 아니라 도덕적 영적 생명력에서 나오게 되어 있었다. 훌륭한 지도자는 하나님의 율법 위에 군림하는 사람이 아니라, 그 율법 아래서 그 율법을 지키고 따르는 사람이다. 지도자의 능력은 하나님과 하나님의 말씀을 어떻게 대하는지에 그 뿌리를 두고 있다.

열왕기상하는 리더십에 관한 안내서다. 아도니야의 경우에서 볼 수 있었던 것처럼 잘못된 기준을 - 용모나 카리스마와 같은 - 가지고 지도자를 선택하려는 위험이 우리에게도 있다. 또 주어진 상황을 도외시하면서 사람들을 혼란과 불안 속으로 몰아넣는 무력하고 산만한 지도자를 만나게 될 위험도 있다. 나단이 보여주었던 것처럼 사태를 관망하면서 수동적으로 기다리기를 거부하고 적극적으로 행동해야 할 필요가 있다. 하나님의 뜻을 알고 있었던 그는 대담하고 적극적이면서도 영리하게 행동했다. 지도자들은 솔로몬이 왕위에 오르게 되었을 때처럼 그들이 감당해야 할 책임을 떠맡아야 한다. 다윗과 솔로몬의 행동은 옳은 일을 잘못된 방법으로 수행할 수 있는 리더십의 어두운 면을 상기시켜준다.

## 기도

아버지 하나님, 모든 것의 주인이신 하나님께 감사를 드립니다. 하나님은 하나님의 목적과 영광을 위해 모든 일을 행하는 분이십니다. 이 타락한 세상에서 하나님의 뜻을 적극적으로 수행할 수 있게 하신 것을 감사드립니다. 하나님의 목적을 이루어갈 수 있는 방법으로 행동할 수 있는 지혜를 갖게 해주시기를 기도합니다. 아멘.

## 심층 연구

### A. 아비삭

아비삭은 '왕을 모시도록' 선발된 젊고 아름다운 처녀였다. 그녀는 시녀와 간호사로 왕의 시중을 들었던 것이 분명하다. 다윗이 그녀와 동침하지 않았다는 사실은 다윗이 순전한 사람이었다는 사실을 말해주는 것이 아니라 그만큼 노쇠했다는 사실을 보여주는 것이다. 아비삭의 신분을 확실히 알 수는 없지만 고작해야 후궁 정도였을 것이다. 그녀가 수넴 여인이었다는 사실을 기초로 그녀가 아가서에 나오는 술람미 여인(아 6:13)이었을 것이라고 말하는 사람들도 있다. 그러나 실제로 그런 것 같지는 않다.

### B. 다윗의 맹세: 사실인가 아니면 허구인가?

솔로몬이 왕위를 이어받게 될 것이라고 다윗이 밧세바에게 약속한 내용이 사무엘하에 뚜렷하게 명시되어 있지 않다. 그래서 다윗의 맹세는 노망이 든 다윗을 조종하기 위해 나단이 꾸며낸 거짓이었다고 주장하는 비평가들이 있다. 그러나 다윗은 노망이 든 것이 아니라 나이가 많아 약해져 있었던 것뿐이었다. 다윗은 맑은 정신과 분명한 기억력을 가지고 말하고 행동했다. 아도니야는 분명히 다윗 몰래 솔로몬을 초청하지 않고 행동해야 한다고 느꼈던 것이 분명했다. 그가 정당한 후계자로 여겨지고 있었다면 왜 그렇게 했겠는가? 다윗이 처음 약속했을 때는 그 약속을 공개적으로 한 것이 아니라 사적으로 했던 것이 분명하다. 역대상에서는 다윗이 솔로몬을 자신의 후계자로 지명한 사실을 분명히 볼 수 있다(대상 22:5-19).

### C. 제단 뿔을 잡는 것(1:50, 2:28)

제단은 제사장이 하나님이 요구하신 여러 가지 제물을 바치던 곳이었다. 제물의 피를 제단 뿔에 발랐기 때문에(레 4:7, 25) 제단 뿔은 특히 신성하게 여겨졌다. 제단이 도피처로 여겨지게 된 것은 부지불식간에 사람을 죽이게 된 사람들을 보호하기 위해 제단으로 피하게 한 출애굽기 21장 12-14절을 근거로 하고 있다. 그렇게 한 것은 피의자에게 자신을 변호할 수 있는 기회를 주기 위해서였다. 그러나 요압은 살인자였다. 그는 의도적으로 사람들을 죽였다. 무고한 피를 흘린 것은 땅을 더럽히는 행위였다(민 35:33-34). 그와 같은 살인자들은 처형하도록 되어 있었다(신 19:11-13).

## 교안

### A. 들어가는 글

1. '권력 투쟁' 의 이야기로 시작하라.
2. 배경 설명: 열왕기상은 노년에 이른 다윗의 계속되는 통치에 관한 이야기로 시작된다. 다윗은 점차 노쇠해져가고 있었다. 그래서 그의 뒤를 이어 누가 왕위에 오를 것인가라는 질문에 대답하지 않을 수 없게 되었다.
3. 적용: 열왕기상의 저자는 왜 다윗의 다른 아들들이 아니라 솔로몬이 왕위에 올라야 했는지를 우리가 이해할 수 있게 되길 바랐다. 그는 또 역사 속에서 그 역할이 드러나게 될 중요한 주제들을, 특히 하나님의 명령에 순종하는 왕과 하나님과의 관계가 나라의 장래를 결정하게 될 것이라는 중요한 사상을 우리에게 알려주고 싶어 했다.

### B. 본문 이해

1. 왕위를 둘러싸고 벌어진 싸움(1:1-53)
2. 왕권의 유지(2:1-12)

3. 왕권의 확립(2:13-46)

**C. 결론**: '하나님의 뜻과 우리의 책임' 을 읽어주라.

## 토의 질문

1. 열왕기상 1장과 2장에는 긍정적인 리더십과 부정적인 리더십에 관한 중요한 교훈들이 들어 있다. 다윗과 아도니야와 나단과 솔로몬에게서 어떤 리더십의 예들을 볼 수 있는가?

2. 열왕기상 1-2장의 핵심 부분은 다윗이 솔로몬에게 남긴 조언이 기록된 2장 1-4절이다. 그의 조언은 당신의 개인적인 우선순위를 이해하는 데 어떤 영향을 미치는가?

3. 지도자는 때때로 어려운 일들을 감당해야 한다. 하지만 그런 일을 옳지 않은 방법으로 할 수 있는 가능성을 언제나 배제할 수는 없다. 지도자가 '적' 을 다루어야 할 때 나타날 수 있는 리더십의 어두운 면들에 대해 이야기해보라. 어떻게 하면 그런 상황에서 경건함을 유지할 수 있겠는가?

# 열왕기상 3:1-4:34

## 결정적인 순간들

*"지혜를 구하라. 지혜는 하늘로부터 오는 것이지만 사람들이 서로 어깨를 부딪치는 거리에서 그 기능을 발휘한다. 정보 검색만으로는 지혜를 얻을 수 없다. 메가바이트급 용량으로도 지혜를 얻을 수는 없다. 지혜는 사람들과 세상과 하나님을 대하는 방식에 관한 것이기 때문이다."*

*- 에드먼드 클라우니(Edmund P. Clowney)*

**열왕기상 3:1-4:34** 통치 초기 솔로몬은 하나님을 예배하도록 백성들을 이끌며 하나님께 대한 그의 사랑을 보여주었다. 하나님은 솔로몬에게 그가 원하는 것은 무엇이든 구할 수 있도록 허락해주셨다. 솔로몬은 나라를 잘 다스리기 위해 송사를 듣고 분별하는 지혜를 구했다. 하나님은 솔로몬에게 지혜를 허락해주셨을 뿐 아니라 부와 영광도 주실 것이라고 약속하셨다. 이 두 장은 솔로몬에게 지혜와 부와 영광을 주시기로 한 하나님의 약속이 이루어지는 것을 보여주고 있다.

**인물 소개: 솔로몬**

- 솔로몬은 구약 성경에 294차례 언급되었고, 신약 성경에서도 12차례나 언급되었다.
- 다윗과 밧세바 사이에서 난 아들로 다윗의 아들들 중 가장 오래 살았으며, 선지자 나단은 그에게 여디디야('여호와께서 사랑하시는 자')라는 이름을 지어 주었다(삼하 12:25).
- 통일 이스라엘의 세 번째 왕이었으며 왕위를 이어받은(다윗의 아들로서) 첫 번째 왕으로서 예루살렘에서 B.C. 971-931년까지 통치했다.
- 군대를 이끌고 전쟁에 참여한 기록은 없지만, 그의 아버지가 확보한 영토에 대한 권리를 확고하게 할 책임이 있었고, 막강한 군사력을 확보하고 있었다.
- 이스라엘의 '황금기'를 이루었다. 예수님도 '솔로몬의 영광'과 '솔로몬의 지혜'에 대해 언급하셨다.
- 700명의 후비들과 300명의 후궁들을 두었던 것으로 유명하다(왕상 11:3).
- 하나님의 언약을 거스르고 우상을 숭배했기 때문에 왕으로서 실패하게 되었다. 그리고 북방 지파들을 억압한 그의 정책은 그의 아들 르호보암 통치 초기에 일어난 반란을 야기하는 원인이 되었다.

# 들어가는 글

## 소원을 말하라

줄리어스 시저는 로마 군대를 이끌고 영국과 골(Gaul)에서 승리를 거두었다. 그러나 그의 야망을 두려워하던 로마 상원은 그가 이탈리아로 입성하기 전에 그에게 군대를 양도하라는 명령을 내렸다. 결정적인 장소는 골과 이탈리아 사이의 경계 지역인 루비콘(Rubicon)이었다. 시저가 군대를 이끌고 그곳을 넘어선다는 것은 곧 내전을 뜻하는 것이었다. 그 역사적인 순간에 그는 부하들에게 "주사위는 던져졌다"라고 말하고 자신을 따르라고 외치면서 말을 몰아 시내를 건넜다.

살아가면서 정말 중요한 선택을 해야 할 때가 있다. 그 당시에 그것이 결정적인 선택이 될 것이라는 사실을 알게 되는 경우도 있지만, 대부분은 나중에 그 당시를 돌아보면서 그 중요성을 깨닫게 되는 것이 보통이다. 그런 결정적인 순간들은 우리가 가장 소중하게 여기는 가치관이 드러나고, 우리의 헌신이 확인되며, 우리의 성품이 형성되는 그런 때다.

결정적인 순간들은 자주 오지 않는다. 그러나 일단 오게 되면 지울 수 없는 흔적을 남긴다. 때때로 큰 기회로, 엄청난 유혹으로, 또는 개인적인 재난 등의 극적인 형태로 오기도 한다. 그러나 보통은 조용한 반성의 시간으로 찾아온다. 또 선과 악 가운데서 선택해야 할 때도 있지만, 좋은 것과 더 좋은 것 중에서 선택해야 할 때도 있다. 삶에 가장 중요한 영향을 미치는 결정적인 순간에는 삼위일체 하나님과 만나는 일, 즉 우리 존재의 가장 깊은 곳을 탐사하는 일이 포함된다. 결정적인 순간을 우리가 선택하는 경우는 거의 없지만, 그 결정적인 순간에 대한 우리의 반응은 언제나 우리가 선택하게 된다.

우리 사회에서 볼 수 있는 특별한 자선단체들 중의 하나는 심한 질병을 앓고 있는 어린이들의 소원을 들어주는 일을 하고 있는 메이크 어 위시 재단(Make a Wish Foundation)이다. 다섯 살짜리 우리 손자가 생명을 위협하는 질병과 싸우고 있을 때, 디즈니랜드를 가보고 싶어 하는 그 아이의 소원을 들어주기 위해 친절하고 관대한 그들은 그 아이의 가족 전체가 캐나다에서 디즈니랜드까지 여행을 할 수 있게 해주었다.

우주의 주권자이신 하나님이 그와 같은 기회를 우리에게 주신다고 생각해보라. 어떤 소원을 말할 것인가? 어린 왕 솔로몬에게 그것은 하나의 가상적인 일이 아니었다. 하나님이 실제로 그에게 나타나셔서 그가 원하는 것은 무엇이든지 요청할 수 있는 기회를 주셨다. 하나님이 주신 백지수표였다!

솔로몬은 앞으로 살펴보게 되겠지만 알 수 없는 사람이다. 그는 놀라운 업적을 이루었다. 그러나 비극적인 삶으로 그의 생애를 마감했다. 그는 지혜로운 사람이었지만, 어리석은 일들을 행했다. 또 경건한 사람이었지만, 경건치 못한 일들을 행했다. 그러나 시작은 좋았다. 우리는 열왕기상 3장과 4장을 통해 통치 초기 전성기를 이루었던 그를 만날 수 있다.

## 본문 이해

### 결정적인 순간들

| Main Idea | 하나님이 그분의 백성들에게 기꺼이 주시는 지혜는 기본적으로 머리의 문제가 아니라 마음의 문제다. |
|---|---|

솔로몬은 그의 아버지가 이스라엘의 왕으로 선택한 위대한 아버지의 훌륭한 아들이었다. 그는 40년간 통치하면서 이스라엘의 황금기를 이룩한 '총아'가 되었다. 그러나 그의 황금기는 그의 죽음을 넘기지 못했다. 찬란한 표면 아래 파멸의 씨앗을 뿌렸기 때문이었다. 그런데 그 파멸의 씨앗은 한동안 드러나지 않고 있었다. 문제는 솔로몬의 마음속에 있었다. 그의 아버지 다윗은 하나님의 마음에 합한 자로 알려져 있었다. 그러나 솔로몬은 두 마음을 품고 있었다.

## A. 마음속에서 벌어진 전투(3:1-3)

| Supporting Idea | 장기적으로는 우리가 이룬 뛰어난 업적들보다 우리 마음속에 있는 '예외' 가 더 중대한 역할을 한다. |
|---|---|

**3:1-3.** 솔로몬은 위대한 업적들을 이루었다. 그의 통치를 설명하고 있는 이 서두는 그가 이룩한 업적 세 가지에 초점을 맞추고 있다. 첫째, 그의 결혼은 그의 국제적인 명성을 보여준다. 솔로몬이 애굽의 왕 바로와 더불어 인연을 맺어 그 딸을 취하였다. 열왕기상의 저자는 솔로몬의 결혼을 다섯 번이나(3:1, 7:8, 9:16, 24, 11:1) 언급하면서 그가 얼마나 중요하게 생각하고 있는 문제인지를 보여주고 있다. 고대 왕들의 결혼은 사랑의 관계라기보다는 정치적인 관계였으며, 개인의 문제가 아니라 왕족과 국가 간의 동맹이었다.

애굽의 바로는 비교적 약했던 21대 왕조의 마지막 왕들 가운데 한 사람이었던 시아문(B.C. 978-959)이 거의 확실하다. 그 결혼에는 특별한 의미가 있었다. 왜냐하면 그 이전의 애굽 왕조들은 그들의 딸들이 다른 나라에 가서 사는 것을 허락하지 않았기 때문이었다. 따라서 그 결혼은 솔로몬과 이스라엘의 번영을 말해주는 것이었다. 한때 종살이를 했던 백성이 그들의 오래된 적이며 그 지역의 초강대국이라는 전통을 이어온 애굽이라는 나라와 동맹 관계를 맺게 된 것이다! 솔로몬은 국제적으로 인정받는 유력한 인물이었다.

애굽 공주와 결혼하는 것이 불법은 아니었지만(신 7:1-4), 하나님의 백성이라는 독특성에 위협을 가하는 현명하지 못한 일이었다. 더구나 솔로몬이 그녀에게 유일하신 참 하나님을 섬길 것을 요구하지 않고 결혼했던 것이 앞으로 분명하게 드러나게 될 것이다.

솔로몬이 이룩한 두 번째 중요한 업적은 건축 공사였다. 자기의 궁과 여호와의 전과 예루살렘 주위의 성을 건축했다. 솔로몬은 다윗이 전쟁으로 확장하게 된 거대한 영토를 물려받았다. 솔로몬 자신은 구체적으로 전쟁에 참여한 일이 없었다. 그의 책임은 확보한 영토를 지키는 일이었다. 그 일을 하기 위해서는 강력한 정치적, 군사적, 종교적 수도가 필요했다. 그래서 솔로몬은 예루살렘에 왕궁과 멋진 성전과 성벽을 건축하는 일에 그의 힘과 재물을 쏟아부었다. 예루살렘은 솔로몬 제국의 중심지가 되었다.

솔로몬이 이룩한 세 번째 업적은 국가적 차원의 예배를 조직화하고 중앙집권제로 정비한 일이었다. 모세의 성막은 오랫동안 무시되어 왔고, 사람들은 대부분 산당에서 제사를 드렸으며, 그런 산당에서 사람들은 계속해서 우상숭배의 유혹을 받고 있었다('심층 연구'를 참조하라). 하나님은 한동안 그런 산당들을 허용해두셨지만 위험한 요소로 작용하고 있었다. 솔로몬은 여호와의 이름을 위하여 전을 지으려 했던 아버지 다윗의 열망을 잘 알고 있었다. 성전 건축은 솔로몬이 다윗의 뜻을 이어받아 통치 초기에 가장 중요한 사업으로 추진했기 때문에 열왕기상 기자는 그 사업을 설명하는 데 4장 반이나 되는 많은 분량을 할애했다(5:1-9:9). 솔로몬이 건축한 성전은 하나님이 정하신 특정한 곳에서 하나님의 백성들이 모여 예배드리는 장소가 되었고, 산당들을 진부하고 악한 곳으로 만들어 놓았다. 솔로몬은 그의 통치 초기에 하나님께 예배드리는 일을 중요한 일로 만드는 데 심혈을 기울였다.

솔로몬이 이룩한 놀라운 업적들을 이야기한 후 열왕기상 기자는 솔로몬이 여호와를 사랑하고 그 부친 다윗의 법도를 행하였다고 평가했다. 솔로몬은 다윗 이후 여호와를 사랑한 유일한 왕이었으며, 열왕기상에서 여호와를 사랑했다는 것은 하나님께 전적으로 충성하고 온전하게 헌신하며 실제적으로 순종했다는 것을 뜻한다. 여기까지 솔로몬은 다윗의 본을 따르고 있었다.

그러나 모든 일에서 항상 그랬던 것은 아니었다. 여호와에 대한 솔로몬의 사랑이 순전하지 않았던 것은 아니다. 산당에서 제사하며 분향한 것을 제외하고는 여호와를 사랑했다. 열왕기상 전체를 통해 왕들은 산당에 대한 그들에 태도에 따라 달리 평가되었다. 즉, 좋은 왕들은 산당을 제거하였고, 보통 왕들은 산당을 허락하였으며, 악한 왕들은 산당을 수호했다. 아주 작은 틈새처럼 보이는 '오히려'라는 말이 나중에는 커다란 구멍을 뚫어놓게 될 것이다. 나중에 우리는 솔로몬이 '이방의 많은 여인을 사랑하였다'(11:1)는 것을 알게 될 것이다. 이 '오히려'라는 말이 솔로몬의 생애에서 중대한 문제가 되었다. 그의 마음이 갈라지게 되었고, 결국 그 균열은 커다란 구멍이 되었다.

### B. 마음속에서 결정하는 중요한 선택들(3:4-15)

| Supporting Idea | 우리를 향하신 하나님의 목적을 추구하는 마음으로 기도할 때 하나님은 그 기도에 응답해주시기를 기뻐하신다. |
|---|---|

**3:4-5.** 솔로몬에게 결정적인 순간은 예배를 드리는 과정 속에서 찾아왔다. 예루살렘에서 북쪽으로 11킬로미터가량 떨어진 도시 기브온은 가장 중요한 산당들 중의 하나였다. 그 이유는 역대하 1장 3절에서 볼 수 있듯이 모세의 지휘 아래 만들어진 성막이 그곳에 있었기 때문이었다. 솔로몬이 그곳을 찾아간 것은 역대하 1장 2-3절에 기록되었듯이 개인적인 의식을 행하기 위해서가 아니라 국가적 차원의 예배를 드리기 위해서였으며, 솔로몬은 그곳에서 일천번제를 드렸다. 솔로몬은 왕으로서 여호와를 가장 중시했다.

솔로몬의 예배와 리더십에 대한 반응으로 하나님이 그의 꿈에 나타나 놀라운 제안을 하셨다. 내가 네게 무엇을 줄꼬? 너는 구하라. 솔로몬은 살아가면서 하나님을 개인적으로 네 번 만나게 되는데(6:11-13, 9:1-9, 11:9-13) 이것이 그 중 첫 번째였다. 그저 평범한 꿈이 아니었다. 하나님과 솔로몬이 대화를 나누었고, 그것은 하나님의 계시였다. 하나님은 하나님의 관대하심을 보여주시는 표시로 솔로몬에게 백지수표를 주신 것이다. 그러나 솔로몬에게는 그에게 가장 소중한 것을 결정해야 하는 하나의 도전이기도 했다. 그는 자신과 자신의 통치를 위해 무엇을 구해야 할 것인가?

**3:6-9.** 솔로몬의 대답은 감사와 겸허함과 담대함이 결합된 놀라운 것이었다. 그는 하나님의 성품과 목적에 자신을 부합시키는 것으로부터 시작했다. 그는 하나님의 큰 은혜, 곧 하나님이 그의 아버지 다윗과 맺으신 언약 속에 계시하신 하나님의 신실한 사랑을 찬양했다. 그의 아버지는 하나님 앞에서 정직한 마음으로 성실한 삶을 살았다. 그러나 그렇게 움직여간 것은 하나님이 먼저 시작하신 은혜와 아량이었다. 솔로몬이 왕위에 오른 것은 하나님이 언약하신 놀라운 사랑이 계속되고 있음을 보여주는 산 증거였다.

찬양을 마친 솔로몬은 자신의 문제로 돌아갔다. 다윗과 같은 위대한 인물의 뒤를 잇는 일에는 엄청난 책임이 따랐다. 솔로몬은 그 당시 아마도 20세 전후였을 것이다. 다른 구절들과 비교해보면 그는 왕위에 오르기 전에 결혼을 했고, 아들이 하나 있었다는 것을 알 수 있다(11:42, 14:21). 그러나 그는 나라를 이끌어야 하는 새로운 책임을 감당하기에 자신은 어리기만 하고 경험이 없는 작은 아이처럼 느껴졌다. 그리고 자신이 적격자라고 생각되지도 않았다. 그래서 그는 출입할 줄을 알지 못한다고 고백했다. 솔로몬은 그를 압도하는 책임을 앞에 두고 있었다. 그는 깊은 물 속에 빠진 듯했다. 다른 나라도 아니고 주의 빼신 백성의 왕이 되어 있는 자신을 보고 있었다.

솔로몬의 기도에는 우리가 배울 점들이 많이 들어 있다. 그는 먼저 하나님의 위대하심과 은혜로 그의 마음을 채웠다. 그리고 하나님을 신뢰하며 자신을 낮추었다. 그런 다음에야 그는 간청했다. 그가 구할 수 있었던 모든 것들을 상상해보라. 그러나 그는 자신의 연약함과 하나님께 초점을 맞추고 있었기 때문에 하나님의 마음을 기쁘시게 하는 요청을 할 수 있었다. 지혜로운 마음을 종에게 주사 주의 백성을 재판하여 선악을 분별하게 하옵소서.

'지혜로운 마음' 이란 '듣는 마음' 이라는 뜻의 히브리어를 번역한 것이다. 히브리어에서는 한 단어에 '듣다' 라는 의미와 '순종하다' 라는 의미가 함께 포함되어 있다. 솔로몬은 그의 백성들을 이끌어가기 위해 하나님의 말씀을 듣고 순종해야 할 필요가 있다는 사실을 깨닫고 있었다. 백성들을 인도하면서 선과 악, 옳은 것과 옳지 않은 것, 참된 것과 거짓된 것을 분별하기 위해서는 하나님의 도우심이 필요했다. 또 백성들의 목소리를 듣고 그들의 필요와 관심사와 기대를 알아야 할 필요도 있었다. 솔로몬은 왕으로서의 책임을 감당할 수 있도록 하나님이 도와주시기를 기도했다.

**3:10-14.** 우리의 기도가 하나님의 목적과 계획표와 조화를 이룰 때 그 기도는 하나님을 기쁘시게 한다. 하나님은 솔로몬의 요청을 들어주셨다. 정말로 중요한 것을 구했고, 하나님의 뜻 안에서 기도했다. 왕으로서 장수와 번영과 평화와 같은 여러 가지 것들을 요청할 수도 있었을 것이다. 그러나 솔로몬은 '듣는 마음' 을 구했다.

하나님은 솔로몬에게 원한 대로 지혜롭고 총명한 마음을 주겠다고 약속하셨다. 총명한 마음이라는 히브리 단어에는 옳고 그른 것과 지혜롭고 어리석은 것을 분별하고 선택할 수 있는 마음이라는 뜻이 내포되어 있다. 지혜는 무엇보다 '삶의 기술' 을 뜻한다. 진정한 지혜는 지능이 뛰어난 것을 뜻한다기보다는, 하나님이 지시하신 대로 살아갈 수 있는 능력을 말하는 것이다. 이어지는 장들에서 솔로몬을 묘사하는 데 지혜라는 단어는 스무 번 이상 사용된 것을 볼 수 있을 것이다.

하나님은 솔로몬에게 주노니라는 말을 세 번이나 하셨다. 하나님이 그에게 주실 첫 번째 선물은 그를 모든 백성보다 뛰어나게 할 지혜였다. 그러나 주님의 은혜는 거기서 머물지 않았다. 솔로몬에게 그가 구하지 않은 것까지 - 부와 영광까지 - 주심으로 솔로몬을 당대에 가장 뛰어난 사람이 되게 하실 것이라고 약속하셨다. 마지막으로 조건이 따르는 약속을 추가하셨다. 네가 만일… 내 길로 행하며 내 법도와 명령을 지키면 내가 또 네 날을 길게 하리라. 앞의 두 약속에는 조건이 따르지 않았다. 그러나 이 약속은 순종을 조건으로 하고 있었다. 다윗이 70세까지 살았던 반면 솔로몬은 60세에 세상을 떠났다는 사실은 이 약속에 대한 결과가 어떻게 나타나게 되었는지를 말해준다.

**3:15.** 솔로몬에게 주신 약속은 엄청난 약속을 담고 있는 꿈을 통해 주어졌다. 그것은 이스라엘 하나님의 신성한 약속이었다. 솔로몬도 그 사실을 알고 있었다. 그는 백성들을 이끌고 예루살렘으로 돌아갔다. 그리고 여호와의 언약궤를 옮겨와 고대 성막의 일부가 된 도성 예루살렘에서 영적 의식을 마쳤다. 번제와 수은제를 드리고 신복들을 위하여 잔치를 열었는데, 그것은 그와 그의 백성에게 베푸신 하나님의 관대하심을 공개적으로 인정하는 것이었다.

## C. 지혜로운 마음의 선택을 존중해주시는 하나님(3:16-4:34)

| Supporting Idea | 하나님 앞에서 듣는 마음을 가지고 지혜롭고 살아갈 때 하나님은 우리에게 말씀하신 약속들을 이루어주신다. |
|---|---|

이 부분은 하나님이 솔로몬에게 하신 약속이 어떻게 이루어지는지를 보여준다. 하나님이 하나님의 약속과 언약을 신실하게 이루어가신다는 것이 열왕기상의 핵심적인 메시지다. 이 부분에서 우리는 3장 12-13절에서 지혜를 주시기로 한 약속(3:16-28)과 부귀를 주시기로 한 약속(4:1-28)과 영광과 명성을 얻게 하시겠다고 말씀하신 하나님의 약속이 이루어지는(4:29-34) 경험을 하는 솔로몬을 볼 수 있다.

**3:16-28.** 솔로몬과 두 창기와 아기에 대한 이야기는 성경에 나오는 가장 잘 알려진 이야기들 가운데 하나다. 그 판결은 솔로몬에게 이 세상에서 가장 지혜로운 사람이라는 명성을 얻게 해준 사건이었다. 고대 근동 지역에서는 누구나 왕 앞에서 최후 판결을 받을 수 있도록 되어 있었다. 창기들은 히브리 사회에서 가장 좋지 않은 평판을 받는 부류였고 또 가장 멸시받던 사람들이었다. 그들은 재판에서도 소외당하고 외면되었다. 그러나 지혜로운 솔로몬 왕이 통치하던 때에는 그들에게도 발언의 기회가 공평하게 주어졌다.

한집에서 같이 살던 두 창기가 사흘 간의 간격 차를 두고 각각 아기를 낳았다. 어느 날 밤 두 아기 중 하나가 숨을 거두었다. 한 창기는 다른 창기가 아기를 덮쳐 죽게 한 다음 그 사실을 알고 경악하면서 자기 아기를 데려가고 죽은 아기를 자기 옆에 뉘어두었다고 주장했다. 그녀는 자신이 잠에서 깨어나 옆에 누워 있는 죽은 아기를 보고 무슨 일이 일어났는지 바로 알 수 있었고, 살아 있는 아기가 자신의 아기라는 것을 직감적으로 알 수 있었다고 주장했다. 그러나 상대편 창기는 모두 꾸며낸 이야기라고 강하게 저항했다. 그들이 왕 앞에서 그와 같이 쟁론하는지라.

그들에게 솔로몬은 어떤 판결을 내려야 할 것인가? 그들에게는 불러올 만한 증인들이 없었고, 살아 있는 아기의 어머니를 판가름할 수 있는 의학적인 수단도 없었다. 일반적인 사법 절차는 아무 소용이 없었다. 솔로몬은 모든 사법적 규범들을 능가하는 결정을 내렸다. 산 아들을 둘에 나눠 반은 이에게 주고 반은 저에게 주라.

솔로몬의 그 판결에 한 여자는 기겁을 하면서 아기를 살려 상대편 여자에게 주어야 한다고 그 자리에서 큰 소리로 외쳤다. 그러나 다른 한 여자는 냉담했다. 그녀는 기꺼이 아기를 희생시키려 했다. 솔로몬은 두 사람의 마음을 폭로시켰다. 그의 '듣는 마음'은 아기 어머니의 울음소리에 귀를 기울였고 최종 판정을 내렸다. 산 아들을 저 계집에게 주고 결코 죽이지 말라. 저가 그 어미니라. 솔로몬의 이 판결 이야기가 온 나라를 휩쓸었다. 시민들은 기뻐하는 동시에 일종의 두려움을 느끼며 그 사건을 반복해서 이야기했다. 그렇게 지혜로운 해결책을 어떤 왕이 생각해낼 수 있겠는가? 그리고 부자들과 세력을 가진 사람들뿐 아니라 가난한 사람들과 천대받는 사람들에게도 공평한 기회가 주어졌다. 그것은 하나님의 지혜가 저의 속에 있어 판결하는 것을 백성들에게 보여주는 확실한 증거였다.

**4:1-28.** 솔로몬은 거대한 영토를 물려받았다. 그 영토는 주로 그의 아버지의 군사적 위업을 통해 얻게 된 것이었다. 그러나 영토를 확보하는 것과 그 영토를 나라에 편입시켜 보존하는 것은 별개의 문제였다. 솔로몬이 해야 할 일은 나라의 군사력을 증강시키는 것이 아니라 정치적으로 그리고 경제적으로 견고한 나라를 만드는 것이었다. 솔로몬이 하나님께로부터 그 일을 할 수 있는 지혜를 받았다는 것이 이 부분의 주된 메시지다. 그 지혜는 20-28절에서 설명하고 있는 하나님께로부터 오는 부귀를 얻게 해주었다.

솔로몬은 4장 1-6절에 묘사된 원로 지도자들을 신중하게 선택해서 그들을 중심으로 한 내각을 구성했다. 그들 중에는 다윗과 함께 일했던 관리들도 있었다. 그러나 솔로몬 체제하에서 정부는 보다 복잡해지고 중앙집권화되었다. 각 관리가 맡은 직무를 우리가 다 확인할 수는 없지만 그들은 솔로몬 정부의 행정, 군사, 외교, 종교 부서를 담당하고 있었다. 그들 가운데 우리가 기억해두어야 할 이름이 6절에 나타나 있다. 아도니람은 감역관이더라. 그의 관직은 하나님의 백성들의 장래에 중요한 영향을 미치게 되었다.

7-19절은 솔로몬이 도입한 새로운 제도를 설명하고 있다. 그때까지는 열두 지파를 중심으로 나라가 조직되어 있었다. 그러나 모든 지파의 크기가 다 같은 것은 아니었다. 또 모두 똑같이 비옥한 땅에서 살고 있는 것도 아니었다. 솔로몬은 세금 징수를 위해 국토를 12개로 나누고 왕과 왕실을 위하여 식물을 예비하게 했다. 각 지역마다 일 년에 한 달씩 왕실(예루살렘의 관료들)을 위해 식량을 제공하는 책임을 지도록 했다. 지파의 경계가 각 지역의 경계로 그대로 사용된 경우도 있고, 또 그렇지 않은 경우도 있었다. 지역의 재분할은 아마도 지파에 대한 충성심을 중앙 정부에 대한 충성심으로 돌리기 위한 의도를 가지고 시행되었을 것이다. 그것은 예루살렘을 국가의 중추로 만드는 역할을 했다.

20-28절에서 우리는 솔로몬의 행정 기술의 결과를 볼 수 있다. 그가 이끄는 나라는 평화로웠고 생산적이었으며 크게 번창했다. 솔로몬은 하수(유프라테스)에서부터… 애굽 지경에 미치기까지의 모든 나라를 다스렸다. 그 국경은(24절에서 반복된) 하나님이 아브라함에게 약속하신 땅의 경계였다(창 15:18). 그러므로 그것은 하나님의 은총을 보여주는 분명한 표시였다. 국가 내에서만 평화가 유지된 것이 아니라 그 나라들이 공을 바쳐 솔로몬이 사는 동안에 섬겼다. 이스라엘 사람들의 생활 역시 매우 윤택했다.

이 부분에는 솔로몬의 사치스러운 생활 방식과 왕궁의 호화로운 모습도 묘사되어 있다. 말과 병거가 부와 군사력의 상징이었던 그 당시 솔로몬은 막강한 군사력을 보유하고 있었다. 당시의 상황을 가장 잘 보여주는 것은 부족함이 없게 하였으며라는 구절이다. 하나님이 솔로몬에게 하신 약속을 이루셨기 때문에 솔로몬 당시의 생활은 매우 평화롭고 번성했다. 그러나 그 은총 속에서 솔로몬은 하나님이 왕들에게 주신 경고들을(신 17장) 망각하게 되는 위험이 따를 수 있다는 사실을 기억하고 있어야 했다.

**4:29-34.** 솔로몬에게 하신 하나님의 무조건적인 약속의 마지막 부분은 그가 영광을 얻게 되리라는 것이었다. 이 구절의 핵심 단어는 지혜다. 이 여섯 구절 속에 지혜가 이런저런 형태로 여덟 차례나 언급되어 있으며, 솔로몬의 지혜로 이룩한 업적들이 다양하게 드러나 있다. 그것은 솔로몬 자신의 탁월함 때문이 아니라 지혜와 총명을 심히 많이

주시고 또 넓은 마음을 주신 하나님의 선물 때문이었다.

지혜는 고대 사회에서 매우 귀중하게 여겨졌으며, 때로 잠언이나 노래나 자연 현상에 대한 설명의 형태를 띠고 있었다. 솔로몬은 이런 것들에도 뛰어났으며 천하 모든 왕 중에서 그 지혜를 들으러 그를 찾아왔다. 하나님은 솔로몬에게 하신 약속들을 기대 이상으로 이루어주셨다.

| Main Idea 복습 | 하나님이 그분의 백성들에게 기꺼이 주시는 지혜는 기본적으로 머리의 문제가 아니라 마음의 문제다. |
|---|---|

# 결론

## 마음을 지키는 일

기브온에서 번제를 드리고 자던 날 밤, 솔로몬은 자신의 삶과 왕권을 결정짓게 될 질문을 꿈 속에서 받게 되리라고는 예상치 못했다. 그러나 하나님이 "내가 널 위하여 무엇을 해주기 원하느냐?" 고 물으셨을 때 그는 내가 주님께 원하는 것을 얻을 수 있다면 나는 무엇을 구해야 할 것인가? 그리고 주님은 내 요청에 어떤 반응을 보이실 것인가? 라는 인생의 가장 중요한 질문 앞에 서 있는 자신을 발견했다.

듣는 마음을 구한 솔로몬의 요청은 하나님을 기쁘시게 했다. 그는 자신의 필요를 알고 있을 만큼 지혜로웠고, 하나님의 목적과 나라의 발전을 먼저 생각하고 구할 만큼 사심이 없었다. 그는 또 지혜는 궁극적으로 머리가 아니라 마음의 문제라는 사실을 깨닫고 있을 만큼 지혜로웠다. 마음이 지혜와 결부되어 있는 것은 분명하다. 그러나 하나님께 충성하려는 마음이 없을 경우에는 총명한 마음조차도 그 어리석음을 드러내게 될 것이다. 솔로몬의 지혜는 교훈적인 것일 뿐 아니라 실제적인 것이기도 하다. 그의 지혜는 백성들을 하나님의 은총을 받게 되는 길로 인도할 수 있게 해주었다.

시작이 좋다고 해서 끝도 언제나 좋은 것은 아니다. 솔로몬에게도 결점이 있었다. 그의 마음이 하나님께 귀 기울이는 동안 그의 머리는 다른 목소리를 - 산당과 아내들을 - 좇고 있었다. 결국 그의 마음이 하나님을 떠나게 되었고, 그 때문에 그의 지혜는 무익한 것이 되고 말았다.

■ 진리 알기

- 온전히 순종하지 못하게 만드는 우리 삶의 '예외'가 결국 우리의 업적을 무너져내리게 할 것이다.
- 하나님께 귀 기울이는 '듣는 마음' 없이는 참된 지혜를 가질 수 없다("여호와를 경외하는 것이 지혜의 근본이요," 잠 9:10).
- 지혜는 기본적으로 머리가 아니라 마음이 문제다.
- 하나님은 하나님의 나라와 하나님의 목적을 중시하는 기도에 기쁘게 응답해주신다.
- 출발이 좋았다고 해서 끝도 언제나 좋은 것은 아니다.

■ 적용하기

- 주님께 대한 사랑을 잃게 만들 수 있는 '예외'들을 경계하고 마음을 지키라.
- 지혜를 지능보다 소중하게 여기고 교육보다 경건함을 더 소중하게 여기라.
- 자신의 나라보다 하나님의 나라를 먼저 구하고 자신의 행복보다 다른 사람들의 행복을 먼저 생각하라.
- 더 높은 자리에 오르게 되거나 지도자로서 더 큰 책임을 맡게 되면 될수록 경건한 성품을 개발하고 훈련하는 일에 더더욱 힘써야 한다.

## 삶의 적용

### 지혜의 길

신참 비행기 조종사들이 훈련하면서 가장 먼저 배우는 것은 자신의 직감이 아니라 계기판을 신뢰해야 한다는 사실이다. 구름 속에서나 앞이 잘 보이지 않는 밤중에 비행기 조종사는 고도 감각을 완전히 잃어버릴 수도 있다. 그래서 직감이 확실한 것처럼 보일 때에도 그 직감이 상당히 잘못된 것일 수 있다. 지혜의 길은 자신의 느낌을 따르는 것이 아니라 계기판을 믿고 따르는 것이다. 비행기 조종사가 이 교훈을 따르지 않고 '시행착오'를 통해 배우려고 하다가는 그리 오래 살지 못하게 될 것이다. 경험이 언제나 최고의 교사는 아니다. 지혜로운 사람들은 배우고 그 배운 대로 살아간다.

지혜의 길은 배우고 배운 대로 살아가는 것이다. 그러므로 성경이 지혜에 대해 어떻게 말하고 있는지를 이해하는 것이 중요하다. 솔로몬의 생애를 보면서 그렇게 지혜로운 사람이 어떻게 그렇게 어리석은 짓을 많이 할 수 있었을까라는 질문을 하지 않을 수 없게 된다.

성경이 말하고 있는 지혜는 기본적으로 추상적인 개념이 아니라 실제적인 삶의 한 요소다. 지혜를 뜻하는 히브리 단어 호크마(hokmah)는 '기술'이라는 개념을 담고 있다. 뛰어난 두 장인이었던 브살렐과 오홀리압의 기술과 재능을 설명하고 있는 출애굽기 35장 30절에서 36장 2절까지에는 지혜라는 단어가 여섯 번이나 사용되었다. 또 지혜라는 단어는 재판관이나 지도자나 행정 관리가 될 수 있는 재능을 묘사할 때에도 사용되었다. 열왕기상 3장 28절과 5장 12절에서 솔로몬을 묘사할 때에도 그런 의미로 사용되었다. 그러나 무엇보다 중요한 것은 지혜가 살아가는 기술, 즉 인간관계와 결혼생활과 실제적인 생활의 문제들과 특히 영적인 문제들을 다룰 수 있는 기술을 묘사하기 위한 포괄적인 용어라는 점이다. 그런 지혜가 바로 잠언에서 볼 수 있는 지혜다. 살아가는 데 필요한 그런 기술은 '여호와를 경외하는 것이 지혜의 근본'(잠 9:10)이라는 사실을 전제로 하고 있다.

솔로몬은 정보나 사람들을 다루는 데는 뛰어났지만, 하나님과의 관계를 소홀히 여겼기 때문에 살아가는 데 필요한 가장 중요한 기술을 익히지 못하는 비극을 피할 수 없었다. 하나님과 무관한 지혜는 무의미한 것이다. 솔로몬은 매우 지혜로운 한편 또 어리석은 사람이 되었다. 그의 삶은 우리에게 지혜로워져야 할 필요가 있음을 상기시켜주는 한편, 또 옳은 방법으로 지혜로워져야 한다는 사실을 상기시켜준다. 주 예수님과의 활기차고 건강한 관계를 통해서만이 그렇게 될 수 있다.

## 기도

주님, 주님의 은혜와 주님의 목적과 주님의 백성들을 위한 주님의 계획을 알고 주님 앞에 나아가는 지혜를 갖게 하옵소서. 지혜롭게 구할 뿐 아니라 지혜롭게 살아가면서 주님 앞에서 제 마음을 성실하게 지키는 것을 배우고, 주님께 순종하지 못하게 만드는 '예외' 들을 과감히 떨쳐버릴 수 있게 도와주옵소서. 아멘.

## 심층 연구

### A. 산당

산당들은 제사를 드리는 장소로 사용된 옥외 신전이었다. 산당들은 산 위에서뿐 아니라 계곡에서도 볼 수 있었다(렘 32:35). 산당은 원래 가나안 사람들의 풍습이었지만(민 33:35) 많은 산당들이 하나님께 예배드리는 곳으로 사용되었다. 그런 곳에서 드리는 예배는 주님이 선택하신 곳에서만 예배를 드리도록 한 신명기 12장의 명령에 위반되는 것이었다. 산당은 가나안 족속들과 관계가 있었을 뿐 아니라, 종종 우상숭배와 음행의 중심지가 되었기 때문에 큰 위험을 안고 있었다.

### B. 하나님을 기쁘시게 하는 간구(3:4-14)

이 장에서는 기도에 관한 중요한 원리를 배울 수 있다. 하나님이 솔로몬에게 원하는 것은 무엇이든지 구하라고 말씀하셨을 때 솔로몬은 서둘러 요청하지 않았다. 그는 하나님이 그를 위해 하신 일들을 돌아보고 하나님의 신실한 사랑을 먼저 찬양했다. 그런 다음 자신의 연약함과 필요를 인정하고 자신의 한계를 솔직하게 드러내었다. 동시에 하나님께로부터 부여받은 책임을 기억했다. 하나님이 그를 위한 목적을 가지고 그 목적을 이루도록 그를 부르셨다는 사실을 기억했다. 그런 다음에야 그는 하나님께 요청했다. 그는 자신을 위한 하나님의 일에 초점을 맞추고 있었기 때문에 자기중심적이고 이기적인 요청을 하지 않을 수 있었다. 대신 하나님의 뜻과 그를 위한 하나님의 목적에 집중할 수 있었다.

### C. 열두 지방 관장(4:7-19)

국토를 12지방으로 분할한 것은 각 지방별로 돌아가면서 중앙 정부에 필요한 식량과 물자와 노동력을 공급하게 하기 위한 것이었다. 각 지방은 전통적인 지파의 경계를 넘어서서 경제적으로 생존이 가능한 단위로 분할되었다. 그러나 열두 지파 중 유다에 대해서는 아무런 언급도 하지 않았다. 유다 지파의 자손인 솔로몬이 아마도 자기 지파를 세금 의무에서 제외시켰기 때문일 것이다. 그것은 다른 지파들 속에서 불만을 불러일으키게 하는 차별적인 행동이었다(마음에 사무친 불만은 열왕기상 12장에서 볼 수 있는 분열을 야기하는 불꽃으로 터지게 되었다). 솔로몬은 지혜로웠지만 여전히 죄인이었다. '지혜로운' 죄인은 어리석은 일을 저지른다!

## 교안

### A. 들어가는 글

1. '소원을 말하라' 의 이야기로 시작하라.
2. 배경 설명: 솔로몬은 이스라엘의 왕으로 군림하게 되었다. 그는 다윗의 아들이었다. 그러나 그는 어떤 왕이 되기로 선택할 것인가?
3. 적용: 열왕기상 기자는 솔로몬에게 결정적인 순간이 될 특정한 사건으로 우리를 데려가기 전에 솔로몬 통치의 개관을 보여주기 위해 먼저 몇 구절을 할애했다. 그 구절은 솔로몬의 마음을 엿볼 수 있게 해주기 때문에 솔로몬 통치에 있어서 중요한 것으로 드러나게 될 요소들을 우리에게 소개해준다.

### B. 본문 이해

1. 마음속에서 벌어진 전투(3:1-3)
2. 마음속에서 결정하는 중요한 선택들(3:4-15)
3. 지혜로운 마음의 선택을 존중해주시는 하나님(3:16-4:34)

**C. 결론**: '마음을 지키는 일' 을 읽어주라.

## 토의 질문

1. "솔로몬이 여호와를 사랑하되…." 우리가 주님을 사랑하는 데 방해가 되는 '예외' 에는 어떤 것들이 있는가? 그 예외들은 언제나 나쁜 것들인가? 각자의 삶 속에서 주님께 순종하는 일을 방해하는 '예외' 는 어떤 것들인지 이야기해보라.

2. 당신이 솔로몬이 되었다고 생각해보라. 그리고 하나님이 원하는 것은 무엇이든지 주겠다고 약속하신다면 어떤 것을 구하겠는가?

# 열왕기상 5:1-7:51

## 여호와의 이름을 위한 전

*"예배는 하나님께 우리의 모든 것을 전적으로 맡기는 것이다. 예배는 하나님의 거룩하심으로 우리의 양심을 일깨우고, 하나님의 진리로 우리의 마음을 채우며, 하나님의 아름다움으로 우리의 상상력을 정화하고, 하나님의 사랑에 우리 마음을 열며, 하나님의 목적에 헌신하는 것이다."*

*- 윌리엄 템플(William Temple)*

**열왕기상 5:1-7:51** 왕위에 오른 지 4년째 되는 해에 솔로몬은 여호와께 손색이 없는 성전을 건축하기 위한 공사를 시작했다. 열왕기상의 이 부분은 성전 건축을 위한 세밀한 준비와 꼼꼼하고 화려하게 진행되는 건축 과정을 보여주고 있다. 그리고 솔로몬 통치에서 드러나게 될 중요한 두 가지 문제를 지적하기 위해 성전 건축에 관한 이야기가 잠시 중단된다.

**건물 소개: 성전**

솔로몬의 통치에 관한 내용 중 성전 건축에 가장 많은 지면이 할애되었다(네 장 반). 성전 건축이 솔로몬이 이룩한 가장 중요한 업적으로 여겨지고 있었던 것이 분명하다. 건축 과정은 다음 네 단계로 설명되어 있다.

- 건축 준비: 인력과 물자의 준비(5:1-18)
- 성전 건축(6:1-7:51)
- 성전 봉헌(8:1-66)
- 하나님의 인정(9:1-9)

**건물 소개: 성막**

- 모세가 지은 성막이 솔로몬 성전의 원형이 되었다. 성막과 성전의 중요한 특징들은 모두 같다.
- 성막은 옮길 수 있고 약했지만, 성전은 '반영구적'이고 장대했다.
- 성막의 구조는 하나님이 모세에게 보여주셨고(출 25:8-9), 성전의 구조는 다윗에게 보여주셨다(대상 28:11-19).
- 성막과 성전의 중심부는 모두 성소와 지성소 두 부분으로 구분되어 있었다. 성소에는 제사장들만 들어갈 수 있었고, 지성소에는 대제사장만 들어갈 수 있었는데, 그것도 일 년에 한 번 속죄일에만 들어갈 수 있었다.
- 성막과 성전은 둘 다 이방나라에서 온 자원들을(애굽의 물자와 히람의 기술) 사용해 지어졌다. 성막과 성전 둘 다 '만민의 기도하는 집'이 되어야 했다(사 56:7).

# 들어가는 글

## 소명 아니면 직업?

어느 늦은 밤 영국의 한 국회의원은 노예 매매에 관한 서류를 자세히 살펴보고 있었다. 그의 이름은 윌리엄 윌버포스(William Wilberforce)로, 그는 영국 정계의 떠오르는 별이었다. 그는 2년 전 그리스도인이 되었다. 한 그리스도인이 그에게 그리스도의 안경을 끼고 영국의 노예제도를 살펴보라고 제의했다. 그는 사람들이 노예제도를 잔인하고 비열한 것이지만, 또 없어서는 안 될 필요악으로 보고 있다는 사실을 잘 알고 있었다. 그 제도에 이의를 제기한다는 것은 그의 출세에 심각한 제동을 거는 것이었고, 왕족을 비롯한 힘 있는 정적들의 반감을 사게 될 것이 너무나 분명했다.

그러나 윌버포스는 현실을 파악하고 하나님의 말씀을 공부하면서 하나님의 뜻을 확신하게 되었다. 1787년 10월 28일 주일 그는 일기장에 이렇게 썼다. "전능하신 하나님께서 내가 해야 할 두 가지 일을 주셨다. 하나는 노예 매매를 금지하는 것이고, 또 하나는 풍습(공공 윤리)을 개혁하는 것이다."

윌버포스에게는 이미 직업이 있었다. 그는 정치인이었다. 그러나 그날 밤 그는 자신의 사명, 즉 하나님이 그에게 주신 소명을 깨닫고 그 후 50년 동안 그 일에 온 힘을 쏟아부었고, 결국 영국 사회를 변화시키게 되었다.

직업이 무엇인가라는 질문처럼 대답하기 쉬운 질문들도 있다. 그러나 누군가 "당신의 소명은 무엇입니까?"라고 묻는다면 우리는 잘 대답하지 못하고 더듬는 편이다. 그리스도인들은 소명을 받은 사람들이다. 우리는 그리스도를 향해 나아가는 소명을 받았을 뿐 아니라, 또 이 세상에서 주님의 은혜로 주님의 목적을 이루어가야 하는 주님이 주신 소명을 받기도 했다. 그 소명에는 직업도 포함될 수 있다. 그러나 주님의 부르심은 그보다 더 큰 것이다. 소명은 우리를 위한 하나님의 독특한 목적으로 이 세상의 필요와 하나님 나라의 목적을 위해 우리의 재능과 기술과 경험을 활용할 수 있는 특별한 일이다.

솔로몬에게도 직업이 있었다. 그는 개발되고 안정되어야 할 필요가 있는 한 나라의 왕이었다. 그러나 그에게는 소명도 있었다. 그것은 백성들을 다스릴 뿐 아니라 살아 계신 하나님을 중심으로 한 특별한 나라로 만들어가야 하는 하나님이 주신 사명이었다. 이스라엘은 지구상의 다른 나라들과는 달랐다. 솔로몬이 그의 소명을 따라 살려 했을 때는 나라가 번영을 이루었다. 그러나 그가 자신의 직업을 수행하려 했을 때는 잘못된 선택을 했다.

이 부분은 전성기를 이루었던 솔로몬의 이야기를 보여주고 있다. 성전 건축이 그 이야기의 중요한 한 부분을 차지하고 있다. 그러나 그 건축 이면에는 '여호와의 이름을 위한 전' 을 건축함으로 살아 계신 하나님께 예배드리는 일을 중요시하는 국가를 건설하려는 소명이 자리 잡고 있었다.

## 본문 이해

### 여호와의 이름을 위한 전

| Main Idea | 하나님의 백성들의 소명은 하나님의 이름을 위한 집을 건축하는 일에 헌신함으로 하나님께 영광 돌리는 삶을 살아가는 것이다. |
|---|---|

### A. 성전 건축을 위한 준비(5:1-18)

| Supporting Idea | 우리에게 주신 하나님의 특별한 소명을 깨닫게 되면 삶의 목적과 진로에 대한 특별한 의식을 갖게 된다. |
|---|---|

**5:1-5.** 다윗에게는 꿈이 있었다. 그는 하나님께 합당한 예배를 드릴 수 있는 곳을 건축함으로 예루살렘을 정치적으로뿐 아니라 영적으로도 나라의 중심 도시로 만들고자 했다. 그는 그것을 "내 하나님 여호와의 이름을 위하여 성전을 건축할 마음이 있다"(대상 22:7, 28:2)는 말로 설명했다.

다윗의 그 열망은 하나님이 모세를 통해 이스라엘에게 성막을 중심으로 한 예배 양식과 예배 드릴 수 있는 장소를 주셨다는 사실을 근거로 한 것이었다. 이스라엘의 종교제도는 그들이 창안한 것이 아니다. 하나님이 계시해주신 것이다. 그러나 성막은 광야를 지나는 동안 운반할 수 있도록 고안된 이동식 건물이었다. 다윗과 솔로몬 시대에 성막은 지어진 지 이미 400년이 넘은 것이 되었다. 오랜 세월과 영적인 무관심으로 성막은 헐었고 외면당해왔다. 그것은 다윗에게 잘못을 바로잡고 나라의 중심지에 하나님께 어울리는 집을 지어 예배 드려야 한다는 거룩한 열망을 불러일으켰다.

그 열망은 훌륭한 것처럼 보였지만, 다윗을 향한 하나님의 뜻은 아니었다. 하나님은 구약 성경의 가장 중요한 장(삼하 7장)에서 하나님이 하실 일을 알려주셨다. 다윗이 하나님을 위한 전을 짓게 될 것이 아니라 하나님이 다윗을 위한 집을 지으실 것이라고, 즉 견고한 왕조를 이루게 하실 것이라고 말씀하셨다. 나단 선지자는 "여호와가 너를 위하여 집을 짓고… 네 집과 네 나라가 내 앞에서 영원히 보전되고 네 왕위가 영원히 견고하리라"(삼하 7:11-16)고 말씀하신 다윗 언약으로 알려진 하나님의 약속을 다윗에게 전했다. 또 하나님은 "내가 네 몸에서 날 네 씨를 네 뒤에 세워 그의 나라를 견고하게 하리라 그는 내 이름을 위하여 집을 건축할 것이요"(삼하 7:12-13)라고 말씀하셨다. 그러므로 성전 건축은 다윗이 할 일이 아니었다. 그 특권은 그의 아들에게로 넘어갔다.

솔로몬이 바로 그 아들이었고, 성전 건축은 그가 통치 초기에 시행한 사업이 되었다. 솔로몬의 성전 건축에 대한 계획은 그를 찾아온 두로 왕 히람의 심복들을 맞이하는 외교적 접견을 통해 알려지게 되었다. 히람은 그 당시 거대한 무역국들 가운데 하나였던 페니키아의 통치자였다. 성경은 그가 평일에 다윗을 사랑하였다고 말하고 있다. 그는 다윗과 조약 관계를 맺고 있었다. 그런 관계는 양편 모두에게 유익한 것이었다. 따라서 히람의 심복들의 방문은 새로 왕위에 오른 왕에게 경의를 표하기 위한 적절한 왕궁 의례였고, 이스라엘의 새로운 통치자와 계속해서 조약 관계를 유지하기 원하는 히람의 뜻을 알리기 위한 것이었다.

솔로몬의 반응은 당시 그가 가장 중요하게 생각하고 있던 일이 성전 건축이었음을 보여준다. 그는 히람에게 그의 아버지 다윗이 간절히 원했던 것이 무엇이었는지를 상기시켜주고, 자기 아버지에게 허락되지 않았던 그 일을 그의 하나님을 위해 자신이 추진할 것이라는 의도를 밝혔다. 그는 성전을 짓고자 했다. 솔로몬의 반응에 세 가지 사실이 두드러지게 나타나 있다.

첫째, 그 일은 하나님의 집, 곧 그의 하나님 여호와의 이름을 위하여 전을 건축하는 것이다. 이 말은 이 구절에서 세 번이나 반복되었다. 그리고 8장에서 중요한 구절로 다시 나타나는 것을 볼 수 있다. 그 건축은 하나님의 명성과 결부되어 있었다. 하나님은 그곳에 하나님의 이름을 두시고 하나님의 처소로 소유하시게 될 것이다. 하나님의 영광이 그곳에서 드러나게 될 것이다. 솔로몬은 성전이 어떤 곳이어야 하며, 또 어떤 곳이 되어서는 안 되는지를 잘 알고 있었다. 솔로몬 자신의 이름을 위한 집이 아니라 하나님의 이름을 위한 집이 되어야 했다. 하나님은 상징적으로만 그 건축물 안에 '거하실' 것이다. 하나님이 그곳이 필요하시거나 그곳에 머물러야 하기 때문이 아니라 자비롭게 그곳을 선택하시기 때문에 그곳이 하나님의 집이 될 수 있을 것이다.

둘째, 솔로몬은 히람에게 성선을 건축해야 할 하나님의 때가 되었다고 말했다. 이제 내 하나님 여호와께서 내게 사방의 태평을 주시매 대적도 없고 재앙도 없도다. 다윗은 전쟁을 많이 치렀지만 솔로몬은 평화를 누리고 있었다. 이제 이스라엘은 그 지역에서 가장 강한 군사력을 지니게 되었다. 솔로몬은 자신의 정권을 군사적으로 더 확장시키고 싶은 유혹에 굴복하지 않았다.

셋째, 솔로몬은 자신의 의도를 밝혔다. 그는 성전 건축을 위해 하나님이 정하신 사람이었다. 그는 내가 내 하나님 여호와의 이름을 위하여 전을 건축하려 하오니라고 말했다. 그는 성전 건축을 하나님이 주신 소명으로 보았고, 그 일을 자신의 재물과 에너지를 쏟아부어야 할 최우선 과제로 삼았다. 그는 그저 단순히 건물을 지으려 한 것이 아니라 하나님이 주신 소명을 수행하려 했다.

**5:6-18.** 성전 건축은 하나님이 주신 소명이었다. 그러나 또 인간이 해야 할 일이기도 했다. 자재들과 인부들이 필요했다. 이 장의 나머지 부분에서는 그런 것들을 설명하고 있다. 레바논은 그 지역에서 가장 우수한 목재가 나오는 곳이었다. 솔로몬은 히람이 성전 건축에 필요한 노동력과 자재를 공급해주기를 바랐다. 성전을 지을 곳은 예루살렘 성의 가장 높은 지점으로 다윗이 이미 확보해놓았다(대상 21:1-22:1). 성전의 형태는 하나님이 다윗에게 보여주셨다(대상 28:11-19). 성전을 지을 자재들도 다윗과 이스라엘 백성들이 이미 비축해두었다(대상 22:14-16).

열왕기상 5장 6-12절은 성전을 짓기 위해 필요한 목재를 구하기 위한 솔로몬과 히람이 벌인 협상을 설명하고 있다. 레바논은 목재와 특히 백향목과 벌목을 잘 하는 사람들과 뛰어난 목수들이 많은 것으로 잘 알려져 있었다. 히람은 비록 이방의 왕이었지만, 이스라엘에게 솔로몬과 같은 지혜로운 왕을 주신 하나님의 선하심을 인정하고 있었다. 협상은 늘 하던 방식으로 이루어졌다. 히람이 솔로몬의 제안을 받아들이고 그에 상응하는 조건을 제시하는 방식이었다. (솔로몬은 일하는 사람들에게 돈을 지불하는 대신 히람에게 돈을 지불함으로 히람이 돈과 사람들에 대한 통제권을 유지하면서 인부들을 공급할 수 있게 했다.) 양편의 입장이 모두 고려된 최종 동의안이 체결되었다. 솔로몬은 농산물을 제공해주는 대신 그가 요구한 원자재를 받기로 했다. 그 계약은 쌍방 모두에게 유익한 것이었고, 따라서 히람과 솔로몬이 친목하여 두 사람이 함께 약조를 맺게 되었다.

솔로몬에게 두 번째로 필요한 것은 거대한 건축을 추진하기 위한 인적 자원이었다. 13-18절은 노동력을 징집해서 배치한 일을 설명하고 있다. 삼천 명의 건장한 이스라엘 사람들이(다윗이 실시한 인구 조사에 따르면 이스라엘에는 그런 사람이 약 130만 명가량 있었다, 삼하 24:9) 성전 건축을 위해 그들의 시간을 할애하도록 징집되었다. 성전 건축은 충분한 자원을 가지고 시작된 것처럼 보였다. 그러나 대부분의 정부 사업이 그렇듯이 일을 진행해나가면서 시간과 물자가 점점 더 많이 필요하게 되었다. 건축이 끝나갈 무렵에는 많은 백성들의 원성을 사게 되었다(왕상 12장). 건축에 들어가는 엄청난 양의 대리석을 다듬고 운반하기 위해 수많은 석수와 일군들이 동원되었다. 역대하에는 그들 대부분이 가나안 사람들이었다고 기록되어 있다(대하 2:17-18). 열왕기상에서는 솔로몬이 노예들의 노동력을 사용했던 것을 볼 수 있다(왕상 9:20-22).

애굽에서 노예로 살며 경험한 혐오감을 알고 있는 나라가 노예를 부렸다는 것은 애석한 일이었다. 그러나 그 당시 모든 관심은 성전 건축을 준비하는 일에 초점이 맞추어져 있었다. 솔로몬의 건축자와 히람의 건축자와 그발(페니키아) 사람이 그 돌을 다듬고 전을 건축하기 위하여 재목과 돌들을 갖추니라. 솔로몬은 사명을 수행하고 있었으며, 그의 통치는 '여호와의 이름을 위한 전' 을 건축하는 일이 그 특징을 이루게 되었다.

### B. 성전 건축(6:1-10, 14-38, 7:13-51)

| Supporting Idea | 소명 의식은 우리가 하는 일뿐 아니라 그 일을 하는 방법에도 영향을 미친다. |
|---|---|

이 두 장은 상세한 내용들을 많이 담고 있고, 그들 중 많은 부분은 상당히 복잡하게 보인다. 전체적인 윤곽 없이 성전을 건축한다는 것은 불가능한 일이었다. 열왕기상의 저자는 독자들이 여호와의 이름을 위한 전을 건축하는 일의 장대함과 영광을 그 마음속에 그려볼 수 있도록 도와주려 하고 있다. 성전 건축은 하나님이 알려주신 설계대로 진행되었다. 그 설계에 우발적인 것은 하나도 없었다. 거룩하신 하나님께 나아가는 데 필요한 모든 중요한 상징들과 의미들이 풍성하게 내포되어 있는 설계였다.

**6:1.** 성전은 이스라엘 역사의 획기적인 사건들 중의 하나였고 너무나 중요한 일이었기 때문에 이스라엘 역사 속에서 가장 위대한 사건으로 여겨져야 한다. 이스라엘 자손이 애굽 땅에서 나온 지 사백팔십 년이요 솔로몬이 이스라엘 왕이 된 지 사 년 시브월 곧 이월에 솔로몬이 여호와를 위하여 전 건축하기를 시작하였더라. 그 해는 솔로몬이 B.C. 971년경에 왕위에 올랐으므로 그 4년 후인 B.C. 967년경이었고, 출애굽이 이루어진 B.C. 1447년으로부터 사백팔십 년이 지난 해와 일치한다('심층 연구'를 참조하라). 더 중요한 것은 성전과 출애굽을 연결시키고 있다는 점이다. 하나님은 애굽에서 그 백성들을 이끌어내어 안식의 땅으로 인도하고자 하셨다. 그러나 이스라엘의 죄 때문에 그 기간이 연장되었다. 이제 나라는 평화를 누리게 되었고 성전은 그 실체를 보여주는 것이 되어야 했다. 하나님은 약속을 지키는 신실한 분이시다.

**6:2-10.** 성전은 정성스럽게 잘 준비된(7절) 최상의 화강암으로 지었으며, 백향목 서까래와 널판으로 지붕을 올렸다(9절). 성전(대략 27×9×13.7미터, 2절) 앞에는 낭실이 있었다. 삼층으로 된 방들이 성전의 거룩함을 보호하기 위해 성전 안쪽으로가 아니라 바깥쪽으로 연결되어 있었다. 그 방들은 아마도 창고와 성전 일에 관련된 직무 공간이었을 것이다.

**6:11-13.** 'C. 이야기의 일시 중단' 부분을 보라.

**6:14-38.** 돌로 건물을 짓긴 했지만 건물 내부에서는 돌이 전혀 보이지 않았다. 성전 건물 내벽에는 정교하게 조각한 백향목 널판을 붙였고(15, 18절), 성전의 바닥은 잣나무

널판으로 전 마루를 놓았다(15절).

성전의 내소인 지성소는 정사각형의 백향목 널판으로 막았다(16, 20절). 성전의 높이가 약 13.7미터 정도였기 때문에 천장이 낮았거나 아니면 안쪽 단위에 방이 있었을 것이다. 그러나 백향목에 정금을 입혔기 때문에 백향목이 보이지는 않았다. 지성소에는 이스라엘의 신앙을 말해주는 가장 신성한 상징물인 언약궤를 두었고, 모든 것은 금으로 도금되어 있었다. 위엄 있게 조각해 금을 입힌 두 그룹의 보호를 받고 있는 백향목 단(언약궤)이 모든 것의 중심을 이루었다. 그룹들은 거룩한 곳(창 3:24)과 하나님의 보좌(삼상 4:4, 삼하 6:2)를 수호하는 천사와 같은 모습을 하고 있었다. 그룹들은 약 4.5미터 높이에서 약 4.5미터 길이의 날개를 펴고 지성소를 내려다보고 있었다. 복잡하게 조각된 문들에도 모두 금을 입혔고 그 문들은 방의 칸막이 역할을 했다. 지성소 밖에 있는 성소 역시 금으로 도금되어 있다.

열왕기상 기자는 모든 것이, 심지어는 마룻바닥과 문설주까지 다 금으로 입혀 있다는 사실을 독자들에게 보여주려 했다. 이 구절에서 금이라는 단어가 10번 사용되었다. 하나님의 전은 최상의 돌들과 가장 값진 나무들과 가장 귀한 금속으로 지어졌고, 그런 것들을 풍부하게 가지고 있었다. 그런 것이 하나님의 영광과 위대하심을 보여주기 위해 인간이 시도한 여호와의 이름을 위한 집이었다.

**7:1-12.** 'C. 이야기의 일시 중단' 부분을 보라.

**7:13-51.** 이 구절은 가구들을 구비하는 성전 건축의 마지막 단계를 묘사하고 있다. 솔로몬은 두로에서 히람이라는 사람을 데려오게 한다. 히람은 재능을 구비한 장인으로 성전에 필요한 엄청나게 많은 놋 기구들을 준비했다. 그 기구들은 정교한 기술을 요하는 것들이었으며, 낭실에 세운 큰 기둥들과(15-22절) 바다라고 알려진 거대한 물 용기가(23-26절) 특히 더 그랬다. 예루살렘의 빛나는 햇살에 반짝이는 두 개의 커다란 놋기둥은 매우 장엄한 모습이었을 것이다. 그 기둥들은 속은 비어 있었고, 기둥을 이루는 벽의 두께는 약 7.6센티미터('사지' 렘 52:21) 정도 되었다. 원주는 약 5.5미터였고, 높이는 약 8미터 정도였다. 그러나 그 꼭대기에는 2.3미터(다섯 규빗, 16절) 높이의 기둥머리가 올려져 있었다. 두 기둥에는 각각 야긴('그가 세우다')과 보아스('능력으로')라는 이름을 새겨 넣었다.

그 두 이름은 하나님의 성품과 다윗 왕조에 대한 하나님의 약속을 보여주기 위한 것으로 보인다("하나님이 하나님의 능력으로 세우신다", '심층 연구'를 보라). 바다는 뛰어난 야금술을 보여주는 것으로, 약 43,530리터의 물을 담을 수 있는 크기였다. 물은 정결 의식을 행하고 희생 제물의 피를 씻어내기 위해 매우 중요한 것이었다. 히람은 제단과 관계가 있는 기구들로 바깥뜰에서 사용되었을 다른 물건들도 만들었다. 그는 놋으로 받침 열을 만들었고(27-37절) 물두멍 열을 놋으로 만들었으며(38-39절), 여호와의 전에서 쓸 모든 그릇들을 빛난 놋으로 만들었다(40-47절).

솔로몬은 금으로 만든 다양한 물건들을 만드는 일의 책임을 맡았던 것으로 보인다(48-50절). 솔로몬 자신이 직접 만드는 일을 한 것이 아니라 아마도 그 일을 감독했을 것이다. 이 구절에서 문의 금 돌쩌귀라는(아마도 금으로 도금한 것을 말할 것이다. 금 자체는 돌쩌귀를 할 만큼 단단하지 못하기 때문이다) 문구를 읽을 수 있을 만큼 금이 풍부했다.

저자는 우리에게 하나님이 하나님의 이름을 두시기에 손색이 없는 성전의 영광을 보여주고 그 영광에 감탄하게 하려는 의도를 가지고 이 모든 것들을 기록했다. 가장 훌륭한 것만이 하나님께 합당한 것이다! 그리스도를 따르는 사람들은 개인적으로나(고전 6:19-20) 공동체로서나(고전 3:16-17) 자신들이 '하나님의 성전'으로 묘사되어 있다는 사실을 묵상하면서 이 영광을 기억해야 할 필요가 있다.

## C. 이야기의 일시 중단(7:1-12, 6:11-13)

| Supporting Idea | 소명을 받은 사람들에게는 본 궤도에서 벗어나게 되거나 가장 중요한 것을 다른 중요한 것들로 대신하게 되는 위험이 언제나 따라다닌다. |
|---|---|

**7:1-12.** 이 구절에서는 왕궁 건설에 관한 설명을 하고 있다. 왕궁은 성전 옆에 다섯 개의 건물로 이루어진 하나의 단지였다. 그 건물들은 솔로몬 왕의 거처로서뿐 아니라 그가 이룩한 제국의 행정 중심지로 건축되었다. 솔로몬이 레바논 나무로 궁을 지었다고 말하고 있는데(2-6절) 그것은 사십오 개의 거대한 백향목 들보를 가진 건물이었기 때문이다. 그 건물은 병기고나 국고로 사용되었거나 연회장으로 사용되었던 것으로 보인다. 그 건물 옆은 재판하는 낭실로 들어가는(7절) 기둥들이 있는 방들로(6절) 이어져 있

었다. 재판하는 낭실은 재판석이 있는 방으로 솔로몬이 법을 집행하고 방문객을 맞이하던 곳이었다. 이 단지에는 또 솔로몬의 개인 주택과 비록 건물에 대한 자세한 설명은 볼 수 없지만 바로의 딸들을 위하여 지은 집도 있었다.

왕궁 단지에 대한 설명은 12절에 불과하다. 열왕기상 기자는 왕궁을 성전만큼 중요하게 생각하지 않았던 것이 분명하다. 그러나 솔로몬도 그렇게 생각했을 것인가? 왕궁에 대해 묘사하고 있는 이 구절은 6장 38절과 7장 13절 사이에 끼어들어 성전에 대한 설명을 잠시 중단시키고 있다. 또 연대기적으로도 순서가 맞지 않는다. 솔로몬은 성전 건축을 마친 후에 왕궁 단지를 지었다(6:38, 7:1, 9:1, 10). 그보다 더 중요한 것은 6장의 마지막 구절과 7장 1절이 어색하게 연결되어 있다는 점이다.

성전을 건축하는 데는 7년이 소요되었다. 그러나 왕궁은 십삼 년 동안 건축하여 그 전부를 준공했다고 기록하고 있다(6:38-7:1). 솔로몬은 왕국을 짓는 데 여호와의 이름을 위한 전을 짓는 데 걸린 기간보다 거의 두 배 가량을 소요했다. 그것에 대해 우리는 어떻게 생각해야 하는 것인가? 왕궁의 규모가 성전보다 훨씬 더 컸기 때문이라고 설명할 수 있을 것이다. 그러나 그것도 적절한 설명이라고 볼 수는 없다. 열왕기상 기자는 이야기의 흐름을 방해하면서까지 왜 굳이 여기서 왕궁에 대한 언급을 한 것인가? 솔로몬이 그의 소명 의식을 잃어가고 있었다고 보아야 하는 것인가? 여호와의 이름보다 자신의 이름을 더 중요하게 생각하게 된 것인가? 이것도 "솔로몬은 하나님을 사랑하였다 그러나…"라고 말할 수 있는 한 예를 보여주는 것은 아닌가? 왕궁 단지는 좋은 것이고 필요한 것이었다. 그러나 솔로몬이 본 궤도를 벗어나면서 성전보다 왕궁을 더 중요하게 생각하게 된 것은 아닌가? 열왕기상 기자는 이 구절에서 이런 질문들에 대해 아무 대답도 하지 않고 있다. 그러나 몇 가지 질문들을 제기하고 있는 것만은 분명하다!

**6:11-13.** 성전 건축에 대한 이야기의 흐름을 처음으로 잠시 중단시킨 것은 솔로몬에게 임한 하나님의 말씀이었다. 본문은 여호와의 말씀이 솔로몬에게 임하여 가라사대라고 말하고 있다. 3장 5절과 9장 2절에는 하나님이 솔로몬에게 나타나셨다고 기록되어 있고, 두 경우 모두 꿈이나 환상이 결부되어 있다. 그러나 이 구절의 경우는 좀 다르다. 왜냐하면 9장 2절이 하나님이 솔로몬에게 두 번째 나타나신 것으로 설명하고 있기 때문이다. 그렇다면 이 구절은 알려지지 않은 선지자를 통해 말씀하신 메시지로 볼 수 있을 것이다. 중요한 것은 메시지가 솔로몬에게 전해진 방법이 아니라 하나님이 솔로몬에게

하신 말씀의 내용이다. 좀 더 큰 문맥에서 보면 이 메시지는 성전의 외관 공사를 마치고 내부 장식을 시작하기 전에 하나님이 솔로몬에게 하신 말씀이라는 것을 알 수 있다(9, 14절).

네가 이제 이 전을 건축하니라는 말로 시작되는 메시지의 서두는 우리에게 성전 자체에 대해 하나님이 솔로몬에게 하실 말씀이 있었다는 기대를 하게 만든다. 그러나 이어지는 내용은 성전과는 아무 관계도 없는 것이었다. 대신 솔로몬과 관련된 말씀이었다. **네가 만일 내 법도를 따르며 내 율례를 행하며 나의 모든 계명을 지켜 그대로 행하면 내가… 한 말을 네게 확실히 이룰 것이요.** 성전 건축은 하나님께 영광을 돌리려는 마음에서 시작된 장대한 사업이었다. 그러나 성전 건축으로 순종을 대신할 수 있는 것은 아니었다. 성전 건축을 통해 하나님의 약속이 성취되는 것이 아니었다. 하나님의 호의는 많은 돈과 시간과 노력과 업적으로 살 수 있는 것이 아니다. 그리고 그런 것들로 하나님의 변함없는 뜻에 순종하는 믿음을 대신할 수 없다. 솔로몬은 성전이 아니라 하나님을 신뢰하고 순종해야 했다.

그것은 그 이후 하나님의 백성들에게도 매우 중요한 문제였다. 그들은 성전이 하나님의 호의를 그들에게 확신시켜주는 것이며, 따라서 하나님의 심판으로부터 그들을 보호해줄 것이라고 생각했다. 예레미야 선지자의 가장 신랄한 설교들은 성전에 대한 그런 잘못된 신학을 경고하는 것이었다. 열왕기상의 원독자들은 성전이 그들을 하나님의 진노로부터 지켜줄 수 없다는 사실을 알고 있었다. 그들이 이 글을 읽게 되었을 때 성전은 이미 폐허가 되어 있었다. 성전 자체를 믿는 것은 언제나 잘못이라는 사실을 성전이 완성되기 전부터 알고 있어야 할 필요가 있었다. 그래서 하나님은 복을 받을 수 있는 조건을 제시하셨다. 성전에 대한 올바른 관점을 가지고 있을 때 하나님은 성전을 신성케 하실 것이다. 그러나 사람들이 하나님께 대한 순종을 성전으로 대치하려 한다면 하나님은 그들을 벌하실 것이다. 솔로몬은 이 말씀을 들을 필요가 있었다. 성전 건축 자체가 그의 소명이 아니었다. 그의 소명은 하나님과 하나님의 말씀에 순종하도록 그의 백성들을 인도하는 것이었다.

| Main Idea 복습 | 하나님의 백성들의 소명은 하나님의 이름을 위한 집을 건축하는 일에 헌신함으로 하나님께 영광 돌리는 삶을 살아가는 것이다. |
|---|---|

# 결론

## 하나님의 성전 건축

솔로몬은 하나님의 영광을 위해 성전 건물을 짓는 소명을 받았다. 그는 그 소명을 헌신적으로 그리고 세밀하게 수행해나갔다. 성전 건축에 대한 묘사는 열정적으로 자기 하나님의 영광을 추구하면서 '여호와의 이름을 위한 전' 을 짓기 위해 아무것도 아끼지 않았던 사람을 보여준다. 성전의 모든 것은 하나님께 영광을 돌리려는 그의 헌신을 말해주었다. 의무감 때문에 마지못해 한 일은 하나도 없었다. 그가 사랑하는 하나님을 위해 사랑으로 한 일이었다. 그는 일을 한 것이 아니라 그의 소명을 수행한 것이었다.

주 예수님은 그 어떤 건물에도 자신의 이름을 결부시키지 않으셨다. '여호와를 위한 전' 은 주 예수님을 알고 있는 모든 사람들로 이루어진 살아 있는 몸이다. 주 예수 그리스도가 소유하신 모든 나라와 모든 족속에 속한 신자들로 구성된 살아 있고 성장하는 몸이다. 우리에게는 우리 하나님의 살아 있는 집을 건축하는 일에 우리의 에너지와 우리가 가진 최고의 자원들을 사용해야 하는 하나님이 주신 소명이 있다. 솔로몬처럼 우리도 본 궤도에서 벗어나 하나님의 전보다는 우리의 집을 짓는 일에 더 많은 시간을 투자하거나, 좋은 것들로 최선의 것을 대신할 수 있을 것이라고 생각하는 위험에 늘 빠질 수 있다. 소명을 행하는 사람들은 하나님이 주신 사명을 받아들이고, 하나님께 영광 돌릴 수 있는 일들을 행하며, 언제나 하나님께 초점을 맞추어 살아가는 사람들이다.

▣ 진리 알기

- 그리스도를 따르는 사람에게는 하나님의 나라를 건설하는 일에 자신의 재능과 기술을 사용할 수 있는 하나님이 주신 소명이 있다.
- 계획과 준비는 하나님의 일을 하는 데 없어서는 안 될 중요한 요소들이다.
- 하나님은 우리의 최선에 합당한 분이시다. 우리가 하는 모든 일 속에서 하나님의 영광이 드러나야 한다.

- 본궤도를 떠나 가장 중요한 것 대신 부차적인 것들을 선택하게 될 위험에 빠질 가능성이 언제나 있다.
- 하나님께 예배드리는 바른 마음을 유지하고 순종하는 것보다 더 중요한 것은 없다.

■ 적용하기

- 직업을 넘어서서 하나님이 주신 사명, 곧 소명을 생각해보라.
- 확신을 가지고 헌신된 마음으로 소명을 받아들이라.
- 하나님을 높이고 하나님께 영광 돌릴 수 있는 일에 열정을 가지라.
- 하나님께 초점을 맞추고 있는지 확인하기 위해 자신의 우선순위를 늘 점검하라.

## 삶의 적용

### 하나님의 시각 자료

솔로몬의 성전은 고대 사회에서 한 평당 가장 비싼 가격으로 지어진 감탄할 만한 건축물 중의 하나였다. 그러나 격조 높은 건축물을 짓기 위해 성전을 지은 것은 아니었다. 성전은 살아 계신 하나님께 나아가기 위한 한 방법이었다. 성전은 성막의 구조를 본 따 지은 것으로 성막과 같은 역할을 하는 것이었다. 성전은 나중에 그리스도의 완성된 사역으로 대체되었다. 우리에게는 하나님께 나아가는 '새롭고 산 길' 이 있다(히 10:20). 그리스도의 사역은 성전의 역할을 완성시켰다. 다음은 성전에 관한 가장 분명한 몇 가지 메시지들이다.

- 성전 입구의 제단은 그리스도의 희생을 통해서만 하나님께 나아갈 수 있음을 우리에게 상기시켜준다. 우리의 죄가 해결되어야 한다. 우리는 우리의 공로를 기초로

하나님께 나아갈 수 없다. 그리스도가 우리의 죄를 없게 하시려고 자신을 드려 단번에 완전한 제사를 드리셨다(히 9:26-28).

- 성전 뜰 안에 있는 물두멍들은 하나님께 나아갈 때마다 매번 우리 자신을 정결케 해야 한다는 사실을 말해준다. 제사장은 자신을 먼저 정결케 하지 않고는 성소에 들어갈 수 없었다. 주 예수님이 그의 백성들을 정결케 하신다(히 10:22).
- 성소에는 제사장들만 들어갈 수 있었다. 성소는 하나님이 계시는 곳의 경이로움과 그곳에 나아갈 수 있는 특권을 상기시켜주는 매우 아름다운 곳이었다. 이스라엘의 제사장 직분은 성소에서 찬양의 상징으로 향을 피우는 특권을 가진 몇몇 사람들에게만 국한된 것이었다. 그러나 지금은 그리스도를 따르는 사람은 누구나 다 하나님 앞에 나아가 하나님을 찬양할 수 있는 초대를 받은 제사장이다(히 13:15-16).
- 지성소는 일 년에 한 번씩 돌아오는 속죄일에 대제사장만 들어갈 수 있는 곳이었다. 우리의 대제사장이신 주 예수님이 하신 일을 기초로 우리는 하나님께 나아갈 수 있는 초대를 받았다(히 10:19-22).

## 기도

우리가 얼마나 쉽게 분주해지고 또 일상의 요구들 속에 얼마나 쉽게 휘말릴 수 있는지 알고 계시는 하나님, 눈을 들어 우리를 부르신 하나님의 소명을 깨닫고 열정을 가지고 성실하게 그 소명을 수행함으로 하나님 나라의 일꾼으로 하나님을 섬길 수 있게 도와주시기를 기도합니다. 아멘.

## 심층 연구

### A. 사백팔십 년(6:1)

성전 건축은 솔로몬이 왕위에 오른 지 4년째 되던 해(B.C. 967)에 시작되었고, 그 해는 이스라엘 역사상 가장 중요한 사건들 중의 하나인 출애굽을 기점으로 그 연대가 표시되었다. 그 해는 이스라엘 역사상 중대한 사건이 일어난 해로 한 획을 긋게 된 해였다. 많은 사람들이 480이라는 숫자의 의미를 토의해왔다. 한 세대를 40년으로 보는 아이디어를 기초로 한 상징적인 숫자라고 해석하는 학자들도 많다. 그들은 480년을 열두 세대를 뜻하는 것으로 보았다. 이런 해석은 많은 사람들에게 이스라엘 백성들이 B.C. 1290년에서 1250년경에 애굽을 떠났을 것이라는 제안을 하게 만들었다. 많은 사람들은 이런 연대 계산이 고고학적 증거들을 보다 정확하게 설명해주는 것이라고 생각한다. 이런 해석이 가능하긴 하지만, 480년이라는 숫자를 글자 그대로 받아들이고 이스라엘 백성들이 B.C. 1447년에 애굽을 떠났다고 보는 것이 더 적절해 보인다.

### B. 야긴과 보아스(7:21)

솔로몬 성전의 거대한 두 기둥에 새겨진 이름은 상당히 많은 추측들을 불러일으켰다. 야긴이라는 말은 '그가 세우다' 라는 뜻인 반면, 다윗 왕의 조상의 이름이었던 보아스는(룻 4:21-22) '능력으로' 라는 뜻이다. 그 두 이름을 성전을 뜻하는 것("그의 능력으로 세워졌다")으로 보거나, 아니면 다윗 왕조와 하나님의 나라를 뜻하는 것으로 보는 것이 가장 적절할 것이다. 후자의 경우라면 아마도 두 이름은 각 기둥에 "그가(다윗 왕조를 여호와의) 능력으로(영원히) 세울 것이다"라는 표어로 새겨져 있었을 것이다.

## 교안

### A. 들어가는 글

1. '소명 아니면 직업' 의 이야기로 시작하라.
2. 배경 설명: 왕위에 오른 솔로몬은 4년 동안 자신의 왕권을 견고하게 확립하였고 그를 왕위에 오르게 한 특별한 소명에 - 그의 아버지 다윗이 간절히 열망했던 여호와를 위한 전을 건축하는 일에 - 헌신할 수 있었다.
3. 적용: 왕이란 직책도 하나의 직업이다. 그러나 솔로몬 왕의 직업은 하나님이 주신 소명에 달려 있었다. 하나님의 목적을 이루기 위해 왕위에 오르게 되었다는 의식이 그의 초기 활동들을 지배하고 있었다.

### B. 본문 이해

1. 성전 건축을 위한 준비(5:1-18)
2. 성전 건축(6:1-10, 14-38, 7:13-51)
3. 이야기의 일시 중단(7:1-12, 6:11-13)

**C. 결론**: '하나님의 성전 건축' 을 읽어주라.

## 토의 질문

1. 직업과 소명을 어떻게 구분하는가? 사람들에게 각자의 직업에 대해 이야기하게 한 다음, 그들의 소명에 대해서도 이야기하게 하라. 소명을 생각하기 어려운 것이라 느끼는가? 아니면 쉬운 것이라 느끼는가?

2. “부차적인 것으로 가장 좋은 것을 대체하려 해서는 안 된다.” 이 말이 6장 11-13절에 기록된 하나님의 말씀 속에서는 어떻게 나타나 있는가? 그 아이디어를 당신의 삶 속에서는 어떻게 적용하고 있는가?

# 열왕기상 8:1-66

## 부흥으로 가는 길

*"가슴을 치면서도 돌이키지 않는 사람은 죄를 버리는 대신 죄에 점점 더 무감각 해진다."*

*- 어거스틴(Augustine)*

**열왕기상 8:1-66** 솔로몬이 백성들을 모두 모아 성전을 봉헌하게 되었을 때는 성전 건축이 완성된 지 거의 일 년 정도 지난 후였다. 그는 이스라엘에서 가장 신성한 물건인 언약궤를 성전으로 옮기게 했다. 하나님이 성전에서 하나님의 영광을 드러내셨을 때 솔로몬은 백성들과 함께 성전을 봉헌했다. 그는 성전을 설명하는 설교로 시작해서 하나님이 의도하신 대로 성전이 사용될 수 있도록 기도하고, 백성들에게 축복을 선언하며, 전국적인 축제로 마무리를 지었다.

**역사 소개: 성전**

- 첫 번째 성전은 솔로몬이 건축했고(B.C. 971-931) B.C. 587년 바벨론에 의해 파괴될 때까지 계속되었다.
- 두 번째 성전은 B.C 538년부터 바벨론 유수에서 돌아온 사람들이 짓기 시작했다. 스룹바벨의 지휘 아래 시작된 건축의 첫 번째 단계는 B.C. 515년 경에 봉헌되었다(에 1-6장). 헤롯 대제 당시 대대적으로 성전을 재건하게 되었고, B.C. 20-10년 사이에 완성되어 오랫동안 계속(요 2:20) 유지되다가, A.D. 70년 로마의 디도 황제에 의해 파괴되었다.
- 새로운 성전은 성령님이 거하시는 성전이다. 신약 성경 당시에는 구체적인 예배 장소가 없었다. 그리고 그리스도 안에서 제사도 더 이상 드릴 필요가 없게 되었다. 하나님이 거하시는 하나님의 전은 성도(고전 6:19)와 지역 교회(고전 3:16)와 그리스도의 몸을 이루고 있는 교회(엡 2:19-22)다.
- 미래의 성전은 고난의 때와 예루살렘의 거룩한 곳에 대해 언급하고 있는 구절들 속에 분명히 묘사되어 있다(마 24:15; 살후 2:4).
- 천년왕국의 성전은 논쟁의 여지가 많은 주제다. 에스겔 40-48장이 그 성전에 대해 묘사하고 있다고 주장하는 사람들도 있다.

## 들어가는 글

# 하나님께 나아가다

테러리스트들이 여객기를 납치해 뉴욕에 있는 세계무역센터와 워싱턴 D.C에 있는 미 국방성 건물로 날아들어 폭파했을 때 모두들 믿을 수 없다는 반응을 보였다. 그러나 거대한 건물들이 무너져내리자 사람들은 본능적으로 기도하는 모습들을 보였다. 그날 밤 교회마다 만원을 이루었다. 그리고 며칠 또는 몇 주 동안 사람들은 교회로 모여들어 특별 기도회를 열었다.

위기는 우리에게 기도하지 않을 수 없게 만든다. 하나님 외에 우리가 찾아갈 곳이 없다는 사실을 깨닫게 되기 때문이다. 그 결과 때때로 놀라운 변화가 일어나기도 한다. 그러나 위기나 다를 바 없이 신속하게 사라지는 일시적인 영적 경련으로 끝나고 마는 경우가 훨씬 더 많다. 911 사태가 미국 사회에 영적 영향을 지속적으로 미치고 있다는 표시는 거의 찾아볼 수 없다.

인류 역사 속에서 살아 계신 하나님을 만나는 중요한 순간들이 있었다. 우리는 그 경험들을 영적 부흥이라 부른다. 인간 편에서 부흥의 때는 하나님의 놀라운 거룩하심에 비추어진 자신들의 참된 상태를 깨닫고, 겸손하게 회개하며, 하나님께 돌아가는 영적 각성이 일어나는 때다. 하나님 편에서 부흥의 때는 하나님이 하나님의 백성들을 회복시키시고 새롭게 하시기 위해 성령님을 부어주시는 때다. 그러나 하나님은 수동적으로 백성들을 기다리고 계시지 않는다. 종종 그들을 위기에 처하게 하시고 하나님이 필요하다는 사실 앞에 직면하지 않을 수 없게 만드신다. 하나님이 개입하지 않으신다면 우리는 부지중에 무관심해지거나 변절하게 된다. 부흥은 하나님과의 관계를 회복시켜주기 때문에 매우 중요하다. 그러나 부흥은 생활과 행동의 근본적인 변화를 불러오는 개혁으로 이어져야 한다.

솔로몬이 건축한 성전은 다양한 목적에 이바지하기 위한 것이었다. 먼저 하나님이 명하신 제사와 하나님의 제사장들의 중재로 죄의 문제를 해결하기 위한 구원의 장소였다. 또 하나님의 백성들이 모여 찬양을 드리며 살아 계신 하나님을 높이는 예배의 장소였다. 성전은 또 기도하는 장소, '만민의 기도하는 집' (사 56:7, 마 21:13)이었다. 이 장에서는 솔로몬이 성전을 봉헌하면서 세 번째 기능에 주목하고 있는 것을 볼 수 있다. 그가 한 말은 모든 기도에 적용되는 것이다. 그러나 솔로몬은 특별히 위기를 맞이했을 때, 다시 말해서 하나님의 백성들이 하나님만이 그들의 문제를 해결해주실 수 있는 분이라는 사실을 깨닫게 될 때 드리는 기도를 생각하고 있었다.

## 본문 이해

### 부흥으로 가는 길

| Main Idea | 하나님의 백성들은 외부적인 적이나 정치적인 상황 때문이 아니라 고백하지 않은 죄 때문에 언제나 큰 위험에 처하게 된다. |
|---|---|

### A. 언약궤를 옮기는 행렬(8:1-13)

| Supporting Idea | 성전을 독특한 하나님의 전으로 만드는 것은 건축물의 장엄함이 아니라 그곳에 임하시는 하나님이다. |
|---|---|

**8:1-9.** 솔로몬은 성전을 건축하기 위해 7년이라는 세월 동안 엄청난 양의 에너지와 돈을 투입했다. 6장 38절과 8장 2절을 비교해보면 알 수 있듯이 솔로몬은 에다님월 곧 칠월 절기가 될 때까지 성전 봉헌을 미루면서 11개월을 기다렸다('심층 연구'를 참조하라). 그렇게 기다린 것은 아마도 일곱째 달 절기가 한 해 가운데 종교적으로 가장 거룩한 달로 여겨졌기 때문일 것이다. 그 달에 신년제(Rosh Hoshanah)와 속죄일(Yom Kippur)과 초막절(Sukkoth)을 지켰다. 아마도 솔로몬은 성전 봉헌을 이런 영적인 축제들이 열리는 때와 일치시키고 싶었을 것이다.

백성들 가운데 임하시는 하나님은 다른 나라들과는 구별되는 이스라엘만의 특징이었다(출 33:15-16). 또 모세가 세운 성막의 독특한 특징이기도 했다(출 40:34-35). 성전은 매우 인상적인 건물이었을 것이다. 그러나 하나님이 임하지 않으시면 빈껍데기에 불과한 것이었다. 그러므로 무엇보다 먼저 예루살렘 저지대에 임시로 설치해두었던 여호와의 언약궤를 솔로몬 성전의 지성소 안에 마련한 새 거처로 옮겨야 했다. 언약궤는 하나님의 성품과 임재와 백성들과의 언약을 상징하는 것으로 이스라엘에서 가장 신성한 물건이었다.

언약궤는 이스라엘 백성들과 함께 광야를 지나면서 그들을 약속의 땅으로 인도했다(민 10:33-36, 수 3:3). 언약궤는 해마다 대제사장이 제물의 피를 그 위에 바르는 이스라엘의 가장 신성한 절기인 속죄일의 중심을 이루고 있었다. 다윗은 오랫동안 소홀히 여겨지고 있었던 언약궤를 복구하기로 다짐했었다. 그는 언약궤를 예루살렘에 설치한 특별한 장막 속으로 옮기는 일을 무엇보다 중요한 일로 여겼다(삼하 6장).

솔로몬은 일 년 중 가장 신성한 때에 언약궤를 성전으로 옮기기로 했다. 아버지의 실패를 통해 교훈을 얻은 솔로몬은(삼하 6장) 언약궤를 옮기는 일에 특별한 주의를 기울였다. 이스라엘의 장로들과 모든 지파의 지도자들과 이스라엘 자손의 족장들을 다 모았고 제사장들이 궤를 메었다. 그리고 율법에 정해진 대로 성막 안에 있던 그 밖의 거룩한 기구들은 레위인들에게 메게 했다. 궤를 옮기며 제사를 드렸고, 거룩한 행렬은 엄숙한 행사로 진행되었다. 그리고 마침내 언약궤는 내전 지성소 그룹들의 날개 아래 놓이게 되었다.

열왕기상 기자는 언약궤가 놓인 장소를 그룹들의 날개 아래로 정확하게 묘사하면서 모세가 호렙에서 그 안에 넣은 두 돌판이 언약궤 안에 들어 있었다는 사실을 강조하고 있다. 가장 거룩한 곳에 놓인 언약궤는 하나님의 언약뿐 아니라 모세의 성막과 성전의 연계성을 이스라엘 공동체에게 상기시켜주었다.

**8:10-11.** 하나님의 백성들 편에서 언약궤를 옮긴 것은 하나님의 언약을 보여주는 상징물을 이스라엘의 중심에 두는 상징적 행동이었다. 그리고 하나님은 성전 건축을 인정해주시는 방법으로 응답하셨다. 성막 위에서 하나님의 거룩한 임재를 보여주고 광야에서 이스라엘 백성들을 인도해주었던 것과 같은(출 40:34-38) 구름이 여호와의 전에 가득하였다. 제사장들은 그 구름이 너무나 압도적이었기 때문에 성전에서 물러서지 않을 수 없었다. 성전을 하나님의 성전으로 만드는 것은 그곳에 임하신 하나님의 임재였다.

하나님이 임하지 않으신다면 솔로몬이 지은 성전은 빈껍데기에 불과한 것이었다.

**8:12-13.** 솔로몬은 그곳에서 일어난 일들의 중요성을 잘 알고 있었다. 그가 건축한 성전은 이제 하나님이 거하시는 곳, 캄캄한 데 계시겠다고 하신 바로 그곳이 되었다. 캄캄한 데 계시겠다는 표현은 하나님이 시내산에서 인간의 이해를 초월하는 하나님의 신비를 언급하시며 하신 말씀을 생각나게 하는 것이었다(출 19:9). 그럼에도 불구하고 하나님은 하나님의 백성들 중에 거하셨다. 솔로몬은 내가 참으로 주를 위하여 계실 전을 건축하였사오니라고 선언했다.

## B. 솔로몬의 설교(8:14-21)

| Supporting Idea | 하나님께 성전이 필요했던 것이 아니라 성전이 하나님을 필요로 했다. 하나님의 이름이 걸려 있는 것들을 대할 때에는 그에 합당하도록 적절하게 다루어야 한다. |
|---|---|

**8:14-21.** 이 모든 일들이 진행되는 동안 솔로몬의 관심은 성전을 향해 있었다. 그러나 이제 영적 지도자로서 봉헌 기도를 드리기 전에 먼저 백성에게 설교하기 위해 그의 얼굴을 돌이켜 모인 무리들을 향했다. 성전은 이스라엘의 새로운 모습이었다. 그러나 백성들은 그것이 그저 인간이 이룩한 쇄신이 아니라는 것을 알 필요가 있었다. 그것은 하나님의 약속과 계획에 기초를 둔 것이다. 그 사실을 백성들에게 알리기 위해 솔로몬은 간단한 메시지를 통해 하나님과 성전의 특성을 드러내주었다.

솔로몬은 하나님의 영광을 높이는 데 관심을 두었다. 왜냐하면 그분은 신실한 분이시며 약속을 지키는 분이시기 때문이었다. 이스라엘 하나님 여호와를 송축할지로다 여호와께서… 나의 부친 다윗에게 말씀하신 것을… 이루셨도다. 앞에서 보았듯이 사무엘하 7장에 기록된 다윗 언약이 열왕기상의 메시지를 이루고 있다. 하나님은 다윗이 이스라엘을 다스리게 될 것을 약속하셨을 뿐 아니라, 다윗의 아들이 그의 뒤를 이어 왕위에 오르고 여호와의 이름을 위하여 전을 건축하게 될 것이라고 약속하셨다. 감사하는 마음으로 충만하게 된 솔로몬은 이제 여호와께서 말씀하신 대로 이루셨도다라는 말을 반복했다.

솔로몬의 나라와 성전은 그가 주도한 것이나 그의 생각에서 나온 것이 아니라 하나님의 목적과 하나님의 신실하심에서 나온 것이었다. 하나님은 또 하나님의 계획을 계속 수행해나가는 분이셨다. 이 모든 일들은 다윗에게 하신 하나님의 약속에(그리 오래 되지 않은 과거) 뿌리를 두고 있지만, 또 거의 오백 년 전 이스라엘 백성들을 애굽에서 나오게 하신 하나님의 구원에(아주 오래된 과거) 뿌리를 둔 것이기도 했다(6:1). 성전 봉헌은 다윗 언약의 성취일 뿐 아니라 이스라엘 백성들을 애굽 땅에서 인도하여 내실 때에 그들과 세우신 여호와의 언약을 성취하신 것이기도 했다. 여호와는 변함없이 끈덕지게 신실한 분이시다. 성전은 하나님 계획의 극치였다.

솔로몬은 또 자비의 하나님이신 여호와께 초점을 맞추고 있다. 다윗은 하나님이 허락해주시지 않았던 간절한 열망을 - 다윗이 이스라엘의 하나님 여호와의 이름을 위하여 전 건축할 마음을 - 품고 있었다. 하나님이 비록 그 소원을 허락해주지는 않으셨지만 그의 소원을 무시하신 것은 아니었다. 하나님은 다윗의 그런 마음을 칭찬해주셨다! 하나님은 우리 손으로 행하는 일뿐 아니라 하나님의 인도하심을 따르는 우리 마음의 소원까지도 귀하게 여기시는 자비를 베푸신다.

솔로몬은 또 성전의 특징을 설명했다. 성전은 하나님의 이름을 담고 있는 곳이었다. 왜냐하면 하나님이 성전의 소유권을 주장하시고 성전을 자신과 동일시하셨기 때문이다. 하나님은 그 특별한 장소와 함께 알려지시게 될 것이다. 성전을 '여호와의 전' 이라고 말하는 것은 하나님이 그곳에만 계신다는 뜻이 아니다. 하나님은 하나의 건물 안에 갇혀 계실 수 있는 분이 아니시다.

하나님께 성전이 필요한 것이 아니다. 성전이 하나님을 필요로 한다. 건물 자체에 가치가 있는 것처럼 성전을 의지하는 것은 어리석은 일이다. 그것이 바벨론에 포로로 잡혀가 성전이 파괴되었다는 사실을 알게 된 이스라엘 백성들이 열왕기상을 읽으면서 혼란스럽게 생각한 문제였다. 여호와를 위한 집이라는 말이 뜻하는 바는 무엇인가? 여호와가 패배했거나 피해를 입었다는 말인가? 그들은 성전이 하나님이 특별하게 임하시는 곳이었지만, 하나님을 성전 안에 가두어두거나 통제할 수 없다는 사실을 알 필요가 있었다.

## C. 솔로몬의 기도(8:22-53)

| Supporting Idea | 진정한 기도에는 회개와 찬양이 포함된다. |
|---|---|

이 구절은 기도에 관한 기도다. 솔로몬은 '여호와의 단 앞에서' '하늘을 향하여 손을 펴고' 기도를 시작했다(22절). 그리고 기도가 끝나갈 무렵에는 '무릎을 꿇고 하늘을 향하여 손을 펴고' 있는 솔로몬을 볼 수 있다(54절). 그는 마음과 감정을 쏟아부으며 기도했던 것이 분명하다.

**8:22-26.** 모든 기도의 중심에는 하나님께 대한 확신이 들어 있다. 그래서 성경이 말하는 기도는 하나님을 찬양하는 것으로 시작한다. 우리가 기도하는 하나님은 비할 데 없는 분이시다. 하나님 여호와여… 주와 같은 신이 없나이다. 하나님은 특별한 분이시며 비할 데 없는 분이시다. 그러므로 우리는 우리가 생각하거나 상상하고 싶은 대로의 하나님이 아니라 하나님이 계시해주신 하나님을 기초로 기도해야 한다. 또 우리가 기도하는 하나님은 사랑하는 분이시며 신실한 분이시다. 그것은 우리가 하나님의 약속을 기초로 기도해야 한다는 것을 뜻한다. 그래서 솔로몬은 계속해서 역사 속에서 그리고 말씀 속에서 계시해주신 하나님을 바탕으로 그의 기도를 쌓아올렸다. 25-26절에서 그는 하나님이 말씀하신 약속을 이루어주시기를 기도했다(그리스도를 따르는 모든 사람들이 본받아야 할 훌륭한 기도의 본이다). 그리고 하나님의 약속이 이루어지기 위해서는 하나님이 요구하신 조건이 있다는 사실을 기억했다. 기도 응답의 조건은 하나님의 약속이 이루어지기 위해서는 우리가 하나님 앞에서 바른 상태를 유지하고 있어야 한다는 것이다.

**8:27-30.** 솔로몬은 기도와 하나님이 하나님의 영광을 두기로 하신 특별한 장소인 성전을 연결시켰다. 왕은 성전에 대해 조금도 오해하지 않고 있었다. 성전은 사람들에게 영광스럽게 보이는 건물일 수도 있었지만, 하나님은 상상을 초월하는 이루 헤아릴 수 없는 분이시다. 하나님이 자리를 만드시고 그 자리를 자신으로 채우시지만 하나님은 그 이상으로 충만한 분이시다. 솔로몬이 하나님이 참으로 땅에 거하시리이까?라고 말한 것도 무리가 아니다. 하늘들의 하늘이라도 주를 용납지 못하겠거든 어떻게 하나님을 성전 안에 거하시게 할 수 있겠는가? 그러나 동시에 하나님은 내 이름이 거기 있으리라고

말씀하셨다. 어디에나 계시는 온 우주의 하나님이 성전 안에 임하기로 하신 것이다.

솔로몬의 신학은 균형을 잘 유지하고 있다. 하나님이 성전 안에 임하셨다. 성전을 보고 계시며 성전 안에서 혹은 성전을 향해 드리는 기도를 들으셨다. 그러나 하나님은 결코 성전 안에만 계시는 분이 아니시며, 실제로 성전 안에서 '들으시는' 것도 아니다.

솔로몬은 기도의 본을 보여주었다. 기도는 성전 안에서(종이… 주의 앞에서… 비는 기도를 들으시옵소서) 그리고 성전을 향해 (주의 백성 이스라엘이 이곳을 향하여 기도할 때에) 하게 될 것이다. 예루살렘과 성전을 향해 드리는 기도는 유대인들의 경건함을 실천하는 기준이 되었다(시 138:2, 단 6:10). 성전은 기도하는 집이었다. 오늘날에도 경건한 유대인들은 기도할 때에 예루살렘 쪽을 향해 기도한다. 그리스도를 따르는 사람들은 '주 예수님의 이름을 향하여' 가 아니라 '주 예수님의 이름으로' 기도한다.

**8:31-53.** 솔로몬은 개인적인 차원에서 그리고 국가적인 차원에서 다음 일곱 가지 경우를 제시했다. 사람들은 그 각각의 경우에 대해 자신들의 필요에 따라 성전에 계신 하나님을 향해 부르짖을 수 있었다.

1. 하나님의 판결이 요구되는 분쟁(8:31-32)
2. 국가적인 범죄로 야기된 군사적 패배(8:33-34)
3. 국가적인 범죄로 야기된 가뭄(8:35-36)
4. 죄로 인한 자연 재해(기근, 온역, 재앙, 흉작, 질병, 8:37-40)
5. 여호와의 위대한 이름을 경외하는 이방 나그네들(8:41-43)
6. 전쟁을 위해 외국 땅으로 가게 될 때(8:44-45)
7. 하나님의 진노로 추방되거나 포로로 잡혀가게 될 때(8:46-51)

일곱 번째의 경우를 가장 길게 설명하고 있는데, 그것은 열왕기상의 원독자들이 정확하게 그 상황에 처해 있었기 때문이었다. 하나님이 먼저 사하여주시고 그 다음에 저희를 사로잡아간 자의 앞에서 저희로 불쌍히 여김을 얻게 하시기를 기도했다. 이 자비는 고국으로 돌아가게 되는 결과로 나타나게 되리라는 것을 51절에서 출애굽을 언급함으로 분명히 하고 있다. 그들은 주께서… 애굽에서 인도하여 내신 주의 백성, 주의 산업이 됨이니이다. 이것은 열왕기상의 원 독자들과 관련된 것이라는 점을 분명히 보여준다.

이 솔로몬의 기도에 대해 몇 가지 사실들을 이야기할 수 있다. 첫째, 하나님은 백성들의 실패에 놀라지 않으신다. 기도는 문제를 예고하는 것이다. 왜냐하면 범죄치 아니하는 사람이 없기 때문이다(46절). 죄는 하나님의 백성들이 하는 모든 일에 스며든다. 둘째, 하나님은 죄를 가볍게 보지 않으신다. 죄에는 특정한 결과가 따르게 되고 그 결과가 매우 혹독할 수도 있다. 셋째, 하나님이 해결책을 마련해놓으셨다. 성전은 인간의 실패를 대비해 하나님이 미리 제공해주신 하나의 극적인 증거로 서 있었다. 넷째, 고백은 구체적이어야 한다. 회개에는 죄를 인정하는 것뿐 아니라 그 죄에서 돌아서는 것까지도 포함된다. 다섯째, 하나님은 하나님의 백성들이 하나님이 요구하신 대로 그분께 나아오면 그들에게 귀 기울이시는 하나님이시기 때문에 절망적인 상황이란 있을 수 없다. 하나님은 들으실 뿐 아니라 용서하시고 또 회복시켜주신다.

## D. 솔로몬의 축도(8:54-61)

| Supporting Idea | 하나님의 은혜와 신실하심을 보여주는 역사는 우리를 순종으로 이끌어주는 역할을 하는 것이 되어야 한다. |
|---|---|

**8:54-61.** 기도를 마친 솔로몬은 하나님으로부터 하나님의 백성들에게 그의 관심을 돌렸다. 그는 간단한 설교로 시작했고 간단한 축도로 마쳤다. 하나님의 백성들에게 그들의 땅에서 태평을 누리게 하시겠다는 것이 하나님이 하신 약속 중의 하나였다. 그것은 긴 여행과 포로생활과 방랑과 전쟁으로 얼룩진 역사를 살아온 사람들에게는 특별한 약속이었다. 이 태평은 땅을 소유하게 될 뿐 아니라 그 땅에서 평화를 누리는 것을 뜻한다. 그 환상이 솔로몬 당시에 현실로 이루어졌다. 여호와를 찬송할지로다 저가 무릇 허하신 대로 그의 백성 이스라엘에게 태평을 주셨도다. 실제로 솔로몬은 하나님의 은총과 신실하심을 선포하기 위해 여호수아서에 기록된 말씀을(21:45, 23:14-15) 인용했다. 무릇 허하신 그 선한 말씀이 하나도 이루지 않음이 없도다.

솔로몬은 축도와 청원으로 마무리를 장식했다. 히브리 원문에는 두 개의 청원이 나타나 있다. 하나는 하나님이 그의 백성들 가운데 거하심으로 그의 백성들이 순종하는 삶을 살게 하시는 것이었고(57-58절), 다른 하나는 하나님이 솔로몬의 기도를 들으심으로 이스라엘 백성들의 삶을 통해 이방 나라들이 여호와만이 하나님이시라는 사실을 깨닫게 하시는 것이었다(59-60). 솔로몬은 백성들에게 하나님의 법도를 행하며 그의 계명을 지키는 삶을 살라고 호소하며 끝을 맺었다. 그런데 얄궂게도 솔로몬 자신은 그런 삶을 온전히 살아가지 못했다.

### E. 백성들의 축하(8:62-66)

| Supporting Idea | 하나님의 백성들은 하나님이 영광을 받으실 때 복을 받게 된다. |
|---|---|

**8:62-66.** 솔로몬은 그 날을 백성들이 잊지 못할 날로 기념하기로 했다. 앞에서 그는 언약궤를 성전으로 옮기며 제사를 드렸다(5절). 그리고 이제 성전 자체의 낙성식을 빛내기 위해 엄청난 양의 희생 제사를 드렸다. 축제의 규모는 상상도 할 수 없을 정도였다. 그리고 축제는 전통적으로 지켜온 7일간의 초막절에 일주일이 더 추가되었다. 국가적인 부흥과 즐거운 축제의 시간이었다. 솔로몬은 부흥이 계속되기를 기도했다. 그는 또 나라를 위해 영적으로 중요한 축복의 시간을 가졌다. 사람들은 솔로몬을 찬양하며 집으로 돌아갔다. 그들은 여호와께서… 그 백성 이스라엘에게 베푸신 모든 은혜를 인하여 기뻐하며 마음에 즐거워하였다.

| Main Idea 복 습 | 하나님의 백성들은 외부적인 적이나 정치적인 상황 때문이 아니라 고백하지 않은 죄 때문에 언제나 큰 위험에 처하게 된다. |
|---|---|

# 결론

## 부흥으로 가는 길

**들을 수 있는 능력 - 도우려는 의지**

이 장에서 가장 눈에 띄는 것은 우리의 죄 때문에 하나님이 놀라지 않으신다는 사실이다. 실제로 하나님은 우리의 실패를 기대하신다. "범죄치 아니하는 사람이 없기 때문이다"(46절). 그러나 죄를 가볍게 다루어서는 안 된다. 죄에는 그 결과가 따른다. 그리고 죄를 고백하고 진심으로 회개하고 자비로우신 하나님께 돌아설 때에만 죄에서 구원받을 수 있다. 우리의 실패에 하나님이 놀라지 않으신다면 우리의 회개 역시 하나님 앞에서 결코 피상적인 것이 되어서는 안 된다. 어떤 상황에서건 하나님은 우리에게 귀를 기울이실 수 있을 뿐 아니라 기꺼이 우리를 도우려 하신다.

역대상 6-7장은 열왕기상 8장과 거의 똑같은 내용을 기록하고 있다. 그러나 그 본문에서는 하나님의 백성들에게 큰 소망을 주는 다음 말씀으로 하나님이 솔로몬의 기도에 응답하셨다. "내 이름으로 일컫는 내 백성이 그 악한 길에서 떠나 스스로 겸비하고 기도하여 내 얼굴을 구하면 내가 하늘에서 듣고 그 죄를 사하고 그 땅을 고칠지라"(대하 7:14).

▣ 진리 알기

- 가장 큰 위험은 외부에서 들어오는 것이 아니라 우리 내부에서 나오는 것이다.
- 성전을 하나님의 성전으로 만드는 것은 화려한 건물이 아니라 그곳에 임하시는 하나님이시다.
- 하나님은 하나님의 이름이 걸려 있는 곳에 깊은 관심을 가지고 헌신하신다.
- 하나님은 그 어떤 장소에서도 자신을 제한하지 않으신다. 그러나 하나님의 '전'에서 특별한 방법으로 자신을 자비롭게 드러내신다.
- 하나님이 영광을 받으실 때 하나님의 백성들도 은총을 입게 된다.

■ 적용하기

- 이스라엘 백성들이 성전을 소중히 여겼던 것처럼 하나님의 사람들을(교회를) 소중히 여기라.
- 하나님께 합당한 기도를 할 수 있도록 합당한 관점을 개발하라.
- 죄가 너무 끔찍해서 하나님 앞에 나아갈 수 없다고 생각하는 죄책감으로 인한 두려움에 빠지지 말라. 그렇게 생각할 때가 바로 하나님께 나아가야 할 때다.
- 기계적인 기도와 피상적인 회개를 경계하라.

## 삶의 적용

### 하나님의 새로운 성전

중동 지역을 여행하게 되면 모슬렘 교도들이 메카를 향해 기도하는 것과 유대인들이 예루살렘을 향해 기도하는 것을 쉽게 볼 수 있다. 그러나 그리스도를 따르는 사람들은 그런 일에 아무런 신경도 쓰지 않는다. 이 구절과 직접적인 관계가 있는 상당한 차이가 있다.

요한복음 4장에서 한 여자가 예수님께 예배 장소에 대해 상당히 중요한 질문을 - 예루살렘에서 예배를 드려야 하는지 아니면 사마리아에서 예배를 드려야 하는지를 묻는 질문을 - 했다. 예수님은 "아버지께 참으로 예배하는 자들은 신령과 진정으로 예배할 때가 오나니 곧 이 때라 아버지께서는 이렇게 자기에게 예배하는 자들을 찾으시느니라"(요 4:23)고 대답하셨다. 우리에게는 제물을 바쳐야 할 제단이 없다. 기도하기 위해 찾아가야 할 특별하게 정해진 장소도 없다. 하나님이 특별히 거하시는 곳이라고 정해진 장소에서 예배를 드려야 하는 것도 아니다.

주 예수님이 부활하셨을 때 히브리서에서 말하고 있듯이 성전 건물은 불필요한 것이 되었다. 성전이 없다고 말하는 것이 아니다. 각 신자들(고전 6:19-20)과 지역 교회들(고전 3:16)과 우주적인 교회(엡 2:19-22)가 주님의 성전이다. 교회 건물들이 결코 성전은 아니다. 하나님이 이 땅에서 이 시대에 거하시는 특별한 장소는 없다. 그리스도를 따르고 세상 사람들 앞에서 그리스도의 이름을 지니고 있는 사람들이 하나님의 성전이다. 그리고 하나님의 성전이 되는 것에는 놀라운 책임이 따른다.

새롭게 하시고 부흥케 하시는 하나님의 임재를 구하는 것은 이스라엘 백성들에게 중요했던 것 못지않게 우리에게도 중요한 것이다. 우리는 땅 위에 세운 성전을 향해 기도하는 것이 아니다. 대신 하나님 보좌 우편에 앉으신 분을 향해 기도한다. 우리는 은혜의 보좌 앞에 담대하게 나아간다. 그러나 동시에 솔로몬의 기도에서 볼 수 있듯이 죄를 진정으로 고백하고 회개하지 않는다면 새롭게 하시고 부흥케 하시는 하나님의 일을 경험할 수 없을 것이다.

## 기도

아버지 하나님, 저의 죄에도 불구하고 애통한 마음으로 하나님 앞으로 나오도록 늘 초청해주심을 감사드립니다. 특정한 건물 안에서 하나님을 만나도록 초청하지 않으시고 언제 어느 곳에서나 하나님을 만날 수 있게 하심을 감사드립니다. 아멘.

## 심층 연구

### A. "에다님 월 곧 칠월 절기에"(8:2)

성전은 '불 월 곧 팔월' 에 완성되었다(6:38). 그러므로 칠월에 성전을 봉헌했다는 것은 상당히 놀라운 일이다(8:2). 이것을 저자의 부주의로 인한 실수로 돌리는 것은 극히 단순한 생각이다. 또 어떤 사람들은 성전이 완성되기 한 달 전에 봉헌했을 것이라고 생각하는 사람들도 있다. 그러나 7장 51절은 성전이 완성되었고 또 내부 설비까지 모두 갖추었다고 분명히 말하고 있다. 열왕기상 기자는 그 일을 모두 마친 다음에야 언약궤를 옮겨오게 되었다고 기록하고 있다(8:1). 그러므로 결론은 솔로몬이 성전을 봉헌하기까지 11개월을 기다렸다는 결론을 내릴 수 있다. 그러므로 초막절 절기에 맞추어 성전을 봉헌한 것은 의도적인 것이었으며 우연이 아니었다. 초막절은 고대 이스라엘 백성들에게 가장 중요하고 가장 대중적인 절기였다. 그것은 약속의 땅에서 안식을 주겠다고 말씀하신 하나님의 약속이 성취되었음을 보여주는 것이었으며(8:56) 해마다 언약을 갱신하는 중요한 때이기도 했다(31:9-13). 솔로몬은 성전 봉헌을 통해 이런 중요한 신학적 주제들을 강화하고 싶었을 것이다.

### B. 기도의 자세(8:22, 54)

성경은 특정하게 정해진 기도의 자세를 취해야 한다고 말하지 않는다. 가장 일반적인 자세는 22절에서 솔로몬이 보여준 것처럼 서서(막 11:25, 눅 18:11-13) 하늘을 바라보며(막 6:41, 요 11:41, 17:1) 기도하는 자세였던 것으로 보인다. 솔로몬은 무릎을 꿇고 기도를 마쳤는데 그것은 아마도 복종과 경배를 암시하기 위해서였을 것이다. 서서 하건 무릎을 꿇고 하건 가장 일반적인 자세는 22절과 54절에서 솔로몬이 했듯이 하늘을 향해 두 손을 펼치고 기도하는 자세였다. 그것은 간청과 예배와 복종을 표시하는 자세였다.

기도드리는 자세는 중요하다. 왜냐하면 경외하는 마음의 자세를 보여주기 때문이다. 그러나 성경은 하나님 앞에서 가지는 마음의 자세를 더 중요한 것으로 강조하고 있다.

## 고안

### A. 들어가는 글

1. '하나님께 나아가다' 의 이야기로 시작하라.
2. 배경 설명: 성진 긴축을 마친 후 솔로몬은 하나님께 인정받을 수 있고, 백성들에게 성전의 중요성을 가르치며, 찬양과 축제의 분위기를 만들어낼 수 있는 방법으로 성전을 봉헌하기로 결정했다.
3. 적용: 중요한 일을 먼저 하는 것은 삶을 살아가는 데 필요한 매우 중요한 원리들 중의 하나다. 솔로몬은 새로운 성전이 성전으로서의 기능을 수행할 뿐 아니라 처음부터 하나님이 의도하신 필요를 채우는 역할을 할 수 있도록 해야 한다고 생각했다.

### B. 본문 이해

1. 언약궤를 옮기는 행렬(8:1-13)
2. 솔로몬의 설교(8:14-21)
3. 솔로몬의 기도(8:22-53)
4. 솔로몬의 축도(8:54-61)
5. 백성들의 축하(8:62-66)

### C. 결론: '부흥으로 가는 길' 을 읽어주라.

## 토의 질문

1. 당신이 속한 교회의 상태를 생각해볼 때 하나님 앞에서 교회가 보지 못하고 있는 죄는 무엇이라고 생각하는가?

2. 이 장에서 이야기하고 있는 진정한 영적 부흥을 경험하지 못하도록 막고 있는 하나님에 대한 잘못된 생각은 어떤 것들인가?

3. 일반적으로 예배당의 특정한 부분을 '신성한 곳'으로 부르거나, 예배당을 교회라고 부른다. 그렇게 하는 것에 따르는 위험은 없는가? 그 문제에 대한 구약 성경과 신약 성경의 차이점은 무엇인가?

# 열왕기상 9:1-10:29

## 중간 휴식

*"출세가 죄는 아니다. 그러나 출세에 대한 열망이 하나님과 아내와 가족과 친구들을 위한 시간을 충분히 낼 수 없게 만들거나, 의미 있는 일을 뒤로 미루게 만든다면 출세에 중독된 것이라 할 수 있다… 출세에 중독되는 것은 사회적으로 보다 쉽게 용납될 수는 있을지 모르지만, 술이나 마약이나 도박에 중독되는 것만큼이나 위험한 것이다."*

*- 밥 버포드(Bob Buford)*

**열왕기상 9:1-10:29** 이 두 장이 자세하게 묘사하고 있는 솔로몬 시대는 전성기를 이루었던 황금시대였다. 그러나 그 전에 하나님이 솔로몬 통치의 중간 시기에 그를 찾아오시는 것을 먼저 볼 수 있다. 성전 건축이 다 이루어진 후 순종하는 삶의 중요성과 그 아버지 다윗의 영적 한계를 상기시켜주기 위해 하나님이 솔로몬에게 나타나셨다. 솔로몬 통치의 화려한 표면 아래 무언가 잘못되어가고 있음을 알려주는 불안한 신호를 감지할 수 있다.

## 들어가는 글

### 성공 아니면 삶의 의미?

밥 버포드(Bob Buford)는 텍사스 타일러에 본사가 있는 케이블 통신회사의 사장이자 최고 경영자다. 44세가 되던 해 그는 자신이 목표로 했던 것들을 다 이루었다. 그가 늘 바라던 가정과 그가 소중하게 생각하는 결혼생활과 실제로 필요한 것보다 훨씬 더 많은 돈과 그가 기대하던 청년이 된 아들과 해마다 25퍼센트의 성장률을 보이는 회사 등등 모든 것을 다 갖게 되었다. 그러나 "이렇게 운이 좋고 이렇게 성공했는데 왜 아직도 나는 부족하다고 느끼는 것일까?" 라는 질문이 끊임없이 그를 괴롭혔다. 나중에 그는 그것이 '성공이 불러오는 공황 상태' 라는 것을 알게 되었다. 얼마나 많이 가져야 충분하다고 느낄 수 있을지 알 수 없었다. 그리고 자신이 성공에 중독되어 있는 것은 아닌지 염려하게 되었고, 모든 목표를 다 이루고 난 다음 어떤 일이 벌어지게 될지 모르고 있었다.

밥은 그리스도를 따르는 사람이었고, 그 모든 일들 속에서 하나님과 씨름하고 있는 자신을 보게 되었다. 안타깝게도 그런 혼란 속에서 그의 아들이 수영 사고로 익사하게 되었다. 그는 아들에게 물려줄 제국을 건설해왔다. 그런데 그 제국을 물려받을 사람이 먼저 세상을 떠나고 말았다. 그는 '중간 휴식' 이 찾아왔다는 사실을 알게 되었다. 그의 인생 전반기는 출세라는 면에서 볼 때 상당한 성공을 거두었다. 그리고 이제 기로에 서게 되었다. 앞으로 남은 생애는 어떻게 될 것인가? 그가 쓴 「하프타임(Halftime)」 이라는 책에서 그는 삶의 의미라는 새로운 목표를 이루기 위해 자신의 성공을 활용한 개인적인 삶의 변화에 대해 이야기하고 있다.

중간 휴식은 어느 경기에서나 매우 중요하다. 어떤 상황들이 벌어졌건, 그리고 어떤 득점을 얻었던 간에 아직 경기가 끝난 것은 아니기 때문이다. 크게 앞서 가다가 후반에 역전패를 당하는 팀들도 있고, 승리가 거의 불가능한 불리한 조건을 딛고 역전승을 거두는 팀들도 있다. 나는 두 경우 모두 경험해보았다. 어떤 득점을 올렸건 중간 휴식을 통해 조정해야 할 부분들이 언제나 남아 있다. 중간 휴식기에 경기의 승패가 완전히 갈리는 경우는 거의 없다. 중간 휴식 시간에 어떤 일이 일어나는지에 따라 결과가 달라진다. 우리의 삶도 마찬가지다.

솔로몬은 전반기에 놀라운 성공을 거두었다. 그가 통치한 20년 동안 개인적으로나 국가적으로 그의 목표들을 모두 달성할 수 있었다. 상상할 수 없을 만큼의 영광과 번영을 이루었고, 그가 다스리는 나라 역시 그랬다. 그러나 중간 휴식기에 이르러 후반전에 어떻게 경기할 것인지를 결정한 선택이 그가 전반기에 성취했던 모든 업적들을 훼손시켜놓았다.

## 본문 이해

### 중간 휴식

| Main Idea | 성공하려는 생각을 삶의 의미를 추구하려는 생각으로 바꾸지 않는 한 우리의 성공은 결국 실패로 끝나게 될 것이다. |
|---|---|

#### A. 솔로몬의 영광(9:1, 10:1-13)

| Supporting Idea | 하나님은 우리 인생의 중간쯤에 상당한 성공을 이루는 특권을 누리게 하신다. |
|---|---|

**9:1.** 이 구절에서는 솔로몬이 여호와의 전과 왕궁 건축하기를 마친 때라는 시기를 알려주는 틀이 중요한 역할을 하고 있다. 여호와의 전을 건축하기 시작한 것은 솔로몬이 왕위에 오른 지 4년째 되는 해였고(6:1), 여호와의 전과 왕궁 건축을 마치기까지는 모두 20년이 걸렸다(9:10). 솔로몬은 40년간의 전체 통치 기간 중(11:42) 24년째를 맞이하고 있었다. 그러므로 20세 경에 왕위에 오른 그는 40대 중반에 접어든 나이가 되었고, 전체 통치 기간의 반을 좀 넘긴 그런 시기에 한 사람으로서 그리고 한 나라의 왕으로서 최고

전성기를 보내고 있었다.

- 성전 건축을 마치고 하나님을 예배할 수 있는 영적 중심지를 확립했다.
- 가족들과 함께 살 거처일 뿐 아니라 나라의 행정과 사법의 중심지 역할을 하게 된 왕궁 건축을 마쳤다.
- 나라의 기반을 공고히 하고 자신의 영향력을 넓혀가고 있었다(4:21, 24).
- 국제적인 명성을 얻고 있었다(4:29-34).
- 백성들에게 평화와 번영과 축복을 누릴 수 있게 해주었다(4:20, 25).
- 백성들이 하나님께 초점을 맞출 수 있도록 그들을 영적으로 인도했다(8:65-66).

중간 휴식기에 이르게 되었을 때 솔로몬은 자기의 무릇 이루기를 원하던 일을 마쳤다는 사실을 알고 있었으며, 모든 사람의 부러움을 살 만한 보기 드문 위치에 올라 있었다. 44세에 그는 나라를 황금기에 이르게 하는 전성기를 누리고 있었다. 그는 가장 성공한 왕으로 역사에 남게 될 것이다. 10장 1-13절에 기록된 대로 시바의 여왕이 그를 방문했던 것보다 그의 명성과 업적을 더 잘 보여주는 일은 없을 것이다. 그 구절로 먼저 뛰어넘어가보면 솔로몬이 누렸던 전성기의 모습을 잘 볼 수 있다.

**10:1-13.** 시바가 어느 곳에 위치한 나라였는지는 확실치 않지만 대부분의 학자들은 이스라엘에서 약 2,414킬로미터가량 떨어진 곳으로, 현재의 예멘 지역이었을 것으로 추정한다. 시바는 아라비아 반도에서 물 공급이 풍부하고 비옥한 땅이었으며 홍해와 인도양이 만나는 지점에 전략적으로 위치해 있었다. 그래서 거래가 활발하게 이루어지는 무역의 중심지를 이루었고, 바다를 통해 아프리카 북부와 인도까지 뻗어갈 수 있었다. 시바는 향신료와 향료와 금과 보석 등이 유명한 나라였다. 솔로몬은 페니키아의 히람 왕과 무역 동맹을 맺고 있었기 때문에(9:26-28) 그 지역에서 점점 더 중요한 역할을 하게 되었다.

시바 여왕의 방문은 솔로몬의 국제적인 명성이 점점 더 커져가고 있었기 때문이었다. 그녀는 그렇게 먼 곳에서 여호와의 이름으로 말미암은 솔로몬의 명예를 전해들었다. 솔로몬의 명성은 그의 하나님과 직결되어 있었다. 시바 여왕이 개인적인 호기심 때문에 솔로몬을 방문한 것으로 보이지는 않는다. 그녀는 분명히 활동적이고 대담한 지도자였으며, 그녀의 방문은 그 지역의 새로운 권력자와 무역 관계를 맺기 위한 길을 트려는 의도를 가진 것이었다. 그녀가 가져온 선물들은 - 향신료와 많은 금과 보석들 - 그녀의 방문이 사적인 방문 그 이상이라는 것을 말해준다. 그녀는 잠재력 있는 동맹국과 사업 상대로서의 솔로몬을 평가해보고 싶었다. 그래서 어려운 문제로 저를 시험코자 했다.

고대 세계는 복잡한 수수께끼나 격언이나 고도의 난제 해결에 상당한 흥미를 가지고 있었다. 지도자들과 현자들이 즐기던 '지혜 게임' 이라는 것이 있었던 것이 분명했다. 시바 여왕이 솔로몬을 만나 그런 게임을 했던 것으로 보인다. 그리고 고대 지도자들이 관심을 가지고 있었던 행정, 외교, 법률, 윤리적 문제들에 대해서도 토의했을 것이다. 그녀는 자기 마음에 있는 것을 다 말했고, 솔로몬은 그가 묻는 말을 다 대답하며 그의 지식과 총명함을 드러냈다.

솔로몬의 지혜는 이미 널리 알려져 있었다. 여왕은 솔로몬의 모든 지혜를 직접 대하고 또 눈으로 직접 목도하게 된 것들을 보고 정신이 현황하였다. 그녀는 주위에서 볼 수 있는 부와 지혜에 놀랐을 뿐 아니라 솔로몬의 하나님을 찬양하기도 했다. 그녀는 자신의 놀라움을 어떻게 표현해야 할지 모를 정도였다. 당신의 지혜와 복이 나의 들은 소문에 지나도다.

그 이방 여왕은 그녀가 본 영광을 하나님께 돌렸다. 그녀는 하나님에 대한 매우 제한된 개념을 가지고 있었을 것이다. 아마도 이스라엘의 신 정도로 이해하고 있었을 것이다. 그럼에도 불구하고 그녀는 이스라엘의 하나님의 특성을 - 공과 의를 행하시며 이스라엘을 영영히 사랑하시는 하나님이라는 것을 - 보게 되었다.

시바의 여왕과 솔로몬은 엄청난 양의 선물을 주고받았다. 여왕은 솔로몬에게 금 일백이십 달란트와(약 4톤 반!) 심히 많은 향품과 보석을 주었다. 그 대가로 솔로몬은 그녀에게 저의 소원대로 무릇 구하는 것을 모두 주었다. 아마도 선물을 주고 공식적인 무역협정을 체결해주었을 것이다. 그러나 실제로 솔로몬에게는 여왕의 선물이 필요하지 않았다. 11-12절은 페니키아의 왕 히람과 동업하던 정상적인 사업을 통해 엄청난 양의 부가 유입되고 있었음을 말해주고 있다.

### B. 솔로몬에게 나타나신 하나님(9:2-9)

| Supporting Idea | 아무리 눈부신 성공이라 할지라도 기본적인 영적 원리들은 언제나 적용되어야 한다. |
|---|---|

**9:2.** 빛나는 업적을 이룬 솔로몬 인생의 중반기에 하나님이 전에 기브온에서 나타나심 같이 다시 그에게 나타나셨다. 기브온에서의 경험은 20년 전의 일이었다(3:4-15). 솔로몬은 두 경우 모두 꿈을 통해 나타나신 살아 계신 하나님을 극적으로 만났다. 솔로몬이 열망하던 잠재의식이 꿈으로 나타난 것이 아니라 하나님을 실제로 만난 것이었다.

**9:3.** 성전 봉헌은 솔로몬의 왕궁이 완성되기 전에 이루어졌다. 그 때 하나님은 성전의 지성소에서 하나님의 영광을 보여주셨다(8:19-11). 역대하 기자는 솔로몬의 기도에 이어 하나님이 하늘로부터 불을 보내셔서 제단 위에 있던 제물을 태우게 하셨고, 하나님의 영광이 성전에 다시 가득하게 되었다고 기록했다(대하 7:1-4). 이 두 사건은 하나님이 성전을 인정하신다는 것을 실제로 보여주시는 것이었다.

여기서는 솔로몬이 여호와를 위하며 봉헌한 성전을 하나님이 인정하신다는 말씀을 하셨다. 그러나 성전을 독특하게 만드는 것은 성전과 하나님과의 관계였다. 하나님은 친히 전을 거룩하게 구별하여 하나님의 이름을 영영히 그곳에 두시기로 하셨다. 그저 솔로몬이 성전 건물에 하나님의 명패를 건 것이 아니었다. 성전은 하나님이 친히 하나님의 이름을 그곳에 두셨기 때문에 하나님의 이름을 위한 전이 될 수 있었다. 그렇게 하심으로 성전에 대한 소유권을 주장하시고 성전을 자신과 동일시하셨다.

**9:4-5.** 하나님은 몇 마디 간단한 말씀으로 성전을 인정하셨다. 그러나 솔로몬에게는 하실 말씀이 많으셨다. 성전 건축은 놀라운 업적이었다. 그러나 솔로몬은 성전 건축이 하나님과의 관계를 위한 기초가 아니라는 사실을 깨달을 필요가 있었다. 9장 4-5절의 말씀은 앞에서 다윗을 통해 듣고(2:2-4) 또 하나님께 직접 들었던(3:14, 6:11-13) 익숙한 말씀이었다. 어떤 의미에서 성전 건축의 완성으로 하나님과 솔로몬의 관계에 달라진 것은 아무것도 없었다. 그가 이룩한 업적으로 순종을 대신할 수는 없었다.

하나님은 영원한 왕위를 약속하시는 언약을 다윗과 맺으셨다. 이스라엘 위에 오를 사람이 네게서 끊어지지 아니하리라. 다윗 왕조를 이어갈 사람이 언제나 있을 것이다. 그러나 왕위에 오른 사람은 그 누구도 자신의 아들이 자신의 뒤를 이어 그 약속을 누리게 될 사람이라고 생각할 수 없었다. 처음부터 하나님이 각 세대는 순종을 통해 복을 받게 될 것이라는 사실을 분명히 하셨다. "그가 만일 죄를 범하면 내가 사람의 매와 인생의 채찍으로 징계하려니와" (삼하 7:14). 그러므로 솔로몬은 순종의 길을 계속 가야 했다.

언약의 조건은 - 내적으로 마음을 온전히 하고 바르게 하고 외적으로 하나님의 법도와 율례를 지키는 것은 - 중요한 것이었다. 전자는 다윗에게서 특별히 볼 수 있는 특징이었다. 그는 결코 완전한 사람은 아니었다. 그 역시 엄청난 죄를 저지를 수 있는 사람이었다. 그러나 그는 회개하는 마음을 가진 사람이었으며, 우상을 숭배하거나 거짓 신들에게 충성을 바치는 일은 결코 하지 않았다.

솔로몬의 전성기에 하나님은 그의 마음을 점검해보도록 도전하셨다. 20년 전에 하나님은 그를 부르시고 "네가 만일 네 아버지 다윗이 행함 같이 내 길로 행하며 내 법도와 명령을 지키면 내가 또 네 날을 길게 하리라" (왕상 3:14)고 말씀하셨다. 그리고 성공은 계속 이어졌다. 그러나 중반기에 이른 솔로몬은 기본적인 것은 하나도 변하지 않았다는 사실을 알아야 할 필요가 있었다. 성전 건축과 봉헌은 엄청난 업적이었다. 그러나 하나님과 그의 관계를 이루고 있는 중요한 것들은 달라진 것이 하나도 없었다.

**9:6-9.** 하나님은 솔로몬이 경기가 끝났다는 착각에 빠지지 않기를 바라셨다. 지금까지는 성공해왔지만 실패할 위험이 없었던 것은 아니었다. 그가 또는 그의 아들들이 유일하신 참 하나님을 저버리고 다른 신을 섬겨 그것을 숭배할 경우에는 실패하게 될 것이다. 그 당시 솔로몬은 그런 경고는 불필요한 것이라고 생각했을지도 모른다. 하나님의 영광스러운 성전을 건축한 사람이 어떻게 하나님을 버리고 다른 신을 섬길 수 있겠는가? 그러나 솔로몬은 결국 그것 때문에 실패하게 된다.

반역에는 그에 상응하는 결과가 따르게 될 것이다. 하나님은 그들에게 준 땅에서 끊어버릴 것이요 또 거룩하게 구별한 이 전이라도 던져버릴 것이라고 말씀하셨다. 하나님이 그렇게 많은 돈과 인력이 투여된 그 영광스러운 성전을 향해 등을 돌리신다는 것은 생각할 수도 없는 일이었다. 그러나 그렇게 하실 것이라고 말씀하셨다. 더 나아가 이스라엘은 모든 민족 가운데에서 속담거리와 이야깃거리가 될 것이다. '속담거리' 라는 말은 실패나 불운이나 치욕 등을 생각나게 하는 말이다. 과거에 받은 복이 미래의 복까지 보장해주는 것은 아니다. 특히 백성들이 그들의 하나님을 저버리고 다른 신을 부종하여 그를 숭배하여 섬길 때에는 더욱 그렇다.

열왕기상을 기록한 것은 바벨론에서 유배생활을 하던 유대인들이 제기한 질문에 - 어떻게 우리가 여기에 와 있게 된 것인가 - 답해주기 위해서였다. 솔로몬에게 하신 이 말씀은 400년 후에 그 말씀을 듣게 된 사람들을 엄청나게 큰 힘으로 강타했다. 그들의 역사를 간결하게 요약하고 있는 말씀이었다! 그들은 하나님이 예언하신 대로 정확하게 포로로 끌려와 화려한 성전이 파괴된 것을 슬퍼하고 국가적 수치를 겪고 있었다. 그 파멸의 과정은 솔로몬의 인생 후반기에 이미 시작되었다.

### C. 파멸의 씨(9:10-28, 10:14-29)

| Supporting Idea | 계속 성공하고 있는 것처럼 보이지만 실제로는 그 성공이 파멸을 가속화시킬 수도 있다. |
|---|---|

**9:10-14, 26-28.** 이 구절에서는 솔로몬의 국제적인 관계들에, 특히 페니키아의 통치자였던 두로 왕 히람과 맺은 유리한 동맹 관계에 초점을 맞추고 있다. 그 당시 페니키아는 강력한 해상 국가로서 중동 지역을 장악하고 있었다. 중개업에 대한 페니키아인들의 기술과 열정 때문에 상업적으로나 정치적으로 그 세력을 넓혀가고 있었다. 그래서 히람 왕은 소중한 동맹이었다. 초기에 솔로몬과 히람은 예루살렘에 성전과 왕궁을 건축하는 일에 함께 협력했다(5:1-18). 그 동맹 관계는 양편 모두에게 유익한 것이었고, 따라서 다른 일에도 그 동맹 관계가 이어졌다. 페니키아는 지중해 동부 해상 무역을 주도하고 있었다. 솔로몬 당시 이스라엘은 동쪽으로 가는 육상 무역 통로를 장악하고 있었다. 따라서 두 나라는 강력한 힘을 가지고 있었고 남쪽과 동쪽으로 뻗어가는 해상 무역을 공동으로 개발하는 사업을 통해 더욱더 강한 힘을 갖게 되었다(9:26-28).

에시온게벨은 이스라엘 남쪽 경계 엘롯 만에 있었고, 홍해와 인도양과 접해 있는 곳이었다. 솔로몬은 그곳에서 배들을 지었다. 히람이 자기 종 곧 바다에 익숙한 사공들을 솔로몬의 종과 함께 그 배로 보냈다는 기록으로 보아 배 짓는 일 역시 히람의 원조를 받았던 것이 분명하다. 역사적으로 이스라엘은 배를 타는 사람들이 아니었다. 그러나 이제 솔로몬의 지휘 아래 그들은 아프리카 동부 해안(오빌)과 인도양까지 뻗어갈 수 있는 새로운 모험적 사업을 개발하게 되었다. 10장 22절에서 솔로몬의 배들은 '무역선들'

(다시스 배들)이었음을 볼 수 있다.

다시스는 스페인에 있었기 때문에 다시스 배들이란 말은 '바다를 여행하는 배' 라는 뜻이었으며, 한번 출항하면 3년 정도 원정할 수 있는 큰 배들이었다. 화물은 10장 22절에 기록되었듯이 '금과 은과 상아와 원숭이와 공작' 등이었다. 히람과의 동업 관계는 계속 발전했다. 오빌에 이르러 거기서 금 사백이십 달란트를(약 16톤) 얻고 솔로몬 왕에게로 가져왔더라.

연이은 거대한 건축 사업으로 현금이 떨어지게 된 솔로몬은 갈릴리 땅의 성읍 이십을 히람에게 주고 금 백이십 달란트를 받았다. 왕이 현금을 구하기 위해 백성들이 살고 있는 땅을 팔았다는 것은 황당한 일이었다. 그 거래가 땅을 실제로 판 것이었는지(루이지애나나 알래스카 구입처럼) 아니면 일종의 저당과 같은 거래였는지는 확실치 않다. 그러나 그 성읍들은 히람의 눈에 들지 않았다. 그래서 그 성읍들에 '아무것도 아님' 이라는 뜻의 가불이라는 이름을 붙였다. 아마도 솔로몬이 그를 속였을지도 모른다. 상대적으로 쓸모없는 땅을 주고 큰돈을 받은 것은 영리한 거래처럼 보였을지 모르지만 하나님이 세우신 왕이 할 일은 아니었다.

**9:15-25.** 이 구절은 솔로몬의 건축 사업을 설명하고 있다. 성전과 왕궁 건축을 마친 솔로몬은 도시 축대 공사(밀로)와 도시를 수비하기 위한 예루살렘 성을 건축했다. 전쟁을 한 적은 없었지만 군사적으로 도시를 보호하기 위해 여러 지역에 요새를 쌓으며 많은 투자를 했다. 북쪽에는 하솔에, 중앙에는 므깃도에, 남쪽에는 게셀에 요새를 건축했다. 그밖에도 여러 가지 건축 사업을 시행했다. 이런 거대한 건축 사업을 통해 솔로몬은 나라를 새롭게 개발하려 했다.

그러나 그런 일들에는 지불해야 할 대가가 따랐다. 솔로몬의 야망을 이루기 위해서는 많은 돈과 인력이 필요했다. 그 지역에 원래 살고 있던 거주민들의 후손들인 아모리 사람과 헷 사람과 브리스 사람과 히위 사람과 여부스 사람들이 좋은 인력이 되어주었다. 가나안을 정복하면서 그곳 거민을 모두 제거하라는 하나님의 명령을 따르지 않았기 때문에 그들은 이스라엘 백성들에게 지속적인 문제를 일으키는 원인이 되고 있었다. 그러나 솔로몬은 그들을 노예로 역군을 삼았다. 노예는 값싼 노동력을 제공해주었다.

노예로 역군을 삼는 것만으로는 필요한 노동력을 모두 충당할 수 없었다. 그래서 이스라엘 백성들도 징발했다. 그들에게는 감독하고 지시하는 역할을 맡도록 했다. 3개월에 1개월씩 노동력을 제공한 이스라엘 백성들이 많았다. 이 일은 솔로몬이 세상을 떠난 후 북부 지역의 지파들이 반역을 일으키는 결과를 불러왔다. 솔로몬의 개인적인 야망이 백성들을 짓누르고 있었던 것이다.

**10:14-25.** 이 구절에서는 솔로몬의 엄청난 부에 관한 기록을 볼 수 있다. 금이라는 단어가 아홉 번이나 나오고 그 양도 어마어마했다. 그런데 그 부의 대부분이 하찮은 일들에 사용되었다. 솔로몬은 금으로 큰 방패 이백 개를 만들어서 예식용으로 사용하였다. 또 금으로 작은 방패 삼백 개도 만들었다.

그것은 시작에 불과했다. 솔로몬은 또 상아로 큰 보좌를 만들고 정금으로 입혔다. 그런 화려함은 작은 물건들에까지 미쳤다. 왕이 마시는 그릇은 다 금이었고 레바논 나무 궁의 그릇들도 다 정금이었다. 실제로 금이 너무 많아서 은의 가치가 뚝 떨어져 있었다. 솔로몬은 이국적이고 화려하고 특이한 물건들로 그의 왕궁을 채웠다.

하나님은 솔로몬에게 "내가 또 너의 구하지 아니한 부와 영광도 네게 주노니 네 평생에 열왕 중에 너와 같은 자가 없을 것이라"(3:13)고 약속하셨다. 그리고 신실하게 그 약속을 지키셨다. 솔로몬은 땅에서 성공한 사람의 표본이었다. 그러나 백성들이 그 부귀영화를 함께 누렸음을 보여주는 단서는 찾아볼 수 없다. 솔로몬의 금은 솔로몬 자신의 만족을 위한 장식품을 만들고, 왕실의 부귀영화를 드러내는 일에 지나치게 많이 사용되었다. 그는 부귀영화를 누렸지만 백성들에게는 그 번영이 미치지 못하고 있었다.

**10:26-29.** 이 마지막 구절에서는 솔로몬이 말들을 키우고 훈련시키는 일에 참여했던 것을 보여준다. 그것은 취미 생활을 위한 것이 아니라 군사력을 증강시키기 위한 것이었다. 말들은 병거들을 끄는 데 사용되었다. 솔로몬은 그의 군대를 거의 사용한 적이 없었다. 그럼에도 불구하고 그는 병거와 마병을 모았고 병거성을 쌓고 수도에도 병거와 마병들을 머물게 했다. 그는 말들을 모았을 뿐 아니라 애굽에서 내어오기도 했다. 또 지금의 터키 남부 지역의 말로 유명했던 큐(Kue)라는 곳에서 수입해오기도 했다. 그런 다음 북쪽에 있는 헷 사람의 모든 왕과 아람 왕들에게 그것들을 되팔기도 했다.

이 모든 일들은 그리 잘못된 일들로 보이지는 않는다. 그러나 "왕 된 자는 말을 많이 두지 말 것이요 말을 많이 얻으려고 그 백성을 애굽으로 돌아가게 말 것이니"라고 한 신명기 17장 16절에 비추어보면 달라지게 된다. 열왕기상 10장 28-29절이 애굽을 두 번씩이나 언급하고 있는 것은 매우 중요한 의미를 지니고 있다. 급증하게 된 말 수출입 사업과 개인적으로 말과 병거를 모으는 일은 경제적으로나 군사적으로는 매우 성공적인 일처럼 보였다. 그러나 그것은 하나님의 명령을 거역하고 있음을 보여주는 것이었다.

| Main Idea 복습 | 성공하려는 생각을 삶의 의미를 추구하려는 생각으로 바꾸지 않는 한 우리의 성공은 결국 실패로 끝나게 될 것이다. |
| --- | --- |

## 결론

### 성공에 중독된 사람

인생의 중반기에 이른 솔로몬은 그 어떤 기준에 비추어보아도 크게 성공한 사람이었다. '자기가 이루기를 원하던 모든 것을' 다 이루었다(9:1). 그러나 그는 결코 삶의 의미를 추구하는 쪽으로 방향을 돌리지 않았다. 그의 삶의 후반기는 모든 것을 더 가지려는 일에 투자되었다. 그러나 솔로몬은 성공한 사람이 아니었다. 그의 나라는 인상적이었지만 매우 피상적이었다. 지구력을 가지지 못했다. 성공 과정에서 그는 하나님의 명령을 외면했고, 비참하고 장기적인 영향을 미치는 결과를 피할 수 없게 되었다.

그런 솔로몬의 삶은 우리에게 세 가지 사실을 말해준다. 첫째, 성공에 중독될 수 있다는 사실이다. 솔로몬은 점점 더 많은 '것들' 을 축적하게 되었다. 그러나 뚜렷한 목적도 없었고 미래를 위한 뚜렷한 작전 계획도 없었다. 그저 이기적이고 무절제한 생활 방식으로 점점 더 많은 것을 소유하고 있을 뿐이었다. 둘째, 성공은 하나의 속임수가 될 수 있다. 성공이 우리의 진정한 모습을 가리는 역할을 할 수 있다. 솔로몬을 휘감고 있는 모든 금은 그가 전도서에서 "헛되고 헛되며 헛되고 헛되니 모든 것이 헛되도다"(1:2)라고 탄식하듯 외치면서 드러내었듯이 그의 마음이 보석들을 향하고 있다는 사실을 가려주고 있었다. 더 많은 돈과 더 많은 건물과 더 많은 명성과 더 많은 여자들을 모으고 있었다. 그러나 그 어떤 것도 그 축적 과정에서 그가 잃어버리게 된 하나님과의 관계를 대신해줄 수는 없었다. 셋째, 성공은 하나의 착각일 수 있다. 열왕기상 10장까지 읽은 사람들 중 그 누구도 솔로몬의 빛나는 성공이 짧은 시간 내에 모두 사라지게 되리라고 생각하지 않을 것이다. 그러나 그렇게 되었다.

중간 휴식은 매우 중요하다. 특히 크게 성공을 거두고 있는 동안에는 더욱 그렇다. 그때 결정하는 선택이 게임의 최종 결과를 확정하게 될 것이다. 이것이 우리가 솔로몬에게서 배워야 할 중요한 교훈이다.

■ 진리 알기

- 하나님의 기준에 따라 평가하지 않는다면 외견상의 성공이 우리의 판단력을 어둡게 하고 참된 성공을 보지 못하게 만들 수 있다.
- 참된 성공은 단기적으로가 아니라 장기적으로만 평가될 수 있다.
- 성공하기 위해서는 반드시 하나님과 바른 관계를 유지하고, 하나님이 요구하시는 것들을 따라야 한다.
- 성공한 사람들이 성공에 중독되면 의미 없는 삶을 살아가는 위험에 빠지게 된다.
- 이 세상에서 이룩한 업적으로 하나님께 순종하는 삶을 대신할 수는 없다.

■ 적용하기

- 성공하려는 생각을 삶의 의미를 추구하려는 생각으로 전환하는 의도적인 선택을 하라.
- 성공이라는 유혹과 중독성을 가진 성공의 속성을 경계하고 마음을 지키라.
- 하나님의 말씀을 열정적으로 충실하게 따르라.
- 생활 방식도 하나님께 충성하는 마음을 잃게 만드는 하나의 우상이 될 수 있다는 사실을 기억하라.

## 삶의 적용

### 반짝이는 것들

엔론(Enron) 사는 세계 제일의 기업체였다. 두 회사의 합병으로 만들어진 엔론 사는 설립 후 16년 만에 미국에서 열일곱 번째로 큰 회사가 되었다. 영향력 있는 경제 잡지는 미국 기업체들 중에서 가장 혁신적인 회사로 엔론 사를 꼽았다. 그리고 '경영 수준' 역시 모든 미국 기업체들 중 2위를 차지하는 회사로 엔론 사를 들었다. 엔론 사의 성장률은 놀라운 것이었고, 엔론 사 사장은 '앞으로 10년 동안 계속 그렇게 성장할 것' 이라고 호언장담했다.

그러나 그렇게 되지 않았다. 2001년이 끝나기 전에 엔론 사는 파산 신청을 했다. 미국 역사상 가장 큰 파산 규모였다. 거의 칠백억 달러 상당의 주식이 사라졌고, 수많은 투자자들과 직원들이 큰 피해를 입게 되었다.

투자가들이 파산의 전모를 모두 알아내려면 몇 년은 족히 소비하게 될 것이다. 그것은 정직성이 결여되었기 때문인 것으로 보인다. 손실은 숨기고, 이익은 과장하고, 부채는 속였다. 과거에 정말 성공한 적도 있었지만 그 때문에 성공에 중독이 되었다. 회사는 실제보다 서류상으로 훨씬 더 좋아 보였다. 그러나 진실은 밝혀졌고 수많은 사람들에게 엄청난 손실을 입혔다.

장기적으로 하나님 앞에서 의미 있는 삶을 사는 대신 잠시 성공하는 삶을 살려는 유혹은 기업체 경영자들뿐 아니라 우리 모두가 빠질 수 있는 위험이다. 의미 있는 삶은 엔론 사의 고층 빌딩처럼 그렇게 인상적으로 보이지는 않을지 모르지만, 그보다 훨씬 더 견고하다.

## 기도

하나님 아버지, 제가 성공이라는 잘못된 잣대로 제 삶을 평가하려는 유혹에 빠지기 쉽다는 것을 하나님은 잘 알고 계십니다. 하나님 보시기에 정말로 의미 있는 삶을 추구할 수 있도록 도와주십시오. 아멘.

## 심층 연구

### A. 건축자 솔로몬(9:15-18, 24)

예루살렘에 지은 성전과 왕궁은 솔로몬이 이룩한 모든 일들 중 가장 중요한 일이었다. 그러나 그 둘과 함께 예루살렘에서 수행한 건축 사업이 두 가지 더 있었다. 밀로라는 것은 '구멍을 채우다' 라는 뜻으로 축대를 말하는 것이다. 도시가 언덕에 있었기 때문에 땅을 메우기 위해 축대를 쌓음으로 더 많은 사람들이 살 수 있는 터를 만들었다. 그 지역은 다윗 성과 솔로몬이 성전을 지은 시온 산의 높은 지대 사이였을 것이다. 그 공사는 토목 공사에 있어서 중요한 업적을 이룬 것이었다. 도시 성벽 역시 솔로몬이 건설한 도시를 에워싸기 위해 북쪽으로 크게 확장되었다. 예루살렘은 북방의 공격에 언제나 매우 취약했다.

솔로몬 왕은 또 전략적인 장소에 요새를 짓고 북쪽으로 이어지는 주요 도로(하솔)와 해안지대로 이어지는 전략 요충지(므깃도)와 애굽으로 이어지는 취약한 지역(게셀)의 수비를 강화하기 위한 군사 목적의 공사들도 했다. 다른 도시들에 건설한 요새들의 위치는 그리 확실하지 않다. 그러나 돌로 된 도시들과 요새들과 성읍들을 건설한 솔로몬의 활동 범위는 그가 '예루살렘과 레바논과 그 다스리는 온 땅에 건축하고자 하던 것을 다 건축하였는데' (9:19)라는 말로 잘 설명될 수 있을 것이다.

### B. 솔로몬의 노동력(9:20-23)

열왕기상 기자는 솔로몬이 가나안 땅에 살고 있던 노예들을 역군으로 삼은 것과 이스라엘 백성들을 동원한 것을 구분해서 언급하고 있다. 그는 솔로몬이 '이스라엘 자손은 노예를 삼지 아니하였으니' 라고 분명하게 말했다. 그들에게는 군인으로 봉사하게 하거나 가나안 사람들을 감독하게 했다. 그러나 5장 13절에서 우리는 솔로몬이 삼천 명의 이스라엘 사람들을 징발해 아도니람의 지휘 아래 역군으로 일하게 했다는 것을 볼 수 있다. 그들은 노예들이 아니라 역군으로 설명되어 있다. 왜냐하면 그들은 일시적으로 그 일에 차출되었기 때문이다(5:14). 그들은 시민의 필수 의무를 수행한 것이었기 때문에 그들에게는 급료가 지불되지 않았던 것으로 보인다. 그런 노동 정책은 북쪽 지역의 지파들에게 무거운 짐이 되었고, 그들은 결국 멍에를 가볍게 해주지 않으면 왕으로 섬기지 않겠다는 최후통첩을 솔로몬의 아들에게 하게 되었다(12:3-4).

## 교안

### A. 들어가는 글

1. '성공 아니면 삶의 의미?' 의 이야기로 시작하라.
2. 배경 설명: 통치 중반에 이른 솔로몬은 그의 통치를 잘 마쳐야 할 필요가 있다는 사실을 상기시켜주기 위해 그를 찾아오신 하나님을 만나게 된다.
3. 적용: 솔로몬에게는 큰 성공을 거둔 전성기였다. 그러나 그것은 최종적인 성공이 아니었다. 그가 근본적인 조정을 한다면 성공한 사람으로서 그의 통치를 잘 마치게 될 것이다. 그러나 그의 삶 속에서 이미 불안한 일들이 벌어지고 있었다.

### B. 본문 이해

1. 솔로몬의 영광(9:1, 10:1-13)
2. 솔로몬에게 나타나신 하나님(9:2-9)
3. 파멸의 씨(9:10-28, 10:14-29)

### C. 결론: '성공에 중독된 사람' 을 읽어주라.

## 토의 질문

1. 성공한 삶을 사는 것과 의미 있는 삶을 사는 것의 차이점은 무엇인가?

2. 솔로몬은 놀라운 지혜를 가진 사람으로 잘 알려져 있다. 이 부분에서는 어떤 지혜들을 볼 수 있었는가? 또 그의 어리석음을 보여주는 것은 어떤 것들이었는가? 지혜와 성실한 마음은 서로 어떤 관계가 있는가?

# 열왕기상 11:1-43

## 자초한 상처들

*"유혹을 쉽게 뿌리치지 못하는 것은 그 유혹에서 완전히 벗어나고 싶지 않기 때문이다."*

*- 프랭클린 존스(Franklin Jones)*

**열왕기상 11:1-43** 열왕기상 11장에서 솔로몬의 생애와 통치는 끝이 난다. 왕으로서 솔로몬은 수치스러운 결말을 낳게 된 방종의 씨를 뿌렸고, 결국 하나님의 심판으로 나라가 해체되기 시작하는 결과를 불러온 영적인 반역으로 자신의 삶을 마치게 된다. 그의 실패는 이어지는 이스라엘의 역사 속에서 끊임없이 그 모습을 드러내게 될 것이다.

## 들어가는 글

### 가장 위험한 적

조지 스테파노풀로스(George Stephanopoulos)는 5년 동안 클린턴 대통령의 수석 자문으로 일했다. 처음에는 선거 운동을 도왔고 나중에는 백악관에서 대통령이 된 클린턴을 보좌했다. 그는 1996년 클린턴이 재선에 출마한 이후 백악관을 떠났다. 그리고 2년이 지난 뒤 그는 5년 동안 자신의 삶을 지배했던 사람에 대한 기억들을 기록하기 시작했다. 그것은 "단정할 수 없는 성격을 가지고 이상을 추구하던 의욕적인 대통령이 직무를 수행하면서 어떻게 성숙하게 되었는지를" 보여주기 위한 것이었다. 그러나 모니카 르윈스키와의 정사가 끼어들면서 책의 방향은 전혀 달라지게 되었다. 그는 "나는 클린턴에게서 본 모순 때문에 아직도 얼떨떨하다. 매우 지적이고 동정적이고 애국적인 마음을 가지고 있을 뿐 아니라 역사에 남게 될 자신의 역할을 매우 중요하게 생각하고 있었던 대통령이 어떻게 그렇게 미련하고 이기적이며 자멸적인 행동을 할 수 있었던 것인가?"라고 썼다(*All Too Human: A Political Education*, Little, Brown, 1999, p. 4).

빌 클린턴에게는 정적들이 많이 있었다. 그러나 그를 가장 힘든 상황 속으로 몰아넣은 것은 그의 정적들이 아니라 그 자신의 성품과 선택이었다.

클린턴만 그랬던 것은 아니다. 1994년 뉴트 깅그리치(Newt Gingrich)는 미 하원 내에서 공화당의 압도적인 승리를 이끌어내는 역할을 했다. 그 결과 그는 고위직에 오르게 되면서 상당한 영향력을 행사할 수 있게 되었다. 그러나 겨우 4년 뒤 정치적 실패와 오판으로 인한 손상을 입었을 뿐 아니라, 대통령에게 퍼붓는 귀에 거슬리는 공격과 자기 자신의 비윤리적 행동 사이에서 드러난 모순 때문에 결국 국회 의장직에서 물러나지 않을 수 없게 되었다. 우리의 가장 위험한 적은 우리 자신이며, 우리에게 가장 큰 고통을 주는 상처 역시 우리 스스로 만들어낸다는 것은 매우 슬픈 사실이다.

이 사실을 솔로몬 왕보다 더 잘 보여준 사람은 아마 없을 것이다. 그는 그 누구보다 일찍 높은 자리에 올랐고 그 누구보다 더 빠르게 날아올랐다. 그가 권력의 정상에 올랐을 때 그 시대 사람들은 그의 나라가 영원히 계속될 것이라 생각했을 것이다! 그러나 그는 뚝 떨어졌다. 강한 적과 맞서야 하는 전쟁을 치른 적은 없었지만, 자신과의 싸움이라는 가장 큰 전투에서 실패했다. 그는 자기 나라에 반영구적인 손상을 입혔고, 그의 뒤를 이어 왕위에 오른 사람들에게 고통이라는 유산을 남겨주었다. 그는 뛰어난 지성이 순종하는 마음을 대신할 수 없다는 사실을 보여주는 산 증인이다.

우리도 솔로몬처럼 넘어지기 쉽다. 솔로몬을 몰락시킨 요소들에 우리는 면역되어 있다고 생각한다면 그것은 오만이다. 솔로몬의 이야기는 살아가면서 부딪히게 되는 강한 유혹들의 정체를 볼 수 있게 해준다.

## 본문 이해

### 자초한 상처들

| Main Idea | 하나님과 우리의 관계를 외면하고 소홀히 하게 되면 우리에게 소중한 것들을 파괴시키고 하나님의 심판을 불러오는 사건들을 향해 움직여 나가게 된다. |
|---|---|

#### A. 솔로몬의 죄(11:1-8)

| Supporting Idea | 하나님을 거역하고 우리의 마음을 지키지 않을 때 우리는 어리석고 악한 일을 할 수 있게 된다. |
|---|---|

**11:1-2.** 하나님이 분명하게 지시하신 명령을 어겼을 때 솔로몬은 몰락의 첫걸음을 걷기 시작했다. 그는 이방의 많은 여인을 사랑하였다. 이 말은 앞에서 "솔로몬이 여호와를 사랑하고"(3:3)라고 했던 말을 생각나게 해준다. 그러나 이 두 사랑은 서로 양립할 수 없는 사랑이다. 왜냐하면 하나님이 분명히 이스라엘 자손들에게 너희는 저희와(이방인들과) 서로 통하지 말며 저희도 너희와 서로 통하게 말라 저희가 정녕코 너희의 마음을 돌이켜 저희의 신들을 좇게 하리라고 말씀하셨기 때문이다. 신명기 7장 1-4절에서는 이

명령이 매우 엄중한 형태로 나타나 있는 것을 볼 수 있다.

> 네 하나님 여호와께서 너를 인도하사 네가 가서 얻을 땅으로 들이시고 네 앞에서 여러 민족 헷 족속과 기르가스 족속과 아모리 족속과 가나안 족속과 브리스 족속과 히위 족속과 여부스 족속 곧 너보다 많고 힘이 있는 일곱 족속을 쫓아내실 때에 네 하나님 여호와께서 그들을 네게 붙여 너로 치게 하시리니 그 때에 너는 그들을 진멸할 것이라 그들과 무슨 언약도 말 것이요 그들을 불쌍히 여기지도 말 것이며 또 그들과 혼인하지 말지니 네 딸을 그들의 아들에게 주지 말 것이요 그 딸로 네 며느리를 삼지 말 것은 그가 네 아들을 유혹하여 그로 여호와를 떠나고 다른 신들을 섬기게 하므로 여호와께서 너희에게 진노하사 갑자기 너희를 멸하실 것임이니라.

솔로몬은 하나님이 금하신 나라들로부터 그의 아내를 선택했다. 그것은 아마도 족장이나 부족의 지도자들과 동맹 관계를 맺기 위해서였을 것이다. 그는 그렇게 하면 나라의 안전을 지킬 수 있을 것이라 생각했을 것이다. 그러나 그것은 하나님을 거역하고 반역하는 일이었다. 이방 나라들과 좋은 관계를 유지하는 것이 하나님과 좋은 관계를 유지하는 것보다 솔로몬에게 더 중요한 일이 되었다. 그리고 솔로몬은 이방 여인들을 아내로 맞이하지 말라는 법을 어겼을 뿐 아니라, 여러 아내를 맞이함으로 "그(왕)에게 아내를 많이 두어 그의 마음이 미혹되게 하지 말 것이며"라고 한 신명기 17장 17절에 기록된 하나님의 명령도 거역했다.

**11:3.** 솔로몬은 하나님의 명령을 무시했을 뿐 아니라 방종에 빠지기도 했다. 그가 이방의 많은 여인을 사랑했다고는 하지만 한 왕이 칠백 인의 후비와 삼백 인의 빈장을 둔다는 것은 있을 수 없는 일이었다. 그들은 그가 모은 금과 다를 바 없었다. 아무리 많아도 만족할 수 없었기 때문이었다. 그들은 그의 지위와 권력을 강화하는 데 사용되는 트로피와도 같은 것이었다. 솔로몬이 성적인 방종에 빠져 있었는지도 모른다. 그러나 어느 순간 그 모든 것이 지위나 섹스와는 더 이상 아무 관계도 없어지고, 그의 영혼을 시들게 하는 질병이 되었다.

**11:4-8.** 결국 솔로몬은 하나님을 떠났다. 그의 통치 초기 위대한 헌신의 기도를 드렸

던 사람을 이 구절에서는 더 이상 찾아볼 수 없게 되었다. 이런 변절은 솔로몬이 이방 신들을 허용하면서부터 시작되었다. 그는 이방 아내들에게 그들의 이방 신들을 고향에 남겨두고 올 것을 요구하지 않았다. 그리고 그 잘못된 관용 때문에 예루살렘에서 이방 신들을 섬기도록 허용해주게 되었다. 결국 아내들을 수입하고 그 결과 이방 신들도 함께 수입하는 결과가 되었다. 한 번의 타협이 부득이하게 또 다른 타협을 불러왔고, 그 과정 속에서 우상숭배가 살금살금 파고들었다. 그러다가 마침내 솔로몬은 이방 신들을 후원하게까지 되었다. 솔로몬이 모압의 가증한 그모스를 위하여 예루살렘 앞 산에 산당을 지었고 또 암몬 자손의 가증한 몰록을 위하여 그와 같이 하였으며 저가 또 이족 후비들을 위하여 다 그와 같이 한지라 저희가 자기의 신들에게 분향하며 제사하였더라. 이 이방 신들의 산당을 지은 곳들은 '멸망의 산' 으로 불리게 되었고, 요시야 왕이 그것을 파괴할 때까지 300년 이상 계속 이어졌나(왕하 23:13).

솔로몬의 죄는 이방 신들을 허용하고 후원하는 것으로 끝나지 않았다. 실제로 그 이방 신들에게 제물을 바치고 절을 했다. 마음을 돌이켜 다른 신들을 좇았다. 그 당시 이교도들에게도 그것은 이해할 수 없는 일이었다. 솔로몬은 그 지역을 지배하는 권력을 가진 사람이었다. 그의 '하나님' 이 다른 나라의 신들을 정복했다. 그런데 왜 그보다 못한 신의 산당에서 절을 한단 말인가? 그런 신들을 숭배하는 것이 호색과 부도덕한 풍습과 밀접한 관련이 있었던 것으로 보아 그런 것들이 타락한 솔로몬의 흥미를 끌었던 것으로 보인다.

솔로몬이 그런 것에서 벗어날 수 있는 유일한 방법은 하나님에 대한 그의 시각을 조정하는 것이었다. 그는 여전히 여호와께 예배를 드리고 있었다. 성전을 계속 수호하면서 아마도 여전히 하나님의 이름으로 많은 일들을 하고 있었을 것이다. 그러나 지금 그가 섬기고 있는 하나님은 실제 하나님보다 못한 하나님이었다. 그는 자신의 새로운 생활 양식을 수용하는 하나님으로 영광의 하나님을 격하시켜 놓고 있었다. 왕의 마음은 그의 부친 다윗의 마음과 같지 아니하여 그 하나님 여호와 앞에 온전치 못하였다. 솔로몬은 이스라엘과 유다의 왕들 중 "여호와의 눈앞에서 악을 행하였다"는 말을 듣게 된 첫 번째 왕이 되었다. 그것은 그가 아무리 성공한 것처럼 보인다 할지라도 결국 인생의 가장 중요한 부분에서 실패했음을 보여주는 비문이라 할 수 있다.

## B. 하나님의 심판(11:9-13)

| Supporting Idea | 하나님은 언제나 자비로운 분이시지만 계속 죄를 범하는 하나님의 백성들을 묵인하지는 않으실 것이다. |
|---|---|

**11:9-10.** 솔로몬 왕이 그의 백성들을 영적인 반역으로 이끌어가고 있는 동안 하나님이 무심하게 바라보고만 계셨던 것은 아니다. 솔로몬의 변절에 진노하셨다. 솔로몬이 범한 두 가지 죄에 특별히 진노하셨다. 첫째, 솔로몬은 유일무이한 특권을 누리고 있었다. 이스라엘의 하나님이 일찍이 두 번이나 저에게 나타나셨다. 솔로몬은 하나님을 직접 만나는 경험을 했고 하나님의 사랑과 능력을 직접 체험했다. 그는 그의 아버지 다윗이나 선지자들을 통해 하나님을 간접적으로 알게 되었기 때문에 하나님이 그에게 애매하고 생소한 분이었다는 핑계를 댈 수 없었다. 둘째, 솔로몬은 하나님이 요구하시는 것이 무엇인지 몰랐다고 말할 수 없었다. 기록된 말씀과 그의 아버지의 훈계와 하나님의 직접적인 개입을 통해 그는 하나님의 기준을 알고 있었다. 이 모든 것들에도 불구하고 솔로몬은 바른 길을 계속 가지 못했다.

**11:11-13.** 하나님이 다시 솔로몬을 찾아오셨다. 그러나 이번에는 다른 방법으로 그를 찾으셨다. 하나님은 하나님을 대수롭지 않게 여기는 것을 허락하지 않으신다. 솔로몬이 언약을 이행하지 않은 사실을 고발하셨다. 네가 나의 언약과 내가 네게 명한 법도를 지키지 아니하였다. 왕에게는 반항적인 자세가 있었다. 하나님이 다윗 언약은 무조건적인 것이었지만 순종을 조건으로 언약의 복을 받게 될 것이라는 사실을 솔로몬에게 누누이 상기시켜주셨다(2:2-4, 3:13-14, 6:11-13, 9:4-9). 이제 솔로몬은 하나님이 그의 백성들이 계속 죄를 짓도록 묵인하지 않으실 것이라는 사실을 직시하게 되었다. 심판의 내용은 확실했다. 내가 결단코 이 나라를 네게서 빼앗아 네 신복에게 주리라. '빼앗아' 라는 말은 강압적이고 폭력적으로 그 일이 이루어지게 될 것을 보여준다.

그러나 하나님이 다윗에게 하신 약속은 파기될 수 없는 것이며, 솔로몬까지도 그 약속 아래서 피난처를 찾을 수 있게 될 것이다. 심판이 확실하긴 하지만 미루어질 것이다. 네 아비 다윗을 위하여 네 세대에는 이 일을 행치 아니할 것이다. 솔로몬이 범죄하였지만 '다윗을 위하여' 곧바로 심판하지는 않으셨다. 이 말씀은 이 장에서뿐 아니라(13, 32, 34, 36절) 이스라엘의 역사 전체를 통해 계속 반복해서 나타나는 것을 보게 될 것이다(왕상 15:4, 왕하 19:34, 20:6). 다윗 언약은 파기할 수 없는 것이다. 그리고 다윗의 자손으로(마 1:1) 오신 주 예수님 안에서 성취되기 위해 줄기차게 이어질 것이다. 그러나 솔로몬은 자신이 실패한 대가를 자신의 아들이 지불하게 되리라는 것을 알게 되었다. 이 나라를 네 아들의 손에서 빼앗을 것이다. 그러나 다윗을 위하여 형벌을 가볍게 할 것이다.

새롭게 축소된 나라는 유다 지파만으로 이루어지게 될 것이다. 솔로몬의 죄와 불순종이 그의 아버지 다윗에게 하신 하나님의 약속을 무효로 돌리지는 않았다. 다윗 왕조는 지속될 것이다. 그리고 예루살렘은 하나님이 선택하신 도시로 남게 될 것이다. 선택된 도시 예루살렘을 위해 하나님이 친히 일하신다는 개념은 앞으로 열왕기상하를 통해 반복해서 나타나게 될 하나의 주제다(왕상 11:32, 14:31, 왕하 19:34, 20:6, 23:27). 앞으로 무슨 일이 일어나건 간에 유다 지파 곧 다윗 왕조와 예루살렘은 계속 살아남을 것이다.

### C. 솔로몬의 대적들(11:14-43)

| Supporting Idea | 선택은 우리가 할 수 있지만 잘못된 선택에 따르는 결과는 우리가 선택할 수 있는 것이 아니다. |
|---|---|

**11:14-22.** 솔로몬에게 가장 먼저 닥친 곤란은 이스라엘의 오랜 적인 에돔으로부터 왔다. 에돔은 사해 남쪽 끝에 근접한 이스라엘 남동부 국경에 살고 있던 사막 지대 사람들이었다. 다윗 당시 요압이 군대를 이끌고 6개월간 에돔과 전쟁을 했다. 에돔 군대는 막대한 피해를 입었지만, 어린 왕자 하닷은 애굽으로 피신할 수 있었다.

애굽에게는 이웃 아랍 나라들과 우호 관계를 맺어야 할 충분한 이유들이 있었다. 그래서 하닷에게 호의를 베풀었다. 솔로몬의 장인의 후계자인 바로가 그에게 집과 땅과 식량을 공급해주었다. 하닷은 피난처를 제공받았을 뿐 아니라 왕족과 결혼도 할 수 있었다. 그 결혼으로 생겨난 아들 그누밧은 바로의 궁에서 바로의 아들들과 함께 자랐다. 이 모든 이야기는 우리에게 애굽에서 피난처를 찾은 외국인이었으며 애굽 왕실에서 자란 외국인이었던 모세를 상기시켜주기 위해 기록된 것이다. 이런 연상은 다윗의 죽음에 관한 소식을 들은 하닷이 바로에게 나를 보내어 내 고국으로 가게 하옵소서라고 한 말에 의해 더욱 분명해진다. 이 간청은 "내 백성을 보내라" 고(출 5:1, 7:16, 8:1, 20, 9:1, 13,

10:3) 요구했던 모세의 말을 생각나게 하기 때문이다.

하닷이 에돔으로 돌아간 것에 대한 기록은 없다. 그리고 그가 솔로몬에게 저항했다는 기록도 없다. 그러나 이스라엘에게 당했던 일에 불타는 듯한 분노를 느끼며 돌아갔을 것이다. 그리고 그것은 나중에 민족주의적 게릴라 일단의 지도자로 솔로몬을 괴롭히는 한 요인이 될 수 있었을 것이다. 하나님의 역설이 작용하고 있었다. 솔로몬의 변절은 정략적으로 바로의 딸들과 결혼하면서부터 시작되었다. 그리고 그에게 가장 먼저 닥친 골칫거리는 바로가 보호해준 그의 적으로부터 시작되었다.

**11:23-25.** 두 번째 대적은 이스라엘의 북동부 지역으로 아람(수리아) 사람들이 살고 있던 지역에서 일어났다. 이 문제 역시 그 씨앗은 다윗 시대에 뿌려졌다. 소바는 다메섹 북부에 있던 아람족 왕국이었다. 다윗이 군대를 이끌고 가 소바 사람들을 죽였다. 그러나 다윗이 승리를 거두기 전에 르손이라는 사람이 소바의 왕 하닷에셀에게서 도망친 다음 사람들을 모아 그들의 우두머리가 되었다. 그들은 다메섹을 그들의 근거지로 삼고 그곳에서 세력을 키웠다. 그 지역은 원래 이스라엘의 땅이었지만, 르손이 그 지역에서 사실상의 지도자가 되었다. 그 지역 사람들은 점점 더 그에게 충성을 보였다.

하닷이 모세를 생각나게 한다면 소바의 게릴라 대장 르손은 다윗을 생각나게 한다. 그가 다메섹이라는 전략 지역을 차지하게 된 것이 솔로몬이 군대나 조공이나 무역 물자를 수송하는 데 상당한 어려움을 주었던 것이 분명하다. 이스라엘의 북방 국경 지역에서 일어난 이 문제는 하나님이 솔로몬에게 등을 돌리셨다는 것을 가장 먼저 보여주는 증거였다.

**11:26-39.** 그러나 솔로몬에게 닥친 가장 큰 문제는 그런 외부적인 것이 아니라 내적인 것이었다. 그의 정책들이 반란을 일으킬 만한 상황들을 만들어내고 있었다. 반대하는 사람들을 연합시킬 수 있는 한 사람이 나타나기만 하면 되는 형편이었다. 느밧의 아들 여로보암이 바로 그 사람으로 드러났다. 그는 북방에서 가장 크고 가장 영향력 있는 에브라임 지파의 한 사람이었다. 그는 솔로몬의 신복 중 한 사람이었다. 그러나 신복이라는 번역은 중요한 관계를 모호하게 만들어놓았다. 문자 그대로 하면 그는 '솔로몬의 종' 이었고, 하나님이 솔로몬의 나라를 그의 신하에게 주겠다고 하신 말씀을 기억나게 해주기 위해 사용된 말이었다(11절에 '신복' 이라고 번역된 단어 역시 '종' 이라는 뜻의 단어다). 그러므로 그 말에는 불길한 징조가 내포되어 있었다. 그는 솔로몬에게 큰 해를

끼치게 될 뿐 아니라 솔로몬의 나라에도 큰 해를 가할 그런 사람이었다.

가장 위험한 해를 가할 수 있는 자리에 여로보암을 앉힌 장본인은 솔로몬 자신이었다! 그는 큰 용사였다. 그것은 그의 지위를 말하는 것이 아니라 그의 능력을 묘사하는 것이었다. 젊은 여로보암이 그의 일을 잘 하는 것을 보고 솔로몬은 야곱의 집에(야곱에게서 나온 두 지파, 에브라임과 므낫세) 속한 모든 노동력을 지휘하는 일을 그에게 맡겼다. 노동력은 북방 지파들을 유다 지파로부터 떨어져나가게 만드는 문제가 되었다. 분쟁과 불만이 이미 자라고 있었고, 여로보암은 불만을 품은 사람들을 끌어당기는 자석이 될 수 있는 자연스런 위치에 서 있었다. 북방 지파의 한 사람이었던 그가 자기 지파 사람들의 불평불만을 들어주는 동안 그들은 점점 그의 능력을 중시하게 되었고, 지도자로서의 그의 잠재력을 인정하게 되었다.

그 때 하나님이 실로 사람 선지자 아히야를 통해 직접 개입하셨나. 그는 열왕들의 역사 속에서 매우 중요한 첫 번째 선지자였다. 그가 여로보암을 만난 것은 큰 영향을 미치기 위해 세심하게 연출된 일이었다. 여로보암이 예루살렘을 떠나 시골에 있을 때 아히야가 새 의복을 입고 갑자기 여로보암 앞에 나타났다. 그리고는 그 새 옷을 잡아 열두 조각에 찢어 열 조각을 여로보암에게 주었다. 옷을 찢은 것은 사무엘상 15장에서 사울과 사무엘이 만났던 장면을 생각나게 해준다. 그 때 사무엘은 옷을 찢으며 사울에게 "여호와께서 오늘 이스라엘 나라를 왕에게서 떼어서 왕보다 나은 왕의 이웃에게 주셨나이다"(삼상 15:28)라고 말했다.

하나님은 아히야를 통해 솔로몬에게 두 가지 사실을 말씀하셨다. 하나님이 이스라엘을 솔로몬의 손에서 찢어 빼앗아 열 지파를 여로보암에게 주실 것이다. 그것은 그들이(솔로몬뿐 아니라 이스라엘 백성들이) 하나님을 버리고 이방 신들을 섬기며 하나님의 계명과 율례를 지키지 않았기 때문에 임하게 될 심판이었다. 그러나 다윗과 맺으신 언약은 아직 끝나지 않았다. 하나님은 하나님의 종 다윗을 위하여 계속해서 하나님의 백성들을 인도하실 것이다. **내 종 다윗이 내 명령과 내 법도를 지켰으므로… 그의 아들에게는 내가 한 지파를 주어서 내가… 택한 성 예루살렘에서 내 종 다윗에게 한 등불이 항상 내 앞에 있게 하리라.** 바벨론에 잡혀 살고 있던 이스라엘 백성들에게 이 약속은 소망의 원천이 되었을 것이다.

아히야 메시지의 두 번째 중요한 부분은 여로보암에 관한 것이었다. 그는 하나님이 사무엘하 7장에서 다윗에게 주셨던 것과 비슷한 약속을 받았다. 이스라엘 위에 왕이 될 것이다. 여로보암은 왕이 될 것이라는 약속뿐 아니라 왕조가 계속될 것이라는 약속까지 받았다. 다윗을 위하여 세운 것같이 너를 위하여 견고한 집을 세우고 이스라엘을 네게 주리라. 그러나 그 약속은 하나님께 대한 여로보암의 순종을 전제로 한 것이었으며 하나님이 솔로몬에게 요구하신 것과 똑같은 조건이었다. 또 여로보암에게 좋지 않은 결과가 있을 것이라는 사실도 암시해주셨다. 내가 이로 인하여 다윗의 자손을 괴롭게 할 터이나 영원히 하지는 아니하리라. 열 지파를 다윗의 계보에서 영원히 제거하지 않으실 것이다. 어느 날 그들은 다시 다윗 왕조 곧 메시아의 통치로 실현될 소망으로 되돌아오게 될 것이다.

**11:40.** 앞에서 우리는 "느밧의 아들 여로보암이 왕을 대적했다"(26-27절)는 이야기를 들었다. 그런데 그 반란이 어느 곳에서 일어났는지에 대한 언급은 없었다. 그러나 이 구절에서 우리는 솔로몬이 여로보암을 죽이려 했다는 사실을 볼 수 있다. 그 위험을 깨닫게 된 여로보암은 애굽 왕 시삭에게 도망친 다음 솔로몬이 숨을 거둘 때까지 애굽에 머물러 있었다. 또다시 애굽은 솔로몬의 대적을 위한 피난처가 되었다.

**11:41-43.** 이 구절은 솔로몬이 40년 동안 나라를 통치했으며, 그의 아들 르호보암이 그 뒤를 이었다는 것을 알려준다. 솔로몬의 통치는 영원할 것처럼 보였다. 그러나 그는 하나님의 영광보다 자신의 영광을 더 중요하게 여겼다. 얼마 안 있어 그의 나라는 옛 모습을 찾을 수 없을 정도로 변해버렸다.

| Main Idea 복습 | 하나님과 우리의 관계를 외면하고 소홀히 하게 되면 우리에게 소중한 것들을 파괴시키고 하나님의 심판을 불러오는 사건들을 향해 움직여 나가게 된다. |
| --- | --- |

# 결론

## 당신의 하나님은 얼마나 크신 분인가?

솔로몬은 비극적으로 삶을 마감했으며 그 상처들은 그가 자초한 것들이었다. 하나님 앞에서 순전한 마음을 지키지 못하고 자신의 욕구들을 다스리지 못했기 때문에 그의 인생 초기에는 상상할 수도 없었던 죄를 범하게 되었다. 성전을 건축한 위대한 사람이 형편없는 우상숭배자가 되어 그가 사람들과 계약을 맺고 만들게 한 모든 우상들 앞에서 절을 했다.

솔로몬이 도덕적인 삶을 유지할 수 있는 유일한 길은 하나님에 대한 그의 시각을 바꾸는 것이었다. 부도덕은 언제나 우상숭배와 짝을 이룬다. 솔로몬은 그의 행동을 너그럽게 보아줄 하나님을 만들어냈을 뿐 아니라, 인간의 상상력이 만들어낸 헛된 것들 앞에서 절을 했다. 그는 거짓 신들 앞에서 머리를 조아리기 위해 참 하나님께 등을 돌렸다. 출발이 훌륭했던 왕이 맞이하기에는 너무나도 비극적인 결말이었다.

■ 진리 알기

- 하나님께 순종하고 복종하는 마음을 대신할 수 있는 것은 아무것도 없다.
- 하나님께 대한 관점이 무엇보다 중요한 역할을 한다.
- 타협의 첫걸음은 변절로 추락하게 만드는 미끄러운 언덕 위에 우리를 서게 만든다.
- 작은 타협이 자라서 큰 죄가 된다.
- 우리의 가장 큰 대적은 타락한 우리 마음속에 있다. 우리는 모두 무서운 죄를 지을 수 있는 잠재력을 지니고 있다.
- 하나님은 우리를 사랑하는 분이시기 때문에 우리가 계속해서 죄를 짓도록 허용하지 않으실 것이다.
- 하나님은 하나님의 백성들의 실패에도 불구하고 은혜를 베풀기로 하신 약속을 신실하게 지키신다.

• 인간이 이룩한 업적은 아무리 인상적인 것이라 할지라도 덧없는 것이다.

■ 적용하기

• 마음을 지키고 도덕적으로나 영적으로 그 어떤 타협도 하지 말라.
• 회개하고 새롭게 하시는 하나님의 징계를 감수하라.
• 하나님의 은혜를 소중히 여기라. 그러나 그 은혜를 이용하려 들지 말라.
• 정직하고 경건한 성품을 가진 지도자들을 존경하라.

# 삶의 적용

## 기준 설정

이 장에는 중요한 통찰력이 숨어 있다. 하나님은 아히야를 통해 여로보암에게 이렇게 말씀하셨다. "이는 저희가 나를 버리고 시돈 사람의 여신 아스다롯과 모압의 신 그모스와 암몬 자손의 신 밀곰을 숭배하며 그 아비 다윗의 행함 같지 아니하여 내 길로 행치 아니하며 나 보기에 정직한 일과 나의 법도와 나의 율례를 행치 아니함이니라" (11:33). 그런데 5절과 7절에서 솔로몬이 그 죄를 지었다. 백성들도 그들의 왕처럼 되었다. 이것이 열왕기상에서 반복적으로 나타나는 주제다. 백성들은 그들이 따르는 사람처럼 되었다. 지도자들은 좋은 것이건 나쁜 것이건 간에 그들을 따르는 사람들의 기준을 설정하게 된다.

애석하게도 솔로몬은 따르기에 안전한 지도자가 아니었다. 그의 지혜는 뛰어난 것이었으며, 그의 능력 역시 부인할 수 없는 것이었다. 그러나 그는 악한 것에 마음을 내주었고 그의 나라를 파멸로 이끌어갔다. 솔로몬은 그의 마음을 지키지 않았기 때문에 따르기에 안전한 지도자가 아니었다. 그는 자신의 영광을 하나님의 영광보다 더 중시하게 되었고, 하나님의 뜻보다 자신의 뜻을 앞세우게 되었다. 또 하나님의 진리보다 자신의 지혜를 더 의존했고, 하나님의 약속을 따르는 것보다 스스로 자신을 지키는 것이 더 안전하다고 생각했다.

지도자에게서 우리는 어떤 점을 찾아보아야 하는가? 기교는 뛰어나지 못하지만 정직하고 충직한 사람들이 이끄는 교회에 다니고 싶은가? 아니면 영적으로는 미숙하지만 뛰어난 재능을 가진 사람들이 이끄는 교회에 다니고 싶은가? 어떤 사람을 따를 것인지를 신중하게 생각해야 한다. 지도자들이 기준을 결정하기 때문이다.

## 기도

하나님 아버지, 제가 원하는 것을 제가 하고 싶은 대로 하려는 충동을 가차없이 떨쳐버리는 마음을 갖게 하시고, 제 자신의 기쁨보다 하나님의 기쁨을 먼저 생각하며, 하나님의 영광을 소중히 여기고, 그 어떤 것보다 하나님의 영광을 먼저 구하게 하옵소서. 아멘.

## 심층 연구

### A. 솔로몬의 아내들(11:3)

"왕은 후비가 칠백 인이요 빈장이 삼백 인이라"는 번역이 가능하긴 하지만 실제로 그랬던 것같지는 않다. '후비가 칠백' 이란 말은 결혼을 통해 그들에게 주어진 지위를 뜻하는 말로 사용된 듯하다. 솔로몬의 아내들 중 상당수가 '왕족 출신' 이었다. 그러므로 그들의 결혼은 솔로몬과 그들의 아버지들과의 동맹을 뜻하는 것이었다. 작은 집단의 추장이나 부족의 우두머리나 다른 사람들보다 좀 더 특권을 누리던 사람들의 딸들도 많이 있었다. 바로의 딸과 같은 지위는 특별한 경우였다. 솔로몬은 이런 결혼을 통해 주변 나라들과 좋은 관계를 확고히 하려 했다.

### B. 열 지파와 한 지파로 나뉜 열두 지파(11:30-32)

아히야의 계산은 틀린 것처럼 보인다. 그는 옷을 12조각 낸 다음 10조각을 여로보암에게 주면서 솔로몬에게는 한 지파만을 줄 것이라고 말했다. 그렇다면 나머지 한 지파는 어떻게 된 것인가? 이스라엘과 유다의 국경에 위치해 있었고 사울 왕이 속해 있었던 베냐민 지파가 북방 지파들의 분리로 둘로 나뉘게 되었다는 것이 그 답이다. 예를 들면 베냐민 지파의 땅이었던 벧엘은 북방 이교의 중심지가 되었지만, 베냐민의 나머지 대부분 지역은 유다로 편입되었다. 31절과 35절은 구약 성경에서 '열 지파' 라는 표현이 나오는 유일한 곳이다.

### C. 다윗의 등불(11:36)

등불은 어둠에 빛을 비추는 역할을 한다. 그러므로 등불은 국가의 소망을 뜻하는 다윗 언약을 잘 보여주는 하나의 상징이 되었다. 솔로몬의 변절로 나라가 어두워진다 해도 그 등불은 비록 깜박거리기는 하겠지만 꺼지지는 않을 것이다. 등불은 사무엘하 21장 17절에서 다윗의 군사들이 다윗을 나라의 소망으로 언급하며 처음 사용한 상징적인 용어였다. 그 상징은 국가가 어둠에 처하게 될 때 또다시 나타나게 될 것이다(왕상 15:2, 왕하 8:19, 대하 21:7, 시 132:17).

## 교안

### A. 들어가는 글

1. '가장 위험한 적' 의 이야기로 시작하라.
2. 배경 설명: 솔로몬은 이제 인생의 끝에 와 있었다. 그는 성공한 삶을 살았고 명성을 얻었다. 그러나 그 동안 그가 뿌려온 씨앗들이 열매를 맺고 있었다. 한때 매우 인상적이었던 그의 나라가 그가 지은 죄 때문에 하나님의 손 아래서 해체될 것이다.
3. 적용: 훌륭한 시작이 좋은 결과를 보장해주는 것은 아니라는 사실을 솔로몬보다 더 잘 보여준 사람도 없다. 솔로몬은 그의 선택으로 인한 자멸적인 결과들을 그의 인생 말년에 거두게 되었다.

### B. 본문 이해

1. 솔로몬의 죄(11:1-8)
2. 하나님의 심판(11:9-13)
3. 솔로몬의 대적들(11:14-43)

**C. 결론**: '당신의 하나님은 얼마나 크신 분인가?' 를 읽어주라.

## 토의 질문

1. 솔로몬의 변절 과정을 짚어보라. 그는 왜 길을 잃게 되었는가? 그는 갑자기 몰락한 것처럼 보인다. 그가 정말 갑자기 몰락했다고 생각하는가?

2. 솔로몬은 성공한 왕인가? 아니면 실패한 왕인가? 어느 시점에서 가장 정확한 평가를 할 수 있겠는가? 그 대답은 성공과 실패를 어떻게 평가해야 할 것인지에 대해 무엇을 말해주는가?

3. 솔로몬의 생애를 다시 돌아보고 당신에게 가장 중요한 교훈이 되는 것은 무엇인지 생각해보라.

# 열왕기상
# 12:1-24, 14:21-31

## 어리석은 행진

*"그리스도 밖에서는 앞서가고 싶어 하지만 그리스도 안에서는 사랑하기 위해 앞서간다."*

\- 하워드 버트(*Howard Butt*)

**열왕기상 12:1-24, 14:21-31** 하나님이 솔로몬의 범죄 때문에 다윗의 집을 무너뜨리는 심판을 내리실 것이라는 사실을 솔로몬과 여로보암에게 이미 선포하셨다. 열 지파가 다윗 왕조에서 떨어져나갈 것이다. 하늘에서 선포한 그 심판이 솔로몬의 아들 르호보암의 어리석고 불경한 선택을 통해 이 땅에서 수행되는 것을 볼 수 있다.

**인물 소개: 르호보암**

- 마흔한 살에 왕위에 올랐다.
- 나아마라는 암몬 여인의 아들이었다.
- 왕위에 오른 직후 나라가 곧 분열되었다.
- B.C. 931년에서 913년까지 권위를 잃은 유다의 첫 번째 왕으로 통치하였다.
- B.C. 926년 애굽 왕 시삭에게 성전을 약탈당했고 성전의 보화들을 전리품으로 내주었다.
- 그의 통치 기간 중에 백성들은 이방 신들을 널리 섬기게 되었다.
- 345년 동안 유다를 다스린 19명의 다윗의 자손들 중 첫 번째 왕이었다.

## 들어가는 글

# 지도자들의 실수

영국의 조지 3세는 미국을 잃고 싶지 않았다. 미국은 그에게 가장 중요한 식민지 중의 하나였다. 여러 가지 이유들 때문에 영국 정부는 미국을 중요하게 여기고 있었다. 특히 미국은 영국의 오래된 적수인 프랑스와 스페인과의 계속되는 분쟁 속에서 세력의 균형을 유지하는 데 매우 전략적인 이점을 가질 수 있게 해주었다. 또 경제적으로도 중요했다. 식민지들은 영국에 원자재를 공급해줄 뿐 아니라 완제품을 팔 수 있는 중요한 시장이 되기도 했다. 문화적으로도 오래된 세계와 신세계는 강한 연대감을 가지고 있었다. 조지 3세는 영국의 번영과 특권에 중요한 역할을 하는 미국을 잃고 싶은 마음이 전혀 없었다.

그러나 결과는 달랐다. 영국 왕과 그의 고문들은 식민지들이 반란을 일으킬 만한 정책들을 추진해나갔다. 그들은 자신들이 모든 것을 가장 잘 알고 있으며, 그들이 통치하는 사람들의 관심사나 제안에 귀를 기울일 필요가 없다는 듯한 거만한 자세로 미국인들을 대했다. 더구나 그들은 영국 군대와 맞서 싸울 수 있는 식민지의 능력이나 의지를 조롱하고 그들의 불평을 무시하면서 신세계에 대한 자신들의 무지를 키워가고 있었다. 그 과정 속에서 그들은 충실했던 식민지 주민들로 하여금 자신들이 기꺼이 따랐던 바로 그 왕에 맞서 무기를 들고 싸우게 될 만큼의 깊은 증오심을 느끼게 만들었다.

조지 왕과 그의 고문들은 자신들의 가장 큰 이익에 반하는 행동을 했고 결과적으로 영원히 미국을 잃게 되었다. 그들만 그런 것은 아니다. 저명한 미국 역사학자 바바라 투크먼(Barbara Tuchman)은 그런 사건들을 관찰한 자신의 연구에 'The March of Folly(어리석은 행진)' 라는 제목을 달았다. 그녀는 적절한 다른 방법들이 있음에도 불구하고 자기 국가의 행복과 이익에 반하는 정책들을 추진하는 것은 어리석은 일이라고 설명했다. 그리고 그 뒤에는 선입견에 집착하고, 경험을 통해 배우지 못하며, 자신을 기만하는 완고함이 숨어 있다고 주장했다.

어리석은 지도자들은 국가에서건, 교회에서건, 기업체에서건, 가정에서건 심각한 피해를 불러온다. 그들의 어리석음 때문에 잃게 된 것은 되찾을 수 없을 경우가 많다. 반면에 지혜로운 지도자들은 축복이라는 전통을 남길 수 있다. 미국 혁명을 일으킨 지도자들은 완전하지 않았다. 그러나 200년이 지난 지금 미국은 그들의 지혜로부터 나온 혜택을 누리고 있다.

르호보암도 자기 나라의 대부분을 잃고 싶지 않았다. 그러나 잃을 수밖에 없었다. 지혜를 구하는 기도로 나라를 통치하기 시작했고, 통치 초기 그 지혜들을 보여주었으며, 잠언을 아들에게 남긴 왕의 아들이 열왕기상에 나오는 어리석은 지도자의 표본이 되었다는 사실은 우리에게 지혜와 어리석음에 대해 많은 것들을 이야기해준다. 솔로몬과 같은 지도자를 따르는 것은 가장 지혜로운 사람에게도 힘든 일이었을 것이다. 40년 동안 그는 찬란한 성공을 거두었지만, 그의 배교는 엄청난 노력을 기울이지 않고는 제거할 수 없는 지뢰들을 심어두었다. 그러나 솔로몬의 어리석은 아들 르호보암은 무모하게 그 지뢰밭으로 뛰어들어갔다. 그리고는 나라를 둘로 갈라놓는 지뢰를 폭파시켰다. 실제로 투크먼은 '어리석은 행진' 을 한 첫 번째 사람으로 르호보암을 예로 들고 있다.

하나님은 열왕기상하에서 아히야 선지자를 통해 나라가 분열된 이유를 우리에게 알려주셨다. 솔로몬의 죄에 대한 하나님의 심판 때문이었다. 12장에서 우리는 어리석은 지도자가 저지른 실수들을 통해 나라가 어떻게 분열되는지를 보게 될 것이다. 이 글을 읽는 사람들 중에 왕이 될 사람은 아마도 거의 없을 것이다. 그러나 일상생활 속에서 우리 각자의 지도력을 발휘해야 할 책임이 있는 영역들이 있다. 르호보암은 지도자들이 범할 수 있는 잘못들을 보여주는 사례 연구가 될 수 있을 것이다.

## 본문 이해

# 어리석은 행진

| Main Idea | 지혜롭고 경건한 지도자는 하나님을 대신해 하나님의 백성들에게 유익을 줄 수 있는 지도력을 발휘해야 한다는 사실을 알고 있다. 그러나 어리석은 지도자는 자신의 유익만을 추구하려 한다. |
| --- | --- |

### A. 르호보암의 대결(12:1-15)

| Supporting Idea | 지도자가 자기 자신을 보호하고 높이려 하는 것은 자기 지도력의 토대를 무너뜨리는 것이다. |
| --- | --- |

**12:1.** 칠백 명의 후궁과 삼백 명의 첩을 두었던 솔로몬에게는 필경 많은 아들들이 있었을 것이다. 그러나 르호보암이 왕위를 이어받게 될 것이라는 사실을 의심하거나 이의를 제기한 사람이 있었다는 것을 보여주는 그 어떤 암시도 찾아볼 수 없다. 솔로몬이 그를 선택했다는 것은 언제나 명백한 사실로 알려져 있었다. 14장 21절에서 우리는 그가 나아마라는 암몬 여인의 아들이었으며, 왕위에 올랐을 때 나이가 마흔한 살이었다는 것을 알 수 있다. 솔로몬이 40년간 통치했으므로 르호보암은 다윗이 세상을 떠나기 전에 태어났다. 영적으로 분열된 그의 성장 과정은 그의 아버지가 남긴 분열된 유산의 또 한 증거였다.

르호보암이 예루살렘이 아니라 세겜에서 즉위했다는 것은 상당히 의미심장한 일이다. 세겜은 아브라함과 야곱과 관계가 있는 도시로 잘 알려져 있었다(창 12:6-7, 33:18). 또 여호수아가 백성들을 이끌고 하나님과의 언약을 새롭게 갱신했던 곳이기도 하다(수 24장). 그보다 더 중요한 것은 세겜이 북방에 있는 도시라는 점이었다. 르호보암이 즉위식을 북방에서 가졌다는 것은 그가 북방의 지파들을 진정시켜야 할 필요가 있다는 사실을 알고 있었음을 보여준다. 이스라엘 백성들이 저로 왕을 삼고자 하여 모여들었다. 르호보암은 그들의 불만을 들어주어야 한 필요가 있었다.

**12:2-5.** 그러나 여로보암의 출현으로 사태는 르호보암에게 불길하게 돌아가기 시작했다. 여로보암은 하나님이 그를 이스라엘의 왕으로 지명하셨다는 선지자의 예언을 받긴 했지만 그가 직접 일련의 사태들을 주도한 것으로 보이지는 않는다. 그는 자신을 지도자로 인정하는 이스라엘 백성들이 불러줄 때까지 애굽에 머물러 있었다. 그 후에 그는 북방 지파들의 불만을 왕에게 전달하기 위해 지명된 파견단의 한 사람이 되었고, 아마도 그들 중 지도적 역할을 했을 것이다. 북방 지파들은 그들에게 큰 부담을 준 솔로몬의 정책으로부터 벗어나고 싶어 했다. 그 정책들은 솔로몬이 속한 유다 지파에 편파적인 것이었다. 그들은 솔로몬이 그들에게 지게 한 무거운 멍에, 즉 솔로몬의 왕궁과(5:13-17) 특히 예루살렘을(11:27) 건설하는 데 필요한 고역이라고 주로 설명된 멍에에 대한 분노를 느끼고 있었다. 가나안 사람들과 같은 노예로 일한 것은 아니었지만(9:20-23), 강압적이고 가혹한 것이었다.

더구나 무거운 멍에에는 왕실의 사치스러운 생활을 유지하기 위한 강압적인 세금도 포함되어 있었다(4:7). 그들의 불만은 뿌리 깊은 것이었다. 또 그들의 요구가 불합리한 것도 아니었다. 그들은 그들의 멍에를 모두 제거해줄 것을 요구하지 않았다. 다만 그 멍에를 좀 가볍게 해주기를 왕에게 요구했을 뿐이다. 그들은 왕을 섬길 준비가 되어 있었다. 그러나 왕 역시 자신만을 위해서가 아니라 백성들의 유익을 생각하고 있다는 사실을 그들에게 보여줄 필요가 있었다.

북방 지파들의 요구는 르호보암의 생활에 직접적인 영향을 미치는 것이었다. 그의 생활 방식과 정부의 규모를 줄여야 할 것이 요구되었기 때문이다. 그것은 그의 아버지가 누렸던 만큼의 영화를 누릴 수 없다는 것을 뜻했다. 그러나 르호보암에게 그 위기는 또 불만을 품은 신하들의 충성심을 확보할 수 있는 방법으로 행동할 수 있는 좋은 기회이기도 했다. 르호보암은 그들의 요구에 상당한 이해관계가 결부되어 있다는 사실을 잘 알고 있었다. 그래서 대답하기 전에 사흘 동안 생각해볼 시간을 달라고 요구했다.

**12:6-11.** 르호보암은 먼저 자기 아버지에게 자문을 해주었던 경험이 많은 대가들을 찾아갔다. 그들은 상황이 위급하다는 사실을 알고 있었다. 새로 즉위한 왕은 사람들의 신뢰를 받아야 할 필요가 있었다. 그 가장 좋은 길은 그들의 고충에 민감하고 그들의 필요를 채워주기로 헌신되어 있다는 사실을 그들에게 확신시켜주는 것이었다. 사람들은 그들이 신뢰하고 이기적으로 그들을 착취하지 않을 지도자를 믿고 따를 것이다. 르호

보암이 그들을 섬기기로 한다면 그는 권세를 잃지 않게 될 것이다. 오히려 사람들의 충성심과 신뢰를 얻게 될 것이다.

그것은 효과적인 지도력의 기본 원리다. 리더십은 신뢰감 위에 세워지는 것이며, 신뢰감은 다른 사람들의 유익을 위해 섬기는 것을 바탕으로 축적되는 것이다. 신약 성경에서는 종의 개념이 하나님 나라의 기본 원리를 이루고 있다. 예수님은 제자들에게 "너희 중에 누구든지 크고자 하는 자는 너희를 섬기는 자가 되라"(마 20:26)고 말씀하셨다.

그러나 르호보암은 그런 원리에는 별 관심이 없었다. 그는 권력과 특권을 누리는 데에만 관심이 있었다. 어떤 대답을 할 것인지 이미 마음을 정하고 있었던 그는 노인의 교도하는 것을 버리고 자기 친구들을 찾았다. 그들은 자기와 함께 자라난 소년들이었다. 실제로 열왕기상 기자는 그들에 대한 자신의 경멸을 표현하기 위해 '어린아이들'이라는 뜻을 가진 용어를 사용하였다. 그들은 자신들의 지위와 권력에 스스로 감탄하는 미숙한 사람들이었다. 그들은 르호보암이 그들에게 듣고 싶어 하는 대답이 어떤 것인지 잘 알고 있었다. 그들은 섬기는 종의 리더십이 아니라 지배하고 위협하는 리더십을 신뢰하고 있었다. 사람들의 고통을 이해하고 솔로몬이 그들에게 지운 무거운 짐을 가볍게 해주는 일에는 관심이 없었다. 대신 솔로몬이 백성들에게 지운 고역을 칭찬하고 백성들의 요구를 무시하고 조롱했다. 그들은 르호보암에게 불만이 많은 북방 지파들에게 내 부친은 채찍으로 너희를 징치하였으나 나는 전갈(가시가 달린 채찍)로 너희를 징치하리라고 대답하라는 조언을 했다.

르호보암은 경험이 많은 대가들과 자기 친구들에게 조언을 구했다. 그러나 하나님께는 조언을 구하지 않았다는 사실에 주목하라. 선지자나 제사장의 개입을 구하는 기도를 했다는 언급을 그 어느 곳에서도 찾아볼 수 없다.

**12:12-15.** 자신이 원하는 대답을 해준 조언을 듣고 난 후 르호보암은 자신의 정책을 선포하기 위해 북방 지파들을 불러모았다. 백성들은 솔로몬이 그들을 가혹하게 대했다고 불평했다. 그런데 이제는 솔로몬의 아들이 그들에게 가혹하게 대답했다. 르호보암은 불평하는 이스라엘 백성들에게 더 무거운 짐을 지게 했던(출 5:1-21) 이스라엘의 옛 원수 애굽의 바로와 같았다. 그는 미숙한 조언자들의 말을 빌려 북방 지파들에게 더 무거운 짐을 지게 해주겠다는 약속을 했다. 그 일은 어떻게 하면 갈등을 더 크게 조장하지 않을 수 있는지를 배울 수 있는 한 사례 연구가 될 수 있을 것이다. 르호보암은 가혹하

게 대답하며 자신의 지위를 남용했다. 그는 타협 또는 협상을 거부하고 양편이 모두 승리하는 방법 대신 한쪽은 이기고 한쪽은 패하는 방법을 택했다. 그는 선동적인 용어를 사용하였고, 위협을 가하였으며, 백성의 말을 듣지 아니하였다.

그가 백성의 말을 듣지 않았다는 이 구절은 3장 9절에서 지혜를 구한 솔로몬의 기도의 핵심이 '듣는 마음' 이었다는 사실을 기억할 때 특별히 중요한 의미를 갖게 된다. 르호보암이 백성들의 말을 듣지 않았다는 기록이 두 번 반복되어 있을 뿐 아니라 그는 하나님의 말씀도 듣지 않았다. 이것이 르호보암에게서 볼 수 있는 어리석음의 본질이었다.

지금까지 우리는 악한 욕구와 성품에 따라 행동하는 사람들을 살펴보았다. 하나님의 손은 보이지 않았지만 그렇다고 해서 없었던 것은 아니다. 왕이 이같이 백성의 말을 듣지 아니하였으니 이 일은 여호와께로 말미암아 난 것이라 여호와께서 전에… 여로보암에게 고한 말씀을 응하게 하심이더라(11:29-39을 보라). 하나님은 강요하지 않으셨다. 르호보암은 자유롭게 행동했다. 그러나 그의 행동은 하나님의 전능하신 목적을 이루는 것이었다. 인간의 수준에서 그런 일들은 인간적인 술수와 성품의 결함과 당파적인 반대가 불러오는 결과들이다. 그러나 정치적인 술수 뒤에는 하나님의 확실한 목적이 서 있다. 하나님은 전능한 분이시며, 하나님의 전능하심은 인간의 책임을 결코 무시하지 않는 놀랍도록 창조적인 방법으로 수행되고 있었다.

### B. 르호보암의 내란(12:16-24)

| Supporting Idea | 죄 때문에 깨진 것을 다시 결합시키는 것보다 하나님이 하나가 되도록 의도하신 것을 깨뜨리기가 훨씬 더 쉽다. |
|---|---|

**12:16-17.** 쌓아올리기보다는 무너뜨리기가 훨씬 쉽다. 한 번의 잘못된 선택으로 한 세기 이상 쌓아올린 것을 순식간에 무너뜨릴 수도 있다. 나라나 교회나 가정도 비교적 쉽게 붕괴시킬 수 있다. 그러나 무너진 것을 다시 원상으로 복구시키기는 거의 불가능하다. 그래서 보다 신중하게 행동해야 한다.

이스라엘은 120년 - 사울과 다윗과 솔로몬이 통치한 기간 - 동안 한 왕을 가진 한 나라였다. 그러나 이스라엘 역사를 거슬러올라가 보면 지파들 사이에서 싸움이 벌어지곤

했었다. 그런 분쟁들은 가려진 단층선과 같고, 그 선과 함께 이제 나라는 분열을 맞이하게 되었다. 대부분은 사소한 분쟁들이었다. 솔로몬이 유다 지파에게 보인 편애와 열 지파를 사회적으로 무시한 결과 생겨난 정당한 분쟁들도 있었다. 단층선은 르호보암의 어리석은 선언의 압력을 견딜 수 없었다.

그 영향은 즉각 나타났다. 북방 지파들은 세바라는 사람이 북방 지파들을 선동해 다윗 왕을 반역하게 만들기 위해 사용했던 슬로건을 빌려왔다. 우리가 다윗과 무슨 관계가 있느뇨 이새의 아들에게서 업이 없도다 이스라엘아 너희의 장막으로 돌아가라(삼하 20:1을 보라). 이것은 아마도 북방 지파들이 전통적으로 사용해온 슬로건이었을 것이다. 다만 이곳에서는 다윗이여 이제 너는 네 집이나 돌아보라! 는 구절로 다윗의 왕족을 거절하는 말이 추가되었다. 그것은 화해하려는 시도를 거절하는 것이었다. 주사위는 던져졌다. 이스라엘은 이제 각기 자기 장막으로 돌아가 필요하다면 싸울 준비를 하게 되었고, 결국 나라는 분열되었다.

**12:18-19.** 르호보암의 보좌관이었으며 역군의 감독을 맡았던 아도니람은 북방 지파들에게 호소하기 위해 선택된 최악의 인물이었다. 북방 지파들이 가지고 있었던 모든 불평의 온상지였던 아도니람을 협상을 위해 또는 승낙을 강요하기 위해 그들에게 보냈다. 그를 보고 격노하게 된 북방 지파들은 그를 돌로 쳐 죽였다. 자신이 적지에 있다는 사실을 알게 된 르호보암은 예루살렘으로 도피했다. 그는 자신의 왕권과 권위를 확실하게 다지기 위해 세겜으로 갔지만, 크게 위축된 나라의 왕으로 돌아오게 되었다.

**12:20.** 여로보암은 북방 동맹국의 왕으로 등극했다. 그는 지금까지 왕이 되기 위해 스스로 나서지 않았다. 그는 우리가 다음 장에서 만나게 될 상당히 중요한 인물이다. 이제부터 두 개의 나라가, 즉 이스라엘과 유다가 존재하게 되었다.

**12:21-24.** 르호보암은 자기 나라를 잃게 된 사실을 인정하려 하지 않았다. 180,000명이나 되는 거대한 군대를 이끌고 이스라엘로 쳐들어갈 준비를 했다. 그것은 무력으로 문제를 해결하려는 경박한 행동이었다. 그러나 르호보암이 공격을 개시하기 전에 하나님의 사람 스마야가 그를 가로막았다. 선지자의 메시지는 분명했다. 하나님이 형제 이스라엘에 대한 군사적 공격을 허락지 않으셨다. 우리는 또다시 하나님의 손을 보게 된다. 나라의 분열은 지도자들의 어리석음이 빚어낸 결과만은 아니었다. 하나님은 이 일이 내게로 말미암아 난 것이라고 말씀하셨다. 하나님은 예언하신 말씀을 성취하시고 하

나님의 목적을 수행하고 계셨다. 이번에는 백성들이 하나님의 말씀에 순종했다.

### C. 르호보암의 유산(14:21-31)

| Supporting Idea | 죄는 하나님의 은총 대신 값싼 대용품을 우리에게 남긴다. |
|---|---|

**14:21.** 르호보암의 생애를 마무리하기 위해 여로보암을 다루고 있는 중간 부분을 남겨두고 14장 마지막 부분으로 뛰어넘어왔다. 열왕기상 기자가 자신이 언급하고 있는 왕의 생애를 이야기하다가 다른 나라의 왕을 살펴보기 위해 다른 나라로 관심을 돌리는 것이 열왕기상에서 볼 수 있는 하나의 패턴이다. 마치 분할 스크린 TV를 보는 것과 같다. 이스라엘에서 일어나는 사건들은 잠시 정지되고 유다에서 일어나는 사건들이 펼쳐지는 것을 보게 된다.

각 유다 왕들의 통치는 똑같은 방식으로 - 왕의 이름, 아버지의 이름, 통치 기간, 왕위에 올랐을 때의 나이, 어머니의 이름 그리고 일반적으로 나타나는 다윗 왕과의 비교(이곳에서는 나타나지 않은) 등을 열거하는 방식으로 - 설명되어 있다. 르호보암은 마흔한 살에 왕이 되었고, B.C. 931년에서 913년까지 17년간 통치했다. 이 부분에서는 그의 어머니가 나아마라는 암몬 사람이었다는 것을 두 번 언급했다(21, 31절).

**14:22-24.** 르호보암이 왕으로 다스리는 동안 유다는 국토의 대부분을 잃었고, 영적인 순전함도 잃게 되었다. 유다 백성들은 부르심을 받은 하나님의 백성들로 살기보다는 그들 주변에 있는 가나안 주민들처럼 되어갔다. 예루살렘은 '여호와께서 자기 이름을 두시려고 이스라엘 모든 지파 가운데에서 택하신 성읍' (14:21)이었다. 그러나 그곳에 세워진 솔로몬 성전도 백성들이 이교도로 전락하는 것을 막을 수는 없었다. 그들은 그 범한 죄로 여호와의 노를 격발하였다. 하나님의 진노는 하나님 자신의 영광과 하나님의 백성들의 절대적인 충성을 위한 것이다. 하나님은 그분의 백성들이 계속 죄를 범하도록 허용하지 않으실 것이다.

백성들이 범한 죄의 목록들이 열왕기상에서 반복해서 나타나게 될 것이다. 이스라엘 백성들은 그들 주변에 있는 가나안 사람들의 우상숭배와 음란한 생활을 받아들였다. 여로보암은 혼합된 예배를 이스라엘 백성들에게 소개했다. 유다가 이교도들의 종교에 참여했다. 그러나 하나님은 그들을 간과하지 않으셨다. 그들은 여호와께서 이스라엘 자손 앞에서 쫓아내신 국민의 모든 가증한 일을 무리가 본받아 행하였다. 의로우신 하나님이 이방인들을 그들의 죄 때문에 쫓아내셨다면 하나님의 백성들 사이에서 행해지는 그런 가증한 일을 어떻게 용납하실 수 있겠는가? 열왕기상의 원 독자들에게 이 말씀은 자신들이 바벨론에 잡혀오게 된 이유를 알려주는 설명으로 들렸을 것이다. 우리도 하나님의 이름을 모독하는 하나님의 백성들을 용납지 않으실 하나님의 거룩하심을 상기시켜주는 말씀으로 들어야 한다.

**14:25-28.** 하나님의 즉각적인 심판은 애굽 왕 시삭의 침략으로 나타났다. 그는(B.C. 945-924) 애굽의 통치권을 재확인하기 위해 블레셋 지역을 공격했고, 여러 도시들을(카르낙 신전에는 150개의 도시들이 새겨져 있다) 짓밟았다. 그것은 다윗 왕 이후 처음으로 외부 세력이 그 지역에서 성공을 거둔 공격이었다. 르호보암의 어리석은 선택으로 시삭을 대항할 수 있는 힘을 잃게 되었고, 결국 성전의 보화들을 내어주고 나서야 그를 물러가게 할 수 있었다. 시삭은 여호와의 전의 보물과 왕궁의 보물을 몰수히 빼앗아갔다. 그것은 르호보암이 솔로몬이 누리던 황금기로부터 얼마나 멀어지게 되었는지를 보여주는 사건이었다.

그러나 르호보암은 여전히 현실을 직시하지 못했다. 빼앗긴 것들을 대신하기 위해 값싼 대용품들(놋으로 방패를 만들어)을 사용했다. 그는 허영으로 그것들을 지키려 했다. 그러나 아무도 속지 않았다. 죄와 우상숭배로 나라의 영광이 추락했다. 황금시대는 이제 막을 내렸다. 청동시대가 과거를 조롱하고 있었다. 나라는 영적으로, 도덕적으로, 정치적으로, 경제적으로, 군사적으로 쇠퇴해가고 있었다. 죄의 대가는 실로 엄청난 것이었다.

**14:29-31.** 르호보암은 분열과 쇠퇴라는 유산을 남기고 무대 뒤로 사라졌다. 그의 통치는 어리석은 행진이었다.

| **Main Idea 복습** | 지혜롭고 경건한 지도자는 하나님을 대신해 하나님의 백성들에게 유익을 줄 수 있는 지도력을 발휘해야 한다는 사실을 알고 있다. 그러나 어리석은 지도자는 자신의 유익만을 추구하려 한다. |
| --- | --- |

# 결론

## 섬길 것인가, 아니면 섬김을 받을 것인가?

르호보암을 몰락하게 만든 문제들은 르호보암 자신이 만들어낸 것은 아니었다. 그의 아버지로부터 물려받은 것이었다. 그러나 그는 어려운 상황을 더 악화시켰다. 분열 그 자체는 그에게 원인이 있지 않았다. 그러나 분열의 방식은 그에게 있었다. 그는 자신이 원하는 것에만 귀를 기울이고 자신의 일시적인 이익만을 생각했기 때문에 그의 나라를 영원히 갈라놓게 되는 일들을 추진했다. 갈라지게 된 열두 지파는 결코 다시 통일되지 못했다.

르호보암은 자신의 리더십을 섬기기 위한 기회로 볼 것인지, 아니면 섬김을 받기 위한 기회로 볼 것인지를 선택해야 하는 본질적인 결정을 앞에 두고 있었다. 그는 섬김을 받기로 했다. 그리고 그가 자신을 섬겨줄 것이라 기대했던 사람들을 잃게 되었다. 그는 자신이 듣고 싶은 말과 자신이 듣고 싶은 말을 하는 사람들에게 귀를 기울이기로 선택했다. 그 결과 그는 어리석은 길을 선택했다.

지혜로운 지도자들은 듣는 귀를 가진 사람들이다. 그들은 먼저 하나님께 귀를 기울이고 하나님이 말씀하시는 지도자의 기준을 따른다. 그것이 다윗의 특징이었다. 그는 하나님께 귀를 기울인 사람이었다. 그런 다음 그가 인도하는 사람들에게 귀를 기울이고 그들에게 최선이 되는 것에 관심을 기울였다.

▣ 진리 알기

- 지혜로운 지도자는 자신이 인도하는 사람들을 위해 그들에게 최선이 되는 일을 해야 한다는 것을 알고 있다.
- 지혜로운 지도자는 자신이 인도하는 사람들과 적절한 조언자들에게 귀를 기울이고 무엇보다 하나님께 귀를 기울인다.
- 지혜로운 지도자는 자신을 따르는 사람들에게 지지를 얻을 수 있어야 한다는 사실을 알고 있다.

- 지혜로운 지도자는 일시적인 비용이 아니라 장기적인 유익에 초점을 맞춘다.

■ **적용하기**

- 당신이 인도하는 사람들에게 귀를 기울이라. 그들의 관심사는 합법적인 것인가?
- 자문을 구할 사람들을 지혜롭게 선택하라. 당신의 견해에 이의를 제기할 수 있는 지혜와 용기를 가진 사람들을 찾고 있는가?
- 자신의 동기를 정직하게 평가해보라. 자신의 뜻을 이루려 하는가? 아니면 하나님의 뜻을 이루려 하는가?
- 자신의 목표를 깊이 생각해보라. 현재의 선택으로 어떤 유산을 남기게 될 것인가? 단기적으로 생각하는가? 아니면 장기적으로 생각하는가?

## 삶의 적용

### 더 나은 결과를 얻기 위한 싸움

날카로운 송곳니를 가진 호랑이 두 마리가 싸우고 있는 모습이 담긴 화석을 찍은 사진을 소개한 잡지가 있었다. 그 사진에는 "한 마리가 다른 한 마리의 다리를 뼈 속 깊이까지 꽉 물고 있었기 때문에 두 마리는 함께 덫에 걸리는 공동 운명을 맞이했다. 이 두 마리가 죽게 된 원인은 그들이 멸종하게 된 원인이 불분명한 것만큼이나 명백하다"라는 글귀가 포함되어 있었다.

분쟁은 타락한 세상에서 살아가는 삶의 피할 수 없는 한 부분이다. 가장 사랑스런 가정에서나 가장 건전한 교회에서도 의견 차가 생겨날 수 있다. 지도자가 그런 의견 차를 다루는 방식이 그가 인도하는 사람들의 장래 건강을 결정하게 될 것이다.

전문가들은 분쟁에 반응하는 방식에는 회피(승자는 아무도 없을 것이다), 대립(내가 지면 너도 진다), 항복(내가 지고 네가 이겼다), 경쟁(내가 이기고 너는 져야 한다), 타협(두 사람 다 조금씩 이기고 또 조금씩 지자), 협력(두 사람 다 이기자), 이렇게 여섯 가지 방식이 있다고 말한다.

양편 모두 이길 수 있는 해결 방법을 언제나 찾아낸다는 것은 불가능한 일일 것이다. 그러나 르호보암의 경우는 분명히 가능했다. 우리 가정과 교회에서 일어나는 대부분의 분쟁들도 아마 해결 가능한 일들일 것이다. 그리스도의 마음을 추구하지 않는 한 우리의 즉각적인 반응이 파괴적인 분쟁을 불러오게 된다는 사실을 알고 있어야 한다.

## 기도

하나님 아버지, 제가 비난을 받거나 도전을 받게 될 때 "듣기는 속히 하고 말하기는 더디 하며 성내기도 더디 하라 사람이 성내는 것이 하나님의 의를 이루지 못함이라"(약 1:19-20)고 경고하신 주님의 말씀을 기억할 수 있게 도와주옵소서. 지혜가 부족할 때 하나님께 구하는 삶을 살아갈 수 있게 하옵소서(약 1:5). 아멘.

## 심층 연구

### A. 인간의 책임과 하나님의 주권(12:15)

"왕이 이같이 백성의 말을 듣지 아니하였으니 이 일은 여호와께로 말미암아 난 것이라"는 말씀을 읽으며 하나님이 르호보암을 완고하게 만드셨다고 생각해서는 안 된다. 르호보암은 자유롭게 행동했지만 하나님의 감추어진 목적들을 추진하는 방식으로 행동했다. 하나님의 손길이 사람들의 눈에 보이지는 않았지만 하나님은 일하고 계셨다. 인간의 자유와 하나님이 주도하시는 사역이 서로 조화를 이루고 있음을 보여주는 가장 좋은 증거는 사도행전 2장 23절과 4장 27-28절에 설명된 대로 우리 주 예수 그리스도의 십자가다.

### B. 유다 지파 외에는(12:20)

이 부분의 수학 공식은 상당히 흥미롭다. 11장에서 아히야는 그의 옷을 12조각으로 찢으며 여로보암이 열 지파를 다스리게 되고 르호보암이 한 지파를 다스리게 될 것이라고 말했다(11:30-32). 그렇다면 나머지 한 지파는 어떻게 된 것인가? 12장 20절에서 우리는 "유다 지파 외에는 다윗의 집을 좇는 자가 없었다"고 기록한 것을 볼 수 있다. 그러나 바로 그 다음 구절에서는 르호보암이 '유다 온 족속과 베냐민 지파를' 모았다고 한 기록을 볼 수 있다. 유다와 이스라엘의 국경 지대에 살고 있었던 베냐민 지파는 그 자체가 두 나라로 나뉘게 되었고, 베냐민 지파의 대부분은 그들보다 더 크고 강했던 유다 지파에 통합되었다.

### C. 하나님의 사람 스마야(12:22)

'하나님의 사람' 이라는 말은 열왕기상하에서 '선지자' 라는 단어와 같은 의미로 사용되었으며, 하나님의 대변인으로서의 지위를 강조하는 말이었다. 하나님이 하나님의 사람에게 하나님의 진리를 드러내주셨기 때문에 그가 전하는 메시지는 하나님의 권위를 가지게 된다.

## 고안

### A. 들어가는 글

1. '지도자들의 실수' 이야기로 시작하라.
2. 배경 설명: 솔로몬의 죽음은 이스라엘 백성들에게 위기를 불러왔다. 그가 통치하는 동안 그의 아들 르호보암이 해결해야 할 백성들의 불만이 자라고 있었다.
3. 적용: 모든 분쟁에는 기회와 위험이 둘 다 내포되어 있다. 지혜로운 해결은 나라를 결속시킬 것이다. 그러나 어리석은 해결 방법은 돌이킬 수 없는 손해를 입히게 될 것이다. 르호보암은 이 두 가지 방법 중 하나를 선택할 수 있었다.

### B. 본문 이해

1. 르호보암의 대결(12:1-15)
2. 르호보암의 내란(12:16-24)
3. 르호보암의 유산(14:21-31)

**C. 결론**: '섬길 것인가, 아니면 섬김을 받을 것인가?' 를 읽어주라.

## 토의 질문

1. 르호보암의 이야기를 통해 가정과 교회에서 일어나는 분쟁과 리더십에 대해 어떤 것을 배울 수 있었는가?

2. 섬기는 지도자는 그가 인도하는 사람들이 요구하는 대로 언제나 따르는 지도자인가? 그는 그를 따르는 사람들에게 절대적으로 충성해야 하는가? 아니면 하나님께 그렇게 충성해야 하는 것인가?

3. 위기 상황에서 우리가 조언을 구할 수 있는 사람은 어떤 특성들을 가지고 있어야 하는가?

# 열왕기상 12:25-13:34

## 그 어떤 것으로도 대신하지 말라!

*"하나님을 생각할 때 마음속에 가장 먼저 떠오르는 것이 우리에게 가장 중요한 것이다… 하나님에 대한 그릇된 개념은 곧 종교를 타락하게 만든다."*

*- A. W. 토저(A. W. Tozer)*

**열왕기상 12:25-13:34** 새로운 나라를 맡게 된 여로보암 왕에게는 나라를 견고하게 세워가야 하는 과정 속에서 해결해야 할 중요한 문제가 있었다. 종교의 중심지가 유다에 속해 있었기 때문에 유다로 돌아가려고 할 수도 있는 백성들의 마음을 어떻게 잡을 수 있을 것인가 하는 문제였다. 그 문제를 해결하기 위해 여로보암이 선택한 방법은 결코 회복할 수 없는 죄 속으로 백성들을 몰아가게 되었다.

### 인물 소개: 이스라엘의 여로보암

- 예루살렘 건설 현장에서 요셉 족속들의 노동을 감독했던 솔로몬의 뛰어난 신하였다(11:26-28).
- 솔로몬에게 저항하는 반역에 가담했다. 솔로몬이 그를 죽이려 하자 애굽으로 피신했다(11:26, 40).
- 솔로몬이 죽은 후 이스라엘 사람들이 르호보암에게 그들의 불만을 알리는 일에 도움을 받기 위해 그를 애굽에서 불러왔다(12:2-3).
- 나라가 분열되었을 때 이스라엘의 왕이 되었다.
- B.C. 931년에서 909년까지 북방 열 지파로 새롭게 구성된 나라 이스라엘을 통치했다.
- 금송아지를 만든 그의 죄가 북 왕조의 운명을 결정하는 결정적인 역할을 하게 되었고, 결국 나라의 멸망을 불러왔다.
- 성경에서 다섯 번째로 많이 언급된 왕이었지만(다윗, 사울, 솔로몬, 히스기야 다음으로) 그가 미친 영향은 시종일관 부정적인 것이었다.

## 들어가는 글

### 사실이라고 하기에는 너무 좋아 보이는 소식?

한 세무사가 고객을 유치하기 위해 사무실을 찾아오는 손님들에게 백만 달러의 상금이 걸린 행사에 참여할 수 있는 기회를 주는 판촉 행사를 벌였다. 뉴저지에서 온 한 부부가 자기들의 이름을 써넣었다. 그러나 그 일에 대해 까맣게 잊고 있었다. 실제로 회사 대표가 뉴저지 세웰에 살고 있는 그들에게 전화를 걸어 그들이 당첨되었다는 사실을 알려주었을 때 두 사람 글렌(Glen Sims)과 글로리아 심즈(Gloria Sims)는 그저 누가 짓궂은 장난 전화를 한 것이라고 생각했다.

회사는 편지와 전화로 당첨 사실을 거듭 알려주었다. 그러나 두 사람은 믿으려 하지 않았다. 신용 사기를 치려는 것인지도 모르겠다고 생각하며 전화를 끊었고, 통지서는 쓰레기통에 던져버렸다. 몇 주 후 회사는 백만 달러를 받아갈 수 있는 최종 마감 일이 가까이 다가왔다는 마지막 통보를 두 사람에게 보냈다. 그들이 거절한다면 경품을 거절한 그들의 이야기가 NBC 방송국의 〈투데이(Today)〉라는 쇼 프로그램에 특집 기사로 나가게 될 것이라는 사실도 알렸다.

그 소식에 드디어 글렌 심즈도 관심을 갖게 되었다. 며칠 후 그는 〈투데이〉 쇼 프로그램에 나와 그들이 어떻게 그 소식을 믿고 상금을 받게 되었는지를 자세하게 이야기했다. 회사나 상금을 주기로 한 약속을 믿을 수 없었던 것은 아니었다. 문제는 그 행운이 자신들에게 돌아왔다는 사실을 믿을 수 없었던 것이다. 그는 "그 사람들은 처음부터 이것이 즐거운 일로 끝나게 되길 바란다고 설명했어요. 우리가 마침내 상금을 받게 되자 그들은 마치 정신 나간 사람들처럼 좋아했어요"라고 말했다.

사실이라고 믿기에는 너무 좋아 보이는 소식들이 있다. 사실 복음에 대해 많은 사람들이 그렇게 생각하고 있다. 하나님과 바른 관계를 맺기 위해 우리가 해야 할 모든 일들이 주 예수님의 죽음과 부활을 통해 이미 다 이루어졌고, 우리는 예수님을 믿기만 하면 된다는 것은 왠지 사실로 받아들이기에는 너무 좋은 소식인 것처럼 보인다. 물론 우리의 것으로 받아들이고 우리 손으로 붙잡아야 한다! 그러나 여전히 구원은 우리에게 주시는 하나님의 선물이라는 것이 하나님의 은혜를 보여주는 좋은 소식이다. 우리가 해야 할 일은 하나님의 약속을 신뢰하는 것뿐이다.

이 장에서 살펴보게 될 내용은 하나님의 놀라운 약속을 받은 한 사람에 관한 이야기다. 하나님은 여로보암에게 하나님을 신뢰하고 순종하기만 한다면 여로보암의 집을 이스라엘의 왕가로 세우시고 유다의 다윗 왕가처럼 견고하게 하실 것이라고 약속하셨다. 여로보암은 그가 나서지 않는다면 그의 왕조를 위협할 것처럼 보이는 몇 가지 중요한 정치적 문제에 부딪히게 된다. 그는 하나님을 정말로 알거나 신뢰하지 않았다. 그래서 하나님의 말씀을 그대로 받아들일 수 없었다. 그리고 스스로 문제를 해결하기 위해 정치적으로 편리할 것처럼 보이는 일들을 강구하고, 자신과 나라를 재앙으로 몰아가는 계획을 수행하면서 하나님의 약속들을 왜곡하고 부인했다.

## 본문 이해

### 그 어떤 것으로도 대신하지 말라!

| Main Idea | 하나님과 하나님의 약속을 신뢰하지 못하고 우리 스스로 문제를 해결하려 할 때 우리는 우리 자신과 다른 사람들을 불행으로 몰아가게 된다. |
|---|---|

### A. 여로보암의 금송아지(12:25-33)

| Supporting Idea | 말씀하시는 하나님을 의심하게 되면 하나님의 말씀도 왜곡하게 된다. |
|---|---|

**12:25.** 세겜은 다윗의 집에 대항하는 반역이 일어난 도시였다. 그러나 이제 여로보암이 신속하게 자신의 권력을 공고히 해나가는 동안 새로운 나라의 수도가 되었다. 세겜

은 주요 도로들을 끼고 있는 전략적으로 중요한 산지에 위치해 있었다. 또 아브라함과(창 12:6) 야곱과(창 33:18) 관계가 있는 영적으로도 중요한 곳이었다. 여로보암은 요단 강 지역에 있는 부느엘을 왕실 기지로 건축하기 위해 요단 강을 건너 길르앗까지 뻗어나갔다. 그 지역은 야곱이 하나님과 씨름을 했던 곳으로(창 32:30) 족장들과 밀접한 관계가 있는 곳이었다.

여로보암의 북 왕조는 요람기를 보내고 있었고, 그가 내리는 모든 결정은 매우 중요한 의미를 지니고 있었다. 북 왕조의 보위에 오른 여로보암에게는 두 개의 값진 자산이 있었다. 하나는 선지자를 통해 말씀하신 하나님의 놀라운 약속이었고, 또 하나는 약속을 지키시는 신실하신 하나님에 대한 놀라운 경험이었다. 앞에서 보았듯이 하나님은 선지자 아히야를 여로보암에게 보내시고 솔로몬이 통치하는 나라에서 열 지파를 떼어 그에게 주겠다고 말씀하셨다(왕상 11:29-39). 여로보암은 자신의 힘으로 왕권을 획득한 것이 아니었다. 하나님이 은혜로 주신 선물을 받은 것이다. 그는 정치적인 책략으로 왕이 된 것이 아니라 하나님의 은혜로 왕이 되었다. 그는 그에게 약속하신 것을 이루시는 하나님을 보았고, 그에게는 하나님이 약속을 지키실 것이라는 사실을 믿을 수 있는 충분한 이유가 있었다.

**12:26-27.** 비극은 여로보암이 하나님을 신뢰하지 않기로 한 데 있었다. 그는 분명하게 드러난 정치적인 문제를 안고 있었다. 새로운 수도를 건설하고 독립 국가가 필요로 하는 기관들을 갖출 수 있었다. 그러나 이스라엘의 하나님을 섬기는 예배는 여전히 예루살렘에 있는 성전을 중심으로 이루어지고 있었다. 여로보암의 북 왕조 백성들이 제사를 드리고 절기를 지키기 위해 성전을 찾아가게 되면 유다의 남 왕조로 다시 돌아가게 되는 일이 벌어질 수 있었다.

그런 일은 여로보암이 그 마음에 스스로 일렀듯이 정치적으로 일어나서는 안 될 일이었다. 백성들이 예루살렘을 계속 찾아가게 된다면 불가피하게 그들의 마음이 유다 왕 된 그 주 르호보암에게로 돌아가게 될 것처럼 보였다. 사실상 여로보암은 백성들이 반역을 일으키고, 그를 암살하며, 다윗의 집으로 돌아가게 될 것을 두려워하고 있었다. 그는 아무도 신뢰하지 못했다. 그에게 왕관을 씌어준 백성들도 신뢰하지 않았고, 특히 그를 왕으로 만드신 하나님도 신뢰하지 못했다.

여로보암의 이런 불신은 하나님의 약속을 부인하는 것이었다. 그가 하나님 앞에서 순종하는 삶을 산다면 그의 보좌를 든든히 하실 것이라고 하나님이 맹세하셨다. 그는 자신의 노력이 아니라 하나님의 은혜로 왕이 되었다. 그가 방어 능력을 갖추고 있었기 때문이 아니라 하나님이 개입해주셨기 때문에 군사적인 공격으로부터 보호받을 수 있었다. 여로보암은 하나님을 신뢰하기로 선택할 수도 있었고 자신을 신뢰하기로 선택할 수도 있었다. 그는 정치적으로 납득할 수 있을 것처럼 보이는 행동으로 자신의 왕권을 보호하기로 했다. 그러나 그 선택은 하나님의 말씀을 정면으로 어기는 길로 그를 이끌어갔다.

**12:28-33.** 그 문제에 대한 여로보암의 해결 방법은 대안이 될 만한 종교적 대상을 찾는 것이었다. 그것은 하나님의 율법을 이루고 있는 모든 원리를 거스르는 것이었다. 하나님의 율법을 업신여기는 것이 그의 목표였다면 그보다 더 극적인 성공을 거둘 수는 없었을 것이다. 르호보암처럼 그도 잘못된 조언에 귀를 기울이고 시도한 다음 4가지 변화를 중심으로 새로운 종교를 수립했다.

첫째, 여로보암은 두 금송아지를 만듦으로 예배의 대상을 바꾸었다. 그것은 출애굽기 32장에 기록된 아론의 행동을 그대로 흉내낸 것처럼 보이는 충격적인 일이었다. 실제로 여로보암은 아론이 그의 우상을 보이며 한 말까지도 거의 그대로 사용했다. 이스라엘아 이는 너희를 애굽 땅에서 인도하여 올린 너희의 신이라. 여로보암의 말은 하나님이 한 분 이상이라는 뜻이었다. 바알을 섬기라는 것이 아니라 다른 여호와를 섬기라는 것이었다. 그러나 그것은 하나님을 왜곡하고 점차 이교도화하는 하나님에 대한 비정상적인 잘못된 생각이었다. 송아지는 가나안 사람들이 다산을 기원하면서 숭배하는 바알을 상징하는 것이었다. 학자들은 그 송아지들이 실제 우상이었는지 아니면 여호와를 위한 받침대로 쓰인 것이었는지를 논쟁해왔다('심층 연구'를 보라). 그 송아지들은 이스라엘 백성들에게 그들의 '하나님'이 지역화되었고, 이교도화되었으며, 따라서 주변 국가들이 숭배하는 우상들과 별 다를 바 없다는 생각을 하게 만들었다.

둘째, 여로보암은 예배 장소를 바꾸었다. 그는 유다와 이스라엘의 국경 바로 북쪽에 있는 벧엘과 북쪽으로 멀리 떨어진 곳에 있는 단에 산당을 지었다. 그의 목표는 백성들을 예루살렘으로 가지 못하게 하는 것이었다. 이 두 지역은 편리하고 쉽게 찾아갈 수 있는 곳을 바라는 사람들의 마음을 사기 위해 정해진 곳이었다. 벧엘은 야곱이 '하나님의 전'이라고 했던 곳이며(창 28:17) 지리적으로 중앙에 위치해 있었기 때문에 결국 종교의 중심을 이루는 장소가 되었다. 그러나 하나님이 하나님의 이름과 영광을 두신 곳은 예루살렘 성전이었다. 하나님의 율법은 예배 장소를 여러 곳에 두는 것을 금하고 있다(신 12:4-14).

셋째, 여로보암은 레위 자손 아닌 보통 백성으로 제사장을 삼음으로 예배를 주관하는 사람들을 바꾸었다. 역대하 기자는 여로보암이 레위인들을 특별히 배제시켰다는 사실을 암시해주고 있다(대하 11:4). 그것 역시 하나님의 율법을 어기는 일이었다(출 29:9, 민 1:51, 3:10).

여로보암이 시도한 네 번째 변화는 예배드리는 날짜를 바꾼 것이다. 그는 팔월 곧 그 달 십오일로 절기를 정하였다. 원래는 일곱째 달에 장막절을(초막절 또는 숙곳으로 알려진 절기) 지내도록 되어 있었다(레 23:33-44). 이렇게 날짜를 바꾼 것은 여로보암의 종교를 특별하게 만들려는 의도 외에 다른 이유는 없었던 것으로 보인다.

왕에게 자문을 하던 사람들은 아마도 이런 변화를 실제적으로 필요할 뿐 아니라, 정치적으로도 뛰어난 전략이라고 크게 환호하며 맞이했을 것이다. 여로보암은 자기 국가의 안녕을 위해 필요하다고 생각되는 일이라면 기꺼이 추진해나가는 결단력을 가진 지도자였으며 의사 결정자였다. 그러나 하나님의 판정은 매우 달랐다. 이 일이 죄가 되었다. 열왕기상하에는 여로보암의 죄가 22번이나 언급되어 있는데, 그의 죄는 언제나 상식에서 벗어난 예배와 관련된 것이었다. 여로보암은 비록 바알 숭배를 도입한 혼합된 예배 제도를 수립하긴 했지만 바알을 섬기기 위해 여호와께 등을 돌린 것은 아니었다. 대신 참 하나님께 잘못된 방법으로 예배를 드렸다. 그러나 하나님은 하나님을 왜곡하는 예배나, 인간의 창의성을 살리기 위한 예배나, 정치적인 편의를 도모하기 위한 예배는 결코 허락하지 않으실 것이다.

여로보암의 종교는 상당한 인기가 있었다. 대다수의 사람들이 즉각 받아들였고, 이스라엘이 국가로 존재하는 동안 내내 계속되었다. 그러나 하나님이 보시기에는 혐오스러운 것이었다. 참 하나님께는 진리에 합한 예배를 드려야 한다.

### B. 저주받은 여로보암의 제단(13:1-10)

| Supporting Idea | 하나님 말씀에 순종하면 하나님 말씀의 능력을 경험하게 된다. |
|---|---|

**13:1.** 여로보암은 12장에 기록된 그의 행동들을 통해 하나님의 말씀을 모독했다. 그리고 그 결과를 피할 수 없었다. 13장은 13장 전체의 핵심을 이루고 있는 두 단어인 여호와의 말씀으로라는 말로 시작된다. 이 말은 13장에서 7번이나 사용되었다. 하나님은 이름이 알려지지 않은 하나님의 사람을 유다에서부터 여로보암에게 보내어 메시지를 전하게 하셨다. 미래를 결정하는 것은 왕이 아니었다. 선지자도 아니었다. 하나님의 말씀이었다. 여로보암이 단 곁에 서서 분향하고 있을 때 하나님이 여로보암에게 말씀으로 그의 잘못된 예배 행위를 지적하셨다.

**13:2-3.** 하나님의 사람은 여로보암에게 말하지 않았다. 그는 여로보암을 무시하고 거짓 종교의 상징인 여로보암의 제단을 향해 외쳤다. 그는 삼백 년 이상 지난 후에(그 사람이나 여로보암이나 둘 다 모르고 있었지만) 유다의 왕위에 오를 요시야라는 왕이 그 거짓 제단 위에서 거짓 제사장의 뼈를 불태움으로 거짓 제단을 속되게 할 것이라는 놀라운 예언을 했다. 열왕기하 23장 15-18절에 그 성취가 기록된 이 예언은 여로보암에게 두 가지 사실을 말해주었다. 그의 종교 제도는 하나님의 저주 아래 놓여 있으며 다윗의 집은 계속될 것이다. 하나님은 여로보암 왕이 고안한 새로운 종교에 천둥을 치게 하실 것이다.

**13:4-6.** 여로보암은 자신의 정권을 위협하는 이 경고에 맞서 자신이 만든 이교를 변호하기 위한 행동을 취했다. 그러나 그에게는 하나님의 말씀에 저항할 힘이 없었다. 그 자리에서 그의 손이 말라 마비되었을 뿐 아니라 하나님의 사람이 여호와의 말씀으로 보인 예조대로 제단이 그 앞에서 힘없이 무너지는 것을 바라보고 있어야 했다. 여로보암은 하나님의 사람의 권위를 인정하지 않을 수 없었고, 자신의 손이 다시 성하게 되도록 기도할 것을 간청했다. 여로보암이 아니라 하나님이 모든 것을 주관하는 분이시라는 사실이 분명하게 드러났다.

**13:7-10.** 여로보암은 패배를 인정하려 하지 않았다. 그는 하나님의 사람을 자신과 식사하는 자리에 초대했다. 이는 식사에 초대하는 것 이상의 의미였다. 식사 대접은 고대 세계에서 상대방을 친구로 받아들인다는 동료 의식의 표시였다. 만약 하나님의 사람이 그 초대를 수락한다면, 이는 공적으로 그것을 승인한다는 표지이고 심판의 말씀에 대한 사실상의 후퇴로 비춰질 수 있었다. 그러나 하나님의 사람은 하나님의 명령에 따랐고, 저녁 식사 초대를 거절했다.

### C. 선지자의 애석한 죽음(13:11-32)

| Supporting Idea | 하나님 말씀에 불순종하면 그 대가를 치르게 된다. |
|---|---|

**13:11.** 이야기가 10절에서 끝났다면 우리는 하나님의 사람과 하나님의 말씀에 대한 그의 헌신에 깊은 인상을 받게 되었을 것이다. 그러나 이어지는 그의 이야기는 구약 성경에서 볼 수 있는 가장 이상한 이야기들 중의 하나다. 우리는 갑자기 벧엘에 한 늙은 선지자가 등장하는 것을 보게 된다. 그를 벧엘과 연결시킨 것으로 보아 그는 벧엘에 살고 있었을 뿐 아니라, 여로보암의 새로운 정권에 충성을 바치고 있었던 벧엘 출신의 사람이었던 것으로 보인다. 그는 하나님의 사람을 새로운 종교를 위협하는 인물로 보았고, 그를 해칠 의도를 가지고 있었다. 그러나 그의 마음속 동기가 무엇이었는지에 대해서는 본문이 언급하지 않고 있다. 그의 등장으로 사건이 예상치 못했던 방향으로 흘러가게 된다.

**13:12-19.** 늙은 선지자는 하나님의 사람을 만나기로 마음을 정했다. 그리고 유다로 돌아가는 길에 있는 상수리나무 아래 앉아 있는 하나님의 사람을 발견했다. 하나님의 사람이 길가에 앉아 무엇을 하고 있었을지 궁금할 것이다. 왜냐하면 집으로 돌아가는 길에 멈추지 말라고 하신 하나님의 명령이 있었기 때문이다. 늙은 선지자는 하나님의 사람에게 자기 집으로 가서 함께 식사하자는 초대를 했다. 하나님의 사람은 자신이 따라야 할 명령을 분명하게 이야기했다. 그는 지체 없이 집으로 돌아가도록 되어 있었다. 그는 자신이 어떻게 해야 하는지 잘 알고 있었다.

늙은 선지자는 하나님의 사람이 따라야 할 명령을 어기도록 그를 유인했다. 나도 그대와 같은 선지자라 천사가… 내게 이르기를 그를 네 집으로 데리고 돌아가서…. 그 말은 사실이 아니었다. 그러나 그 말이 거짓인 것을 몰랐던 하나님의 사람은 늙은 선지자의 말을 사실로 받아들이고 그를 따라갔다.

**13:20-22.** 그들이 늙은 선지자의 집에 도착한 후 하나님의 말씀이 하나님의 사람에게 임했다. 네가 여호와의 말씀을 어기며 네 하나님 여호와가 네게 명한 명령을 지키지 아니하였다. 그의 불순종은 심판을 불러왔다. 하나님의 사람은 안전하게 집으로 돌아가지 못하게 될 것이다. 집에서 멀리 떨어진 길에서 횡사하고 가족과 함께 묻히지 못하게 될

것이다.

**13:23-32.** 사건은 늙은 선지자가 말한 대로 진행되었다. 하나님의 사람은 집을 향해 갔지만 길에서 사자의 공격을 받아 물려 죽었다. 그러나 사자는 동물의 본능대로 행하지 않았다. 시체를 먹어치우는 대신 시체 옆에 서서 시체를 지켰고, 하나님의 사람이 타고 가던 나귀도 그 옆에 서 있었다. 그것은 하나님의 초자연적인 개입을 보여주는 놀라운 일이었다. 소식을 들은 늙은 선지자는 급히 시체를 찾아다가 자기 가족묘에 묻었다. 그가 한 마지막 말에서 우리는 이 이야기가 전달하려는 메시지를 들을 수 있다. 그가 여호와의 말씀으로… 외쳐 말한 것이 반드시 이룰 것임이니라.

하나님의 사람은 실패했지만 하나님의 말씀은 이루어질 것이다! 선지자가 실패를 피할 수 없었다면 왕이나 평범한 사람들은 말할 것도 없다. 늙은 선지자는 벧엘에 있는 제단에 대한 하나님의 말씀을 무효로 만들어보려 했다. 그러나 결국 그는 하나님 말씀의 영원한 능력을 증거하지 않을 수 없었다.

### D. 여로보암의 고집(13:33-34)

| Supporting Idea | 죄를 지었다는 사실을 알고도 회개하지 않는 사람들이 있다. 알고도 행하지 않는다면 그만큼 더 엄중한 심판을 받게 될 것이다. |
|---|---|

**13:33-34.** 여로보암은 벧엘에 있는 제단 앞에서 담대하게 자신의 잘못을 지적했던 하나님의 사람이 당한 이상한 죽음에 대한 소식을 들었을 것이다. 그는 하나님 말씀의 능력을 직접 목도했고, 또 다른 사람들을 통해서도 들었다. 그러나 하나님께 등을 돌린 그는 주의를 기울이지 않았다. 그는 그 악한 길에서 떠나 돌이키지 아니하고 하나님이 저주하신 종교를 더욱 강화해나갔다. 그는 회개하지 않았다. 그리고 하나님의 사람이 맞이했던 것처럼 죄에 대한 대가를 지불하지 않을 수 없게 되었다. 또 그의 죄를 끊임없이 따라했던 그의 집과 그의 나라도 마찬가지였다.

| Main Idea 복습 | 하나님과 하나님의 약속을 신뢰하지 못하고 우리 스스로 문제를 해결하려 할 때 우리는 우리 자신과 다른 사람들을 불행으로 몰아가게 된다. |
|---|---|

# 결론

## 불순종이라는 유산

살아가면서 우리에게 가장 중요한 것은 하나님에 대한 우리의 생각이다. 하나님을 전지전능하신 사랑의 하나님으로 알고 있다면, 하나님이 말씀하신 대로 이루실 것이라는 사실을 믿을 수 없어 보이는 상황 속에서도 하나님의 말씀을 신뢰할 것이다. 그리고 다른 사람들의 주장 때문에 포기하는 일 없이 하나님이 분명하게 말씀하신 것을 굳게 지킬 것이다. 그리스도를 따르는 사람들인 우리에게는 하나님께 합당한 생각을 하고 그에 맞는 삶을 살아가는 것보다 더 중요한 것은 없다.

여로보암은 하나님을 신뢰하지 않았기 때문에 실패했다. 그는 자신과 자신의 방법을 고집했다. 그리고 자기와 같은 하나님을 만들어냈다. 그 때문에 그는 자신뿐 아니라 그의 뒤를 따르는 사람들까지 타락하게 만들었다. 불신은 파괴적인 유산을 남긴다.

하나님의 사람은 하나님 말씀의 능력을 알고 증거했다. 그러나 위기 앞에서 그는 자신이 알고 있는 것을 부인하고 다른 사람의 말을 따랐다. 그 결과 하나님의 말씀을 무시하고 비참한 대가를 치러야 했다. 이 사람의 이야기는 우리에게 하나님의 말씀과 말씀하시는 하나님을 존중하는 삶을 살아야 할 필요가 있음을 상기시켜준다.

■ **진리 알기**

- 하나님이 말씀하신 약속에 대한 우리의 확신은 하나님에 대한 우리의 생각에 달려 있다.
- 사람들이 비록 하나님의 말씀을 믿지 않고, 왜곡하고 불순종한다 해도 하나님의 말씀에는 놀라운 능력이 있다.
- 우리의 상식과 '하나님의 생각'에는 큰 차이가 있다. 실용주의는 단기적으로는 이익을 얻게 해주지만 장기적으로는 고통을 가져다준다.
- 하나님의 계시라는 주장은 하나님의 말씀에 비추어 확인해보아야 할 필요가 있다.
- 하나님의 말씀을 전하는 사람도 하나님의 말씀에 순종해야 한다. 우리가 하나님의 말씀을

지배하는 것이 아니라 하나님의 말씀이 우리를 지배해야 한다.

▣ 적용하기

- 하나님에 대한 생각을 하나님께 합당한 생각이 되도록 계발하라.
- 하나님께 맡기지 않고 스스로 문제를 해결하려고 하는 것은 아닌지 점검해보기 위해 자신의 삶을 돌아보라.
- 하나님의 말씀을 성실하게 공부하고 삶의 모든 영역에 적용하라.

## 삶의 적용

### 멀리 계시는 하나님

미국 대도시의 여러 종교 단체들이 모여 만든 협회의 한 지도자가 다음과 같은 그들의 기본 원칙들을 설명했다. 참가자들은 신적 존재에 대한 특정한 언급을 해서는 안 된다. 예수, 알라, 시바와 같은 이름으로 기도하는 대신 창조자, 주, 조물주 등의 이름으로 기도해야 한다. 그는 "우리 모두 같은 하나님께 예배드리는 것이다. 하나님에 대한 우리의 다양한 렌즈들을 공유함으로 우리의 이해의 폭을 넓히고 성장해갈 수 있다"고 말했다.

이런 견해가 우리 사회에 점점 더 널리 퍼져가고 있다. 그러나 이런 견해는 이 장에서 우리가 살펴본 내용과는 완전히 상반되는 것이다. 살아 계신 하나님은 여로보암의 렌즈를 통해 보여지고 싶어 하지 않으셨다. 하나님이 계시하신 하나님으로 보여지시기를 강력히 주장하셨다. 하나님이 계시해주신 하나님이 우리가 생각하고 싶어 하는 하나님보다 훨씬 더 중요하다.

현대의 다원주의는 공손해 보이지만 사실은 하나님을 모독하고 사람들에게 해를 끼치는 것이다. 또 다양한 종교가 같은 하나님을 섬기고 있지 않기 때문에 그것은 지적으로도 터무니없는 주장이다. 많은 경우 각 종교는 서로 용납할 수 없는 요소들을 가지고 있다. 하나님의 성품에 대한 혼란은 언제나 삶에 대한 혼란과 하나님의 구원에 대한 오해를 불러온다. 모든 길이 다 하늘로 이어지는 것은 아니다. 여로보암의 이야기는 참 하나님을 잘못된 방법으로 예배하는 것은 하나님의 심판을 받게 될 죄라는 사실을 잘 보여주고 있다.

## 기도

하나님 아버지, 하나님을 하나님으로 바로 알 수 있게 도와주시기를 기도합니다. 하나님에 대한 제 생각이 하나님의 말씀에서 찾을 수 있는 진리와 일치하는 것이 될 수 있게 하옵소서. 제 자신의 명철을 따르지 않고(잠 3:5) 온 마음으로 하나님을 신뢰할 수 있는 확신을 갖게 하옵소서. 아멘.

## 심층 연구

### A. 여로보암의 금송아지(12:28)

여로보암의 금송아지는 아론이 만든 것을(출 32:4) 본따 만든 것이었다. 여로보암의 금송아지는 하나님을 대신하는 것이 아니라 하나님이 앉을 자리의 받침대였다고 주장하는 학사들이 있다. 그런 주장이 사실일 수도 있을 것이다. 그러나 출애굽기 32장 8절에서 하나님이 우상이라고 말씀하신 숭배의 대상이 되었던 것이 분명하다. 호세아도 그렇게 설명했다(호 10:5). 송아지와 다산을 목적으로 하는 이방 종교와 또 종교적으로 인정된 음행과의 관계는 여로보암이 창안한 새로운 종교를 더욱더 유해하게 만들었다. 그가 만든 금송아지는 사람들을 혼란에 빠뜨리고, 갈피를 잡지 못하게 만들며, 참 하나님을 모독하는 것이었다.

### B. 우상숭배(12:29, 13:34)

이스라엘은 여러 가지 죄를 범했지만 열왕기상은 우상숭배를 가장 악한 죄로 보고 있다. 우상숭배는 십계명의 제2계명이 금하고 있는 것이다(출 20:4-6, 신 5:8-10). 성경이 말하는 예배는 인간의 상상력이 아니라 하나님의 계시에 그 기초를 두고 있다. 인간이 만든 신은 하나님을 대신하기 위한 가짜 대용품이다. 우상은 하나님의 성품을 왜곡하고, 하나님의 영광을 훼손하며, 하나님의 권위를 떨어뜨린다. 결국 우상은 우리 인간의 가치를 떨어뜨리게 되는데 그 이유는 인간은 우리가 예배하는 또는 상상하는 하나님처럼 되어가기 때문이다. 우상은 살아 계신 하나님을 대신하는 대용품과 같은 것이다. 우리는 돌이나 금으로 만든 우상들을 피해야 할 뿐 아니라 마음속에 있는 우상들도 버려야 한다.

### C. "여호와의 말씀으로" (13:1)

열왕기상에 이 표현이 일곱 번이나 사용된 것은(1-2, 5, 9, 17-18, 32) 이것이 열왕기상 기자의 주된 관심사였음을 말해준다. '여호와의 말씀' 이라는 표현도 네 번이나 사용되었다(20-21절과 26절에 두 번). 국가의 사건들을 주관하는 것은 왕이나 선지자의 능력이 아니라 하나님의 말씀이었다. 열왕기상 기자는 바벨론에 있는 그의 독자들에게 하나님 말씀의 중요성을 일깨워주고 싶었을 것이다.

## 고안

### A. 들어가는 글

1. '사실이라고 하기에는 너무 좋아 보이는 소식?' 의 이야기로 시작하라.
2. 배경 설명: 통일 왕국은 갑자기 끝이 났다. 북방 지파들의 반역으로 나라가 둘로 갈라지게 되었다. 북 왕조의 새로운 왕으로 등극한 여로보암은 이스라엘을 존립할 수 있는 나라로 만들어야 하는 힘든 일을 맡게 되었다.
3. 적용: 여로보암은 하나님으로부터 그의 나라에 대한 놀라운 약속을 받았다. 그러나 정치적 상황은 그에게 예루살렘 성전과 관련된 문제를 해결할 것을 요구하고 있는 것처럼 보였다.

### B. 본문 이해

1. 여로보암의 금송아지(12:25-33)
2. 저주받은 여로보암의 제단(13:1-10)
3. 선지자의 애석한 죽음(13:11-32)
4. 여로보암의 고집(13:33-34)

**C. 결론**: '불순종이라는 유산' 을 읽어주라.

## 토의 질문

1. 우리들 대부분은 진실하신 하나님을 사람이 만든 우상으로 대체하는 유혹 앞에 직면하지는 않는다. 우리의 삶에서 금송아지가 될 수 있는 것은 어떤 것들인가?

2. 우리는 하나님에 대한 모든 견해를 다 똑같은 것으로 여기는 시대에 살고 있다. 그러나 성경은 거짓된 종교가 있다는 사실을 분명히 하고 있다. 거짓된 것과 참된 것의 특징은 무엇인가?

3. 하나님이 열왕기상 13장에서 하나님의 사람의 불순종을 다루셨듯이 모든 불순종을 그렇게 즉각적으로 다루지는 않으신다. 하나님께로부터 온 특별한 말씀을 가지고 있다고 주장하며 따를 것을 요구하는 사람들을 어떻게 대할 것인가?

# 열왕기상 14:1-16:28

## 추수의 법칙

*"머지않아 모든 사람이 결과라는 연회에 참석하게 될 것이다."*

*- 로버트 루이스 스티븐슨(Robert Louis Stevenson)*

**열왕기상 14:1-16:28** 펼쳐지는 유다와 이스라엘의 역사는 불안한 모습을 보여주고 있다. 아사를 제외한 두 나라의 왕은 하나님이 선지자들을 통해 말씀해주신 분명한 경고에도 불구하고 선왕들의 죄를 계속 반복했다.

## 들어가는 글

### 썩어들어가는 상태

내 친구가 새로운 일을 맡기 위해 캘리포니아로 전근하게 되었을 때 그가 다니던 회사는 산업계를 주도하는 상당히 견고한 회사였다. 그러나 20년 후 그 회사는 사라지고 말았다. 그 결과는 변화하는 시장 상태와 관계가 있었다. 그러나 회사가 새로운 상황 변화에 적응하지 못한 것도 그 원인이 되었다. 붕괴는 서서히 이루어졌지만 확실했다. 가정과 교회와 국가에 대해서도 같은 말을 할 수 있을 것이다. 죽음은 느리게 보일 수 있지만 확실한 것이다.

유다와 이스라엘은 썩어들어가고 있었다. 세월은 얼마 지나지 않았지만 영광의 날들은 오래된 과거처럼 보였다. 그러나 솔로몬과 여로보암과 르호보암이 뿌린 씨는 그 흉한 열매를 맺어가고 있었다. 두 나라의 지도자들은 같은 범죄를 거듭 반복하는 패턴 속에 갇혀 있는 듯했다. 상황을 변화시키는 데 필요한 과감한 행동을 기꺼이 취하려는 사람은 거의 아무도 없었다. 그 결과는 비참한 것이었지만 피할 수 없는 것이었다. 이 본문에 대한 가장 뜻깊은 논평은 "스스로 속이지 말라 하나님은 만홀히 여김을 받지 아니하시나니 사람이 무엇으로 심든지 그대로 거두리라"(갈 6:7)고 말한 바울 사도의 진술일 것이다.

## 본문 이해

### 추수의 법칙

| Main Idea | 뿌린 대로 거둘 것이다. |
|---|---|

### A. 죄의 삯(14:1-20)

| Supporting Idea | 악한 선택은 가정에서 시작해 밖으로 퍼져나가는 파괴적인 결과를 불러온다. |
|---|---|

**14:1-5.** 구체적인 시기는 알려져 있지 않지만 여로보암의 어린 아들 아비야가 병을 앓게 되었다. 소년의 이름은 "나의 아버지는 여호와다"라는 뜻이었고, 그것은 여로보암이 계속해서 자신을 하나님을 섬기는 사람으로 보고 있었음을 말해준다. 그는 비록 신앙의 진수는 타락시켰지만 그 외형만은 계속 유지하고 있었다. 정체가 알려지지 않은 그 병은 매우 심각했고 여로보암은 아들이 목숨을 잃게 될 것을 염려했다. 그는 아내에게 신분이 노출되지 않도록 변장을 하고 실로에 있는 선지자 아히야를 찾아가게 했다. 그것은 이전에 여로보암에게 이 백성의 왕이 될 것을 고한 사람이었던 아히야와 여로보암의 사이가 소원해져 있었음을 말해주는 것이다. 여로보암의 우상숭배는 하나님의 사람을 크게 분노하게 만들었다.

그러나 여로보암은 아히야의 영적인 능력을 인정하고 있었고, 자기 아들을 고쳐주겠다는 약속을 받아내기 위해 그를 교묘하게 조종하려는 의도를 가지고 있었다. 그는 자신이 선지자를 조종할 수 있다면 선지자가 자신을 대신해 하나님을 움직이게 하지 않을 수 없게 될 것이라 생각했다. 그래서 아내에게 그녀의 신분이 발각되지 않도록 적당한 선물을 준비해 가지고 선지자를 찾아가게 했다.

그러나 여로보암은 하나님과 선지자를 과소평가하고 있었다. 아히야는 나이로 인하여 눈이 어두워 보지 못하더라. 여로보암이 선지자가 앞을 보지 못하게 되었다는 사실을 알았더라면 변장이 아무 소용없는 일이라는 것도 알았을 것이다. 앞을 보지 못하는 사람을 속이기 위해 변장할 필요는 없기 때문이다! 더구나 그는 그의 계획을 선지자에게 알려주신 하나님을 과소평가했다. 아히야는 자신의 육체적인 감각이 아니라 하나님의 계시를 의지하고 있었다. 모든 것을 보시고 모든 것을 아시는 하나님 앞에서 인간의 변장은 아무 소용이 없다.

**14:6-16.** 여로보암의 아내를 맞이하는 아히야의 인사는 앞을 보지 못해도 아무 지장 없이 정보를 얻을 수 있는 원천이 그에게 있음을 분명히 보여주었다. 여로보암의 처여 들어오라 네가 어찌하여 다른 사람인 체하느냐? 아히야는 여로보암에 대한 의로우신 하

나님의 진노를 반영해주는 강한 어조로 그의 메시지를 전달했다. 그에게는 반역한 왕과 불순한 왕의 아내를 위해 흉한 일밖에 다른 소식은 없었다. 그는 여로보암의 죄를 지적하고(7-9절) 피할 수 없는 하나님의 진노를 선포했다(10-16절).

하나님이 심판하실 백성들의 죄가 여러 가지 있었다. 그러나 이스라엘 백성들의 역사를 통해 언제나 십계명의 첫째와 둘째 계명에 대한 순종이 중요한 문제가 되어왔다. 그들은 하나님 한 분만을 섬기고, 진리 안에서 하나님을 섬겨야 했으며, 우상을 만들지 못하도록 되어 있었다(출 20:1-7). 이 간단한 명령을 어기는 것은 백성들을 향한 하나님의 풍성한 선하심을 무시하고 그 은혜를 망각하는 것이다.

여로보암이 그랬다. 하나님은 그를 들어 다윗에게서 찢어낸 나라의 통치자가 되게 하셨다. 네게 주었거늘이라는 말은 여로보암이 높아진 것은 하나님의 은혜를 드러내기 위한 것이었음에도 불구하고 그가 하나님의 명령을 지켰던 다윗과는 전혀 다르게 행동했음을 그에게 상기시켜주는 말이다. 실제로 여로보암은 다른 신을 만들었고 그것은 하나님을 진노케 하는 것이었다.

그런 죄는 심판을 피할 수 없었다. 아히야는 하나님의 심판이 세 가지 형태로 나타나게 될 것이라고 선포했다. 첫째, 여로보암의 죄로 그의 가계는 왕족에서 끊어지게 될 것이다(10-11절). 하나님은 순종과 영적인 신실함을 조건으로 그에게 "다윗을 위하여 세운 것같이 너를 위하여 견고한 집을 세우고 이스라엘을 네게 주리라"(11:38)고 약속하셨다. 그런데 그 조건이 충족되지 않았다. 이제 여로보암과 여로보암에게 속한 사내들에게는 왕실 대신 재앙이 따를 것이다. 여로보암의 집에 속한 사람은 모두 제거될 것이다. 여로보암의 집은 거름더미같이 될 것이다. 그들은 치욕적인 비참한 죽임을 당할 뿐 아니라 땅에 묻히지도 못하고, 그들의 죽음을 슬퍼하는 사람도 없을 것이다.

둘째, 여로보암의 죄는 그의 가정을 황폐케 할 것이다. 그의 아들은 병에서 회복되지 않을 것이다(12-13절). 여로보암의 아내는 네 발이 성에 들어갈 때에 그 아이가 죽을지라는 무시무시한 말을 듣게 되었다. 왕의 죄는 어머니의 가슴을 멍들게 하고 어린 아들의 목숨을 앗아가게 될 것이다. 그러나 소년의 죽음은 여로보암 일가에 속한 다른 사람들의 죽음과는 다를 것이다. 소년의 죽음에 조의를 표하는 사람들이 있을 것이며, 여로보암의 자손들 중 유일하게 무덤에 묻히게 될 것이다. 아비야는 때 이른 죽음 때문에 여로보암의 죄로 인하여 그 집에 임하게 될 재앙을 피하게 될 것이라는 사실이 슬픔을 피할 수 없게 된 어머니에게는 약간의 위로가 되었던 것으로 보인다.

셋째, 여로보암의 죄는 그의 나라에 피해를 입히게 될 것이다(14-16절). 여로보암의 왕조를 끝으로 그 나라가 몰락하지는 않을 것이다. 여호와께서 이스라엘 위에 한 왕을 일으키실 것이다. 그러나 여로보암의 죄는 이스라엘 역사에 불안과 추방을 불러왔다. 불안은 북 왕조의 영원한 특징이 되었다. 210년 동안 암살과 폭동을 통해 19명의 왕이 교체되었다. 그리고 추방은 이스라엘이 정치적인 독립체로서 그 막을 내리게 된 B.C. 722년에 현실로 이루어졌다. 백성들은 하수 밖 여러 나라로 흩어졌다. 아세라 목상의 형태로 나타난 우상숭배의 독소가 치명적인 결과를 불러왔다. 여로보암이 범한 죄와 그가 이스라엘 백성들에게 범하게 한 죄 때문에 하나님은 이스라엘을 버리셨다.

**14:17-18.** 집으로 돌아가는 여로보암의 아내의 발걸음은 무겁고 고통스러웠다. 선지자의 말대로라면 그녀가 집에 도착하는 동시에 그의 아들은 숨을 거두게 될 것이다. 그리고 여호와께서… 하신 말씀과 같이 소년은 죽었고, 사람들의 애도를 받으며 묻혔다. 하나님의 말씀대로 이루어졌다. 열왕기상의 나머지 부분은 불안과 추방을 경고한 아히야의 예언이 어떻게 현실로 이루어지게 되는지를 보여줄 것이다.

**14:19-20.** 여로보암의 통치에 대해서는 22년간 왕위에 있었다는 것 외에 별 다른 평가가 없다. 역사가들은 여로보암을 성공한 사람으로 여길 수도 있을 것이다. 그러나 성경 기자는 그를 실패한 사람으로 보고 있다. 그는 가장 중요한 왕들 중의 한 사람이었지만, 그가 미친 영향은 모두 부정적인 것들뿐이었다. 북 왕조의 모든 왕들은 하나님이 더 이상 참으실 수 없을 때까지 여로보암의 죄를 계속 이어나갔고, 결국 나라는 몰락하게 되었다. 여로보암의 이야기는 죄로 인한 슬픈 이야기가 되었다.

### B. 악순환(14:21-15:24)

| Supporting Idea | 죄에 대한 경건한 반응으로 파멸을 피할 수 있다. |
|---|---|

21절은 열왕기상의 나머지 부분에서 익숙해지게 될 하나의 패턴을 소개해주고 있다. 열왕기상 기자는 이스라엘과 유다 이 두 나라의 이야기를 각각 기록하고 있다. 기자는 여로보암의 죽음과 함께 이스라엘의 역사를 잠시 중단하고 15장 24절까지 유다에서 일

어난 사건들에 주목하고 있다. 그런 다음 다시 이스라엘로 돌아갈 것이다. 나라가 분열된 직후였던 이 기간 동안 두 나라는 분쟁으로, 특히 국경 지대에서 벌어지는 분쟁으로 혼란을 겪고 있었다. 벧엘과 예루살렘은 약 16킬로미터 정도밖에 떨어져 있지 않았기 때문에 충돌을 피할 수 없었다.

유다는 대체로 정치적인 안정을 누리고 있었다. 간악한 여왕 아달랴가 찬탈했던 6년간을 제외하고는 언제나 다윗의 뒤를 이은 왕이 왕권을 유지하고 있었다. 그러나 영적으로도 안정을 누린 것은 아니었다. 영적으로나 도덕적으로 소용돌이치며 추락한 경우가 종종 있었다. 그러나 하나님은 때때로 경건한 개혁을 주도하면서 그 추락을 저지시키는 다윗의 마음을 따르는 경건한 왕들을 세워주셨다. 그리고 경건한 선지자들이 하나님의 대리인 역할을 했다. 그 왕들은 남 왕조에서 경건한 왕들이었다. 이 패턴이 유다 역사 초기에 분명히 나타나는 것을 볼 수 있다.

**14:21-31.** 이 구절은 이미 살펴보았다. 그러나 유다의 첫 번째 왕이 미친 영적인 영향을 좀 더 살펴볼 필요가 있다. 르호보암은(B.C. 930년에서 913년까지 통치한) 이스라엘의 첫 번째 왕 여로보암과 좀 달랐다. 그는 성전 예배를 오염시키지는 않았지만 가나안의 음행을 도입했다. 그 결과 유다는 산당과 우상과 아세라 목상을 세우는 죄를 범하게 되었다. 14장 15절에서 우리는 이스라엘이 아세라상을 만들어 '여호와를 진노하게' 하였다는 기록을 보았다. 그리고 이 구절에서는 유다가 그 범한 죄로 여호와의 노를 격발케 하였다는 기록을 읽게 된다. 르호보암은 여로보암보다 아주 조금 나았을 뿐이었다. 그 역시 나라를 몰락의 길로 이끌어가고 있었다.

**15:1-8.** 르호보암의 아들 아비얌이 그의 뒤를 이어 왕위에 올랐다(B.C. 913년에서 910년까지 통치하였음). 그런데 애석하게도 그는 그 부친의 이미 행한 모든 죄를 행하며 육체적으로나 정신적으로 그의 아버지를 그대로 모방한 아들이었다. 그의 통치 기간은 겨우 삼 년에 불과했다. 그의 죽음의 원인은 알려져 있지 않지만 그가 안고 있던 영적인 문제에 대한 진단은 내려져 있다. 그 마음이 그 조상 다윗의 마음 같지 아니하여 그 하나님 여호와 앞에 온전치 못하였다. 열왕기상이 말하고 있는 이 진단은 우상숭배와 산당 때문에 하나님께 대한 절대적인 충성이 부족했음을 지적해준다. 나라는 추락하고 있었다. 솔로몬의 마음이 하나님 앞에서 온전하지 못했고, 그의 뒤를 이어 왕위에 오른 사람들도 하나님께 절대적으로 충성하기를 거부했다.

유다와 이스라엘의 차이점은 이어지는 다윗의 계보였다. 다윗은 하나님께 온전히 헌신하고 헷 사람 우리아의 일 외에는(우리아의 아내를 간음하고 우리아를 죽게 한 일) 평생 여호와 보시기에 정직하게 행하고, 자기에게 명령하신 모든 일을 어기지 않았다. 그러나 유다를 이스라엘과 다르게 만든 것은 다윗의 공적이 아니라 다윗에게 은혜를 베푸신 하나님의 언약이었다. 하나님은 예루살렘에서 저에게 등불을, 곧 그의 후사를 주기로 약속하셨다(왕상 11:36, 왕하 8:19). 하나님은 이미 다윗을 위하여 일하셨고(왕상 11:12-13, 32, 34) 열왕기상 전체를 통해 또 그렇게 하실 것이다. 다윗의 자손, 메시아에 대한 약속은 유다의 역사에 있어서뿐 아니라 구원 역사 전체에 있어서 주 예수 그리스도께로 나아가는 핵심적인 것이다. 예수 그리스도는 '다윗의 등불' 일 뿐 아니라 '세상의 등불' 이기도 하신 분이시다(요 8:12).

**15:9-24.** 아비얌의 아들 아사는(B.C. 910년에서 869년까지 통치함) 그 아버지와 달랐다. 그는 이전의 그 어떤 왕보다 더 오랫동안 유다를 통치했다. 그가 41년간 통치하는 동안 이스라엘에서는 여섯 명의 왕이 교체되었다. 통치 기간이 길었다는 점 외에도 아사는 그의 특별한 헌신으로 다른 왕들과 큰 차이를 보였다. 그는 그 조상 다윗같이 여호와 보시기에 정직하게 행하였다. 그는 여호사밧과 히스기야와 요시야와 함께 선한 왕에 속하는 유다의 몇 안 되는 왕들 중 한 사람이었다. 그의 헌신은 사적인 것 그 이상이었다. 그는 솔로몬 때로부터 나라를 병들게 한 영적 악습들을 타파했다. 아사의 통치기간 중에 이루어진 구체적인 개혁이 세 가지 있었다.

그는 남색하는 자를 그 땅에서 쫓아냈다. 그들은 다산과 풍작을 약속하면서 음행하던 가나안의 이교도들이었다. 그는 또 그의 조상들이 지은 모든 우상을 제거했다. 그것은 우상숭배자들을 분노하게 만드는 일이었다. 마지막으로 그는 그 모친 마아가가 혐오스러운 아세라상을 만들었으므로 태후의 위를 폐했다. 그녀는 다산을 기원하는 이방신을 섬겼을 뿐 아니라 아세라상을 후원하기도 했다. 아사는 그 우상을 찍어 불살랐다. 그의 개혁이 완전했던 것은 아니다. 오직 산당은 없이 하지 아니하니라. 이 말은 애석하게도 요시야가 왕에 오를 때까지(왕하 23장) 계속 유다 왕들을 따라다니게 될 것이다.

그럼에도 불구하고 아사의 마음이 일평생 여호와 앞에 온전하였다. 하나님께 대한 그의 헌신을 보여주는 또 하나의 증거는 성전의 가치를 높이려 했던 것이다. 그의 아버지가 금과 은과 특별한 기명들을 모아두었던 것이 분명하다. 아사 역시 그런 것들을 모았을 뿐 아니라 르호보암 당시 시삭이 보물들을 강탈해갔던(14:25-28) 성전 안에 그것들을 들여다놓았다. 그 일에 대한 아비얌의 관심은 뜻밖의 일이었다. 반면 아사는 시종일관 하나님께 헌신된 생활 방식에 그의 관심을 두고 있었다.

아사의 군사적, 정치적 관심사는 이스라엘과의 국경을 중심으로 돌아가고 있었다. 이스라엘의 왕 바아사가(15:17) 예루살렘에서 8킬로미터 정도 북쪽에 위치한 도시 라마를 건축했다. 그것은 아사를 수도에 가두어 격리시키고 무역을 제한하는 역할을 했다. 그런 상황은 용납할 수 없는 것이었지만, 아사는 자신의 힘으로 그 문제를 처리할 수 없다고 생각했다. 그래서 그는 아람(수리아) 왕 벤하닷에게 도움을 청했다. 아사는 궁전과 성전의 은금을 다 거두어 다메섹에 있던 벤하닷에게 보내 이스라엘과 맺은 약조를 깨고 아사와 동맹을 맺은 후 바아사를 쫓아내줄 것을 요청했다.

벤하닷은 그 뇌물을 받고 북쪽에서 이스라엘을 침공했다. 그 공격은 갈릴리 북쪽에 집중되었고, 바아사는 그의 도시 디르사를 강화하기 위해 남쪽 국경에 있던 군대를 철수시킬 수밖에 없었다. 그러자 아사가 그 기회를 타서 이스라엘의 요새들을 무너뜨렸다. 그런 다음 아사는 모든 백성을 징발해서 국경지대에 있는 이스라엘의 요새들을 무너뜨리고, 그 재료들을 가져다가 국경 지역에 있는 두 도시 게바와 미스바에 요새를 건축했다. 그 결과 북방 경계가 몇 킬로미터 정도 위로 올라가게 되었고, 따라서 수도를 방어하기 위한 완충지대를 확보할 수 있게 되었다.

그러나 그것은 대가가 따르는 일이었다. 처음으로 수리아가 이 지역에서 주된 역할을 하게 되었기 때문이다. 아사와 맺은 약조는 그 지역에 대한 수리아의 군사적 식욕을 자극했다. 더구나 아사의 그런 행동은 하나님께 대한 그의 헌신에 반하는 것이었다. 그는 도움을 얻기 위해 하나님 대신 앗수르를 찾았다. 그리고 그 일에 대해 선지자 하나니로부터 신랄한 고발을 당했다(대하 16:7-10). 아사는 여호와의 전을 높이는 일에 헌신했지만 앗수르와 맺은 약조 때문에 성전에 남은 은 금을 모두 쓸 수밖에 없었다. 그 일을 통해 그는 자신이 잘못된 길로 가고 있음을 깨달아야 했다.

아사는 오랫동안 나라를 다스리다가 연로한 나이에 세상을 떠났다. 발에 난 병으로 인한 합병증이 그의 죽음의 원인이었던 것으로 보인다. 그는 완벽한 왕은 아니었다. 그러나 유다에서 가장 선한 왕들 중의 한 사람이었다. 그보다 더 많은 칭찬을 받은 왕은 히스기야와 요시야 두 사람뿐이었다. 그는 백성들이 하나님께 점점 더 불순종하면서 멀어져가던 발걸음을 멈추게 했다. 경건한 왕이었던 그가 하나님께 순종하기로 결심했던 것이 큰 변화를 불러왔다. 이런 왕이 많지는 않았지만 유다를 이스라엘과 다른 나라가 되게 하는 데 주된 역할을 했다.

### C. "물에서 흔들리는 갈대"(15:25-16:28)

| Supporting Idea | 죄는 삶을 추락시키는 소용돌이를 만들어내며 불안하게 만든다. |
|---|---|

**15:25-32.** 열왕기상 기자는 유다의 이야기를 잠시 중단하고 이스라엘로 돌아간다. 그리고 열왕기상의 거의 마지막 부분까지(22:4) 북 왕조의 이야기가 중심을 이루게 된다. 여로보암은 하나님의 선지자를 통해 그의 왕조가 끝나게 될 것이라는 소식을 들었다(14:10-11). 그 심판이 그의 아들 나답(B.C. 909년에서 908까지 통치함)에게 임했다. 나답은 그의 아버지에게 했던 선지자의 경고에도 불구하고 회개하거나 개혁하려는 의지를 전혀 보이지 않았다. 그는 아사가 아니었다! 그는 그의 아버지의 아들이었다. 그는 그의 아비의 길로 행하며 그가 이스라엘로 범하게 한 그 죄 중에 행하였다. 이 말은 이스라엘 왕들에게 계속 사용된 하나의 후렴구가 되었다.

2년간 계속된 나답의 통치는 잇사갈 족속의 바아사에게(14:16에서 보았던) 나답이 암살되면서 갑자기 끝이 났다. 나답이 그의 군대와 함께 들에 있을 때를 선택한 바아사는 블레셋의 한 성읍인 깁브돈에서 왕을 죽였다. 나답이 그의 군대에게 둘러싸여 있을 때 바아사가 반란을 일으키고 군대를 장악할 수 있었다는 사실은 나답의 통치를 불만스럽게 여기던 사람들이 많았음을 말해준다.

반란은 왕을 죽이는 것으로 끝나지 않았다. 바아사는 여로보암의 온 집을 쳐서 생명 있는 자를 하나도 남기지 아니하고 다 멸하였다. 그것은 왕권을 주장할 수 있는 모든 사람을 제거함으로 바아사의 위치를 강화하는 일이었을 뿐 아니라 여호와가 실로 사람 아히야로 하신 말씀을 이루는 일이기도 했다(14:10-16). 열왕기상의 기자는 열왕기상에서 시종일관 나타나는 주제, 즉 예언의 말씀이 성취되었다는 사실을 또다시 생각나게 해주고 있다.

**15:33-16:7.** 바아사는(B.C. 908년에서 886년까지 통치) 자신의 권력을 강화하기 위해 신속하게 움직였다. 그는 24년간 왕위를 지켰으며 이스라엘 역사상 세 번째로 오랫동안 통치한 왕이 되었다. 그는 정치적으로 여로보암의 집을 대신하게 되었다. 그러나 죄와 반역의 영적 전통은 그대로 물려받았다. 그는 여로보암의 길로 행하며 그가 이스라엘에게 범하게 한 그 죄 중에 행하였다. 바아사는 영적인 개혁을 위해 왕위에 오른 것이 아니라 순전히 개인적인 권력을 누리기 위해 왕위에 오른 사람이었다. 그 결과 우리는 그의 영적인 반역 외에 그의 통치에 대한 다른 이야기는 들을 수 없게 되었다. 열왕기상 기자는 그의 남은 사적과 무릇 행한 일과 권세에는 관심이 없었다. 그가 여호와 보시기에 모든 악을 행하며 그의 손의 소위로 여호와의 노를 격동케 한 것에 비추어볼 때 그런 것은 중요하지 않았다. 여호와를 노엽게 한 것이 그의 두드러진 특징이었기 때문에 그의 생애를 요약하는 아홉 구절에서 여호와를 노엽게 했다는 언급이 두 번이나 반복되었다.

또다시 선지자가 선두에 나섰다. 하나님은 심판을 선포하시기 위해 하나니의 아들 선지자 예후를 일으키셨다. 바아사는 하나님이 진토에서 들어 이스라엘의 주권자가 되게 하신 사람이었다. 그러나 그는 여로보암의 뒤를 이어 계속 범죄하며 하나님을 노엽게 했다. 그 결과 그는 왕조를 이룰 수 없었고, 그의 가족은 비참하고 수치스럽게 죽임을 당했다.

**16:8-22.** 이스라엘의 불안한 승계는 점점 더 가속화되었다. 바아사의 아들 엘라는(B.C. 886년에서 885년까지 통치)는 2년 만에 왕위를 내어주어야 했다. 그는 예후의 예언대로 그의 군대장관 시므리에게(B.C. 885년에 통치) 죽임을 당했다. 그가 죽임을 당한 상황 역시 수치스러운 것이었다. 군사들의 대부분이 들에 나가 있는 동안 그는 디르사에 있는 왕궁 맡은 자 아르사의 집에서 마시고 취해 있었다. 시므리는 왕을 암살하고 권력을 잡은 다음 왕족들을 학살했다. 이 무자비한 행동은 왕위를 주장할 수 있는 모든 사람을 제거하기 위한 것이었다. 그것은 또 여호와께서… 바아사를 꾸짖어 하신 말씀을 성취하는 역할을 하기도 했다.

그러나 시므리는 무리하게 도를 넘어섰다. 그에게는 지지 기반이 없었다. 그의 반란 소식이 깁브돈 근처에 주둔하고 있던 군대에 전해지자 즉각 반응이 나타났다. 군대장관 오므리가 이스라엘의 왕으로 추대되었다. 시므리의 반란은 그런 군사적 반대를 누르고 승리할 수 있는 기회를 얻지 못했다. 오므리는 깁브돈에서 군대를 이끌고 디르사에 있던 시므리를 공격했다. 무기력해진 시므리는 스스로 목숨을 끊었다. 그는 겨우 7일 동안 왕위에 있었다.

그러나 시므리를 제거한 오므리의 승리로 나라가 안정을 찾게 된 것은 아니었다. 이스라엘은 둘로 나뉘어 한편은 디브니를 왕으로 지지하고, 다른 한편은 오므리를 지지했다. 이 분쟁의 특성이 분명하지는 않다. 어떤 사람들이 디브니를 지지했는지, 또 왜 지지했는지에 대해 우리는 알 수 없다. 어쨌거나 그런 상태가 4년 동안 계속되었다. 우리가 알 수 있는 것은 오므리를 좇은 백성이 디브니를 좇은 백성을 이겼다는 사실이다. 디브니가 죽었다는 애매한 표현은 그의 죽음이 자연스런 것이었는지, 아니면 폭력에 의한 것이었는지를 말해주지 않는다. 그러나 오므리의 가족은 무적의 왕가를 이루었다. 45년 동안 4개의 가정에서 여섯 명의 왕이 일어났다. 이스라엘은 선지자의 예언대로 '물에서 흔들리는 갈대' 가 되었다(14:15).

**16:23-28.** 오므리의 출현으로(B.C. 885년에서 874년까지 통치) 모든 것이 달라졌다. 그는 이스라엘에서 처음으로 왕조를 수립했고, 그의 왕조는 4대로(오므리, 아합, 아하시야, 여호람) 이어지며 45년 동안 계속되었다. 오므리 왕조의 왕들은 뛰어난 능력을 가진 지도자들이었지만, 이스라엘 백성들을 가장 심각한 영적 위기로 몰아간 영적 재앙이 되기도 했다. 하나님은 또다시 선지자들을 - 엘리야와 엘리사 - 통해 그들의 변절을 지적하셨다. 그 선지자들은 오므리 왕조의 왕들과 그들의 바알 숭배를 책망하는 일을 충실하게 감당했다.

왕위에 오른 오므리는 이미 시므리가 그의 정적을 다 제거했기 때문에 아무도 학살할 필요가 없었다. 그는 놀라운 능력과 재능을 가진 사람이었다. 12년이라는 그의 통치 기간 중에는 디브니와의 갈등 기간도 포함되어 있다. 그럼에도 불구하고 그는 나라를 다시 통합하고 사마리아에 새 수도를 건설했다. 그는 쉽게 방어할 수 있는 중앙 지대를 선택했다. 그 이후 사마리아는 북방 이스라엘의 수도로 계속 유지되었다. 오므리 왕조 아래에서 사마리아는 번창하게 되었고 아름다운 도시로 가꾸어졌다. 오므리는 또 끊임없이 계속되어 온 유다와의 싸움을 끝내고, 그의 아들 아합을 시돈의 공주 이세벨과 결혼하게 함으로 시돈과 전략적인 동맹 관계를 맺었다. 그는 국제적인 인물이 되었고, 그 이후 앗수르 역대기는 이스라엘을 '오므리의 땅' 이라고 언급하기까지 했다.

오므리는 이 세상에서는 성공한 위대한 왕이었다. 그러나 성경은 그를 여로보암 이래 가장 악한 왕이었다고 말하고 있다. 그는 그의 아들 아합 시대에 바알 숭배를 수입하게 되는 길을 열어주면서 끊임없이 이교도를 장려했다.

| Main Idea 복 습 | 뿌린 대로 거둘 것이다. |
|---|---|

## ! 결론

"경제가 힘이라니까!"

빌 클린턴(Bill Clinton)은 유권자들이 정말로 가장 중요하게 생각하는 것은 경제일 것이라는 전제를 가지고 첫 번째 선거 유세를 펼쳤다. 어떤 문제가 생기건 클린턴 진영은 미국의 경제를 살리고 미국의 번영을 회복해야 할 필요가 있음을 거듭 강조했다. 그 예상은 적중했고 클린턴은 대통령으로 당선되었다. 그러나 경제만을 부각시켜 추진했던 선거 운동은 중요한 문제들을 야기하게 되었다. 효과적인 참된 리더십에는 돈보다 훨씬 더 중요한 문제들이 결부되어 있기 때문이다. 나라의 번영을 주도하긴 했지만 하나님께는 비천한 실패자라는 심판을 받고 버림을 받은 왕들이 있었다.

열왕기상 기자는 "하나님과 하나님의 말씀에 충성하는 것이 중요하다"고 우리에게 말한다. 지도자들은 자신의 영성과 도덕성에 책임을 져야 하며, 하나님과 하나님의 말씀에 절대적으로 충성하는 삶을 살아야 한다. 다른 신을 섬기거나, 하나님의 명령을 소홀히 여기거나, 하나님의 기준을 왜곡해서는 안 된다. 하나님께 대한 충성을 저버리게 되었을 때에는 회개와 개심만이 희망을 가질 수 있는 유일한 길이다. 그렇게 하지 않는다면 죄의 결과가 나라에 미치는 영향을 보게 될 것이다. 하나님은 속지 않으신다.

■ 진리 알기

- 잘못된 선택은 우리 자신뿐 아니라 우리를 따르는 사람들에게도 중대한 영향을 미친다.
- 하나님의 심판이 언제나 미래로 미루어지는 것만은 아니다.
- 하나님은 하나님께 대한 절대적인 충성에 미치지 못하는 것은 용납하지 않으실 것이다.
- 인간의 실패에도 불구하고 하나님은 하나님의 약속을 신실하게 지키신다.
- 경건하지 못한 아버지에게서도 경건한 아들이 나올 수 있다. 그 반대 역시 마찬가지다. 우리의 삶은 우리 부모뿐 아니라 우리 자신의 선택에 따라 달라지게 된다.
- 성공에 대한 하나님의 평가는 사람들의 평가와 다르다.

■ 적용하기

- 죄를 짓고도 무사하리라는 생각으로 자신을 속이지 말고 죄를 심각하게 다루라.
- 삼위일체 하나님께 대한 절대적인 충성심을 방해하는 모든 것을 경계하라.
- 다른 사람들의 결정에 자신을 맡기지 말고 책임 있는 삶을 살아가라.
- 자신의 삶이 영원한 영향을 미칠 수도 있다는 믿음을 가지고 살아가라.
- 하나님의 기준에 비추어 자신의 삶을 평가하고 세상의 피상적인 견해를 거부하라.

## 삶의 적용

### 잘못된 방향으로 급히 달려감

약속 시간에 늦었고, 인정하고 싶지는 않았지만 길을 잃은 상태였다. 나는 속도를 높였다. 그러나 내가 기대하는 이정표는 나타나지 않았다. 그러나 계속 가면 내가 가고 싶은 곳으로 가게 될 것이라 확신하면서 속력을 냈다. 결국 아내의 설득과 끈덕진 요구에 못 이겨 방향을 돌렸다.

잘못된 방향으로는 아무리 빠르게 달려나가도 목적지에 도착할 수 없다. 잘못 온 길을 되돌아가 바른 방향을 찾아나가는 수밖에 다른 도리는 없다. 그것이 바로 유다와 이스라엘이 해야 할 일이었다. 유다는 솔로몬이 성전을 건축하고도 산당들을 허락해둔 것 때문에 잘못된 방향으로 나가게 되었다. 그의 아들은 이방 종교를 허락함으로 문제를 더 악화시켰다. 이스라엘은 금송아지를 만들어 순전한 예배를 오염시킨 여로보암 이후 계속 잘못된 길을 가게 되었다. 그러나 벧엘과 단에서의 잘못된 예배를 수정하려 한 왕은 아무도 없었다. 모두 여로보암의 뒤를 따라 계속 그 길을 달렸다. 그리고 요시야가 등극하기 전까지는 유다 역시 산당이라는 문제를 해결하려 했던 왕이 없었다. 모두 잘못된 방향으로 속도를 내며 달려나갔다.

이 문제는 우리 각자가 정직하게 다루어야 할 필요가 있다. 잘못된 방향으로 가고 있다면 하나님 앞에서 잘못된 상황을 직시하고 방향을 돌릴 때까지 결코 목적지에 도달할 수 없다. 그렇게 하지 않는다면 그저 잘못 들어선 길에서 헛되이 속도를 내고 있는 것뿐이다.

## 기도

하나님 아버지, 성령님이 깨우쳐주실 때 신속하게 회개할 수 있는 마음을 갖게 하옵소서. 제 잘못을 볼 수 있는 지혜와 하나님 앞에서 그 죄를 고백할 수 있는 겸손한 마음을 갖게 하옵소서. 아멘.

## 심층 연구

### A. 십칠 년 아니면 십팔 년?(14:21, 15:1)

이 두 구절은 르호보암이 얼마 동안 통치했는지에 대한 문제를(17년이었는지 아니면 18년이었는지) 제기하게 만든다. 이 문제는 열왕기상하의 연대를 결정하는 일에 따르는 어려움을 보여주는 것이기 때문에 이 문제를 해결하는 것은 상당히 흥미로운 일이 될 수 있다. 유다는 왕이 즉위한 후 그 이듬해 첫날이 되었을 때를 즉위 첫해로 계산했다. 그 전까지는 즉위 원년으로 삼았다. 반면에 이스라엘은 왕위에 오르는 시기를 즉위 첫해로 계산했다. 더구나 나중에는 두 나라가 그 계산법을 바꾸었기 때문에 문제는 더 복잡해졌다. 문제가 복잡하게 된 또 다른 요인은 이스라엘에서는 새해가 봄(니산월)에 시작되는 반면 유다에서는 가을(티쉬리월)에 시작된다는 점이었다. 본문에 나타나는 숫자상의 차이는(17년 혹은 18년) 즉위한 해를 계산하는 방법에 차이가 있었음을 보여주는 것이다. 실제로 르호보암은 17년 동안 통치했다.

### B. 아세라(14:23, 15:13)

아세라는 엘과 바알의 배우자인 가나안 여신이다. 종종 나체 형상으로 조각되는 아세라는 다산을 기원하는 가나안 종교의 여신으로 이방 신전에서 흔히 볼 수 있는 형상들 중의 하나다. 아세라상은 여신을 숭배하는 이방 종교와 관계가 있으며, 나무로 된 물체다. 아세라상에는 성적 뉘앙스가 강하게 드러나 있었던 것으로 보인다. 신전에서 남자들이 매춘을 했다는 것에 대한 언급은 음란이 우상숭배와 관련된 것이었음을 말해준다. 아세라를 섬기는 이방 종교의 영향은 바벨론 유수 때까지 끊이지 않고 성행하였다(왕하 21:3, 7, 23:4, 13, 15).

### C. 아람의 벤하닷

벤하닷은 이스라엘 역사에 언급된 세 사람의 아람(수리아) 왕들을 지칭하는 이름이었다. 벤하닷은 '하닷의 아들' 이라는 뜻이며, 하닷은 수리아의 여신으로 바알에 상응하는 '우레의 신' 을 일컫는 이름이었다. 수리아는 다메섹을 수도로 하는 지역을 뜻하는 지리적 용어인 반면, 아람은 그 지역에 사는 사람들을(아람어를 사용하는) 지칭하는 인종적 용어로 사용되었다. 아사와 맺은 동맹으로 다메섹의 아람인들이 처음으로 이스라엘들과 유다의 백성들과 접촉하게 되었다. 결국 그들은 그 지역의 중요한 경쟁 대상자가 되었다.

## 고안

### A. 들어가는 글

1. '썩어들어가는 상태' 의 이야기로 시작하라.
2. 배경 설명: 유다와 이스라엘 지도자들의 첫 세대가 무대에서 사라지면서 새로 등극하게 된 왕들이 그들의 뒤를 그대로 따르거나 아니면 하나님께로 돌아섰다. 애석하게도 대부분의 왕들은 하나님이 그들에게 잘못된 길로 가고 있음을 분명히 지적해주었음에도 불구하고 계속 잘못된 방향으로 나아갔다.
3. 적용: 앞 장에서 우리는 나라를 패망의 길로 이끌어가는 여로보암과 르호보암의 통치를 살펴보았다. 이 장에서는 그들이 어떻게 그들의 재직 기간을 끝마치게 되는지, 그리고 그것이 그들의 뒤를 이어 왕위에 오른 사람들에게 어떤 영향을 미치게 되는지를 살펴보게 될 것이다.

### B. 본문 이해

1. 죄의 삯(14:1-20)
2. 악순환(14:21-15:24)

3. '물에서 흔들리는 갈대' (15:25-16:28)

**C. 결론**: '경제가 힘이라니까!' 를 읽어주라.

## 토의 질문

1. 아사는 완전한 왕은 아니었지만 유다의 몇 안 되는 경건한 왕들 가운데 한 사람이었다. 그의 삶 속에서 어떤 긍정적인 사실들을 볼 수 있었는가?

2. 이 장에서는 선지자들이 중요한 역할을 하고 있는 것을 볼 수 있다. 그들의 사역에는 어떤 특징이 있는가?

3. 세상에서 오므리는 크게 성공한 사람이었지만 성경은 그를 비천한 실패자라고 말하고 있다. 그 차이점은 무엇인가? 그리고 그 차이가 우리에게는 어떤 의미를 주고 있는지 설명하라.

# 열왕기상 16:29-17:24

## 당대의 하나님의 사람

*"하나님은 사람을 시대에 맞추시고 시대를 사람에게 맞추신다."*

*- 찰스 스펄전(Charles Spurgeon)*

*(존 위클리프를 설명하면서)*

**열왕기상 16:29-17:24** 불안한 시기를 거친 이스라엘은 드디어 안정된 정부를 갖게 되었다. 그러나 아합은 이세벨과 함께 바알 숭배를 기초로 한 나라를 건설하려 했기 때문에 여전히 반역적인 나라가 되었다. 하나님은 유일하신 참 하나님께 대한 헌신과 그 뿌리를 떠난 이스라엘의 죄를 지적하시고 도전하시기 위해 엘리야 선지자를 일으키셨다.

### 인물 소개: 아합

- 오므리의 아들인 그는 이스라엘을 22년 동안(B.C. 874-853) 통치했다.
- 시돈 왕 엣바알의 딸 이세벨과 결혼했다.
- 이스라엘 성읍들에 성들을 건축하고(22:39) 수도 사마리아를 대대적으로 건설했으며, 특히 상아궁을 지었다(22:39).
- 그의 통치 기간은 유다의 여호사밧 왕의 통치 기간과 일치하며(B.C. 872-848) 그와 정략적인 결혼 관계(왕하 8:18, 26)와 군사적 동맹 관계를 맺고(왕상 22장) 있었다.
- 벤하닷이 다스리던 아람(수리아)과의 전쟁에 출전했다(20:1-43, 22:1-38).
- 바알 숭배를 장려하고 하나님을 따르는 사람들을 몰살한 이세벨을 막으려 하지 않았기 때문에 이스라엘에서 가장 악한 왕이라는 오점을 남기게 되었다(16:30, 33, 미 6:16).
- 선지자 엘리야와 충돌했다.
- 선지자 마가야가 예언한 대로 수리아와 전쟁하던 중에 숨을 거두었다(22:17, 23, 37-38).

# 들어가는 글

## 무너진 데를 막고 서서

고등학교에 다닐 때 내 영웅이 된 사람들 중에 우리 부모님이 알고 지내시던 짐 엘리엇(Jim Elliot)이라는 젊은이가 있었다. 그와 그의 네 친구는 에콰도르 정글에 살고 있던 - 나중에 아우카라는 부족으로 알려지게 된 - 부족에게 예수 그리스도의 복음을 전하려다 목숨을 잃었다. 그의 아내가 그의 생애를 간단하게 기록한 「전능자의 그늘(Shadow of the Almighty)」이라는 책이 내게 큰 영향을 미쳤다. 그 책에서 그녀는 짐 엘리엇이 1948년 휘튼 대학에 다닐 때 쓴 일기를 소개했다. "아버지 하나님, 위기를 피하지 않는 사람이 되게 하시고, 위기 속에서 물러서지 않게 하옵소서. 외길에 서 있는 이정표가 되지 않게 하시고, 사람들이 제 속에 살아 계신 그리스도를 향해 방향을 바꿀 수 있는 갈래길에 선 이정표가 되게 하옵소서."

하나님 나라를 위해 변화를 일으키고자 했던 그의 열정은 풍성하게 응답되었다. 그 다섯 젊은이의 죽음은 그 시대 그리스도인들에게 엄청난 영향을 미쳤다. 새 천년에 들어선 지금 광범위하게 변화된 문화 속에서 살아가고 있는 우리들도 하나님의 영광을 위해 변화를 시도하는 일에 우리 자신을 헌신할 필요가 있다.

그 일을 수행하는 데 필요한 한 가지 특성이 바로 용기다. 2001년 9월 11일 미국에 대참사를 몰고 왔던 테러범들의 잔학함은 공익을 위해 자신을 아낌없이 바친 사람들의 용기와 그들에 대한 감사를 새롭게 불러일으켰다.

엘리야 선지자를 생각할 때 마음속에 떠오르는 것이 다양한 형태의 영적 용기다. "이 땅을 위하여 성을 쌓으며 성 무너진 데를 막아서서 나로 멸하지 못하게 할 사람을 내가 그 가운데서 찾다가 얻지 못한 고로"라고 한 에스겔 22장 30절은 성경에 나오는 가장 슬픈 탄식들 중의 하나다. 엘리야 시대에는 그런 말을 할 수 없었다. 나라의 절실한 영적 필요 앞에서 그는 사실상 홀로 하나님을 위해 무너진 데를 막고 서 있었다. 그가 살았던 시대는 우리가 살고 있는 시대와 매우 다르다. 그러나 그에게 용기와 확신을 가지게 했던 문제들은 21세기와도 관계가 있는 문제들이다.

## 본문 이해

# 당대의 하나님의 사람

| Main Idea | 하나님을 위해 일어설 수 있는 영적인 용기는 하나님의 말씀을 지키려는 헌신에서 나온다. |
|---|---|

### A. 아합의 영적 반역(16:29-34)

| Supporting Idea | 각 세대마다 하나님의 진리를 파괴하려는 독특한 형태의 공격이 있었다. |
|---|---|

**16:29.** 찰스 디킨즈(Charles Dickens)의 소설 「두 도시 이야기(A Tale of Two Cities)」는 "최상의 때였고 또 최악의 때였다"라는 잘 알려진 문장으로 시작된다. 오므리와 그의 아들 아합이 통치했던 때에 대해서도 그와 같은 말을 할 수 있을 것이다. 오므리 가계가 권력을 잡으면서 이스라엘은 이웃 유다와 평화를 누리는 시기를 맞이하게 되었다. 또 그 지역에서의 권력이 강화되면서 국제적인 강대국으로 부상하게 되었고 경제적인 번영도 이루게 되었다. 고고학자들은 아합 당시 사마리아에서 발견된 장인들은 비할 데 없이 뛰어난 기술을 지닌 사람들이었다고 말한다. 22년 동안(B.C. 874-853) 통치하면서 아합은 그의 아버지가 이룩한 것을 강화하고 또 확장시켜나갔다. 그의 군대는 널리 알려질 만큼 강력했다. 그는 853년 수리아와 동맹을 맺고 2천 대의 병거와 1천 명의 군대를 이끌고 그 당시 초강대국으로 부상한 앗수르와 전투를 벌였다. 앗수르가 일단 승리를 거두긴 했지만 그 후 한동안 그 지역에서 군대를 철수했다. 역사가들은 아합이 이룩한 업적들을 좋게 말하는 경향을 보일 것이다.

**16:30-33.** 그러나 성경의 견해는 전혀 다르다. 실제로 최악의 때였다. 아합이 그 전의 모든 사람보다 여호와 보시기에 악을 더욱 행하였다. 아합이 자기 아버지와 그 이전 모든 왕들을 따르기만 했다 해도 충분히 악했을 것이다. 그런데 그는 느밧의 아들 여로보암의 죄를 따라 행하는 것을 오히려 가볍게 여겼다. 아합은 또 여로보암이 만든 금송아지를 통

해 여호와를 섬기려는 왜곡된 예배를 거부하지도 않았다. 그는 자신을 여호와를 따르는 사람이라고 생각했다. 그러면서도 그는 바알을 섬겨 숭배했다. 여러 신을 숭배하는 혼합주의가 이스라엘에 퍼지게 되었다.

아합에게 가장 큰 영향을 미친 사람은 그의 아내 이세벨이었다. 그녀의 아버지 엣바알은 33년 동안 시돈 지역과 페니키아 전 지역을 통치했다. 그는 왕이었을 뿐 아니라 바알 멜콰트라는 신을 섬기는 제사장이기도 했다. 그의 딸은 바알을 열렬하게 신봉했고 바알을 개인적으로 섬길 뿐 아니라, 이스라엘 전 지역을 바알을 숭배하는 곳으로 만들기로 결심했다. 그녀는 남편이 바알을 섬기고 사마리아에 건축한 바알의 사당 속에 바알을 위하여 단을 쌓도록 유인했다. 그녀는 또 바알의 선지자들을 궁중에서 먹고 지낼 수 있도록 지원했고(18:19), 십계명의 첫 번째 계명이 여전히 유효하며 이스라엘에서는 여호와만을 섬겨야 한다고 주장하면서 여호와를 따르는 모든 사람들을 제거하기 시작했다(18:4, 13). 아합과 이세벨의 지휘 아래 바알 숭배가 이스라엘의 공식적인 국교가 되었다.

바알은 '구름을 몰고 다니는' 우레의 신으로, 비와 바람과 구름을 다스리는 신으로 알려져 있었다. 또 풍작의 신으로 여겨졌기 때문에 비와 추수를 의존하는 사람들에게 가장 중요한 신이 되었다. 신들에 대한 이야기들은 폭력과 잔혹함과 강간과 유괴 등의 내용으로 가득 차 있었다. 바알 숭배는 우상과 신전에서 행해진 음행과 결부된 부도덕을 그 특징으로 하고 있었다. 여신 아세라는 때로 바알의 적으로 묘사되기도 했지만, 바알의 배우자로 여겨질 때가 더 많았다. 나체로 묘사되고 다산의 여신으로 알려져 있었던 아세라는 성적인 형상을 암시하는 나무기둥이나 돌기둥으로 만들어져 있었다.

아합과 이세벨이 여호와에 대한 예배(벧엘에서 드린 타락한 예배 형태)를 거부하거나 모든 사람이 바알만을 섬겨야 한다고 주장하지는 않았다. 혼합주의는 어느 신을 섬기건 다 인정해준다. 이세벨은 여호와만이 참 하나님이시며, 그분만을 섬기고, 그분만을 예배하며, 그분만을 따르고, 순종해야 한다는 주장을 용납할 수 없었다. 그녀는 절대적인 충성을 요구하는 모세와 엘리야의 하나님을 증오했다. 신들의 이름들은 바뀌었지만 우리 시대도 그때나 다를 바 없다. 영적인 문제나 일반적인 신에 대해 이야기하는 한 별다른 이의를 제기하는 사람이 없다. 그러나 "내가 곧 길이요 진리요 생명이니 나로 말미암지 않고는 아버지께로 올 자가 없느니라"고 하신 예수님의 결정적인 선언을 주장하게 되면 곧바로 대결 구도가 형성되는 것을 쉽게 볼 수 있다!

**16:34.** 그 시대에 벧엘(여로보암이 만든 이교의 중심지) 사람 히엘이 여리고를 건축하였는데라는 호기심을 자극하는 말로 16장이 끝난다. 아합의 허락 없이 그런 일을 할 수는 없었을 것이다. 그러나 그 공사로 여호와께서 눈의 아들 여호수아로 하신 말씀과 같이 그의 두 아들의 목숨을 잃게 되었다. 이방인이었던 히엘이 두 아들을 희생 제물로 바친 것인지, 아니면 두 번의 처참한 사고로 두 아들의 목숨을 잃게 된 것인지는 잘 알 수 없다. 중요한 것은 500년 전 여호수아가 예언했던 일이 그대로 이루어졌다는 사실이다. 하나님의 약속은 얼마나 오랜 세월이 걸리건 간에 어김없이 이루어질 것이다. 하나님을 향한 아합의 도전은 하나님의 말씀에 어긋나는 것이었으므로 성공할 수 없었다.

### B. 엘리야의 선언(17:1)

| Supporting Idea | 영적 용기는 하나님의 영광을 위해 필요하다면 혼자서라도 우리 시대의 거짓 신들에 맞서 싸울 것을 우리에게 요구한다. |
|---|---|

**17:1.** 하나님의 말씀은 극적으로 전개된다. 느닷없이 하나님의 선지자가 불쑥 무대 위로 뛰어들어 최상의 권력을 행사하고 있는 왕과 대결을 벌이게 된다. 열왕기상 기자는 그 순간을 맞이하기 위해 준비할 수 있는 기회를 우리에게 전혀 마련해주지 않고, 그저 길르앗에 우거하는 자 중에 디셉 사람 엘리야가 아합에게 고하되라고 이야기를 시작한다. 디셉의 위치는 정확하지 않다. 그리고 이 사람에 대해서도 우리가 모르고 있는 것들이 상당히 많다. 그의 이름은 중요하다. 왜냐하면 그가 전하게 될 메시지를 시사해주고 있기 때문이다. 엘리야는 "나의 하나님은 여호와시다"라는 뜻으로 여호와께 대한 충성을 선포하는 동시에 아합에 대한 도전을 외치는 것이다. 이 부분에서 열왕기상 기자는 중요한 변화를 주었다. 열왕기상 17장에서 열왕기하 9장까지의 중심 인물은 왕이 아니라 두 선지자 엘리야와 엘리사가 될 것이다. 하나님은 악한 왕의 권력과 바알 숭배의 보급을 막기 위해 군대나 단체를 일으키신 것이 아니었다. 대신 하나님의 말씀으로 무장한 두 사람을 사용하셨다.

아합에게 전한 엘리야의 메시지는 간략하지만 과녁의 중심을 뚫는 화살과도 같은 것이었다. 내 말이 없으면 수년 동안 우로가 있지 아니하리라. 선지자는 그렇게 간단하게 말한 후 자리를 떴다. 그는 문제를 제기하고 전선을 그었다. 여호와는 바알과는 다른 살아 계신 하나님이라는 사실을 엘리야는 확신하고 있었다. 가나안의 신화는 바알이 해마다 죽었다가 다시 살아나 비를 몰고 온다고 말하고 있었다. 엘리야는 바알은 가짜이기 때문에 그런 주장은 허튼소리에 불과하다는 것을 알고 있었다. 여호와만이 살아 계신 하나님이었다. 더 나아가 여호와는 그 어떤 대적도 용납하지 않는 '이스라엘의 하나님' 으로, 이스라엘을 자신의 나라로 삼으신 주권자 하나님이셨다.

엘리야는 핵심을 찔렀다. 바알은 '구름을 몰고 다니는' 우레의 신으로 비와 추수를 통제하는 것으로 알려져 있었다. 그렇다면 "수년 동안 비도 이슬도 없을 것이다." 여호와가 비와 폭풍을 포함해 모든 것을 주관하는 분이시라는 사실을 드러내주실 것이다.

### C. 엘리야의 훈련장(17:2-24)

| Supporting Idea | 영적 용기는 하나님을 더 잘 알고 더 신뢰하는 훈련을 통해서만 유지될 수 있다. |
|---|---|

엘리야는 하나님의 말씀으로 아합에게 도전하기 위해 느닷없이 그 앞에 나타났다. 그런 다음 가뭄이 계속되고 하나님의 심판을 온 나라가 경험하게 되는 3년 동안 공개적인 자리에서 그 자취를 감추었다. 그 3년 동안 엘리야가 공개적으로는 드러나지 않게 되었지만, 엘리야 개인에게는 18장에 기록된 갈멜산에서의 대결을 준비하는 중요한 시기였다.

**17:2-7.** 엘리야가 아합 왕에게 도전한 후 하나님의 말씀이 그에게 임했다. 여호와의 **말씀**이라는 말이 이 장의 중요한 주제를 소개해주고 있다(5, 8, 16, 24절). 엘리야는 여호와의 말씀에 순종할 때나 그 말씀을 선포할 때나 그 말씀의 권위 아래서 살았다. 엘리야는 그 지역을 떠나 그릿 시냇가에서 숨어 지냈다. 그곳에서 분노한 아합과 이세벨의 공격을 피할 수 있었다. 하나님의 이 명령은 믿음을 요하는 약속과 함께 주어졌다. 그 시냇물을 마시라 내가 까마귀들을 명하여 거기서 너를 먹이게 하리라. 이 명령을 따르기 위해서는 믿음이 필요했다. 왜냐하면 그 시냇가는 우기에만 물이 흐르는 기드론 지역을 지나는 와디였기 때문이다. 가뭄이 계속되는 동안에는 오랫동안 물을 공급받을 수 있는 곳이 아니었다. 그리고 까마귀들은 길들일 수 없을 뿐 아니라 썩은 동물의 고기를 먹

어치우는 새였다. 그런 새가 어떻게 먹을 것을 가져다줄 수 있겠는가?

그럼에도 불구하고 엘리야는 하나님의 지시를 따랐다. 그는 그릿 시냇가로 가서 한동안 그곳에서 지냈다. 그곳은 하나님을 전적으로 의지해야 하는 곳이었으며, 하나님이 엘리야에게 물과 먹을 것을 공급해주심으로 하나님의 능력을 보여주신 곳이었다. 가뭄이 계속되는 동안 하나님은 바알이 아니라 하나님이 바로 엘리야에게 필요한 모든 것을 공급해주실 수 있는 분이라는 사실을 보여주셨다. 그것은 나중에 갈멜산에서 일어나게 될 사건을 준비하기 위한 중요한 훈련이었다. 엘리야는 하나님을 전적으로 신뢰하는 것을 배우고 있었다.

그러나 엘리야의 믿음을 시험하는 것이 또 하나 있었다. 얼마 후에 그 시내가 마르니라. 문제는 하나님이 비도 이슬도 내리지 않게 하실 것을 구한 엘리야의 기도(17:1)에 대한 하나님의 응답으로 엘리야 자신이 그 응답된 기도의 결과를 경험하게 되었다는 사실이었다! 그럼에도 불구하고 그는 하나님이 말씀하실 때까지 하나님이 그를 보내신 곳을 떠나지 않았다. 그는 하나님의 시간표에 자신을 맡기고 하나님이 다음 단계를 지시하실 때까지 기다렸다. 그릿 시냇가는 엘리야의 '신병 훈련소' 였다. 그곳에서 그는 바알이 아니라 하나님이 창조 세계의 주인이시며, 비와 추수를 주관하시는 하나님이시라는 사실을 배웠다.

**17:8-16.** 하나님의 두 번째 지시는 첫 번째 지시보다 더 이상한 것이었다. 하나님은 엘리야에게 시돈에 속한 사르밧으로 가서 거기 유하라고 말씀하셨다. 사르밧은 시돈에서 남쪽으로 13킬로미터가량 떨어진 곳에 있었고, 이세벨의 아버지 엣바알이 통치하던 곳이었다. 그곳은 바알 숭배의 본거지로 하나님의 선지자가 보호받을 수 있을 것처럼 보이지 않는 그런 곳이었다! 그곳이 하나님의 능력을 드러낼 수 있는 곳이기 때문이었을까? 하나님은 또 선지자에게 내가 그곳 과부에게 명하여 너를 공궤하게 하였느니라고 말씀하셨다. 과부들은 고대 사회에서 사회적으로 멸시받던 사람들로 가뭄이나 기근이 닥칠 때 가장 먼저 고통을 받아야 했던 사람들이었다. 대부분의 과부들은 다른 사람들의 자선에 의지해서 살아가고 있었다. 따라서 과부는 누구도 도움을 청하기에 적합한 그런 사람이 아니었다.

하나님의 명령과 약속이 이상했음에도 불구하고 엘리야는 순종했다. 그는 자기 나라의 중심부를 가로질러 사르밧으로 갔다. 성문에서 그는 나뭇가지를 줍고 있는 한 과부를 보았다. 검은 상복을 보고 그녀가 과부라는 것을 알아볼 수 있었을 것이다. 그녀는 엘리야를 도울 수 있는 자원을 가진 사람이 분명 아니었다. 그러나 엘리야는 그녀가 하나님이 그의 필요를 채워주시기로 한 과부라는 것을 알았다. 그래서 그녀에게 말을 걸었다. 나그네에게 친절을 베풀고 접대하는 것을 하나의 의무로 여기던 문화적 전통에 따라 엘리야는 그녀에게 그릇에 물을 조금 가져다가 나로 마시게 하라는 청을 했다. 그런 다음 다시 네 손에 떡 한 조각을 내게로 가져오라는 부탁을 했다.

선지자의 부탁은 접대를 해야 하는 의무와 극도로 가난한 과부라는 처지 이 두 상황 속에서 그녀를 곤란하게 만들었다. 그녀는 나는 떡이 없고 다만 통에 가루 한 움큼과 병에 기름 조금뿐이라 내가 나뭇가지 두엇을 주워다가 나와 내 아들을 위하여 음식을 만들어 먹고 그 후에는 죽으리라고 대답했다. 엘리야의 말로 이스라엘에 닥친 가뭄의 여파가 페니키아에까지 미치고 있었다.

그런 상황에 엘리야 자신도 놀랐을 것이다. 하나님이 과부에게 그에게 먹을 것을 공급해주도록 명하셨다고 말씀하셨지만, 상황이 이렇게 돌아가게 되리라고는 생각하지 못했을 것이다. 그럼에도 불구하고 선지자는 하나님을 신뢰하는 것을 배웠고, 과부에게도 자신의 말을 믿으라고 말하며 먼저 엘리야를 위해 그리고 과부와 아들을 위해 작은 떡을 만들 것을 주문했다. 그것은 넉살좋은 주문이었다. 그러나 그 주문 뒤에는 그보다 더 놀라운 약속이 따랐다. 여호와가 비를 지면에 내리는 날까지 그 통의 가루는 다하지 아니하고 그 병의 기름은 없어지지 아니하리라.

엘리야에게 있는 무언가가 과부에게 놀라운 믿음을 구사하게 만들었다. 그녀는 자신의 마지막 남은 식량을 걸고 '외국인의 하나님' 이 한 약속을 믿기로 했다. 그녀는 가서 엘리야의 말대로 하였다. 그 결과 그녀는 하나님의 초자연적인 공급을 경험하게 되었다. 그 공급은 그저 한 차례로 끝나지 않았고 오랫동안 계속되었다. 하나님이 공급해주시는 식량이 미리 쌓여 있었다는 것을 말해주는 제안은 찾아볼 수 없다. 하나님은 계속해서 신실하게 매일 때를 따라 필요를 채워주셨다. 과부와 그녀의 아들은 공급되는 식량이 아니라 공급해주시는 분을 의지하지 않을 수 없었다. 하나님은 그 과정 속에서 바알이 아니라 여호와가 적군의 지역도 다스리시는 분이라는 사실을 보여주셨다.

**17:17-24.** 엘리야의 훈련은 그것으로 끝난 것이 아니었다. 이해할 수 없는 하나님의 섭리 속에서 과부의 아들이 병에 걸려 죽었다. 비탄에 잠긴 어머니는 선지자, 곧 하나님

의 사람이 그곳에 있었기 때문에 그 가정을 주목하신 하나님이 그녀의 죄를 보시고 벌을 내리신 것이라고 불평하며 엘리야를 맹렬하게 비난했다. 그것은 슬픔을 쏟아내는 말이었고 하나님에 대한 이방인들의 생각을 드러내는 말이었다. 그러나 엘리야는 하나님을 변호하려 하지 않았다. 그 역시 그 사건이 일어나게 된 것을 이상하게 생각하고 있었다. 하나님은 엘리야의 목숨을 살려준 과부에게 왜 이런 일이 일어나게 하셨을까?

선지자는 아들을 어머니의 손에서 취해 자기 방으로 옮긴 다음 그의 혼란스러운 마음을 하나님 앞에 토로했을 것이다. 그러나 엘리야는 하나님이 능력으로 임하지 않으시는 곳이 없다는 사실을 이미 배워 알고 있었다. 그는 소년의 몸 위에 자기 몸을 세 번 펴서 엎드리고 성경 역사상 그 누구도 기도한 적이 없었던 기도를 드렸다. 나의 하나님 여호와여 원컨대 이 아이의 혼으로 그 몸에 돌아오게 하옵소서!

그리고 죽은 사람이 다시 살아나는 일이 처음으로 성경에 기록된 사건으로 벌어졌다. 열왕기상 기자는 조심스럽게 그 기적을 엘리야가 아니라 하나님이 하신 일로 돌리고 있다. 여호와께서 엘리야의 소리를 들으시므로 그 아이의 혼이 몸으로 돌아오고 살아난지라. 바알 숭배의 본거지에서 하나님은 자신의 비할 데 없는 능력을 드러내셨다. 바알 신화에서 바알은 자연의 법에 지배를 받았다. 그는 해마다 건기 때문에 죽었다. 그러나 하나님은 죽음을 지배하는 분이셨다. 즉, 모든 것을 다스리는 분이셨다.

그 기적은 과부에게 엘리야가 하나님의 참 선지자라는 사실을 증명해주는 것이었다. 그리고 그가 전한 메시지가 참된 여호와의 말씀이었다는 사실을 증명해주는 것이기도 했다. 내가 이제야 당신은 하나님의 사람이시요 당신의 입에 있는 여호와의 말씀이 진실한 줄 아노라. 그 기적이 엘리야에게 어떤 영향을 미쳤는지에 대해서는 본문이 아무런 언급도 하지 않고 있지만 적의 진영 한가운데서 얻게 된 하나님께 대한 확신, 즉 생명과 죽음을 지배하시는 주님이신 하나님께 대한 확신이 더욱더 깊어졌을 것이다. 하나님을 위해 홀로 설 수 있었던 그의 용기는 주님의 영광과 능력을 깊이 경험하면서 얻게 된 것이었다. 이제 그는 다음 단계로 나아갈 준비가 되었다.

| Main Idea 복습 | 하나님을 위해 일어설 수 있는 영적인 용기는 하나님의 말씀을 지키려는 헌신에서 나온다. |
|---|---|

## 결론

### 하나님이 내게 필요한 전부다

엘리야는 자기 나라의 가장 중요한 진리와 가치관이 공격을 받고 있던 시대를 살아가고 있었다. 그는 하나님의 진리를 공격하는 세력을 지원해주는 왕의 권력과 제도가 지배하는 세상에 저항하는 소수 중 한 사람이었다. 그는 자신의 생명이 위태롭게 될 수 있다는 사실을 알고도 하나님의 말씀에 따르고 시대에 맞서 싸우기로 결심했다. 그는 하나님께 의심할 바 없는 충성을 바친 사람이었다. 왕과의 대결을 피하지 않았으며, 바알숭배의 핵심을 찌르는 도전으로 맞섰다. 그의 이름이 그가 전한 메시지였다. "나의 하나님은 여호와시다."

선지자는 왕을 대면할 수 있었다. 그러나 다음 단계로 나아가기 위해서는 하나님의 능력에 대한 그의 확신이 다져질 필요가 있었다. 하나님은 그에게 하나님께 대한 흔들리지 않는 확신을 심어주시기 위해 사람들의 눈에 드러나지 않는 곳으로 그를 데려가셨다. 그리고 그의 생애에서 가장 중요한 때를 위해 - 갈멜산에서의 대결을 위해 - 그를 훈련하셨다.

▣ **진리 알기**

- 주 예수님께 충성하는 삶을 살기 위해서는 어느 시대에나 전투를 피할 수 없다.
- 하나님 앞에 서 있다는 사실을 의식하는 사람들은 악한 왕을 마주 대할 수 있는 용기를 가질 것이다.
- 우리 시대에 하나님의 뜻을 신실하고 두려움 없이 선포하는 것이 우리에게 주어진 가장 큰 소명이다.
- 하나님은 우리를 통해 일하실 뿐 아니라, 또 하나님의 다음 목적을 위해 우리를 준비시키려고 우리 안에서 일하신다.
- 하나님의 말씀을 신뢰하고 약속을 지키시는 하나님의 신실하심을 경험하는 동안 우리의 믿

음이 자라게 된다.

- 살아가면서 어려움을 경험하게 되는 곳이 바로 하나님이 우리를 단련하시는 훈련장이다.

■ 적용하기

- 우리 시대에 하나님의 진리에 도전하는 본거지들을 경계하라.
- 하나님의 말씀에 귀를 기울이고 하나님이 우리를 통해 선포하시려는 메시지가 무엇인지를 이해하라.
- 하나님의 지시가 이상해 보일 때에도 하나님께 순종하라.
- 하나님이 하나님의 뜻을 이루시기 위해 우리를 통해 일하실 수 있게 해드리라.

## 삶의 적용

### 최상의 시기

1936년 영국 국왕 에드워드 8세(Edward VIII) 는 자신이 사랑하는 여인 - 두 번 이혼한 미국인 여성 월리스 심슨(Wallis Simpson) - 과 결혼할 것이라고 발표했다. 영국 국교회와 군주와의 전통적이고 법적인 관계 때문에 헌법상의 위기 사태가 발생했고, 에드워드에게는 왕위를 포기하고 왕권을 양도할 것이 요구되었다. 언뜻 보기에는 비극적인 연애 사건처럼 보였지만 사실은 에드워드의 방종이 그 정체를 드러낸 사건이었으며, 그 정체는 제2차 세계 대전이 다가오면서 점점 더 확실해졌다.

나는 앨리스테어 쿠크(Alistair Cooke)가 그의 삶을 요약한 내용을 결코 잊을 수 없다. "왕자로서, 왕으로서 그리고 한 남자로서의 에드워드를 위한 가장 저주스러운 비문은 안락하게 살았던 모든 사람들을 움츠러들게 하기에 충분한 것이다. 그는 상황이 좋을 때에만 상태가 좋았다!"

그 비문은 엘리야에게는 해당되지 않는 비문인 것이 분명하다. 그는 역사상 가장 위험한 시기에 하나님을 섬겼다. 엘리야 당시를 특징지었던 혼합주의와 다원주의는 다소 다른 형태로 나타나긴 하지만, 우리 시대의 한 특징이기도 하다. 따라서 지금이 그리스도를 따르는 사람들에게는 최상의 시기라 할 수 있다.

## 기도

주 하나님, 지금 이 시대에 중요한 전투가 벌어지고 있는 곳을 볼 수 있게 하시고, 주님의 진리를 볼 수 있는 지혜를 주옵소서. 주님의 진리를 말할 수 있는 용기와 주님의 영광을 위해 효과적으로 일하는 종으로 빚어주시도록 주님께 순종하며 기다릴 수 있는 인내를 허락해주옵소서. 아멘.

## 심층 연구

### A. 엘리야와 신약 성경

엘리야는 자기 시대뿐 아니라 신약 성경에도 그 흔적을 남겼다. 구약의 마지막 선지자는 "여호와의 크고 두려운 날이 이르기 전에 내가 선지 엘리야를 너희에게 보내리니 그가 아비의 마음을 자녀에게로 돌이키게 하고 자녀들의 마음을 그들의 아비에게로 돌이키게 하리라 돌이키지 아니하면 두렵건대 내가 와서 저주로 그 땅을 칠까 하노라"(말 4:5-6)고 말하며 엘리야가 올 것을 예언했다. 세례 요한은 "엘리야의 심령과 능력으로 주 앞에 앞서 가서 아비의 마음을 자식에게… 돌아오게"(눅 1:17) 했다. 그리고 세례 요한과 엘리야와의 관계에 대한 공개적인 논의들이 있었다(요 1:21, 마 11:14, 17:10-13). 엘리야는 예수님이 변모하셨던 변화산에서도 율법과 선지자를 대표하는 구약 인물인 모세와 함께 있었다(마 17:1-9). 환난의 때에 나타난 두 증인(계 11:1-14)도 엘리야와 흡사하다. 그들을 돌아온 모세와 엘리야라고 생각하는 해석학자들도 있다.

### B. 수년 동안(17:1)

엘리야는 가뭄 기간을 구체적으로 말하지 않았다. 그러나 18장 1절은 삼 년 후 하나님이 그를 다시 아합에게 보내셨음을 말해주고 있다. 신약 성경에는 그 가뭄이 삼 년 육 개월 동안 계속되었다고 말하고 있는 부분이 두 군데 있다(눅 4:25, 약 5:17). 이스라엘에서 우기는 10월에 시작해서 4월까지 계속되었다. 엘리야는 건기가 시작될 때 가뭄을 예언했던 것으로 보이지는 않는다. 아마도 비가 기대되는 10월경에 그렇게 했을 것이다. 이미 6개월 정도의 건기로 대지가 말라 있었고, 그 때부터 3년 동안 계속 비가 오지 않았을 것이다. 그러므로 3년은 엘리야가 예언한 다음부터 비가 다시 오게 될 때까지의 기간이고, 3년 6개월은 비가 오지 않은 전체 기간일 것이다.

### C. 엘리야, 과부 그리고 주 예수님

누가복음에서 예수님은 고향 나사렛에 있는 회당에서 자신의 사역을 선언하는 성명서와도 같은 메시지를 전하셨다(눅 4:16-30). 처음에 사람들은 예수님의 말씀을 '자비로운 말씀'으로 잘 받아들였다. 그러나 하나님의 선지자들을 거부한 이스라엘의 역사에 대해 이야기하시며 이 과부를 언급하시고 "이스라엘에 많은 과부가 있었으되 엘리야가 그 중 한 사람에게도 보내심을 받지 않고 오직 시돈 땅에 있는 사렙다의 한 과부에게 뿐이었으며"라고 말씀하셨다. 그 말을 들은 사람들은 화를 내며 예수님을 죽이려 했다. 그들은 예수님이 그들을 아합 시대의 사람들과 같고, 또 하나님의 은혜가 이스라엘을 넘어 이방인들에게까지 미쳤다고 말씀하신 것에 분노했던 것이다. 그 메시지는 그들의 배타적인 자만심을 건드리는 것이었다. 그러나 하나님의 은혜는 언제나 하나님의 백성들 속에만 머무는 것이 아니라 그들로부터 넘쳐 흐르도록 되어 있다.

하나님의 은혜를 입은 하나님의 백성들은 그 은혜를 자기들에게만 머무르게 할 권리가 없다. 하나님의 은혜를 하나님의 백성들이 거부한다면 그 은혜는 이방인들에게 돌아갈 것이다. 이 사실은 주님의 사역에 있어서뿐 아니라 이방인들 사이에 세워진 교회의 구원 역사에 있어서도 매우 중요하다. 그 과부는 하나님의 구원 목적을 미리 알려주는 하나의 전조였다.

## 교안

### A. 들어가는 글

1. '무너진 데를 막고 서서'의 이야기로 시작하라.
2. 배경 설명: 이스라엘은 위기를 맞이하고 있었다. 아합과 이세벨의 통치를 받게 된 이스라엘은 언약의 주님이신 하나님을 거부하고 이방 종교를 받아들였다. 하나님은 그런 상황이 계속 되도록 허용하지 않으실 것이다. 하나님이 그 일에 사용하신 사람은 외로운 선지자 엘리야였다.

3. 적용: 그 위기의 절박성을 이해하기 위해 우리는 오므리와 그의 아들 아합이 등극할 때 어떤 일이 일어났는지를 알 필요가 있다. 그 당시 나라는 크게 번성하고 있었지만 영적인 면에서는 방종에 빠져 있었다.

**B. 본문 이해**

1. 아합의 영적 반역(16:29-34)
2. 엘리야의 선언(17:1)
3. 엘리야의 훈련장(17:2-24)

**C. 결론**: '하나님이 내게 필요한 전부다' 를 읽어주라.

## 토의 질문

1. 엘리야가 살았던 때와 우리가 살고 있는 때는 어떤 공통점을 가지고 있는가? 오늘날의 '엘리야' 가 다루지 않을 수 없다고 생각하는 문제들은 어떤 것들인가?

2. 도전하고 대결하는 엘리야의 방식은 그를 향한 하나님의 뜻이었다. 그렇게 하는 것이 항상 옳은 것인가? 또는 항상 최선이라 할 수 있겠는가?

3. 그릿 시냇가 물이 말라들어가기 시작했을 때 당신이었다면 어떤 반응을 보였을 것이라 생각하는가? 지금 이 시대를 살고 있는 우리도 그와 비슷한 경험을 하게 되는가?

# 열왕기상 18:1-46

## 선택해야 할 때

*"이 세상의 구원이 달려 있는 일을 하나님이 그리스도 안에서 이미 행하셨다면, 그리고 그 일을 알리셨다면 그 일을 무시하거나 부인하거나 잘못 해석하려는 모든 시도를 용납하지 않는 것이 그리스도인이 해야 할 의무다."*

*- 제임스 데니(James Denney)*

**열왕기상 18:1-46** 3년 동안의 가뭄이 있은 후 하나님은 이스라엘 백성들에게 하나님을 따를 것인지, 아니면 거짓 신인 바알을 계속 숭배할 것인지에 대한 문제를 제기하기 위해 엘리야를 부르셨다. 엘리야는 먼저 왕에 대한 그의 충절을 선언하기 위해 하나님을 경외하는 한 사람을 불렀다. 그런 다음 왕과 백성들과 바알의 거짓 선지자들을 상대로 두 신 사이의 대결을 제안했다. 하나님이 불로 하나님의 우월하심을 드러내시자 백성들은 하나님께 대한 헌신을 선포하고 바알의 선지자들을 거부했다. 그러자 하나님은 비를 보내시며 하나님이 바알보다 우월한 분이심을 증거하셨다.

**인물 소개: 엘리야**

- 아합의 통치가(B.C. 874-853) 확립된 B.C. 860년경에 아마도 공개적인 모습을 드러내었을 것이다.
- 북 왕조에서 사역했다.
- 이스라엘에서 바알 숭배가 자리를 잡아가고 있을 때 십계명의 첫 번째와 두 번째 계명을 지킬 것을 요구하면서 우상숭배로 오염되지 않은 절대적인 충성으로 하나님을 섬겨야 한다고 주장했다.
- 글보다는 말로 사역한(역대하 21장 12-15절에 기록된 편지를 제외하고는) 선지자였다.
- 엘리사를 자신의 종과 후계자로 지명했다(왕상 19:15-21).
- 그를 중심으로 하나님께 충성했던 몇몇 그룹들이 있었으며, 그들은 선지자의 무리로 알려져 있었다(왕상 20:35, 왕하 2:3, 5, 7).
- 여호람이 이스라엘을 통치하던 때(B.C. 852-841) 초자연적으로 죽음을 보지 않고 이 세상을 떠났다.

## 들어가는 글

### 중간 지대

1775년 3월 23일 버지니아 주 리치몬드의 한 교회에 머리털이 붉은 젊은 변호사 패트릭 헨리(Patrick Henry)가 서 있었다. 조지(George) 왕과 대영제국과의 분쟁에 대해 끝없이 논쟁하는 식민지 이주자들에게 화가 난 그는 더 이상 참고 있을 수가 없었다. 열정에 찬 그의 연설은 "사슬과 노예 제도를 대가로 지불하면서까지 사들여야 할 만큼 평화가 그렇게 달콤한 것이며, 산다는 것이 그렇게 값진 것입니까? 전능하신 하나님, 그런 일이 일어나지 않게 해주십시오. 다른 사람들은 어떤 길을 택할지 모르겠지만 제게는 자유를 주십시오. 자유가 아니면 죽음을 주십시오!" 라는 말로 끝이 났다.

70년 후 남북전쟁이 터지게 된 긴장 상태가 점점 고조되어가고 있는 동안 시인 제임스 러셀 로웰(James Russell Lowell)은 〈The Present Crisis〉라는 제목의 시를 다음과 같이 썼다.

> 모든 사람들과 모든 나라들은
> 진리와 거짓의 싸움에서 선과 악 둘 중
> 어느 편에 설 것인지 결정해야 할 때를
> 한 번씩은 맞이하게 된다.

우리 사회는 '이것 아니면 저것' 이라는 선택을 별로 편안하게 받아들이지 못한다. 포스트모던 사회는 '둘 다' 라는 사고방식을 채택한다. 우리 사회는 여러 가지를 선택하고 싶어 하며, 다른 전통들과 견해들을 혼합시킬 수 있다고 주장한다. 다양성과 관용을 칭찬하고, 모호하고 불확실한 것을 받아들이며, 개인의 자율성을 주장한다. 모든 견해들을 중시해야 하며, 다른 사람의 신념에 이의를 제기하는 것은 오만한 일이라 생각한다. 선택과 헌신을 요구하는 것은 용납될 수 없으며, 상반되는 주장들의 가치를 인정해주고 모든 방법들을 존중해야 한다고 주장한다. 그리고 다원화와 상대주의와 개방과 포용과 상호 존중에 찬사를 보낸다.

그런 것들은 가치 있고 소중한 특성들이라 할 수 있다. 그러나 한 가지 중요한 장애에 부딪힌다. 하나님의 아들 주 예수 그리스도 안에서 자신을 계시하신 하늘과 땅의 주인이신 살아 계신 하나님이 만족하지 않으신다는 점이다. 하나님은 우리에게 충성을 요구하실 뿐 아니라 절대적인 충성을 요구하신다. 하나님은 다양한 영적 선택 사항들 중의 하나로 자신을 전락시키지 않으실 것이다. 우리에게 선택할 것을 요구하신다. 그 중간 지대는 있을 수 없다.

갈멜산에서 바알의 선지자들과 대결한 엘리야의 이야기보다 더 잘 알려진 구약의 이야기는 아마 없을 것이다. 그리고 그 이야기만큼 우리가 살고 있는 현대 사회와 깊은 관계를 맺고 있는 이야기도 아마 없을 것이다.

## 본문 이해

### 선택해야 할 때

| Main Idea | 여호와만이 참 하나님이시라는 사실을 보여주는 증거는 우리로 하여금 하나님께 온전히 충성하지 않을 수 없게 만든다. |
|---|---|

#### A. 공개석상에서(18:1-15)

| Supporting Idea | 두려워하면서 살 것인지, 아니면 믿음으로 살 것인지를 선택하는 결정은 살아 계신 하나님께 대한 확신과 밀접한 관계가 있다. |
|---|---|

**18:1-2.** 엘리야는 그릿 시냇가와 사렙다에서 많은 날을 지내며 하나님의 돌보심 속에서 삼 년을 보냈다. 가뭄의 영향은 거의 재앙과도 같은 수준에 이르게 되었다. 이스라엘 백성들의 생활은 거의 한계에 도달해 있었다. 엘리야는 자신의 생각대로 행동하지 않

고 하나님의 지시를 따랐다. 이 경우도 마찬가지였다. 또다시 그는 명령과 약속의 형태로 된 하나님의 지시를 받게 되었다. 너는 가서 아합에게 보이라 내가 비를 지면에 내리리라. 가뭄을 통해 하나님은 소위 비의 신이라 불리는 바알의 무력함과 이스라엘의 죄에 대한 하나님의 진노를 드러내셨다. 이제 비를 보내심으로 하나님만이 사람들이 순종하고 섬겨야 할 살아 계신 창조주 하나님이시라는 사실을 보여주실 것이다.

**18:3-6.** 이 구절에서 우리는 오바댜라는 이스라엘의 궁내대신을 만나게 된다. 그의 이름은 '여호와의 종' 이라는 뜻이다. 그는 크게 여호와를 경외하는 자였지만, 또 아합의 궁중에서 중요한 위치에 있는 사람이었다. 그가 궁내대신이었다는 사실은 그가 왕궁의 살림을 맡고 있던 중요한 신하였다는 사실을 말해준다. 그는 바위와 단단한 땅 사이에 갇혀 있는 사람이었다. 하나님께 대한 그의 헌신은 실제적인 것이었다. 이세벨은 하나님의 충성스런 선지자들을 제거할 방법을 모색하고 있었다. 그녀가 그들을 처형하는 동안 오바댜는 자신의 목숨을 걸고 그들 중 백 명을 숨겨주고 먹을 것을 공급해주었다. 그는 또 악한 왕을 섬기는 일 역시 헌신적으로 감당하고 있었다.

오바댜는 영원히 계속될 수 없는 균형을 유지해보려 하고 있었다. 그는 자신의 믿음을 개인적으로 지켰고, 또 정직하게 지켰던 것이 분명하다. 그러나 그는 곧 한쪽을 선택하지 않을 수 없게 되었다.

가뭄은 점점 더 심해졌다. 나라의 영적인 상태도 마찬가지였다. 하나님을 신실하게 따르는 사람들을 제거하려는 이세벨의 결단은 점점 더 굳어져갔다. 아합은 이세벨이 여호와의 선지자들을 멸할 때에 아무 상관도 하지 않았다. 그의 관심은 말과 노새에 있었다. 왜냐하면 그것들이 그의 군사력의 기초가 되었기 때문이었다. 그는 말과 노새를 위한 먹이를 거두어들였다. 그것이 백성들에게 어떤 영향을 미치건 그것은 상관하지 않았다. 아합 자신이 궁내대신과 함께 말과 노새의 먹이를 직접 책임질 정도로 그는 그 일을 중요하게 여기고 있었다.

**18:7-15.** 그 일을 수행하는 동안 오바댜가 홀로 길에 있을 때에 엘리야가 저를 만났다. 오바댜는 하나님의 선지자를 알아보고 경의를 표했다. 그러나 엘리야의 반응은 오바댜의 세계를 완전히 뒤집어놓았다. 가서 네 주에게 고하기를 '엘리야가 여기 있다' 하라. 오바댜는 아합이 엘리야를 사회 공공의 적으로 여기고 있으며 선지자를 찾아 제거하기 위해 엄청나게 노력하고 있다는 사실을 잘 알고 있었다. 아합은 엘리야가 바알을 모욕했

기 때문에 자신에게 당면한 문제가 야기되었다고 생각하고 있었다. 그는 자신이 선지자를 통제할 수 있다면 나라를 고통으로 몰아넣은 재난을 되돌릴 수 있는 길을 찾을 수 있을 것이라 생각했다.

엘리야에 대한 왕의 분노를 알고 있던 오바댜는 자신이 엘리야를 보았다고 아합에게 보고할 경우 엘리야가 3년 동안 자취를 감출 수 있었던 일의 공범으로 의심받게 될 것을 두려워했다. 그렇게 되면 하나님의 선지자들을 비밀리에 지원해온 자신의 일이 발각될 수도 있었다. 그렇게 되면 아합과 이세벨이 그를 죽이려 할 것이다. 오바댜는 엘리야의 지시에 항거하면서 아합에게 그 메시지를 전할 수 없는 몇 가지 이유들을 제시했다. 그러나 엘리야는 그의 지시를 철회하지 않았다. 아합을 마주 대하기 위해 자신의 모습을 드러내야 할 때가 되었기 때문이었다. 또 오바댜 역시 하나님께 대한 그의 은밀한 충성을 공개적인 헌신으로 드러내야 할 때가 되었나. 선택해야 할 때가 온 것이다.

오바댜는 믿음의 사람이었지만 또 두려움이 많은 사람이기도 했다. 그가 선지자들을 보호해온 것은 희생을 감수한 용감한 일이었다. 그러나 왕 앞에서 하나님을 섬기는 사람으로 자신을 드러낸다면 그는 목숨을 잃게 될 수도 있었다! 아합과 이세벨에게 느끼는 그의 두려움은 하나님께 대한 그의 충성심보다 훨씬 더 컸다.

### B. 가담(18:16-25)

| Supporting Idea | 하나님과 바알의 뚜렷한 차이점은 하나님과 바알 사이에 그 어떤 중간 지대도 있을 수 없다는 사실을 보여준다. |
|---|---|

깊은 고민 끝에 오바댜는 엘리야의 지시를 따르기로 하고 왕과 선지자의 만남을 주선했다. 엘리야는 왕과 백성들과 거짓 선지자들이 동원되는 세 가지 도전을 했다. 그리고 매번 조심스럽게 바알에게 우선권을 주었다.

**18:16-19.** 엘리야를 만난 아합은 "이스라엘을 괴롭게 하는 자여 네냐"라는 비난을 퍼부었다. 괴롭게 하는 자라는 말에는 의미심장해 보이는 비난이 내포되어 있었다. 그의 비난은 이스라엘에 임한 심판을 엘리야의 탓으로 돌리고, 그의 죽음을 통해서만 그 저주를 제거할 수 있다는 주장을 펴기 위한 것이었다. 그것은 엘리야에게 책임을 돌리고 그를 위협하려는 시도였다.

그러나 하나님의 선지자는 아합의 공격 앞에서 움츠러들지 않았다. 그는 아합의 비난을 거부하고 그 비난을 받아야 할 당사자인 아합의 가족에게 그 책임을 돌렸다. 이스라엘이 안고 있는 문제는 비가 오지 않는 것이 아니라 하나님께 순종하지 않고 충성하지 않는 것이었다. 그들의 죄와 반역이 하나님의 심판을 불러왔던 것이다.

엘리야의 목적은 아합을 비난하려는 것이 아니라 나라 전체에 회개를 촉구하는 것이었다. 그래서 그는 온 이스라엘을… 갈멜산으로 모아 내게로 나아오게 하라고 아합에게 도전했다. 갈멜산은 지중해로부터 솟아올라 해발 518미터에 달하는 봉우리를 지나 페니키아 남쪽까지 약 48킬로미터가량 이어지는 산이었다. 갈멜산은 여러 신들이 살고 있는 본거지로 이방인들에게 알려져 있었으며 바알 숭배와도 오랫동안 깊은 관계를 맺고 있었다. 다시 말해서 엘리야는 갈멜산을 택함으로 바알 숭배자들에게 홈그라운드의 이점을 가질 수 있게 해준 것이다.

아합은 이세벨의 상에서 먹는 바알의 선지자 사백오십 인과 아세라의 선지자 사백 인을 불러모았다. 이 구절이 이 선지자들을 언급한 첫 번째 구절이었으며, 그것은 아합과 이세벨의 통치하에서 바알 숭배가 이스라엘 내에 얼마나 깊이 파고들었는지를 잘 보여주는 것이었다. 이 거짓 선지자들은 왕의 인정과 지원을 받으며 국비로 생활하고 있었다. 반면에 하나님의 충성스런 선지자들은 왕비의 숙청을 피해 동굴 속에 숨어 겨우 목숨을 유지하고 있었다.

**18:20-24.** 아합은 엘리야가 요청한 대로 이스라엘 백성들과 그의 선지자들을 갈멜산으로 불러모았다. 그러자 선지자는 백성들을 향해 그의 두 번째 도전장을 내밀었다. 선택해야 할 때가 되었다. 너희가 어느 때까지 두 사이에서 머뭇머뭇하려느냐 여호와가 만일 하나님이면 그를 좇고 바알이 만일 하나님이면 그를 좇을지니라. "둘 사이에서 머뭇머뭇하려느냐?" 라고 번역된 구절은 '두 가지(지팡이 혹은 목다리) 사이에서 절름거리다 혹은 절뚝거리다' 라는 뜻을 가진 보기 드문 표현이다. 26절에 '뛰놀더라' 라고 번역된 동사는 바알 선지자들이 발을 끌며 추는 제식 춤을 뜻한다. 엘리야의 메시지는 분명했다. 사람들이 서로 배타적인 두 개의 충성을 결합시키려 하고 있지만 그것은 불가능한 일이다. 하나를 선택해야 할 때가 되었다. 하나님과 바알이 둘 다 참 하나님이 될 수는 없는 일이었다. 혼합주의는 있을 수 없었다. 두 상대에 대한 충성은 서로 배타적인 것이었다.

그러나 엘리야의 도전은 아무런 반응도 얻어낼 수 없었다. **백성이 한 말도 대답지 아니하는지라.** 그들은 하나를 선택할 필요를 느끼지 못했거나, 아니면 선택하고 싶지 않았을 것이다. 엘리야의 말에도 불구하고 그들은 바알과 하나님 둘 다를 원했다. 각각 다른 것을 제공해줄 수 있다고 생각했다. 바알 숭배는 선택을 요구하지 않았다. 바알을 따르면서도 여전히 하나님도 따를 수 있다고 했다. 그런데 하나님은 왜 그렇게 하실 수 없는 것인가? 더구나 바알은 풍작에 필요한 우레의 신이었다. 누가 그의 마음을 상하게 만들고 싶겠는가? 두 종교 모두에 진리가 있다면 둘을 합쳐 포괄적이고 새로운 종교를 만들어서는 왜 안 되는 것인가?

하나님의 주장은 절대적이다. 여호와가 하나님이라면 바알은 하나님이 될 수 없다. 바알이 진짜라면 하나님에 대한 믿음은 허위 사실을 기초로 한 것이다. 그래서 엘리야는 두 신 중 참된 신을 확인하기 위한 방법으로 두 번째 도전을 던졌던 것이다. 백성들에게는 제물로 사용할 **두 송아지**를 가져오게 하고 사백오십 명의 바알 선지자들에게 그 중 한 마리를 선택하게 했다. 그런 다음 그 송아지를 잡아 제물로 각을 떠서 제단 위에 올려놓게 했다. 엘리야 자신도 그렇게 했다. 그런 다음 바알의 선지자들은 바알을 부르고 엘리야는 여호와를 부르기로 하고 그 둘 중 **불로 응답하는 신 그가 하나님**이 될 것이라고 선포했다.

다시 엘리야는 바알에게 이로운 일을 하고 있는 것처럼 보였다. 그들은 '바알의 본거지'에 있었다. 그리고 바알의 선지자들은 수적으로도 엘리야를 훨씬 능가했기 때문에 그 대결에서 훨씬 더 많은 '영적 능력'을 발휘할 수 있을 것처럼 보였다. 무엇보다 바알은 우레의 신으로 불과 번개를 다스리는 것으로 알려져 있었다. 그러나 하나님도 구약성경에서 불로 자신을 드러내셨다(레 9:24, 10:2, 민 16:35). 사람들은 엘리야의 도전을 정당한 것으로 받아들였다. **백성이 다 대답하되 그 말이 옳도다 하니라.**

**18:25.** 마지막 도전은 바알의 선지자들을 향한 것이었다. 그들에게 **너희는 많으니 먼저 송아지 한 마리를 택하여 잡으라**고 했다. 엘리야는 이번에도 그들에게 유리한 제안을 했다. 먼저 그렇게 하는 것은 그들에게 충분한 시간을 주는 것이 되기 때문이다. 그리고 그들의 제물이 불에 붙는다면 엘리야의 기도로 어떤 일이 일어난다 할지라도 하나님은 패배하게 되는 것이다. 엘리야는 바알과 같은 수준의 하나님이 아니라 비할 데 없는 유일무이하신 하나님을 위해 싸우고 있었다. 엘리야는 하나님의 존재를 확신하고 있었을

뿐 아니라 바알이 거짓 신이라는 사실도 확신하고 있었다. 엘리야의 도전이 받아들여졌고 갈멜산에서의 대결이 시작되었다.

## C. 부인할 수 없는 증거(18:26-46)

| Supporting Idea | 하나님께 대한 절대적인 충성은 하나님만이 살아 계신 참 하나님이시라는 확실한 증거를 그 근거로 하고 있다. |
|---|---|

**18:26-29.** 바알의 제사장들은 아침부터 - 아마 한 9시경부터 - 시작했다. 그들은 그 받은 송아지를 취하여 잡고 기도를 시작했다. 그들의 기도는 결국 바알이여 우리에게 응답하소서!라는 반복적인 외침이 되었다. 그 외침과 함께 그들은 절름거리며 제단 주위를 도는 춤을 추었다. 그들의 의식은 정오까지 계속되었지만 아무런 응답도 없었다. 아무 소리도 없고 아무 응답하는 자도 없었다. 대답할 자가 없었던 것이다. 바알은 신이 아니었다.

약 3시간 후 엘리야가 바알의 선지자들을 조롱하기 시작했다. 그의 조롱은 바알 선지자들의 헛된 주장을 경멸하기 위한 것이었다. 그러나 또 바알의 선지자들을 선동해 계속 박차를 가하게 만들려는 의도를 가진 것이기도 했다. 그는 그들의 헛된 행동이 완전히 다 들통날 때까지 그들이 멈추지 않게 되길 바랐다. 그래서 저는 신인즉 묵상하고 있는지 혹 잠깐 나갔는지 혹 길을 행하는지 혹 잠이 들어서 깨워야 할지 모르니 더 큰 소리로 부르라고 그들을 부추겼다. 그런 방해를 받는 신은 신이라 할 수도 없었다! 그런 신은 사람들의 예배와 섬김을 받기에 합당한 신이 아니라 사람들의 놀림거리가 될 뿐이었다!

엘리야의 조롱은 바알 숭배자들에게 자극제가 되었다. 바알의 주목을 받고 그의 동정심을 사기 위해 그들은 더 큰 소리로 외치고 창과 칼로 자신들을 찌르고 베기까지 했다. 그런 광란은 이방 종교에서 흔히 볼 수 있는 것으로 신의 동정심을 자극하거나 신에게 영향을 미칠 수 있는 높은 경지에 도달하려는 시도였다. 그러나 그것도 아무 소용이 없었다. 저녁 소제 드릴 때까지 그 광적인 노력이 6시간 이상 계속되었지만 아무 소리도 없고 아무 응답하는 자도 없고 아무 돌아보는 자도 없었다. 바알은 입을 다물고 아무 반응도 보이지 않았다.

**18:30-35.** 마침내 엘리야가 무대 중앙으로 들어섰다. 바알 선지자들에게 충분한 시

간을 주었기 때문에 그들은 불공평하다는 불평을 할 수 없게 되었다. 엘리야는 버려진 여호와의 제단 주위로 사람들을 불러모았다. 그 제단은 아마도 이세벨의 숙청 당시 무너진 제단이었을 것이다. 엘리야는 제단을 다시 쌓기 위해 야곱의 아들들의 지파의 수효를 따라 열두 돌을 취했다. 그것은 하나님이 처음 이스라엘을 형성하셨던 때를 상기시켜주기 위한 것이었다. 야곱과 나라를 형성케 하신 하나님의 언약과의 관계를 언급한 것은 매우 중요한 일이었다. 그것은 하나님이 나라에 대한 소유권을 주장하시는 것일 뿐 아니라 하나님을 거역하고 분열되었기 때문에 불완전하게 된 나라의 상태를 지적해 주는 것이었다.

여호와의 이름을 의지하여 그 돌로 단을 쌓은 엘리야는 제사 준비를 하기 시작했다. 그의 지시는 보고 있는 사람들에게 이상하게 보였을 것이다. 먼저, 그는 제단 주위에 큰 도랑을 팠다. 그 크기는 확실하지 않았다(2세아는 약 15리터 정도다. '심층 연구' 를 참고하라). 그런 다음 단 위에 나무를 쌓고 송아지를 잡아 각을 떠서 나무 위에 펼쳐놓았다. 그를 돕기 위해 나섰던 사람들이 있었던 것이 분명하다. 그런 다음 그는 통 넷에 물을 채워다가 번제물과 나무 위에 부으라고 지시했다. 그 지시는 두 차례 더 이어졌다. 물은 제단을 적셨고, 도랑에도 물이 가득 찼다. 엘리야는 속임수라는 주장을 하게 할 만한 모든 요소들을 제거했다. 그는 가능한 한 하나님이 기적을 일으키시기 가장 힘든 상태처럼 보이도록 만들었다.

**18:36-38.** 엘리야의 기도는 광적이고 길게 연장되었던 바알 선지자들의 기도와는 전혀 달랐다. 간결했다. 바알 숭배자들의 이상야릇한 기도처럼 복잡하지도 않았다. 그는 기도하는 사람이었다. 특정한 공식이나 행동으로 다루기 힘든 신을 조종해야 하는 마술사가 아니었다. 확신에 찬 그는 언약의 하나님께 기도했다. 아브라함과 이삭과 이스라엘의 하나님 여호와여. 하나님의 영광을 드러내려는 열정이 담긴 기도였다. 바알은 이미 거짓으로 드러났고, 이제 하나님이 살아 계신 분이시라는 사실을 보여줄 필요가 있었다. 그는 그의 기도에 응답하시는 하나님께 이 백성으로 주 여호와는 하나님이신 것을… 알게 하옵소서라고 기도했다.

선지자는 한 가지 더 기도했다. 그는 자신이 주의 종인 것과 주의 말씀대로 이 모든 일을 행하는 것을 백성들이 알게 되기를 바랐다. 그는 '이스라엘을 괴롭게 하는 자' (18:17)라는 모함을 받고 있었다. 그가 하나님의 종이라는 것이 이제 확인되고, 사람들이 하나님의 권위를 보며, 주 여호와는 하나님이신 것과 주는 저희의 마음으로 돌이키게 하시는 것을 알게 되기를 바랐다. 기적의 목적은 백성들을 살아 계신 참 하나님께 돌아오게 하는 회심이었다.

하나님은 곧바로 응답하셨다. 엘리야의 말이 끝나자마자 여호와의 불이 내려서 번제물과 나무와 돌과 흙을 태우고 또 도랑의 물을 핥은지라. 다음 구절에서 분명히 알 수 있듯이 청명한 하늘이었다. 그 하늘에서 불이 내려왔다. 여호와만이 하나님이셨다.

**18:39-40.** 하나님의 불이 떨어지자 사람들도 나가떨어졌다. 모든 백성이 보고 엎드려 말하되 "여호와 그는 하나님이시로다!" 라고 외쳤다. 이 고백은 엘리야의 도전에 대한 반응일 뿐 아니라 그들이 목도한 기적에 대한 반응이기도 했다. 그들은 여호와만이 하나님이심을 인정했다. 따라서 바알은 하나님이 아니었다. 유일한 하나님이신 여호와만이 그들에 대한 권리를 주장할 수 있는 분이셨다.

엘리야는 즉각 명령을 내렸다. 바알의 선지자를 잡되 하나도 도망하지 못하게 하라. 그들은 제거되어야 할 암과 같은 존재들이었다. 그것은 또 하나님을 따르는 사람들을 제거한 이세벨의 숙청에 가담했던 것에 대한 징벌이기도 했다. 그러므로 바알 숭배자들은 붙잡혔고 엘리야가 저희를 기손 시내로 내려다가 거기서 죽였다. 그것은 살인이 아니라 영적, 도덕적 악을 제거하기 위한 것이었다. 그것은 또 하나님과 바알 사이에는 중간지대가 있을 수 없다는 사실을 상기시켜주는 역할을 하기도 했다. 선택할 때였다! 바알의 흔적은 모두 제거되어야 했다.

**18:41-46.** 이제 여호와가 자신이 비를 주관하는 하나님이심을 드러내셨다. 18장 1절에서 엘리야에게 "너는 가서 아합에게 보이라 내가 비를 지면에 내리리라" 고 말씀하셨다. 비가 내리는 것과 함께 바알의 패배는 완전한 패배가 될 것이다. 그의 주장은 거짓으로 드러나고, 하나님의 주장은 사실로 드러나게 될 것이다.

하나님께 대한 엘리야의 확신은 아합에게 한 그의 지시에서 볼 수 있다. 올라가서 먹고 마시소서 큰 비의 소리가 있나이다. 아합이 먹으러 가는 동안 엘리야는 비구름이 오는 서쪽의 지중해를 바라볼 수 있는 산꼭대기로 올라갔다. 엘리야는 집중할 수 있는 겸손한 자세를 취했다. 땅에 꿇어 엎드려 그 얼굴을 무릎 사이에 넣고 비가 오기를 기도하기 시작했다. 그리고 종에게 지중해를 덮고 있는 청명한 하늘을 바라보며 망을 서게 했다. 비를 구하는 엘리야의 기도는 18장 1절에 기록된 하나님의 약속에 기초한 것이었을 뿐 아니라, 신명기 28장 12절에 기록된 하나님의 언약을 기초로 한 것이기도 했다.

선지자는 여섯 차례나 종을 불러 확인했지만 비가 올 기미는 전혀 보이지 않았다. 그러나 그는 계속 기도했다. 그리고 일곱 번째 다시 확인했을 때 바다에서 사람의 손만 한 작은 구름이 일어나나이다라는 보고를 받았다. 엘리야는 하나님이 자신의 기도에 응답하실 것이라고 분명히 확신하고 있었기 때문에 그 보고의 내용은 그가 필요로 하는 증거가 되기에 충분했다. 그는 종을 아합에게 보내며 비가 오기 전에 가능한 한 빨리 집으로 돌아가도록 조언하라는 지시를 했다. 가뭄 후에 내리는 큰 비는 강을 차오르게 하고 진흙 사태를 일으킬 수 있었다. 그리고 돌발적인 홍수가 마차를 타고 달리는 일을 위협할 수도 있었다.

곧 내리게 될 비는 가뭄을 해소하기 위해 오랫동안 기다려온 비 그 이상이 될 것이다. 그 비는 바알이 아니라 하나님이 자연과 생명을 다스리는 전능한 분이시라는 사실을 확실하게 증명해주는 비가 될 것이다. 또다시 여호와의 능력이 엘리야에게 임하였고 엘리야는 아합을 앞질러 이세벨이 있는 곳까지 약 27킬로미터 정도를 달려갈 수 있었다('심층 연구'를 보라).

| Main Idea 복습 | 여호와만이 참 하나님이시라는 사실을 보여주는 증거는 우리로 하여금 하나님께 온전히 충성하지 않을 수 없게 만든다. |
|---|---|

## 결론

### 우유부단

이 장의 핵심이 되는 질문이 21절에 나타나 있다. "너희가 어느 때까지 둘 사이에서 머뭇머뭇하려느냐?" 이 질문은 아합에 대한 충성과 하나님께 대한 헌신 사이에서 머뭇거리던 오바댜를 향한 도전이기도 했다. 선택해야 할 때가 있다. 즉, 더 이상 중간 지대에서 머물러 있을 수 없는 때다.

이 질문은 또 이스라엘 백성들에게도 던져졌다. 그들은 양립할 수 없는 일을 - 바알과 하나님을 함께 섬기려는 일을 - 양립시키려 하고 있었다. 그들이 그렇게 할 수 있는 유일한 방법은 하나님이 어떤 분인지에 대한 진리를 왜곡시키고, 바알이 거짓 신이라는 사실을 부인하는 것이었다. 진리는 선택을 요구한다. 그리고 하나님이 극적으로 개입하심으로 진리를 명백하게 드러내주셨다.

이것은 우리에게도 계속 부딪히는 문제다. 다원주의를 고집하는 현대인들을 달래보려고 주 예수 그리스도의 절대성을 부인할 때 우리는 신학적으로 이 질문 앞에 서게 된다. 또 그리스도께 대한 믿음을 고백하면서 성경에 맞지 않는 생활 방식에 휘말리게 될 때 우리는 도덕적으로 이 질문 앞에 서게 된다. 또 다른 것으로 주 예수 그리스를 대신하게 할 때 우리는 영적으로 이 질문 앞에 서게 된다. 우유부단한 태도는 철학적으로 존중되고 정치적으로 정당한 것으로 인정될 수 있다 할지라도 영적으로는 불가능한 것이며, 지적으로도 이치에 닿지 않는 것이다. 진리는 선택할 것을 요구한다. 중간 지대는 있을 수 없다. 예수님이 주님이시고 구세주시라면 그분을 따르라!

### ▣ 진리 알기

- 하나님의 약속을 믿는 정도에 따라 하나님의 계명에 순종하는 정도도 달라질 것이다.
- 개인적인 믿음이 공개적인 충성으로 표현되어야 할 때가 있다.
- 살아 계신 하나님께 대한 확신에 따라 믿음으로 살아가게 될 것인지, 아니면 두려움 속에서 살아가게 될 것인지가 결정된다.
- 하나님께 대한 충성과 하나님 아닌 다른 대상에 대한 헌신 사이에 중간 지대란 있을 수 없다.
- 영적인 헌신은 개인적인 기호가 아니라 확실한 증거에 기초를 두고 있어야 한다.

### ▣ 적용하기

- 둘 사이에 갇혀 머뭇거리며 두려워하는 일이 일어나지 않도록 참 주인을 결정하라.
- '영적인 의혹들' 은 때때로 중간 지대를 찾고 싶은 마음과 양편 모두를 따르려는 욕구를 보여주는 증상이다. 자신의 마음을 정직하게 점검해보라.
- 개인적인 느낌이 아니라 하나님이 어떤 분인지를 보여주는 확실한 증거인 그리스도께 신

뢰의 근거를 두라.

• 그리스도께 대한 절대적인 충성을 막고 있는 것이 무엇인지를 직시하라.

• 충성을 요구하는 다른 대상이 있다면 가차없이 제거하라.

## 삶의 적용

### 민주 사회에서

서양의 민주국가는 이스라엘과 같은 신정 국가가 아니다. 우리는 종교의 자유를 중시하고 하나님이 국가가 아니라 그리스도께 대한 개인적인 믿음을 - 국적이나 인종이나 사회 계층이나 성별이 아니라 - 중심으로 연합된 신자들의 공동체로 교회를 이루게 하셨다는 것을 알고 있다. 우리는 충성스런 시민이다. 그러나 우리의 궁극적인 충성은 그리스도를 위한 것이다. 그리고 우리가 바라는 권리를 다른 사람들도 누릴 수 있도록 다른 사람들의 권리를 존중한다. 다른 사람들과 다른 견해를 가지고 열정적으로 반대할 수도 있지만 그들의 민권을 존중한다. 동시에 우리는 그들을 위해 기도하고, 그리스도 안에서만 발견할 수 있는 진리로 그들을 설득할 수 있는 모든 기회를 살릴 수 있도록 기도한다.

현대 사회는 모든 차이는 외적인 차이일 뿐이고 종교적인 신념은 모두 진리이며, 모든 종교는 결국 다 똑같기 때문에 절대적인 진리를 주장하는 것은 오만일 뿐 아니라 위험하고 무도한 것이라고 주장하면서, 종교적 다양성을 인정할 것을 요구한다. 포괄적인 영성과 모호한 신적 존재의 중심에는 통일성이 있다고 말한다. 그러므로 우리 사회가 말하는 대로 예수님에 대한 특정한 주장이나 구원이나 천국이나 지옥에 대해 구체적으로 이야기해서는 안 된다고 말한다.

"여호와가 만일 하나님이면 그를 좇으라"는 엘리야의 도전은 사라지지 않을 것이다.

그러므로 다시 갈멜산으로 돌아가자. 주 예수 그리스도의 변함없는 주장들을 어떻게 선포할 것인지가 우리 시대의 핵심 과제다. 복음은 놀랍도록 포괄적이다. 즉, 모든 곳에 있는 모든 사람들을 위한 것이다. 우리는 한 지역의 신이나 서양의 신을 선포해야 하는 것이 아니다. 하나님은 모든 사람의 하나님이시다. 그러나 복음은 또 가차없이 배타적이다. 예수님은 하나의 길이 아니라 유일한 길이시다.

## 기도

주님, 이 시대에 주님께 절대적으로 충성하는 삶을 산다는 것이 어떤 것인지 알게 해주옵소서. 주님을 알지 못하는 사람들을 존중할 수 있는 자비로운 마음을 갖게 하옵소서. 또 그들이 주님만이 하나님이시라는 사실을 깨닫고 주님 앞에 엎드려 경배할 수 있도록 그들에게 주님을 알리는 열정을 품게 하옵소서. 아멘.

## 심층 연구

### A. 엘리야의 단(18:30-32)

엘리야가 갈멜산에 쌓은 단은 하나님을 신실하게 따르던 사람들이 사용했던 것임이 분명하다. 그것은 분명히 불법적인 것이었다. 그러나 여로보암이 벧엘과 단에서 하나님께 대한 예배를 오염시킨 이래 하나님을 위해 쌓은 제단은 어떤 것이라도 바알을 위한 제단보다는 나은 것이었다. 열렬한 바알 숭배자들이 그 제단을 파괴했던 것이 거의 확실하다. 엘리야는 그 제단을 다시 쌓고 여호와의 불이 그것을 불사르게 함으로 더 이상 대안이 될 수 없게 만들었다. 엘리야가 사용한 열두 개의 돌은 열두 지파를 상징하는 것이었을 뿐 아니라, 희생 제사를 통해 이스라엘과 맺으신 하나님의 언약을 확증하셨을 때 모세가 제단 옆에 세운 열두 개의 돌기둥을 상기시켜주는 것이었다(출 24:1-8). 도랑의 크기는 용량이나(곡식 종자 두 세아를 둘 만한 크기, 약 26리터 정도) 면적을(곡식 종자 두 세아를 뿌리를 수 있는 땅의 면적) 설명하는 크기로 표시되어 있기 때문에 그 크기를 결정하기는 어렵다. 아마도 전자였을 것으로 보인다.

### B. 물 열두 통(18:33-34)

제단에 얼마나 많은 물을 부었는지 정확하게 알 수는 없지만, 그렇게 오랫동안 가뭄이 계속되었음에도 어떻게 그렇게 많은 양의 물을 길어올 수 있었는지는 질문해보아야 한다. 물은 귀한 것이었지만 분명히 없었던 것은 아니다. 몇 가지 가능성이 있다. 그 지역에 우물이나 샘물이 있었을 것이다. 지하수를 퍼 올렸을 수도 있다. 또 수만 명의 사람들이 각자 가지고 온 물이 있었을지도 모른다. 그리고 그들이 자신에게 있는 것을 내놓았을 수도 있다. 그곳은 지중해에서 가까운 곳이었다. 마실 수는 없지만 제단에는 부을 수 있는 바닷물을 길어왔을 수도 있다.

### C. 아합에게 달려간 엘리야(18:45-46)

고된 하루를 보내고 난 뒤 엘리야가 27킬로미터 정도를 달려 이세벨에게 간 것은 육체적으로 엄청난 일이었다. 그가 아합의 마차보다 앞서 달려갔던 것은 아마도 지름길로 달려갈 수 있었기 때문일 것이다. 아합의 마차는 가뭄으로 갈라진 땅을 헤치고 달려야 했을 것이다. 그러나 엘리야가 속도를 낼 수 있었던 또 다른 한 요소가 있었다. '여호와의 능력이 엘리야에게 임하였기' 때문이다. 허리를 동였다는 것은 그 사실을 잘 보여주는 준비된 모습이었다.

## 고안

### A. 들어가는 글

1. '중간 지대' 의 이야기로 시작하라.
2. 배경 설명: 엘리야를 통해 하나님이 이스라엘에 위기를 야기하셨다. 이스라엘은 비의 신으로 알려진 바알을 숭배하고 있었다. 그러나 가뭄으로 바알은 의심을 받게 되었다. 이제 '신들의 대결' 이 이루어지고 백성들은 하나님과 바알 중에서 한 쪽을 선택하지 않을 수 없는 때를 맞이하게 되었다.
3. 적용: 3년 동안 하나님이 비를 멈추게 하셨을 뿐 아니라 이스라엘 역사 속에서 그리고 선지자의 생애 속에서 가장 중요한 사건이 될 순간을 위해 선지자를 준비시켜오셨다.

### B. 본문 이해

1. 공개석상에서(18:1-15)
2. 가담(18:16-25)
3. 부인할 수 없는 증거(18:26-46)

**C. 결론**: '우유부단' 을 읽어주라.

## 토의 질문

1. 오바댜의 상황을 생각해보라. 그의 순수한 믿음은 의심의 여지가 없었다. 그러나 그는 상충된 감정으로 꽉 차 있었을 것이다. 오늘날에도 그런 상황이 있을 수 있다고 생각하는가? '아합' 에 대한 충성과 하나님께 대한 충성 사이에서 갈등하고 있는가? 그리스도를 따르는 사람은 그런 상황을 모두 피해야 하는 것인가? 그렇지 않다면 그런 상태에 있었던 '오바댜' 에게 어떤 조언을 해줄 수 있겠는가?

2. 엘리야는 불가능한 일을 하려는 - 하나님과 아합 사이에서 머뭇거리는 - 잘못을 책망했다. 우리가 살고 있는 지금 그와 비슷한 유혹으로 어떤 것들을 들 수 있겠는가? 개인적인 판단을 피하는 아량과 상대주의와 다원화를 장려하는 사회적 추세가 그리스도를 따르는 사람들에게 어떤 영향을 미치고 있는가? 엘리야가 살았던 시대와 엘리야가 제기했던 도전과 비슷한 일들이 지금도 일어나고 있다고 생각하는가?

# 열왕기상 19:1-21

## 꿈이 깨질 때

*"낙심은 그리스도인의 훈련과 사역을 위태롭게 할 수 있다."*

*- 존 스토트(John Stott)*

**열왕기상 19:1-21** 우리는 갈멜산에서의 승리가 전국적인 개혁을 불러오게 되었을 것이라는 기대를 하게 된다. 그러나 그렇지 않았다. 대신 엘리야는 그의 생명을 위협하는 왕비 이세벨을 두려워하며 그녀를 피해 다른 나라로 도망을 갔다. 그곳에서 크게 낙심한 엘리야는 선지자로서의 사역을 포기하고 심지어 하나님께 목숨을 거두어주실 것을 요구하기까지 했다. 그러나 하나님은 그의 청을 거절하셨을 뿐 아니라 시내산에서 특별한 방법으로 그를 다시 회복시키시는 은혜를 베풀어주셨다. 이 장 끝에서 엘리야는 엘리사를 후계자로 삼음으로 하나님의 부르심에 순종하게 된다.

## 들어가는 글

# 과로와의 싸움

찰스 해돈 스펄전(Charles Haddon Spurgeon)만큼 그리스도를 위해 많은 영향을 미친 사람도 아마 없을 것이다. '설교의 대가' 라고 알려진 그는 22살에 런던에서 가장 잘 알려진 설교자가 되었다. 600명이 앉을 수 있는 메트로폴리탄 태버나클(Metropolitan Tabernacle) 교회의 예배당은 교인들로 가득 찼다. 1861년부터 1892년 스펄전이 숨질 때까지 교회는 힘있게 성경을 가르치는 그의 설교를 듣기 위해 모인 사람들로 가득 찼다. 그는 생전에 약 백만 명의 사람들에게 설교했고, 전 세계 수백만 사람들이 출판된 그의 설교집을 읽었다. 그는 하나님을 위한 복된 삶을 살았다. 그러나 그는 또 평생 낙심과 싸워야 하는 삶을 살았다.

그는 학생들에게 "나는 가장 고통스런 경험을 통해 느닷없이 찾아오는 깊은 낙심이 어떤 것인지를 잘 알게 되었다"고 말했다. 또 한번은 그의 친구에게 "하나님께 대한 평온한 믿음을 잃은 적은 없었다. 그러나 때때로 한계에 이른 것 같은 깊은 낙심에 빠지곤 한다"는 편지를 써서 보냈다.

스펄전의 낙심에는 아마도 의학적인 원인들이 있었을 것이다. 그가 씨름했던 것 중 적어도 일부는 우리가 과로라고 부르는 것이었다. 사람들을 돕는 일을 하고 있는 사람들은 그들의 이상이 인간 본성의 고집스런 특성들에 부딪히게 될 때 육체적으로나 감정적으로 고갈되는 듯한 느낌을 받게 된다고 말하는 전문가들이 있다. 사람들이 우리를 실망시킨다. 시작은 잘 하지만 끝은 그렇지 못하다. 약속은 하지만 그 약속을 지키지는 않는다. 이런 일들 때문에 사람들을 대하는 일을 하다보면 진이 빠지게 된다. 사람들을 도와주는 것은 힘든 일이다. 특히 사람들을 도우려는 우리의 희망이 그들의 타락과 상충될 때 더욱 그렇다. 이런 일들을 감안할 때 과로하게 될 가능성은 얼마든지 있다.

과로의 문제는 그리스도를 따르는 우리와 특별히 밀접한 관계가 많다. 주 예수님이 사람들을 돕는 일에 우리를 부르셨기 때문이다. 주님이 "가서 모든 족속으로 제자를 삼으라"(마 28:19)고 우리에게 명하신 것은 우리의 삶을 다른 사람들에게 투자하게 하신 것이다. 그런데 사람들이 우리가 원할 때 우리가 원하는 대로 언제나 반응해주는 것은 아니다.

때때로 우리는 성경에 나오는 위대한 사람들은 우리 같은 평범한 사람들이 느끼는 긴장감이나 연약함에 면역된 초자연적인 영웅들이었을 것이라 상상하기도 한다. 엘리야의 특별함을 부인하는 것은 어리석은 일이다. 그러나 동시에 그는 '우리와 성정이 같은'(약 5:17) 사람이었다. 갈멜산에서의 놀라운 승리에 바로 이어지는 그의 이야기보다 그 사실을 더 잘 보여주는 증거는 다른 어느 곳에서도 찾을 수 없다. 그 바로 다음 날 그는 공포에 휩싸여 도망을 쳤다. 어떻게 그런 일이 있을 수 있었는가? 엘리야의 그런 연약함을 통해 우리는 하나님의 모든 신실한 종들이 경험하는 어려움에 관한 중요한 사실들을 배울 수 있다.

## 본문 이해

### 꿈이 깨질 때

| Main Idea | 하나님의 목적을 새롭게 이해하고 더 깊이 이해함으로써 우리를 짓누르는 낙심과 과로에서 벗어날 수 있다. |
|---|---|

### A. 도망가는 엘리야(19:1-8)

| Supporting Idea | 가장 강한 사람이라 할지라도 낙심하고 실패할 수 있다. |
|---|---|

**19:1-2.** 갈멜산에서 엘리야가 승리를 거둔 것은 이스라엘 역사상 가장 영광스러운 순간이었다. 하나님은 불과 비를 내리시며 극적인 방법으로 자신을 드러내주셨고, 백

성들은 하나님께 약속한 그들의 충성을 하나님께 돌리는 믿음의 고백으로 반응했다. 그 사건이 일어난 후 좋은 일들이 뒤따랐을 것이라 생각할 것이다!

그러나 그렇지 못했다. 아합과 엘리야가 이세벨에게 돌아가자 아합의 아내 왕비 이세벨은 무슨 일이 일어났는지를 몹시 궁금해했다. 아합이 엘리야의 무릇 행한 일과 그가 어떻게 모든 선지자를 칼로 죽인 것을 이세벨에게 고하니. 우리는 아합이 하나님이 하신 일이 아니라 엘리야가 한 일에 대해 보고했다는 사실을 간과해서는 안 된다. 그는 깊은 인상을 받긴 했지만 변화되지는 않았다. 아합 왕은 그전보다 하나님께 더 가까이 다가간 것이 아니었다. 그는 영적인 실체에 대해서는 여전히 보지 못하는 소경 상태였다.

이세벨은 엘리야가 하나님께 헌신하고 있었던 만큼 바알에게 헌신하고 있었다. 그녀는 갈멜산 사건으로 회개한 것이 아니라 오히려 더 분노하게 되었다. 바알이 가짜라는 사실도, 여호와만이 하나님이시라는 사실도 그녀는 인정하려 하지 않았다. 그리고 엘리야를 죽일 것이라는 위협을 가했다. 하나님의 선지자들을 죽인 그녀의 과거 전적으로(18:4, 13) 보아 그 위협은 결코 빈말이 아니었다.

**19:3-4.** 엘리야는 그 형편을 보고 갑자기 두려움을 느꼈다('심층 연구'를 보라). 우리는 그 이유들을 그저 짐작할 수 있을 뿐이다. 대결은 이미 끝이 났다. 바알의 정체는 들통이 났고 수치를 당했다. 따라서 엘리야는 이세벨이 하나님의 능력 앞에서 항복할 것이라고 생각하고 있었을 것이다. 아니면 백성들은 왕을 따르고 있었고, 왕은 달라지지 않았다는 사실을 알고 있었기 때문에 엘리야는 두려움에 휩싸였을 것이다. 어떤 이유에서건 이 위대한 믿음의 사람이 갑자기 두려움에 사로잡혀 그 생명을 위하며 도망을 갔다. 신원을 알 수 없는 한 사환과 함께(18장 43-44절을 보라) 엘리야는 아합과 이세벨의 정치적 지배권이 미치지 않는 남쪽 유다 왕국으로 갔다.

엘리야는 이세벨이 있는 곳에서 약 140킬로미터가량 떨어진 유다의 남쪽 국경 쪽에 있는 브엘세바에 이르러 사환을 그곳에 머물게 하고 자신은 광야로 들어가 하룻길쯤(약 24킬로미터 정도) 더 나아갔다. 그는 자신의 안전을 지키기 위해 기회를 포기하고 사역을 저버렸다.

지치고 낙심한 엘리야는 한 외딴곳에 자리를 잡고 앉았다. 그리고 여호와여 넉넉하오니라고 탄식했다. 그것은 선지자로서의 직무를 그만두겠다는 말이었다. 할 만큼 했다고 생각했던 것이다! 그리고 그는 더 이상 살고 싶지도 않았다. 지금 내 생명을 취하옵소서라고 탄식한 것은 죽게 해달라고 간청한 것이다. 그는 이세벨에게 죽임을 당하고 싶지는 않았다. 그러나 정말로 죽고 싶었다! 그는 실패한 자신에게 완전히 낙심하고 있었다. 나는 내 열조보다 낫지 못하니이다. 그의 열조는 그보다 앞서 왔던 선지자들을 뜻하는 것이다. 그는 그들도 나라의 영적 생활에 큰 변화를 일으키지 못했고 그도 마찬가지라고 생각했다. 훨씬 많이 달랐어야 했다! 훨씬 더 많은 일을 할 수 있어야 했다!

여기서 엘리야에 관해 세 가지 사실을 언급하지 않을 수 없다. 첫째, 그는 지쳐 있었다. 갈멜산에서의 대결로 그는 육체적으로나 정신적으로나 상당히 지쳐 있었다. 더구나 갈멜산에서 이세벨이 있는 곳까지 달려갔고, 또 이세벨을 피해 160여 킬로미터가량을 도망쳐야 했다. 그 자신의 힘을 다 소진시켰고 '극한 피로' 에 시달리고 있었다. 위대한 선지자들도 과로 때문에 육체적으로나 감정적으로 지치게 되는 우리 삶의 원리에서 벗어날 수 없었다.

둘째, 엘리야는 환멸을 느끼고 있었다. 그는 달라질 것이라 기대하고 있었다. 환멸은 언제나 착각에서 비롯된다. 엘리야는 한 번의 큰 성공으로 반영구적인 변화가 일어나고, 이세벨은 항복하게 될 것이라고 착각하고 있었다. 그런데 실제로는 갈멜산에서의 성공이 돌파구가 되긴 했지만 그것으로 대결이 끝난 것은 아니었다. 이세벨은 완강했고 곧 기운을 회복했다. 엘리야는 또 자신이 나라를 바꿀 수 있을 것이라 생각했다. 그런데 이제 낙심에 빠진 그는 그와는 정반대 되는 거짓에 - 그가 한 모든 일은 쓸데없는 것이었다는 거짓에 - 귀를 기울이고 있었다.

셋째, 엘리야의 관점이 왜곡되어 있었다. 낙심한 그는 갈멜산에서 일어났던 일을 도외시하고 있었다. 부정적인 것에 초점을 맞춘 채 긍정적인 것에 대해서는 잊고 낙심이라는 늪 속으로 점점 더 깊이 빠져들어갔다. 이세벨은 점점 더 크게 보였고, 하나님은 점점 더 작게 보였다. 사람들이 크게 보이고, 하나님이 작게 보일 때 우리는 심각한 문제에 부딪히게 된다!

**19:5-8.** 하나님은 엘리야에게 놀랍게 응답하셨다. 실망한 하나님의 종을 책망하지 않으셨다. 그를 자게 하신 후 그의 원기를 회복시켜주셨다. 천사가 어루만지며 이르되 일어나서 먹으라 하는지라. 엘리야에게는 휴식과 먹을 것이 모두 필요했다. 그는 자기 앞에 먹을 것이 놓여 있는 것을 보았다. 그것은 그의 원기를 회복시켜주기 위한 것이기도 했지만, 또 기억을 되살려주기 위한 것이기도 했다. 숯불에 구운 떡과 한 병 물은 그가

사렙다 과부를 통해 먹게 된 음식(17:13)과 같은 것이었다. 그것은 엘리야에게 하나님이 보여주셨던 하나님의 신실하심과 전능하신 능력을 상기시켜주는 것이었다. 그런 다음 좀 더 자게 하시고, 또다시 음식을 먹게 하셨다. 두 번째 주신 음식은 앞으로 하게 될 여행을 위한 것이었다. **일어나서 먹으라 네가 길을 이기지 못할까 하노라.** 엘리야는 하나님이 모세 당시 이스라엘 백성들에게 자신을 계시해주셨던 곳으로, 시내산이라고도 알려진 **하나님의 산 호렙을 향해 갔다**('심층 연구'를 보라).

그곳은 엘리야가 선택한 곳이었고 **사십 주 사십 야를 행하여** 그곳에 도착했다. 약 400여 킬로미터에 해당하는 그 길은 보통 두 주 정도 걸리는 길이었다. 그러므로 엘리야는 전혀 서두르지 않았다는 것을 알 수 있다. 시내산에서 하나님과 엘리야의 의미심장한 만남이 이루어지기 전에 하나님은 그에게 충분한 시간을 가질 수 있게 해주셨다.

## B. 다시 일어선 엘리야(19:9-18)

| Supporting Idea | 하나님은 하나님의 성품과 우리를 향한 하나님의 목적을 새롭게 깨닫게 하시며 실망한 우리를 돌봐주신다. |
|---|---|

**19:9-12.** 호렙산에 도착한 엘리야는 **그곳 굴에 들어가 거기서 유하였다.** 히브리 본문은 그가 그 굴에 들어갔다고 말하고 있다. 그곳은 모세가 서 있었던 '반석 틈'(출 33:22) 이었을 것이라고 제안하는 해석학자들도 있다. 그럴 수도 있겠지만 입증할 수는 없다. 그러나 호렙산이 모세와 관계가 있고, 또 그곳은 그가 하나님을 만나는 심오한 경험을 한 거룩한 곳이었기 때문에 엘리야가 호렙산으로 갔던 것은 확실하다('심층 연구'를 보라). 호렙 지역은 모세가 떨기나무 불꽃 가운데 계시는 하나님을 만난 곳이다(출 3장). 또 십계명을 받은 곳이었고(출 31:18) 광대하신 영광의 하나님을 경험한 곳이었다(33-34장). 그러나 엘리야가 하나님을 좀 더 경험하기 위해 호렙산으로 간 것은 아니었다. 그는 하나님께 자신의 불평을 알리고 선지자로서의 직무를 그만두기 위해 하나님이 언약하셨던 거룩한 곳을 찾아가야 했다.

여호와가 엘리야에게 도전하셨다. **엘리야야 네가 어찌하여 여기 있느냐?** 이 질문은 "내가 너를 보낸 이스라엘과 사마리아로 돌아가지 않고 이곳 시내산에서 무엇을 하고 있느냐?"라고 물으시는 것으로 받아들일 수 있을 것이다. 또는 엘리야가 하나님과의 이 만남을 위해 시내산을 선택한 것인지를 물으시는 것으로 볼 수도 있다. 그러나 엘리야에게 어떤 정보를 요구하신 것은 아니었다. 하나님은 엘리야 자신보다 그의 마음을 더 잘 알고 계셨다. 엘리야에게 그의 마음 상태를 이야기하고 자신을 옹호해보라고 도전하신 것이다.

엘리야는 40일 동안 여행하면서도 별 진전이 없었다. 그는 여전히 낙심에 빠져 있었다. 그는 자신의 정당성을 주장하기 시작했다. 내가 만군의 하나님 여호와를 위하여 열심이 특심하오니. 그의 열심은 하나님께 대한 열렬한 헌신이었을 뿐 아니라, 십계명의 첫 번째 계명에 대한 열정적인 헌신이기도 했다. 여호와만이 하나님이셨다. 그리고 그분만이 예배를 받으시기에 합당한 분이셨다.

엘리야는 이스라엘의 죄를 고발했다. 죄를 지은 것은 아합과 이세벨뿐만이 아니었다. 이스라엘 백성들은 세 가지 막중한 영적 범죄를 저질렀다. 먼저 바알을 숭배하면서 언약을 파기했다. 그리고 제단을 모독했고, 하나님의 선지자들을 죽였다. 엘리야의 분석은 옳은 것이었다. 이스라엘은 악한 죄를 범하였고 언약의 여호와를 저버린 반역을 행했다. 그러나 갈멜산에서 마치 아무 일도 일어나지 않았던 것처럼 그는 말하고 있었다. 엘리야는 그 놀랄 만한 날에 일어났던 일들을 한 번도 언급하지 않았다. 분명히 그것은 시작에 불과한 것이었다. 그러나 놀라운 일이 일어났었다. 하나님의 단이 다시 쌓여졌고, 사람들은 하나님을 자신들의 언약의 하나님으로 고백했다. 그리고 바알의 선지자들은 처형을 당했다.

엘리야의 세 번째 불평 속에서 그의 낙심을 볼 수 있다. 오직 나만 남았거늘 저희가 내 생명을 찾아 취하려 하나이다. 엘리야의 비통함이 또다시 그의 관점을 왜곡시켜 놓았다. 그는 하나님을 위해 전적으로 혼자 서 있었다. 그리고 그의 생명이 위협을 당하고 있었다. 그러나 오바댜가 하나님의 다른 선지자들이 100명이나 살아 있음을 이미 그에게 알려주었다(18:4, 13). 그리고 아합이 그를 죽이려 했던 지난 3년 동안 하나님은 그의 생명을 신실하게 지켜주셨다. 선지자는 자신의 깊은 낙심과 외로움을 이야기하고 있었다. 그러나 그의 느낌과 실제 사실에는 엄청난 차이가 있었다. 그는 그의 하나님을 보지 못하고 있었다. 그 결과 그의 견해가 왜곡되었다. 불평의 밑바닥에는 하나님께 대한 불평이 자리 잡고 있었다. 하나님이 그에게 그런 경험을 하게 하시면서 그를 힘들게 하셨다고 생각하고 있었다. 낙심에 빠진 엘리야는 이기적인 사람이 되어 있었다.

하나님은 엘리야의 불평에 답변하시거나, 그의 관점을 놓고 그와 논쟁하려 하지 않으셨다. 대신 그곳에서 모세가 경험했던 것처럼 그에게 하나님을 보도록 명하셨다. 너는 나가서 여호와의 앞에서 산에 섰으라 하시더니 여호와께서 지나가시는데. 하나님이 모세에게 "보라 내 곁에 한 곳이 있으니 너는 그 반석 위에 섰으라 내 영광이 지날 때에 내가 너를 반석 틈에 두고 내가 지나도록 내 손으로 너를 덮었다가"(출 33:21-22)라고 말씀하셨다. 하나님은 특별한 방법으로 하나님의 특별한 종들에게 한 번 더 자신을 계시해주셨다.

하나님이 자신을 엘리야에게 보여주신 것은 잘 알려진 살아 계신 하나님과 그 하나님의 능력이었다. 먼저 산을 무너뜨리고 바위들을 터뜨릴 수 있을 만큼 크고 강한 바람으로 보여주셨다. 그러나 바람 가운데 여호와께서 계시지 아니하셨다. 바람 후에는 지진이 있었지만 지진 가운데도 여호와께서 계시지 아니하셨다. 마지막으로 불(번개)이 있었지만 불 가운데도 여호와께서 계시지 아니하셨다. 강한 능력을 보여주는 이 극적인 일들은 시내산에 오셨던 하나님을 상기시켜주는 것인 반면(출 19:16-19), 또 불과 바람은 분명히 갈멜산에서의 일을 상기시켜주는 것이기도 했다(왕상 18:38, 45). 그런 능력은 강하고 장엄한 하나님의 임재를 보여주는 것이었다. 그러나 이번 경우에는 그렇지 않았다. 하나님은 그런 것들에 제한을 받지 않으셨다. 그리고 언제나 같은 방법으로 일하지도 않으셨다.

이 극적인 일들이 있은 후 세미한 소리가 들려왔다. '조용하고 작은 소리' 또는 '완전한 침묵의 소리'라고 할 수 있는 이 세미한 소리는 번역하기 어려운 표현이다. 하나님이 세미한 소리 속에 계셨다고 기록된 것은 아니다. 그러나 엘리야가 경의를 표하며 그의 얼굴을 가리는 반응을 보인 것은 그가 하나님이 세미한 소리 속에 계시는 것으로 알고 있었다는 사실을 말해주는 것이다. 엘리야가 무엇을 들었는지 또는 세미한 소리가 무슨 말을 했는지에 대해서는 알 수 없다. 그 세미한 소리는 메시지의 형태였던 것으로 보인다. 하나님이 언제나 강력하고 극적으로 임재하시는 것은 아니다. 또 세상을 깜짝 놀라게 하거나 언제나 압도적으로 일하시는 것도 아니다. 세미한 소리는 갈멜산에 임하셨던 하나님의 임재를 부인하거나 과소평가하기 위한 것이 아니었다. 하나님이 극적으로만 일하시는 것은 아니라는 사실을 강조하기 위한 것이었다. 하나님께는 바람과 불 그 이상이 있었다. 엘리야는 그의 하나님이 바알 숭배를 다루기 위한 한 과정을 이루어가고 계신다는 사실을 알 필요가 있었다.

**19:13-18.** 엘리야는 무엇보다 하나님께 대한 새로운 시각을 가질 필요가 있었다. 그러나 그는 하나님이 그에게 하시는 말씀을 곧바로 이해하지 못했다. 그것은 하나님이 9절에서 하셨던 질문을 다시 반복하신 것을 볼 때 분명하다. 엘리야야 네가 어찌하여 여기 있느냐? 엘리야의 대답은 10절에서 그가 했던 대답과 똑같았다. 그는 감정적으로나 이성적으로나 조금도 진전을 보이지 않고 있었다. 그는 어둠 속에 갇혀 있는 것처럼 보였다. 그러나 이번에는 하나님이 다르게 응답하셨다. 엘리야의 불평을 받아주시지 않았다. 그것에 대해 언급조차 하지 않으셨다. 대신 새로운 임무를 주셨다. 그에게서 선지자의 직무를 면제해주지 않으셨다. 대신 바알과 싸우기 위해 그를 다시 돌려보내셨다. 너는 네 길을 돌이켜. 하나님은 엘리야의 두려움이나 낙심을 감싸주며 그를 나약하게 만들지 않으셨다. 다시 싸우러 나가게 하셨다. 우리는 우리의 낙심을 극복할 수 있는 유일한 길은 하나님이 우리에게 맡기신 일로 다시 되돌아가는 것이라는 사실을 깨달아야 할 때를 맞이하게 된다.

지금까지 엘리야는 혼자 하나님을 섬겨왔다. 이제 하나님의 일에 다른 사람들을 참가시키기 위한 구체적인 임무를 맡고 다시 돌아가게 되었다. 엘리야는 바알과의 대결을 승리로 완결지을 사람이 아니었다. 그는 하나님의 목적을 수행하는 과정을 시작한 사람이었다. 이스라엘에서 바알 숭배를 완전히 제거할 세 사람을 임명해야 하는 임무가 그에게 주어졌다.

엘리야의 첫 번째 임무는 하사엘에게 기름을 부어 아람 왕이 되게 하는 것이었다. 하사엘은 수리아의 왕족 중 한 사람이 아니었기 때문에 그것은 혁명을 선동하는 것과 같은 일이었다(이 일은 열왕기하 9장에서 듣게 될 것이다). 그리고 그의 두 번째 임무는 님시의 아들 예후에게 기름을 부어 이스라엘 왕이 되게 하는 것이었다. 예후 역시 왕족이 아니었기 때문에 그 임무 역시 혁명을 불러일으키는 것과 같은 일이었다. 하나님은 엘리야에게 이스라엘과 수리아 왕들이 반역이라고 생각할 수밖에 없는 위험한 일을 맡기셨다. 엘리야의 세 번째 임무는 엘리사에게 기름을 부어 그(엘리야)를 대신하여 선지자가 되게 하는 것이었다. 세 경우 모두에서 '기름을 부은' 것은 후계자로 임명하는 것을 뜻하는 것으로 보인다. 왜냐하면 공식적으로 예후만이 기름 부음을 받았기 때문이다(왕하 9:6). 엘리야가 직접 임명한 사람은 세 사람 중 엘리사 한 사람뿐이었다(왕상 19:19-

21). 그러나 엘리야의 권위가 세 경우 모두를 지지해주고 있었다.

그런 다음 엘리야는 하나님의 계획을 듣게 되었다. 하사엘의 칼을 피하는 자를 예후가 죽일 것이요 예후의 칼을 피하는 자를 엘리사가 죽이리라. 이 진술은 암시적인 것이었지만 엘리야는 하나님이 바알 숭배를 제거하실 것을 약속하시는 말씀으로 이해했을 것이다. 그 일은 회개할 것을 요구하는 선지자의 도전 형식으로 이루어질 것은 아니었지만, 바알 숭배자들과 아합의 가문을 실제로 제거하게 될 것이었다. 그리고 그 일은 이방 나라의 왕과 이스라엘의 새로운 왕조와 엘리야의 뒤를 이을 선지자 엘리사의 합작이라는 있을 것같지 않은 방법을 통해 이루어지게 될 것이다. 엘리야는 그 과정을 시작만 하고 다른 사람들이 그가 시작한 일을 마치게 될 것이다.

하나님은 엘리사에게 사역에 대한 새롭고도 중요한 관점을 갖게 하심으로 그의 낙심에 대처하셨다. 엘리야는 자신이 하나님의 계획의 한 부분을 이루고 있긴 했지만, 그 계획 자체는 아니라는 사실을 알 필요가 있었다. 하나님은 바알 숭배를 제거하기 위한 일을 마치는 데 그를 사용하신 것이 아니라 그 목적을 달성하기 위한 과정을 시작하는 일에 그를 사용하셨다. 엘리야는 또 성공적으로 사역했다고 해서 마지막 결과를 얻어내는 것은 아니라는 사실을 이해할 필요가 있었다. 성공적인 사역은 하나님이 주신 과제를 완수하는 것을 뜻했다. 그는 하나님이 그를 통해 이루신 일을 기뻐할 수 있기 위해 그가 가지고 있던 기대를 조정할 필요가 있었다. 하나님이 주신 소명을 중심으로 우리의 에너지를 다시 집중시킬 때 사역이 다시 제 자리를 찾게 된다.

하나님은 엘리야를 위해 한 가지 정보를 더 제공해주셨다. 선지자는 하나님께 "오직 나만 남았다" 고 말할 만큼 혼자라는 외로움을 느끼고 있었다. 그러나 그는 혼자가 아니었다. 하나님은 이스라엘 가운데 칠천 인을 남겨두셨는데 다 무릎을 바알에게 꿇지 아니하고 다 그 입을 바알에게 맞추지 아니한 자들이라는 사실을 그에게 알려주셨다. 엘리야는 잘 드러나지는 않지만 하나님께 충성하는 신실한 사람들이 있다는 사실을 알 필요가 있었다. 엘리야는 하나님이 일하고 계시는 것을 보여주는 증거들을 늘 볼 수는 없었지만 하나님은 늘 일하고 계셨다.

엘리야의 고통과 낙심은 그에게 이기적이고 근시안적인 관점을 갖게 했다. 백만 명이 넘는 사람들 중에서 칠천 명은 사실 아무것도 아니었다! 그저 남은 사람들일 뿐이었다. 그러나 우리는 구약 성경에서 점차로 그 남은 사람들 속에서 나라의 진정한 소망을 보게 될 것이다(로마서 11장 1-16절을 보라). 하나님은 일하셨고, 엘리야는 자신만이 하나님을 위해 남은 마지막 사람이며 유일한 소망이라는 자기중심적인 견해를 벗어야 할 필요가 있었다. 혼자 남았다는 그의 불평은 사실이라기보다는 그의 오만을 보여주는 것이었다.

## C. 엘리야의 복귀(19:19-21)

| Supporting Idea | 회복으로 나아가는 길은 순종의 길이다. |
|---|---|

**19:19-21.** 엘리야가 거기서 떠나라는 말에서 우리는 또다시 그 특유의 순종을 볼 수 있다. 어떤 기분이었건 그는 하나님이 명하신 대로 행했고, 사밧의 아들 엘리사를 만났다. 엘리야는 16절에서 엘리사가 아벨므홀라, 곧 갈릴리 바다 남쪽으로 약 32킬로미터가량 떨어져 있는 요단 계곡에 있는 마을에서 오게 될 것이라는 말을 들었다. 그곳으로 가려면 엘리야는 아합이 다스리는 나라 한가운데를 지나 수백 킬로미터를 되돌아가야 했다. 이세벨이 죽이겠다고 위협했던 이후 2개월 정도 지나긴 했지만 그녀의 적개심은 아직 사라진 것처럼 보이지 않았다.

엘리사는 엘리야를 곧 알아본 듯하지만 엘리야가 엘리사를 이미 알고 있었는지 우리는 알 수 없다. 엘리사는 **열두 겨리 소를 앞세우고 밭을 갈고 있었다.** 그것은 엘리사가 부유한 가정 출신이라는 사실을 말해주는 것이다. 왜냐하면 일반적으로는 소 한 겨리로 밭을 가는 것이 보통이었기 때문이다. 엘리야는 이상하게 행동했다. 엘리사에게 다가간 그는 겉옷을 그의 위에 던진 다음 계속 걸어갔다. 그 겉옷은 엘리야 자신이나 선지자의 직무를 상징하는 것으로 즉각 받아들여져야 했다. 그렇게 옷을 던지는 행동은 아마도 직책을 임명한다는 것을 뜻하는 상징이었을 것이다.

엘리사는 엘리야가 자신을 제자로 삼기 위해 부른다는 것을 알았다. 그는 그 놀라운 초청을 받아들이고 따르려는 자신의 의지를 알리며 엘리야의 뒤를 따라갔다. **나로 내 부모와 입맞추게 하소서 그리 한 후에 내가 당신을 따르리이다.** 그러자 엘리야는 영문 모를 대꾸를 했다. **돌아가라 내가 네게 어떻게 행하였느냐?** 그 대꾸는 아마도 "마음대로 하라. 내가 한 행동이 네게 무슨 의미가 있는지는 네가 결정해야 한다"라는 뜻이었을 것이다.

엘리사는 자신이 뒤에 남겨두고 떠나게 될 생활에 대한 적절한 결론을 내리기 위한 시간을 가졌다. 그는 소 한 겨리를 취하여 잡았다. 그것은 자신의 과거를 뒤로하고 떠날 것이라는 사실을 보여주는 극적인 한 방법이었다. 그런 다음 그는 잔치를 베풀었다. 그 소의 기구를 불살라 그 고기를 삶아 백성에게 주어 먹게 했다. 소를 잡아 음식을 만드는 데는 몇 시간이 소요되었을 것이다. 엘리사는 과거를 축하할 뿐 아니라 하나님이 부르신 새로운 삶을 위해 과거를 확실하게 정리할 만큼 현명했다.

엘리사는 엘리야를 좇으며 수종들었다. 여호수아가 모세를 좇으며 수종들었듯이(출 33:11, 민 11:28, 수 1:1) 엘리사는 그 후 몇 년 동안 엘리야의 수종을 들면서 하나님이 그를 위해 예비하신 사역을 시작하는 데 필요한 것들을 배웠다. 그의 사역은 50년 이상 계속되었고, 그것은 열왕기하 2-9장의 중요한 내용을 이루고 있다. 그것은 또 엘리야에게도 중요한 변화였다. 처음으로 그는 사역의 부담을 나눌 수 있는 동료를 갖게 된 것이다.

| Main Idea 복습 | 하나님의 목적을 새롭게 이해하고 더 깊이 이해함으로써 우리를 짓누르는 낙심과 과로에서 벗어날 수 있다. |
|---|---|

## 결론

### 여행을 위한 하나님의 은혜

꿈이 깨지고 마음이 무너지는 때는 가장 예상치 않았던 방법으로, 가장 예상치 않았던 때에, 가장 예상치 않았던 사람에게 찾아온다. 강한 사람도 언제나 강한 것은 아니다. 용감한 사람도 언제나 용감한 것은 아니다. 믿음을 가진 사람도 두려움과 의심으로부터 언제나 자유로운 것은 아니다. 우리가 싸우고 있는 낙심과 과로가 이상하고 새로운 것이 아니라는 사실을 인식할 때 새 힘을 얻을 수 있다. 낙심과 과로는 우리 자신의 과실 때문에 찾아올 수도 있고, 또 우리가 기대하는 대로 반응하지 않는 사람들로 인해 생길 수도 있다.

엘리야의 문제는 간단한 것이었다. 그에게 이세벨이 하나님보다 더 크게 보였기 때문이다. 머리로는 그것이 사실이 아니라는 것을 알고 있었을 것이다. 아마 엘리야는 그런 관점을 부인했을 것이다. 그러나 그것이 그에게 사실로 여겨졌다. 육체적으로, 영적으로, 감정적으로 고갈되어 약해진 상태에서는 사람이 크게 보이고 하나님이 작게 보일 수 있다. 우리 모두 이 씨름을 하고 있다.

엘리야에게 하나님이 은혜를 베푸신 방법은 우리에게도 매우 뜻깊은 것이다. 먼저 하나님이 그를 사랑스럽게 돌보시고, 실제적인 필요를 채워주시며, 휴식을 취할 수 있게 하시고, 원기를 회복시켜주시는 경험을 하게 하셨나. 또 엘리야가 그의 하나님을 새롭게 볼 수 있게 도와주심으로 하나님의 성품에 대한 새로운 통찰력을 갖게 해주셨다. 그런 다음 하나님은 그에게 맡기신 일에 새롭게 헌신할 수 있게 해주셨다. 그리고 그의 사역을 함께 나눌 수 있는 새로운 동역자도 허락해주셨다.

우리는 엘리야가 살았던 시대와는 다른 시대를 살아가고 있다. 그러나 우리의 낙심과 과로를 벗어나게 하시는 하나님의 길은 엘리야를 다시 사역으로 돌아가게 하신 것과 같은 길이 될 것이다.

### ▣ 진리 알기

- 우리의 육체적, 감정적 상태가 우리의 영적 생활에 영향을 미친다.
- 가장 강한 사람들도 믿음을 지키는 대신 두려움에 사로잡힐 수 있다.
- 우리가 다루어야 하는 사람들과 문제들이 너무 클 때 하나님을 너무 작게 보는 실수에 빠질 수 있다.
- 사실을 인식하는 데 우리의 감정은 그리 신뢰할 만한 것이 아니다.
- 한 전투에서 승리를 거두었다고 해서 전쟁이 다 끝난 것은 아니다.
- 우리에게 가장 필요한 것은 우리가 요구하는 주장에 대한 답변이 아니라 하나님의 목적에 대한 새로운 이해다.

• 회복으로 나아가는 길은 순종의 길이다.

▣ 적용하기

• 그리스도인의 삶에 대한 착각을 경계하라. 성경이 말하고 있는 사실이 환상을 깰 수 있는 가장 좋은 해독제다.
• 우리가 우리 자신을 용납하는 것보다 하나님이 우리를 더 많이 용납하신다는 사실을 기억하라.
• 고립을 경계하라. 혼자 힘으로 해결하려 함으로써 엘리야가 얻은 유익은 아무것도 없었다.
• 하나님과 하나님의 목적을 새롭게 인식해야 할 필요가 있을 때는 사역에서 물러나라.
• 사역에 다시 복귀하라. 호렙산이 피난처가 되어줄 수 있다. 그러나 회복하기 위해서는 언제나 전쟁터로 돌아가야 한다.

## 삶의 적용

### 성공의 척도

성공은 어떤 것인가? 우리들 대부분은 성공에 대한 꽤 분명한 개념을 가지고 있다. 왜냐하면 성공한 것으로 인정된 사람들이 우리 앞에 많이 있었기 때문이다. 기독교 사역에서도 부득이하게 숫자를 성공의 척도로 삼고 있다. 교인 수가 얼마나 많은지, 어떤 새로운 건물을 증축했는지, 예산은 얼마나 되는지에 따라 성공 여부를 판단한다. 우리가 주님께 신실하다면 주님이 우리를 통해 놀라운 일을 행하실 것이라고 말하는 것을 우리는 듣게 된다. 그렇다면 작은 교회를 신실하게 섬기고 있는 목사는 어떻게 된 것인가? 교인들의 경건하지 못한 삶에 도전하는 경건한 지도자들은 어떻게 된 것인가? 그는 교인 수가 줄어드는 것을 보게 될 것이다. 그러나 그의 메시지를 진지하게 받아들이고 그리스도 안에서 뜻 깊은 성장을 경험하는 사람들이 있을 것이다. 아무 반응도 보이지 않는 사람들 속에서 끊임없이 그리스도를 증거하는 일에 몰두하고 있는 선교사는 어떻게 된 것인가?

엘리야의 가장 큰 문제는 성공에 대한 잘못된 관점이었다. 그는 하나님께 대한 모든 저항을 제거할 만한 극적인 사건을 성공으로 보았다. 그래서 그런 일이 일어나지 않자 낙심에 빠지게 되었다. 그는 성공을 큰 숫자로 보았다. 그래서 많은 사람을 볼 수 없게 되자 남아 있는 사람들까지도 보지 못했다. 그는 또 하나님께 신실한 것을 성공으로 보는 대신, 앞서간 사람들보다 더 큰 성과를 올리는 것을 성공으로 보았다. 하나님이 호렙산에서 선지자에게 가르치신 것 중의 하나는 성공을 다른 방법으로 측정해야 할 필요가 있다는 사실이었다. 이스라엘은 이미 심판을 향해 가고 있었다. 그 어떤 승리도 일시적인 것에 불과했다. 하나님은 엘리야에게 나라를 변화시키라는 요구를 하신 것이 아니었다. 하나님은 그에게 맡겨주신 임무를 완수할 것을 요구하셨다. 숫자로 평가된 성공을 거두는 것이 그의 소명이 아니었다. 그는 경건함과 신실함을 통해 성공하도록 되어 있었다. 하나님은 언제나 이 두 가지를 기준으로 성공을 평가하신다.

## 기도

하나님, 다른 사람들을 크게 보고 하나님을 작게 보려는 경향이 제게 있습니다. 하나님께 초점을 맞출 수 있게 도와주시고, 슬며시 기어들어오는 자기 연민이나 낙심을 경계하고 물리칠 수 있도록 도와주옵소서. 아멘.

## 심층 연구

### A. 두려워하게 된 엘리야(19:3)

히브리 본문은 '그리고 그가 보고' 라고 되어 있지만 그것이 무엇을 뜻하는 것인지 알기는 쉽지 않다. '그리고 그가 보고' 라고 번역된 것과 정확하게 똑같은 히브리어 자음이 '그리고 그가 두려워하여' 라는 뜻으로 번역되기도 했다. 그것은 헬라어 역자들이 번역한 것이며, 아마도 히브리 본문의 원의미였을 것이다.

### B. 하나님의 산 호렙(19:8)

호렙과 시내는 구약 성경에서 같은 장소를 뜻하는 단어로 사용되었다. 시내 광야에 있는 산은 애굽을 떠난 이스라엘 백성들의 삶 속에서 그리고 모세 언약의 수립에서 매우 중요한 역할을 했다. 호렙 지역은 하나님이 모세에게 애굽으로 돌아가 종살이하는 이스라엘 백성들을 구원하라고 명하시며 자신을 모세에게 '스스로 있는 자' 로 계시하신 곳이었다(출 3:1). 출애굽한 이스라엘 백성들은 시내산 앞에 장막을 쳤다(19:1-2). 모세는 하나님을 만나기 위해 시내산을 몇 차례 올랐다(출 20:21, 24:9, 32:31). 하나님은 시내산에서 두 개의 돌판에 새겨진 언약을 상징하는 십계명을 두 차례 모세에게 주셨다(출 31:18, 34:28). 그리고 하나님이 모세 언약을 공식적으로 비준하신 곳도 시내산 앞에서였다(출 24:1-8).

### C. 엘리야와 모세(19:8)

엘리야가 한 사역의 핵심은 하나님이 "나 외에는 다른 신들을 네게 있게 말지니라" 고 명하신 모세 율법의 첫 번째 계명이었다(출 20:3). 모세와의 관계는 엘리야가 사십 주 사십 야를 여행해 호렙산에 이르렀다는 말에 암시되어 있다. 호렙은 물론 모세와 밀접한 관계가 있는 곳이었다. 그리고 사십이라는 숫자 역시 모세가 사십 주 사십 야를 시내산에서 보낸 것과 관계가 있다(출 24:18, 34:28). 또 모세는 광야에서 사십 년 동안 이스라엘 백성들을 인도했다(출 16:35). 시내산에서 엘리야가 경험한 것은 그곳에서 모세가 경험했던 것과 놀랍도록 흡사하다(출 33:17-34:9).

## 교안

### A. 들어가는 글

1. '과로와의 싸움' 이야기로 시작하라.
2. 배경 설명: 갈멜산에서의 놀라운 대결을 마친 그 다음 날 이세벨이 엘리야를 죽이겠다고 위협했다. 그 위협에 공포감을 느낀 엘리야는 그가 사역하던 곳을 떠나 다른 곳으로 몸을 피했다.
3. 적용: 우리는 믿음의 영웅들이 언제나 강하고 언제나 승리했을 것이라 생각한다. 그러나 엘리야의 이 이야기는 우리에게 경계해야 할 약점들에 대한 통찰력을 갖게 해준다.

### B. 본문 이해

1. 도망가는 엘리야(19:1-8)
2. 다시 일어선 엘리야(19:9-18)
3. 엘리야의 복귀(19:19-21)

**C. 결론**: '여행을 위한 하나님의 은혜' 를 읽어주라.

## 토의 질문

1. 낙심이 그리스도인의 훈련을 위태롭게 할 수 있다고 한 존 스토트의 말을 생각해 보고 토의하라. 그의 말이 사실이라고 생각하는가? 그런 경험을 한 적이 있는가?

2. 엘리야를 도망치게 만든 주된 요인들은 무엇이라 생각하는가? 그렇게 생각하게 된 이유는 무엇인가?

3. 하나님이 엘리야를 다루시는 방식에서 어떤 교훈을 얻을 수 있었는가?

4. 그리스도를 따르는 우리는 성공을 어떻게 평가해야 하는가?

# 열왕기상 20:1-21:29

## 심판의 날

*"하나님은 각 사람의 행위대로 모든 사람을 심판하기로 하셨다. 징벌은 창조 세계의 피할 수 없는 윤리적 법칙이다. 하나님이 조만간 각 사람에게 합당한 - 이 세상에서 혹은 이 세상을 떠난 후에 - 심판을 하실 것이다. 그것이 삶의 기본 원칙들 중의 하나다. 그리고 하나님의 형상대로 지음받은 우리는 하나님이 그렇게 하시는 것이 옳다는 사실을 우리 마음으로 알고 있다."*

*- 제임스 패커(James I. Packer)*

**열왕기상 20:1-21:29** 아합은 하나님의 선지자 엘리야를 자신의 적으로 선포했다. 그는 자신의 욕구를 하나님의 목적과 기준보다 앞세우는 일을 두 번씩이나 저지름으로 하나님께 대한 자신의 태도를 드러내고 있다. 먼저 그는 거룩한 전쟁을 수행케 하신 하나님을 무시하고 하나님이 그의 손에 넘기신 이방의 왕을 살려주었다. 또 그는 채소밭을 갖고 싶은 자신의 욕구를 채우기 위해 그의 아내가 하나님의 율법을 업신여기고 사람을 죽이는 것을 내버려두었다. 이 두 행위 모두 하나님의 심판을 불러왔다.

### 지역 소개: 아람(수리아)

- 수도는 다메섹이었다.
- '하닷의 아들' 이라는 뜻을 가진 벤하닷이 통치하고 있었다. 하닷은 바알과 맞먹는 수리아의 우레의 신이었다. 벤하닷은(B.C. 900?-875?) 아사가 통치하던 때에 수리아의 왕을 지냈다(15:18). 그러나 그와 같은 이름을 가진 그의 아들이 그의 뒤를 이어 왕위에 올랐다. 따라서 아합과 충돌했던 수리아의 왕은 B.C. 875년에서 843년까지 다스렸던 벤하닷 2세였다.
- 앗수르가 메소포타미아 북부 지역을 다스리고 있었기 때문에 수리아는 해안을 끼고 있는 중요한 통상로와 그 지역을 확보하기 위해 이스라엘이 있는 남쪽으로 밀고내려갔다. 따라서 아합과 그의 아들이 다스리고 있던 이스라엘과 끊임없이 싸웠다.

### 지역 소개: 앗수르

- 아슈르바니팔 2세(B.C. 883-859)와 그의 아들 살만에셀(B.C. 859-824) 당시 앗수르는 새로운 군사 강국으로 부상했다. 그들은 그들이 저지른 잔인한 전쟁 만행으로 잘 알려져 있었다.
- 살만에셀은 서쪽으로 수리아를 침략했다. B.C. 853년 그는 북부 수리아의 크론테스 강가의 콰르콰르 지역에서 동맹을 맺고 있던 12명의 왕들을 상대로 전쟁을 벌였다. 그 전쟁에 대해 성경은 언급하지 않고 있지만, 앗수르 비문에 앗수르의 하닷에셀과 '이스라엘의 아합' 이 적군의 지도자들이었던 것으로 새겨져 있다.
- 살만에셀은 그의 연대기에서 자신이 큰 승리를 거두었다고 주장하고 있다. 그러나 그는 앞으로 더 나아가지 못하고 동쪽으로 후퇴하였기 때문에 그의 주장은 믿을 만한 것이 되지 못한다.

# 들어가는 글

## 돌아설 수 없게 된 순간

몇 년 전 아내와 함께 하와이에서 호주로 가던 중 비행기가 갑자기 '청천 난기류'를 만나게 되었다. 기내를 돌아다니다 자리로 돌아온 터라 비행기가 갑자기 뚝 떨어지는 순간 안전띠를 착용하지 않은 상태였던 나는 비행기 천장까지 솟아올라 전구와 비행기 패널을 들이받았다. 아내는 공중에 떠올랐다가 반대편 통로에 나가떨어졌다. 우리 부부는 그리 큰 상해를 입지 않았지만 다른 사람들의 경우는 상당히 심각했다. 몇 사람은 시드니에 도착하자마자 병원으로 실려갔다.

그 난리 직후 기내는 혼란에 빠졌다. 나는 비행 상태가 염려스러웠다. 추락하게 되는 것은 아닌가? 착륙해야 할 장소를 찾아야 할 필요가 있는 것은 아닌가? 되돌아갈 수 있는 지점을 이미 넘어섰기 때문에 어찌되었건 간에 목적지를 향해 계속 가야 하는 상황에 처한 것은 아닌가? 남태평양 한가운데서 어떤 방법을 찾을 수 있을 것인가? 나중에 밝혀진 대로 비행기에는 아무 이상이 없었다. 그리고 우리 역시 위험 상태에 처했던 것은 아니었다. 그러나 '돌아설 수 없게 된' 그 순간이 우리에게는 너무나 실제적으로 다가왔었다. 그 일로 나는 돌아설 수 없는 길을 가기로 헌신한다는 것이 어떤 의미를 갖는 것인지를 새롭게 이해하게 되었다.

아합은 하나님을 거역하고 배신하는 길을 선택했다. 그러나 하나님의 은혜로 돌아설 수 있는 가능성은 남아 있었다. 엘리야와 다른 선지자들을 통해 하나님은 그에게 회개할 수 있는 기회들을 만들어주셨다. 그리고 의분을 발하지도 않으셨다. 이스라엘 백성들과 아합은 "오래 참으사 아무도 멸망치 않고 다 회개하기에 이르기를 원하시는"(벧후 3:9) 거룩하신 하나님의 인내의 혜택을 계속 누리고 있었다.

그러나 선택에는 결과가 따른다. 그리고 그 결과는 피할 수 없다. 그것이 열왕기상 20장과 21장이 보여주고 있는 상황이다. 이 두 장에서는 아합이 적국들과 그의 백성들과 하나님의 선지자들을 대하는 모습을 보여주고 있다. 그리고 처음에는 이름이 알려지지 않은 선지자를 통해, 그리고 두 번째는 엘리야 선지자를 통해 아합에게 선포하시는 심판을 볼 수 있다. 심판의 날이 임했다.

## 본문 이해

### 심판의 날

| Main Idea | 우리는 우리의 죄를 심판하실 거룩하신 하나님 앞에서 책임 있는 삶을 살아야 한다. |
|---|---|

### A. 수리아와의 전쟁(20:1-30)

| Supporting Idea | 하나님은 하나님을 신뢰하고 하나님의 말씀에 순종하는 하나님의 백성들에게 하나님이 유일하신 참 하나님이심을 기꺼이 드러내주고 싶어 하신다. |
|---|---|

**20:1-12.** 이스라엘은 주변 국가들로부터 격리되어 살지 않았다. 다메섹이 수도였던 아람(또는 수리아)이 주변 강대국들 중의 하나였다. 수리아는 약 20년 전 이스라엘의 바아사를 괴롭히기 위해 유다의 아사 왕이 수리아를 고용하면서(15:18-22) 열왕기상이 기록하고 있는 역사 속에 들어오게 되었다. 엘리야는 또 장래 수리아의 왕이 될 하사엘이 아합의 집을 제거하시려는 하나님의 계획의 일부라는 말씀을 들었다(19:15-17). 그 후 한 세기 동안 이스라엘과 수리아가 끊임없이 분쟁하게 되었다. 수리아는 이스라엘과 유다가 위치한 남서쪽을 향해 뻗어나가며 세력을 넓히고 싶어 하는 강대국으로 부상하고 있었다. 그것은 북동쪽으로 세력을 뻗어나가고 싶어 하는 앗수르의 출현에 기인한 것이었다. 수리아는 남서쪽으로만 뻗어나갈 수 있었고, 두 곳에서 전투를 벌이지 않기 위해 남쪽 측면의 안전을 강화할 필요가 있었다. 그래서 아합이 다스리고 있던 이스라엘과 자주 싸우지 않을 수 없었고, 그 중 두 전쟁이 21장과 22장에 기록되어 있다.

하닷에셀이라고도 알려진 벤하닷 2세는 다메섹에서 그의 아버지의 뒤를 이어 왕위에 올랐다. 그는 한때 왕 삼십이 인으로 구성된 연합군을 이끌고 무력으로 이웃 나라를 침략하기로 했다. 그 왕들은 아마도 작은 나라의 우두머리나 부족의 추장들이었을 것이다. 그들은 이스라엘의 수도인 사마리아를 에워싸고 쳤다. 그러나 아합의 백성들과 군대들이 성을 드나들 수 있었던 것을 보면 그 포위가 그리 철저하지는 않았던 것으로 보인다.

벤하닷의 침략은 공격이라기보다는 위협을 가하려는 것이었다. 그러나 세 차례에 걸친 외교적 충돌이 무력으로 치닫게 되었다. 첫 번째 충돌에서 벤하닷은 아합에게 항복하고 벤하닷의 속국이 될 것을 요구했다. 네 은금은 내 것이요 네 처들과 네 자녀들의 아름다운 자도 내 것이니라. 아합이 왜 그런 지경에까지 이르게 되었는지는 알 수 없지만 그는 수치스럽게도 그 요구를 수락했다. 나와 나의 것은 다 왕의 것이니이다. 이 굴욕적인 고백은 벤하닷의 거만함을 만족시켜주는 역할을 했을 뿐이었다. 그는 아합에게 24시간 내에 사람이건 보물이건 간에 수리아 사람들에게 다 내어줄 것을 요구했다. 무릇 네 눈이 기뻐하는 것을 그 손으로 잡아 가져가리라. 이 요구는 중대한 선전포고였다. 그리고 아합도 그렇다는 사실을 알고 있었다.

아합은 나라의 지도자들을 모으고 그들의 지지를 규합하기 위해 벤하닷의 의도를 알렸다. 너희는 이 사람이 잔해하려고 구하는 줄을 자세히 알라. 그들은 항복할 수 없다는 아합의 뜻에 동의하고 항복하는 대신 싸우기로 했다. 아합은 벤하닷의 요구에 대한 거절이 어떤 결과를 불러오게 될지 잘 알고 있었다. 그러나 용감하게 거절했다. 그 결과 전쟁은 불가피하게 되었고, 벤하닷은 사마리아를 부스러뜨릴 것이라는 위협을 가했다. 그것은 아합에게 수리아의 수적 우세를 상기시켜주는 것이었으며, 또 오만한 허풍이기도 했다. 아합에게는 많은 결점이 있었다. 그러나 비겁한 사람은 아니었다. 그는 "부화하기 전에는 병아리 수를 세지 말라"는 말에 상당하는 대답을 했다. 갑옷 입는 자가 갑옷 벗는 자 같이 자랑치 못할 것이라.

그러자 벤하닷은 그 신하들에게 진을 베풀라는 명령을 내렸다. 왕들과 장막에서 술을 마시다가 그 명령을 내린 것은 그의 오만한 자기 과신을 보여주는 것이었다. 그에게 이스라엘은 심각하게 여겨야 할 적으로 보이지 않았다.

**20:13-14.** 그 동안 아합이 하나님과 엘리야와 맺어온 관계를 볼 때 수리아에 맞서 혼

자 힘으로 싸우도록 하나님이 내버려두셨을 것이라고 생각한다 해도 그리 놀랄 일은 아닐 것이다. 그런데 한 선지자가 이스라엘 왕 아합에게 하나님께로부터 온 좋은 소식을 전했다. 이 큰 무리를 보느냐 내가 오늘 저희를 네 손에 붙일 것이다. 승리는 아합을 위한 것이 아니라 하나님의 영광을 드러내시고 아합에게 하나님의 실체를 증거하는 하나님의 능력을 보여주기 위한 것이었다. 아합은 여호와가 하나님이시라는 사실을 선포하지 않을 수 없게 될 것이다(28절에서 다시 반복될 주제). 하나님은 아합처럼 반항적이고 반역적인 사람에게도 자비를 베푸시고 인내하셨다.

선지자는 승리를 약속했을 뿐 아니라 군사적 조언까지 해주었다. 아합이 먼저 공격하고 각 도의 방백의 소년들에게 군대를 이끌게 하라는 것이었다. 그 소년들이 어떤 사람들이었는지에 대해서는 여전히 많은 논란이 있다. 어떤 사람들은 상류층 정예 부대였을 것이라고 생각한다. 그러나 소년들이라는 단어는 단지 '젊은 사람들' 을 뜻하는 용어이며 훈련되지 않은 병사들이었던 것으로 보인다. 그것은 하나님만이 승리를 책임지실 분이라는 사실을 더 확실하게 뒷받침해주는 것이다. 아합이 아니라 하나님이 진정으로 이스라엘을 구원하시고 방어해주는 분이셨다.

**20:15-21.** 하나님은 약속을 지키셨다. 아합은 그의 군대를 소집해서 오정에 공격을 개시했다. 오정은 공격을 개시하기에는 이상한 시간이다. 왜냐하면 기습 공격이 될 수 없기 때문이다. 그러나 벤하닷은 장막에서 돕는 왕 삼십이 인으로 더불어 마시고 취해 있었다. 술에 취한 그는 이스라엘 군대를 사로잡으라는 어리석은 명령을 내렸다. 그 명령은 수리아 군대의 역습을 거의 불가능하게 만드는 것이었다. 이스라엘 군대가 재빠르게 적군을 쳐 죽이자 아람 사람이 도망하는지라 이스라엘이 그 뒤를 쫓았다. 이스라엘은 하나님의 선지자의 지시를 따랐기 때문에 대승을 거두게 되었다. 사마리아에서의 전투는 끝이 났고, 전력이 약했던 쪽의 군대가 승리하게 되었다.

**20:22-25.** 전쟁이 끝난 후 양편은 피할 수 없는 다음 교전을 준비했다. 이전에 승리의 약속을 전해주었던 선지자는 다음 해 봄에 한 번 더 공격하기 위해 힘을 키우라는 경고의 메시지를 전해주었다. 아합의 승리로 수리아의 야망이 완전히 꺾였던 것이 아니었다.

수리아 측에서는 다른 준비를 하고 있었다. 수리아 왕의 신복들은 이스라엘이 승리한 것은 저희의 신이 산의 신이었고 전투가 산에서 벌어졌기 때문이었다는 평가를 내렸다. 그리고 그들은 세 가지 요소를 고려한 전략을 세웠다. 첫째, 자기들의 병거와 신이 더 강한 평지를 공격하고 둘째, 힘없는 왕들 대신 장관들을 앞세우며 셋째, 잃어버린 군대와 같은 군대를 충수하고 말도 말대로 병거도 병거대로 충수하는 전략을 세웠다. 그것은 군사적으로 볼 때 상당히 안전한 전략이었다. 그러나 하나님을 모독하는 치명적인 약점을 안고 있었다. 그들은 하늘과 땅의 주인이신 하나님을 작은 산의 한 신으로 보고 있었다.

**20:26-30.** 벤하닷은 신복들의 조언에 따라 군대를 재정비한 다음 이스라엘과 맞서 싸우기 위해 평지에 있는 도시 아벡을 향해 전진했다. 전면전이 예상되는 전투였다. 갈릴리 바다 동편에 위치한 아벡은 수리아의 병거들이 효과적으로 그 기능을 발휘할 수 있는 그런 지리적 조건을 갖추고 있었다. 그들에게는 이스라엘에 비해 월등하게 막강한 인적 자원이 있었다. 이스라엘은 절망적인 상황에 처한 것처럼 보였다.

그러나 벤하닷은 그가 예상했던 것보다 훨씬 더 강한 상대를 마주 대하고 있었다. 또한 번 하나님의 사람 곧 선지자가 하나님께로부터 온 메시지를 왕에게 전달했다. 아합은 하나님의 위대하심에 대한 교훈을 또다시 배우게 되고, 수리아는 이스라엘의 하나님을 모욕하고 그 명예를 훼손시킨 것에 대한 대가를 치르게 될 것이다. 내가 이 큰 군대를 다 네 손에 붙이리니 너희는 내가 여호와인 줄 알리라. 그저 단순한 전쟁이 아니었다. 하나님의 영광과 명예가 걸려 있는 전투였다.

전투 자체에 대해서는 묘사하지 않고 있다. 두 나라가 7일 동안 진을 치고 서로 마주 대하고 있었다. 전투가 끝났을 때 이스라엘이 놀라운 승리를 거두었다. 수리아는 수많은 사상자를 냈고, 살아남은 사람들은 아벡 성으로 몸을 피했다. 그리고 성벽이 무너지게 되었을 때 또다시 수만 명이 목숨을 잃었다. 벤하닷은 성읍 골방으로 숨어들어갔다. 이스라엘이 하나님의 선지자의 말을 듣고 그대로 행했을 때 그들은 또다시 하나님의 승리를 경험할 수 있었다.

### B. 벤하닷을 살려 둔 아합(20:31-43)

| Supporting Idea | 우리가 원하는 것으로 하나님의 뜻을 대신하는 것은 하나님의 심판을 자초하는 것이다. |
|---|---|

**20:31-34.** 패배한 벤하닷은 도망할 수 있었다. 그의 조언자들은 이스라엘의 왕들은 인자한 왕들로 알려져 있으므로 아합에게 자비를 구하기로 했다. 그들은 항복(**굵은 베로 허리를 묶고**)과 복종(**테두리를 머리에 이고**)을 상징하는 옷을 입고 적군의 왕 앞으로 나아갔다. 그들은 주의깊게 선별하여 4절에서 아합이 어쩔 수 없이 해야 했던 굴욕적인 말을 사용했다. **왕의 종 벤하닷.** 아합의 대답에는 그들이 알고 싶어 했던 모든 것이 들어 있었다. **저가 오히려 살았느냐 저는 나의 형제니라.**

그것은 복수나 분노의 말이 아니었다. 일반적으로 사용되었던 외교적 발언이었을지도 모른다. 그러나 아합이 벤하닷을 적이나 종속자로 보지 않고 있음을 보여주는 말이었다. 그의 말은 두 사람 다 왕으로서 대등한 입장이라는 사실을 강조하는 것이었다. 아합은 국가에 대한 자신의 책임보다 왕으로서의 자신의 지위를 더 소중하게 여기고 있었다. 수리아의 협상가들은 아합의 말에 내포된 뉘앙스를 바로 알아차리고 벤하닷을 아합에게 데려오겠다는 제안을 했다. 그가 도착하자 아합은 **저를 병거에 올린지라.** 그것은 그를 높이는 처사였다. 보통 체포된 왕들은 항복과 복종을 상징하는 행동으로 그들의 어깨를 병거 바퀴에 대곤 했다. 아합은 패배한 왕에게 굴욕감을 주는 대신 그를 높여주기로 했다.

그런 다음 아합은 벤하닷과의 협상을 시작했다. 수리아 왕은 상당한 양보를 하지 않을 수 없었다. 그는 빼앗아갔던 이스라엘의 성읍들을 되돌려주고 아합이 **다메섹에서… 거리를 만들** 수 있도록 허락해주어야 했다. 그것은 신사협정이 아니라 조약이었다. 그 조약을 전제로 아합은 벤하닷을 풀어주었다. 아합은 정치적으로 영리하게 행동했다. 그는 대승을 거두었고 지역적으로나 상업적으로 상당한 이득을 얻을 수는 있었지만, 여러 나라들과 동맹을 맺고 앗수르와 맞서는 상황을 초래할 나라를 제거하지 못하게 되었다. 수리아를 물리치고 승리를 거둔 것은 하나님이셨지 아합 자신이 아니었다. 그러나 그는 승리를 자신의 것으로 여겼다. 그는 전쟁을 승리로 이끌기까지 결정적인 역할을 한 선지자에게 조언을 구하려는 그 어떤 노력도 하지 않았다.

**20:35-38.** 열왕기상의 저자는 갑자기 장면을 옮겨 **선지자의 무리** 중 두 사람 사이에 벌어진 주목할 만한 충돌을 설명했다. 그것은 상당히 이상한 일이었다. 하나님의 지시를 받아 말한 것이 분명해 보이는 한 선지자가 다른 선지자에게 자기를 치라는 요구를 했다. 상대방이 거절하자 그 선지자는 그에게 하나님의 심판을 선언했다. **네가 나를 떠**

나갈 때에 사자가 너를 죽이리라. 그리고 그 일이 실제로 벌어졌다. 그것은 열왕기상 13장 23-26절에 기록된 사건을 상기시켜주는 것이었다. 선지자라 할지라도 순종의 의무에서 벗어날 수 없었다. 두 번째 선지자는 그 선지자가 상하도록 쳤다. 상해를 입은 선지자는 자신의 신분을 감추기 위해 변장을 하고 왕이 다니는 길로 가서 왕을 기다렸다.

**20:39-40.** 왕이 나타나자 변장을 한 선지자는 풍습에 따라 최종 판결을 내릴 수 있는 왕에게 누구나 호소할 수 있는 청을 했다. 그는 자신의 문제를 왕에게 설명했다. 그는 어떤 사람이 죄수를 지킬 책임을 맡고 있었고 만일 죄수가 도망을 치는 일이 벌어지면 거대한 벌금을 물도록 되어 있었는데, 그가 다른 일에 신경을 쓰는 사이에 죄수가 도망을 가버렸다는 것이다. 아합은 그가 질문할 때까지 기다리지도 않고 "그 사람이 도망간 것에 대한 책임을 지고 그 벌금을 물라"는 판결을 그 자리에서 내렸다.

**20:41-43.** 그 이야기에는 사무엘하 21장에서 다윗을 책망했던 나단 선지자의 잘 알려진 이야기처럼 예언적인 배경이 있었다. 아합은 자신이 받을 판결을 선포했다. 선지자는 자신의 정체를 밝히고 하나님의 심판을 선언했다. 내가 멸하기로 작정한 사람을 네 손으로 놓았다. 아합은 거룩한 전쟁의 법칙을 어겼다. 그에게는 자기 마음대로 벤하닷을 다룰 수 있는 권리가 없었다. 벤하닷을 다룬 그의 방법이 영리하고 인간적인 것처럼 보일 수도 있을 것이다. 그러나 하나님이 보시기에 그것은 영적인 반역이었다. 그 전쟁을 승리로 이끈 것은 그가 아니라 하나님이셨다. 수리아 왕의 목숨은 그가 원하는 방식대로 다룰 수 있는 것이 아니었다. 아합은 최소한 그 문제에 대해 하나님의 선지자에게 조언을 구했어야 했다.

그러므로 사형 선고가 아합에게 떨어졌다. 네 목숨은 저의 목숨을 대신하고 네 백성은 저의 백성을 대신하리라. 심판은 아합뿐 아니라 그의 가족들에게도 내려졌다. 처음으로 아합은 사형이라는 하나님의 심판 아래 서게 되었다. 그는 회개하지 않았다. 대신 근심하고 답답해했다. 하나님이 그 놀라운 능력을 드러내주셨음에도 불구하고 그의 마음은 부드러워지지 않았다.

## C. 나봇을 죽인 아합(21:1-16)

| Supporting Idea | 하나님의 법이 무시되면 권세를 가진 사람들이 자신들의 이익을 더 추구하기 위해 조직 체계를 부패하게 만든다. |
|---|---|

**21:1-4.** 아합은 하나님의 뜻을 뒤로 하고 자신이 원하는 대로 했기 때문에 아벡에서 실패했다. 이어지는 이야기는 아합의 욕심에서 그 원인을 찾을 수 있다. 이스르엘에 아합이 겨울을 보내는 궁전이 있었다. 그 궁전 옆에 나봇이라는 사람의 포도원이 있었다. 아합은 나물 밭을 가꾸고 싶었는데 나봇의 땅이 적합한 것처럼 보였다. 그래서 나봇을 찾아가 제안을 했다. 네 포도원이 내 궁 곁에 가까이 있으니 내게 주어 나물 밭을 삼게 하라 내가 그 대신에 그보다 더 아름다운 포도원을 네게 줄 것이요 만일 합의하면 그 값을 돈으로 네게 주리라. 그 제안이 공정하지 못했다거나 신심이 아니었다는 것을 암시하는 표현은 그 어느 곳에서도 볼 수 없다. 그것은 단순한 토지 거래 제안이었다. 왕으로서 아합은 그런 상황 속에서 자신이 원하는 것은 무엇이든 가질 수 있었다.

아합은 땅을 팔지 않겠다는 나봇의 단호한 거절을 받아들일 준비가 되어 있지 않았다. 나봇의 첫 마디는 그가 땅 매각을 하나님을 모욕하는 것으로 보고 있었음을 말해준다. 그의 거절 뒤에는 이스라엘 백성들의 땅과 상속법에 대한 확신이 자리 잡고 있었다. 땅은 사람이 아니라 하나님께 속한 것으로 여겨졌다(레 25:23). 가나안 정복 후 각 가정은 분배받은 땅을 갖게 되었다. 나봇은 그 땅을 내 조상의 유업이라고 언급한 것이다. 가난한 사람들이 조상들로부터 물려받은 땅에 대한 권리를 잃지 않게 하고, 상류층이 가난한 사람들을 희생시켜 더 많은 땅을 차지하지 못하도록 막기 위한 법이 있었다('심층 연구'를 보라). 그러므로 나봇의 땅은 왕이나 다른 사람에게 팔 수 있는 그의 땅이 아니었다. 나봇은 왕의 감정을 상하게 할 수 있는 위험 앞에서도 자신의 양심을 저버리지 않는 정직한 사람이었다.

아합은 기분이 상했다. 그러나 별다른 도리가 없었다. 그는 심술 난 아이처럼 근심하고 답답하여 어찔 줄 몰라 하며 궁전으로 돌아갔다.

**21:5-10.** 열왕기상에서 처음으로 이세벨이 앞 중앙 무대로 걸어나온다. 우리는 그녀에 대해 간접적으로만 들어왔다. 그러나 이제 우리는 공격적이고 단호하고 힘차게 행동하는 여자를 보게 된다. 그녀는 왕이 법을 만들고 왕이 자신을 법보다 우위라고 생각

하게 만든 장본인이었다. 고대 국가에서 왕의 권력과 권세는 절대적인 것이었다. 그녀는 아합이 무엇 때문에 근심하고 답답해하는지를 들은 후 왕이 이제 이스라엘 나라를 다스리시나이까라고 물었다. 그리고 왕이 어떻게 행동해야 하는지를 아합에게 보여주었다. 마음을 즐겁게 하소서 내가 이스르엘 사람 나봇의 포도원을 왕께 드리리이다.

이방 세계는 왕이 곧 법이고 법을 만드는 권력자라고 생각하고 있었지만, 성경의 관점은 전혀 달랐다. 법은 하나님의 성품과 속성에 그 뿌리를 박고 있으며, 왕은 법에 복종해야 한다. 신명기 17장 14-20절에서 왕은 직접 율법서를 등사하여 "평생에 자기 옆에 두고 읽어서 그 하나님 여호와 경외하기를 배우며 이 율법의 모든 말과 이 규례를 지켜 행할 것이라 그리하면 그의 마음이 그 형제 위에 교만하지 아니하고 이 명령에서 떠나 좌로나 우로나 치우치지 아니하리니"라고 말하고 있다.

아합은 뒤로 물러나 자기 아내에게 '무슨 일이든' 하게 했다. 그는 그녀의 성품을 알고 있었다. 그의 허락 없이 그녀는 그의 인을 사용할 수 없었다. 그러나 계획과 과정은 모두 그녀 마음대로 할 수 있었다. 그녀의 계획은 나봇에게 죄를 씌워 죽이는 것이었다. 그리고 자신과 아합은 그 과정에 직접 개입하지 않도록 만들었다. 그녀는 왕족의 권위를 사용해 이스르엘의 지도자들에게 편지를 내려보냈다. 그 계획은 무자비함과 광적인 신앙이 결합된 영리한 것이었다. 모든 일에 히브리 종교라는 옷을 입혀 진행시켰다. 금식을 선포하고, 두 사람을 그 앞에 마주 앉혀(신 17:6) 하나님과 왕을 저주하였다고 증언하게 한 다음(출 22:28, 레 24:10-16), 끌고 나가서 돌로 쳐 죽이게(민 15:36) 하였다.

그녀의 무자비함은 왕비의 권세를 알고 있는 지도자들에게 압력을 가해 비류 두 사람을 매수해 위증하게 만들어서 나봇을 위기에 몰아넣게 만든 것과 그 모든 계획의 무모함 속에 잘 나타나 있다. 아합과 이세벨의 통치하에서 부패하게 된 이스라엘의 모습은 어떤 사람이 무죄라는 것을 잘 알고 있으면서도 그를 죽이는 일에 이스르엘의 최고위층 인사들이 기꺼이 참여한 일 속에 잘 드러나 있다.

**21:11-16.** 이세벨의 계획은 정확하게 수행되었다. 성읍의 지도자들은 지시 받은 대로 행하고 이세벨에게 지시한 대로 일을 완수했다고 보고했다. 나봇이 돌에 맞아 죽었나이다. 이세벨이 내려보낸 편지에는 아합의 인이 찍혀 있었지만, 그들은 그것이 이세벨의 계획이라는 사실을 알고 있었다.

이제 이세벨에게 남은 일은 남편에게 선물을 바치는 것뿐이었다. 그녀의 말은 7절에서 그녀가 아합에게 했던 말을 울려퍼지게 하는 것이었다. 나봇이… 주기를 싫어하던 포도원을 취하소서 나봇이 살아 있지 아니하고 죽었나이다. 히브리 율법에 따라 사형된 범죄자의 땅은 왕에게 돌아갈 수 있었다. 우리는 열왕기하 9장 26절에서 나봇의 아들들 역시 이때 함께 살해되었다는 기록을 볼 수 있다. 법적으로 어떻게 하는 것이 옳은 것이건 간에 아합은 아무 질문도 하지 않았다. 그저 곧 일어나 이스르엘 사람 나봇의 포도원을 취하러 그리로 내려갔다.

무고한 사람과 그의 아들들이 죽임을 당했다. 악한 왕과 왕비가 공의를 조롱거리로 만들었다. 책임 있는 시민들이 악한 일에 가담했다. 그런데 하나님은 그런 일이 일어나지 않도록 개입하지 않으셨다. 악이 최종 승리를 거둔 것처럼 보였다. 하나님이 언제나 즉각 심판하시는 것은 아니다. 그러나 하나님의 심판은 언제나 불가피한 것이다.

### D. 공의의 하나님 앞에 서게 된 아합(21:17-29)

| Supporting Idea | 하나님의 법을 무시하려 할 수는 있지만 피할 수는 없다. |
|---|---|

**21:17-19.** 아합과 이세벨이 이스라엘에서 최종 권위를 가진 사람들이라고 생각하고 있을 바로 그때 여호와의 말씀이 디셉 사람 엘리야에게 임하였다. 하나님은 성공을 누리고 있는 것처럼 보이는 아합을 책망해야 하는 사명을 엘리야에게 맡기셨다. 이야기가 시작된 곳에서 그 끝을 맺어야 했다. 그곳은 나봇의 포도원이었다. 엘리야의 사명은 아합의 행동에 대한 하나님의 심판을 선포하는 것이었다. 아합은 그의 아내가 한 일에 대해서도 책임을 져야 했다. 그는 몰랐다는 주장으로 하나님의 심판을 피할 수 없었다. 그가 행한 범죄에 합당한 심판을 받게 될 것이다. 개들이 네 피 곧 네 몸의 피도 핥으리라. 나봇이 처참한 죽임을 당했듯이 아합도 그렇게 될 것이다.

**21:20-26.** 임무를 맡은 엘리야를 만난 아합은 무례한 인사를 건넸다. 나의 대적이여 네가 나를 찾았느냐? 엘리야는 아합의 죄를 고발했다. 나봇을 죽인 것이 하나님의 진노를 불러일으켰다. 그러나 아합의 죄는 그 한 가지뿐만이 아니었다. 엘리야는 선지자들이 일반적으로 말하듯이 '여호와께서 말씀하시기를' 이라는 문구를 사용하지 않았다. 대신 하나님이 직접 말씀하시는 것처럼 직접 화법으로 말했다. 내가 재앙을 네게 내릴

것이다. 아합은 하나님의 진노를 경험하게 될 것이다.

20장에 나왔던 이름이 알려지지 않은 선지자가 이미 아합이 처참한 죽임을 당하게 될 것을 예언했다(20:42). 이제 엘리야가 그 심판의 범위를 밝혔다. 먼저 아합에게 심판이 임할 것이다. 그리고 그의 자손들에게도 임하게 될 것이다. 그러므로 그에게 속한 남자는 이스라엘 가운데 매인 자나 놓인 자나 다 처참한 죽임을 당하게 될 것이다. 그 결과 오므리와 아합 왕조는 여로보암과 바아사의 왕조처럼 사라지게 될 것이다. 그것은 반란이 일어나게 될 것이라는 예언과 같은 것이었다. 이세벨 역시 나봇을 죽인 것에 대한 징벌로 처참한 죽임을 당하게 될 것이다. 그녀는 처참하고 굴욕적인 죽음을 맞이하게 될 것이다. 개들이 이스르엘 성 곁에서 이세벨을 먹을지라.

권세를 누리던 왕에게 내려질 냉엄한 심판을 요약하고 있는 마지막 진술에서 엘리야는 아합에게 속한 자로서 성읍에서 죽은 자는 개들이 먹고 들에서 죽은 자는 공중의 새가 먹으리라고 선포했다. 고대 사회에서 개들은 도시의 쓰레기를 치우고, 새들은 시골의 쓰레기를 치우는 동물로 여겨졌다. 무고한 사람에게서 빼앗은 포도원을 즐기던 거만한 왕과 그 가족들이 개의 먹이가 될 것이다! 이런 생생한 묘사는 그들에게 임한 처참하고 굴욕적인 죽음을 묘사하기 위한 것이었다.

아합과 이세벨은 주님의 손에서 오게 될 모든 것을 받기에 합당한 사악한 부부였다. 우상에게 복종함으로 그들은 여로보암보다 더 가증한 죄를 범하였다.

**21:27-29.** 아합은 처음으로 선지자를 통한 하나님의 메시지에 반응을 보였다. 그 옷을 찢고 굵은 베로 몸을 동이고 금식하고 굵은 베에 누우며 행보도 천천히 한지라. 그는 하나님 앞에서 즉각적으로 겸허함을 표시했다. 우리는 아합이 자신의 죄를 뉘우치고 공개적으로 회개한 것에 대한 기록은 읽을 수 없다. 그러나 하나님은 그의 반응을 멸시하지 않으셨다. 하나님은 엘리야를 통해 아합의 집과 그의 아내에 대한 심판을 미루실 것을 선포하셨다. 심판이 임할 것이다. 그러나 아합이 죽은 후에 임할 것이다. 그가 겸비함을 보였기 때문에 그의 왕조는 한 세대 더 이어질 것이다. 그것은 하나님의 인내를 보여주는 생생한 한 예다. 하나님은 오래 참으사 아무도 멸망치 않고 다 회개하기에 이르기를 원하신다(벧후 3:9). 그러나 뒤늦게 회개한다 해도 그 회개로 이미 선포된 심판을 취소시킬 수는 없었다.

| Main Idea 복습 | 우리는 우리의 죄를 심판하실 거룩하신 하나님 앞에서 책임 있는 삶을 살아야 한다. |
|---|---|

## 결론

### 심판이 임했다!

최근에 주요 일간 신문들이 복음주의 교회들조차도 지옥에 대한 언급을 별로 하지 않는다는 사실을 지적하는 글을 제 1면 기사로 다루었다. 그들은 그것이 세속주의와 사람들의 인기를 끌 수 없는 부정적인 주장을 피하고 싶어 하는 소비적 사고방식의 영향을 보여주는 것이라고 주장했다. 다른 사람들을 경시하는 악평이 유행이 되어가고 있다.

그러나 책임져야 할 모든 사람을 하나님이 심판하신다는 것이 성경에서 가장 자주 다루고 있는 주제다. 우리 죄에 대한 하나님의 심판이 즉각 나타나는 것은 아니지만 피할 수는 없는 것이다. 악이 잠시 동안 승리하는 것처럼 보일 수도 있다. 그러나 거룩하고 공의로우신 하나님이 책임을 물으실 것이다. 아마도 이 땅에서 물으실 수도 있을 것이다. 그리고 분명히 다음 세상에서 물으실 것이다. 아합이 가장 강력한 적군을 물리치는 승리를 거둔 순간에, 그리고 자신이 원하는 땅을 차지하고 그 사실을 축하하던 순간에 거룩하신 하나님이 보내신 메시지가 그의 즐거움을 망쳐놓았다. 그는 그가 원하는 일은 무엇이든지 할 수 있는 전능한 왕이 아니었다. 그는 자신의 행동을 하나님 앞에서 책임져야 할 나약한 인간이었을 뿐이다. 그는 거룩하신 하나님의 진노를 곧 맞이하게 될 인간이었다.

우리도 마찬가지다. 그 진노를 피할 수 있는 유일한 길은 주 예수 그리스도뿐이다. 그분은 그분을 믿는 사람들의 죄와 심판을 대신 감당하셨다. "그러므로 이제 그리스도 예수 안에 있는 자에게는 결코 정죄함이 없나니"(롬 8:1). 하나님의 은혜로 아합은 심판이 미루어지는 것을 경험했다. 십자가를 통해 우리는 하나님의 심판이 취소된 것을 경험하고 있다.

■ 진리 알기

- 하나님은 은혜를 받기에 합당하지 않은 사람들에게도 은혜를 베푸신다.
- 하나님의 말씀을 신뢰하고 순종하면 하나님의 은총을 경험하게 된다.
- 살아 계신 하나님을 다른 '신들'과 같은 수준으로 떨어뜨릴 때 우리는 하나님을 모독하는 죄를 범하는 것이다.
- 하나님의 원수를 우리의 친구로 삼는 것은 하나님을 무시하는 처사다.
- 법은 인간의 변덕스러운 기준이나 힘을 가진 사람들의 욕구가 아니라 하나님의 성품에 기초를 둔 것이어야 한다.
- 하나님은 공의에 관심을 보이시고 가난하고 힘없는 사람들을 보호하기 위해 일하신다.
- 하나님은 우리의 죄를 심판하실 것이다.

■ 적용하기

- 하나님의 은혜에 감사하는 마음을 개발하고 영적 무례를 경계하라.
- 하나님의 말씀을 믿고 하나님의 약속을 기초로 행동하라.
- 자신의 욕구를 하나님의 말씀보다 앞세우지 않도록 자신을 훈련하라.
- 절대적인 기준에 근거를 두고 옳은 것과 그른 것을 판단하라.
- 자신의 죄와 하나님의 심판을 깨닫게 될 때 낙심하거나 부인하는 대신 회개하라.

## 삶의 적용

### 공의를 이루시는 하나님

21장에 나타나는 한 주제는 악이 성공을 거두고 불의가 만연하는 것처럼 보이는 세상을 대하는 하나님과 하나님의 백성들의 관계다. 하나님은 아합과 이세벨의 행동을 저지하기 위해 즉각 개입하지는 않으셨지만, 선지자를 보내어 악을 고발하고 책망하셨다. 이세벨의 악한 의도를 지적할 수 있는 용기를 가진 사람이 이스르엘에 한 사람도 없었다는 것은 슬픈 일이었다.

그리스도를 따르는 우리들은 불의와 압제를 보고 어떻게 반응하고 있는가? 하나님은 세상의 빛과 소금이 되도록 우리를 부르셨다(마 5:13-16). 그렇다면 우리는 어떻게 해야 하는 것인가?

놀라서는 안 된다. 우리는 타락한 세상에서 살아가는 삶의 실체를 직시해야 한다.

유혹에 빠져서는 안 된다. 다른 사람들보다 앞서 혜택을 누리려는 유혹을 거부해야 한다. 하나님의 기준을 따르는 일에 헌신해야 한다.

침묵해서는 안 된다. 우리는 하나님의 기준을 제시하고 하나님을 대변하는 사람들을 섬겨야 한다. 우리의 분노나 독선을 드러내는 방법이 아니라 그리스도의 은혜와 진리를 드러내는 방법으로 하나님의 진리를 전달해야 한다. 그 일에 희생이 따를 때에도 그렇게 해야 한다.

우리는 멈추게 되지 않을 것이다. 우리는 "견고하며 흔들리지 말며 항상 주의 일에 더욱 힘쓰는 자들이 되라 이는 너희 수고가 주 안에서 헛되지 않은 줄을 앎이니라"(고전 15:58)고 하신 말씀을 따라야 한다.

## 기도

하나님 아버지, 하나님은 죄를 미워하는 거룩한 분이시며 죄인들을 심판하실 분이시라는 사실을 늘 기억하며 살아가게 하옵소서. 십자가의 경이로움과 우리를 위해 일하신 구세주의 사역을 이해할 수 있게 도와주옵소서. 심판을 맞이할 준비가 되지 않은 사람들에게 복음을 전해야 할 절박감을 가질 수 있게 하옵소서. 아멘.

## 심층 연구

### A. "너는 내가 여호와인 줄 알리라"(20:13, 28)

하나님이 수리아를 이기고 승리할 수 있게 하신 목적은 이스라엘을 보호하거나 아합을 구출하기 위한 것이 아니었다. 하나님의 영광을 나타내고, 하나님을 유일하고 전능하신 분으로 드러내기 위한 것이었다. 이 말은 하나님이 이스라엘과 애굽에 하나님의 영광을 드러내신 출애굽기에서 빌려온 표현이다(출 6:7, 7:5, 10:2, 14:4).

### B. 내 열조의 유업(21:3)

이스라엘의 땅을 물려주는 상속법은 레위기 25장에 기록된 두 가지 제도를 중심으로 한 것이다. 안식년은 매 칠 년마다 땅을 쉬게 하고, 모든 부채를 탕감해주며, 종들에게 자유를 주기 위한 것이다. 희년은 최상의 안식년이었다. 희년에는 성 밖에 있는 모든 땅을 원주인에게 돌려주도록 되어 있었다. 토지 보유는 희년과 관계가 있었다. "토지를 영영히 팔지 말 것은 토지는 다 내 것임이라 너희는 나그네요 우거하는 자로서 나와 함께 있느니라"(레 25:23). 성경이 말하는 사회 정의의 기초를 제공해주는 세 가지 원리가 있다.

첫째, 땅은 하나님의 것으로 못쓰게 만들어도 되는 소유물이 아니라 조심스럽게 다루도록 우리에게 맡겨진 것이다. 둘째, 가난한 사람들은 새로 시작할 수 있는 기회를 가질 수 있어야 한다. 셋째, 다른 사람들을 희생시키면서 땅을 넓히고 재산을 축적하는 소수의 사람들에게는 제한을 가해야 한다. 성경은 인간의 속성과 개인적인 능력의 차이를 인정한다. 따라서 가난한 사람이나 부자를 부인하지 않는다. 그러나 제한을 가하고 기회를 주어야 한다고 말한다.

# 고안

## A. 들어가는 글

1. '돌아설 수 없게 된 순간' 의 이야기로 시작하라.
2. 배경 설명: 이전 앞 세 장은 주로 엘리야와 바알의 대결을 통해 하나님과 바알의 대립을 보여주었고, 엘리야가 주인공의 역할을 했다. 이 두 장에서는 아합이 주인공의 역할을 하고 있다. 우리는 그가 하나님의 뜻보다 자신의 욕구를 앞세우면서 하나님의 심판을 향해 나아가고 있는 것을 볼 수 있다.
3. 적용: 이스라엘은 더 강한 군사력을 가진 이웃 나라 수리아의 공격을 받았다. 하나님은 반역한 하나님의 백성을 버리지 않기로 하셨다. 대신 그들에게 하나님의 영광을 한 번 더 보여주기로 하셨다. 그러나 그 영광마저도 아합의 굳은 마음을 부드럽게 하지 못했다.

## B. 본문 이해

1. 수리아와의 전쟁(20:1-30)
2. 벤하닷을 살려둔 아합(20:31-43)
3. 나봇을 죽인 아합(21:1-16)
4. 공의의 하나님 앞에 서게 된 아합(21:17-29)

## C. 결론: '심판이 임했다!' 를 읽어주라.

## 토의 질문

1. 아합은 하나님의 말씀보다 자신이 바라는 것을 앞세우기로 했다. 당신도 그와 같은 유혹을 받고 있는가? 아합이나 이세벨이 내세웠던 것과 같은 일종의 실용적인 이유들을 어떻게 물리치고 있는가?

2. 현대 교회는 하나님의 심판에 대해 자주 언급하지 않는다. 그렇게 하는 것이 성경을 따르는 것인가? 지옥과 마지막 심판에 대한 교리를 얼마나 많이 강조해야 하는 것인가?

3. 열왕기상 21장에서 분명히 볼 수 있듯이, 하나님은 사회 정의와 권력 남용에 깊은 관심을 보이신다. 복음적인 교회들은 이런 하나님의 관심사들을 얼마나 잘 드러내고 있는가?

# 열왕기상 22:1-열왕기하 1:18

## 불장난

*"성경을 방어하려 하는가? 나는 차라리 사자를 방어할 것이다! 성경을 펼치라. 그러면 성경이 알아서 스스로 방어할 것이다."*

*- 찰스 해돈 스펄전(Charles Haddon Spurgeon)*

**열왕기상 22:1-열왕기하 1:18** 하나님은 아합의 모든 죄와 반역에도 불구하고 그에게 은혜를 베푸시며 인내하셨다. 그러나 이제 그와 그의 장남에게 임할 심판을 선포하실 때가 되었다. 하나님의 선지자 미가야와 엘리야를 통해 전달된 하나님의 말씀에 반응한 그의 오만한 태도는 하나님이 심판하셔야 할 명백한 이유가 되었다.

### 인물 소개: 유다 왕 여호사밧

- 다윗의 뒤를 이은 여섯 번째 왕으로 B.C. 873년에서 848년까지 유다를 통치했다. 왕위에 오른 후 첫 삼 년 동안은 아버지 아사와 함께 통치했다.
- 아들 여호람을 아합의 딸 아달랴와 결혼시킴으로 이스라엘과 동맹 관계를 맺었다. 그는 이스라엘의 아합(왕상 22장)과 요람(왕하 3장)과 함께 적어도 두 차례 전쟁에 참여했다.
- 역대하는 하나님의 율법을 백성들에게 가르친 그의 헌신과 하나님께 순종하는 나라로 개혁한 일과 전쟁에서 그를 구원하신 하나님의 개입을 강조하면서 그에 관한 기록에 4장을 할애하고 있다(대하 17-20장).
- 비록 그가 산당까지 다 제거한 것은 아니었지만, 그는 하나님이 인정하신 왕이었다.

### 인물 소개: 이스라엘의 아하시야

- 아합의 장남으로 그는 아버지의 뒤를 이어 왕위에 올랐지만 전쟁에서 당한 부상 때문에 잠시 통치하다 숨을 거두었다(B.C. 853-852).
- 아버지를 따라 그는 바알을 숭배했고, 엘리야를 자신의 적으로 대했다.
- 자녀를 두지 못하고 세상을 떠났으며, 그의 동생 여호람이 그의 뒤를 이었다.

## 들어가는 글

### 하나님의 말씀을 경시하는 일

1874년 11월 미국의 전도자 D. L. 무디(D. L. Moody)는 영국 옥스퍼드 대학에서 학생들로 가득 찬 강당에 서 있었다. 무디는 설득력 있는 강사였지만, 교육을 많이 받은 사람은 아니었다. 그리고 영국 사람들이 절망적이라고 생각하는 미국식 말투를 사용했다. 그는 학생들이 그의 문법을 조롱하고, 그의 억양에 웃음을 터뜨리며, 그의 메시지를 방해하기 위해 할 수 있는 모든 일을 다 시도했지만, 하나님의 성령님이 놀랍게 일하사 수백 명의 학생들이 그리스도께 돌아오게 된 케임브리지 대학을 막 떠나온 상태였다.

옥스퍼드 학생들은 그들의 경쟁 상대인 케임브리지 학생들에게 결코 뒤지지 않으려 했다. 그들은 투박한 미국인에게 자기 분수를 지키게 했다. 무디가 성경을 읽기 위해 자리에서 일어나자 그들은 발을 굴리고 소리를 지르기 시작했다. 무디는 성경을 덮은 채 강단 위에 몸을 구부리고 서서 "여러분이 찬송시를 조롱했을 때 나는 아무 말도 하지 않았습니다. 여러분이 기도를 우습게 여겼을 때도 나는 아무 말도 하지 않았습니다. 그러나 지금 여러분은 하나님의 말씀을 업신여겼습니다. 하나님의 말씀을 경시하느니 차라리 가장 치명적인 질병에 걸리거나, 번쩍이는 번개를 가지고 노는 것이 훨씬 더 나을 것입니다"라고 말했다.

그것은 단연 옳은 말이었다. 하나님의 말씀을 경시하는 것은 불을 가지고 노는 것과 같다. 그리고 불을 가지고 놀게 되면 불가피하게 불에 데게 된다! 하나님의 말씀을 경시할 수 있는 여러 가지 방법들이 있다. 하나님의 말씀을 비웃거나 비난할 수 있다. 하나님의 말씀을 무시하고 다른 것으로 대체할 수도 있다. 또 어렴풋한 찬사로 하나님의 말씀을 훼손하고 많은 '좋은 책들'과 같은 수준으로 그 가치를 떨어뜨릴 수도 있다. 그러나 결코 하나님의 말씀을 피할 수는 없을 것이다. 하나님의 말씀으로 우리의 삶이 평가받게 될 날이 오게 될 것이다. 그것이 바로 아합과 그의 아들이 피할 수 없었던 사실이다.

## 본문 이해

# 불장난

**Main Idea** 하나님의 말씀을 무시하거나 하나님의 말씀에 저항할 수 있을 것이다. 그러나 하나님의 말씀을 피해 가거나 무산시킬 수는 없을 것이다.

### A. 아합의 죽음(22:1-40)

**Supporting Idea** 하나님의 말씀을 인간의 독창력으로 뒤집어엎거나 훼손할 수 없다.

**22:1-4.** 앗수르는 B.C. 9세기 중엽 성경의 배경이 된 지역에서의 안정된 생활을 위협하는 초강대국이 되었다. 살만에셀(B.C. 858-842)의 지휘 아래 앗수르는 서쪽으로 세력을 확장해나갔다. 수리아가 가장 큰 위협을 받고 있었지만, 그 주변의 다른 나라들도 긴장감을 느끼고 있었다. 853년에 앗수르는 다메섹에서 약 160킬로미터가량 떨어진 곳에 위치한 오론테스 강 유역의 도시 콰르콰르까지 전진해나아갔다. 앗수르인들이 남긴 기록은 그들이 그곳에서 아합을 포함해 벤하닷이 이끄는 큰 연합 군대와 충돌하게 되었음을 말해주고 있다. 살만에셀은 계속된 전쟁에서 승리를 거두었다고 주장했지만, 사실 그는 더 전진해 나가지 못하고 그 지역에서 후퇴했다.

아람과 이스라엘 사이에 전쟁이 없이 삼 년을 지내었더라고 한 1절의 진술은 이런 상황들에 비추어 이해해야 할 필요가 있다. 앗수르 때문에 두 나라는 한동안 동맹국으로 남아 있게 되었다. 그러나 앗수르가 동쪽으로 후퇴하면서 그 지역에 대한 앗수르의 위협은 일시적으로 제거되었고, 약한 나라들은 그들의 작은 야망을 추구할 수 있게 되었다.

유다 왕 여호사밧이 이스라엘 왕('이스라엘 왕' 또는 '왕'이라는 명칭이 이 장에서 27번 사용되었고, 우리는 20절에 이르러서야 그 왕이 아합이라는 것을 알 수 있게 된다)을 방문한 것은 콰르콰르 전투가 끝난 후 얼마 지나지 않아서였을 것이다. 열왕기상에서 여호사밧이 이곳에서 처음 등장하게 된다. 그러나 그는 이미 거의 20년가량 유다의 왕으로 통치하고 있었다(그의 통치에 대해서는 22장 41-50절에서 요약될 것이다). 우리는 열왕기상하의 이야기를 통해 아합과 여호사밧이 평화 동맹을 체결하고, 아합의 딸 아달랴와 여호사밧의 아들 여호람의 결혼을 통해 그 조약을 보장하게 된 사실을 알게 될 것이다(왕하 8:18, 26 참조). 그 결혼으로 유다는 막심한 피해를 입게 되었다. 나라는 바알 숭배로 타락하게 되었고, 다윗 왕조가 거의 끊어질 위기에까지 처하게 되었다(왕하 11장).

여호사밧과 아합은 열왕기상 21장 25-26절과 22장 43절에 나타난 그들에 대한 평가를 비교해보면 알 수 있듯이 영적으로 '이상하게 맺어진 두 사람' 이었다. 여호사밧은 경건하고 선한 왕으로 남 왕조의 개혁과 갱신을 주도했다(대하 17장). 그러나 그와 동맹을 맺은 아합은 경제적으로 성공하고 군사적으로 영리한 전략을 구사했지만, 그의 나라에는 심각한 대가를 치르게 했다.

아합은 여호사밧의 방문을 기회로 수리아 군대를 막기 위한 군사적 동맹을 제안했다. 벤하닷이 빼앗았던 성읍들을 이스라엘에게 돌려주기로 약속했지만(왕상 20:34), 전략적인 경계 지역에 있던 **길르앗 라못**은 돌려주지 않았다. 아합은 유다 왕에게 그 도시를 무력으로 되찾기 위한 전쟁에 함께 참여해줄 것을 요청했고, 여호사밧은 그 요청에 동의해주었다. **나는 당신과 일반이요 내 백성은 당신의 백성과 일반이요.** 여호사밧은 하나님의 인도하심을 구하기 전에 이 말을 공개적으로 먼저 하고 말았다. 아합과의 이 협상은 계속되는 관계를 거부하기 어렵게 만들었다. 그는 아마도 하나님이 수리아와의 전쟁에서 이스라엘에게 승리를 주셨다면 또다시 그렇게 하실 것이라고 생각했을 것이다. 그러나 그의 그런 생각은 잘못된 것이었다. 선지자 예후는 전투에서 돌아오는 그를 만나 분명하게 그의 잘못된 생각을 지적해주었다. "왕이 악한 자를 돕고 여호와를 미워하는 자를 사랑하는 것이 가하니이까?" (대하 19:2).

**22:5-12.** 여호사밧은 전쟁에 가담하기로 이미 결정한 후에 그런 문제에 대해서는 먼저 **여호와의 말씀이 어떠하신지 물어보아야** 한다는 사실을 기억했다. 그러나 그는 지시를 받기보다는 승인을 받고 싶었다. 이미 자신의 마음을 정했기 때문에 하나님의 음성에 귀를 막았다. 아합은 그의 결정에 전적인 호의를 보였다. 그는 자신의 계획을 뒷받침해줄 왕궁에서 후원하던 선지자들을 대거 불러모았고 그들의 지지를 받았다. **올라가소서 주께서 그 성을 왕의 손에 붙이시리이다.** 여호사밧은 그들 중에 하나님의 참 선지자가

없다는 사실을 감지했다. 이 외에 우리가 물을 만한 여호와의 선지자가 여기 있지 아니하니이까? 이 질문에 대한 아합의 대답은 하나님과 하나님의 참 선지자에 대한 그의 태도를 드러내 보여주었다. 한 사람이 있으니… 저는 내게 대하여 길한 일은 예언하지 아니하니… 내가 저를 미워하나이다.

여러 거짓 선지자들과 맞서는 한 사람의 참된 선지자와 아합을 반대해 온 참된 선지자는 엘리야의 이야기를 통해 익숙해지게 되었다. 두 유형의 선지자들이 있었다. 아합의 선지자들과 하나님의 선지자들이었다. 상황적으로 볼 때 여호사밧은 가능한 한 빨리 유다로 돌아가야 할 충분한 이유들이 있었다. 그 한 사람의 참된 선지자는 이 이야기에서만 알려진 이믈라의 아들 미가야였다. 그는 "오직 나만 남았다"(19:10, 14, 18)고 생각했던 엘리야의 주장이 옳지 않은 것이었음을 보여주는 또 하나의 증인이라 할 수 있다.

미가야를 두 왕 앞으로 불러들이는 동안 거짓 선지자들이 자신들의 예언을 하고 있었다. 성문 어귀 큰 광장에서 왕들이 왕복을 입고 각기 보좌에 앉아 있는 공식적인 자리였다. 그들 앞에서 시드기야는 군사력을 상징하는 철로 만든 뿔들을 사용하였다. 그는 아마도 자신의 동료들과 함께 수리아의 멸망과 확실한 이스라엘의 승리를 선포하면서 황소가 게걸스럽게 먹어대는 행동을 흉내내었을 것이다. 거짓 선지자들은 왕과 백성들의 기대를 부추기는 자신들의 의무를 수행하고 있었다. 그러나 그 모든 행동과 소음에도 불구하고 참된 하나님의 말씀은 없었다. 그 장면은 상당히 인상적이었을 것이다. 그러나 헛된 것이었다.

**22:13-28.** 미가야를 데리러 간 관리는 그를 만나 몇 가지 조언을 했다. 그가 보기에 선지자의 임무는 왕이 바라는 것은 그것이 무엇이건 간에 무조건 지지해주는 것이었다. 모든 선지자들이 왕에게 길하게 말하고 있었기 때문에 미가야 역시 다른 말을 해서는 안 된다는 것이었다. 그의 조언은 단도직입적이었고 아마도 무언의 위협이 내포되어 있었을 것이다. "당신의 말도 저희 중 한 사람의 말처럼 길하게 하소서." 그러나 그는 미가야를 잘못 알고 있었다. 미가야는 덤이 아니었다. 미가야는 권세 있는 사람들에게 좋은 인상을 주는 일에는 관심이 없었다. 그는 하나님이 원하신다면 기꺼이 혼자서라도 맞설 준비가 되어 있었다. 미가야는 엘리야 편에 속한 선지자였다.

그러나 미가야는 왕을 놀라게 했다. 아합 앞에 서서 싸우러 가야 할 것인지에 대한 질문을 받은 그는 왕실 선지자들의 말을 흉내 내어 대답했다. 올라가서 승리를 얻으소서 여호와께서 그 성을 왕의 손에 붙이시리이다. 그의 빈정대는 말투나 그의 표정이나 그의 대답 자체 때문이었는지 아합은 미가야가 자신을 조롱하고 있다는 것을 간파했다. 아합은 또 미가야가 하나님의 이름으로 말하는 것이 아니라는 사실을 알고 있었다. 그의 반박은 직선적이었다. 그러나 그것은 여호사밧에게 깊은 인상을 주기 위해 계획된 반어적인 것이었다. 저 사람이 내게 대하여 길한 것을 예언하지 아니하고 흉한 것을 예언하겠다고 당신에게 말씀하지 아니하였나이까?

그러자 미가야는 하나님께 받은 메시지를 전달했다. 두 왕이 전쟁을 감행한다면 온 이스라엘이 목자 없는 양같이 산에 흩어지게 될 것이다. 목자는 일반적으로 왕을 뜻하는 용어로 사용되고 있었다. 이 예언은 아합의 죽음과 그 군대의 몰락을 뜻하는 것이었다. 그들은 공격군이었기 때문에 후퇴는 실패를 뜻하는 것이었다. 아합은 그런 소극적인 자세가 바로 미가야의 전형적인 모습이라는 불평을 했다.

미가야의 말은 아직 다 끝난 것이 아니었다. 거짓 선지자들의 예언을 설명해야 할 필요가 있었다. 그는 하나님이 아합의 목숨을 거두기로 하신 것을 분명하게 밝혔다. 하나님의 사형 선고는 왕에게 내려졌고 그 선고가 수행되는 일만 남아 있었다. 누가 아합을 꾀어 저로 길르앗 라못에 올라가서 죽게 할꼬? 거짓 선지자들의 예언은 하나님이 거짓말하는 영이 아합을 꾀이는 일을 하도록 허용하셨다는 것을 보여주는 증거였다('심층 연구' 를 보라).

신실함을 지키기 위해 지불해야 할 대가가 있다. 왕실 선지자들의 지도자격인 시드기야는 미가야의 계시로 자신의 거짓 예언이 폭로되자 미가야의 뺨을 쳤다. 그리고 미가야가 예언적인 영감을 가지고 말한 것이 아니라고 주장하며 그의 예언을 부인했다. 아합은 하나님의 선지자를 옥에 가두고 자신이 전쟁터에서 돌아올 때까지 고생의 떡과 고생의 물로 먹이라는 명을 내렸다. 미가야는 그런 대우를 하나님이 주시는 확신을 가지고 받아들였다. 선지자는 그 예언의 성취로 그 진실성이 증명될 것이다(신 18:21-22). 따라서 시드기야는 전쟁의 결과가 밝혀지고 아합이 결코 돌아오지 못하게 될 때, 두려워하며 골방에 들어가서 숨는 그 날 진실이 무엇인지 알게 될 것이다. 미가야는 하나님의 메시지를 전했기 때문에 자신의 정당성을 확신하고 있었다.

**22:29-38.** 아합이 전쟁터로 나간 것은 그리 놀랄 일이 아니다. 그러나 여호사밧이 그

렇게 했다는 것은 상당히 놀라운 일이었다. 그는 미가야가 전한 말의 진의를 파악했어야 했다! 아마도 그는 이스라엘과 맺은 동맹을 파기함으로 체면이 깎이게 될 것을 더 염려했을 것이다. 아합은 자신이 안전하게 돌아오게 될 것을 선언하면서 전쟁터로 나갔다. 그러나 그의 마음속에서 일어나는 불안을 부인할 수 없었다. 일반적으로 왕들은 군인들에게 활력을 불어넣어주기 위해 왕복을 입고 전쟁터로 나갔다. 그러나 그렇게 할 경우 쉽게 적군의 표적이 될 수 있었다. 아합은 여호사밧에게 자신은 변장하고 군중으로 들어가려 한다는 의사를 밝혔다. 아합은 자신이 표적이 되고 있다는 사실을 잘 알고 있었다. 그리고 변장을 통해 적군을 속일 수 있을 것이라 확신하고 있었다.

하나님의 말씀을 업신여길 수는 있겠지만, 하나님의 말씀을 무효화할 수는 없다. 수리아 왕은 그의 군인들에게 아합을 잡으라는 명을 내렸다. 그의 죽음은 그의 군대로부터 가장 강력한 지도자를 잃게 만드는 것이기 때문이었다. 그러나 여호사밧만이 왕복을 입고 있었고, 그는 곧 위험에 처한 자신을 보게 되었다. 그러나 여호사밧이 소리지르는지라. 적들은 그가 아합이 아니라는 것을 알고 그를 놓아주었다. 역대하 기자는 그가 지른 소리가 기도였다는 것을 우리에게 말해주고 있다(대하 18:31).

아합의 죽음은 참 얄궂은 것이었다. 한 사람이 우연히 활을 당기어 이스라엘 왕의 갑옷 솔기를 쏘았기 때문에 하나님보다 자신이 한 수 더 낫다고 생각했던 사람이 죽임을 당했다. 우연히 활을 당기는 일은 있을 수 없었다. 그것은 하나님이 방향을 잡으신 미사일과 같은 것이었다. 자신이 심각한 상처를 입었다는 것을 알게 된 아합은 병거를 몰아 전투가 벌어지는 곳에서 빠져나갈 것을 명했다. 그러나 치열한 접전이 벌어지고 있었기 때문에 퇴각할 수 없는 상황이었다. 그는 그날 병거 가운데 붙들려 서서 아람 사람을 막다가 죽음을 맞이했다. 자신의 신분을 속이기 위해 변장을 하고 전투를 시작한 그는 자신의 죽음을 변장하기 위해 애쓰며 전투를 마쳐야 했다. 그러나 둘 다 실패했다. 그는 죽었고 수도로 이송되어 묻혔다.

열왕기상 기자는 아합의 생애를 극적인 방식으로 묘사하며 그의 이야기를 마쳤다. 그 병거를 사마리아 못에 씻으매 개들이 그 피를 핥았다. 이것은 21장 19절에 기록된 엘리야의 예언을 상기시켜준다. 하나님께 언제나 결정권이 있었다. 하나님의 말씀을 부인하고 거부하고 무시할 수 있을 것이다. 그러나 하나님의 말씀을 피할 수는 없다. 아합의 죽음은 전쟁터에서 일어난 사고가 아니라 하나님의 의로운 심판이었다.

**22:39-40.** 열왕기상 기자는 독자들이 아합에 관해 알 수 있는 다른 기록들을 소개하면서 그가 이룩한 다른 업적들을 언급했다. 무릇 그 행한 일과 그 건축한 상아궁과 그 건축한 모든 성은… 이런 업적들은 역사가들에게는 중요한 기록이 될 수도 있을 것이다. 그러나 그가 자기 나라에 미친 영적인 악영향 때문에 그 업적들은 결국 무가치한 것들이 되고 말았다.

### B. 유다 왕 여호사밧의 통치(22:41-50)

| Supporting Idea | 하나님 말씀에 대한 순종이 하나님께 인정받는 삶을 불러온다. |
|---|---|

**22:41-50.** 열왕기상 기자의 분할 스크린 방식은 이스라엘과 유다 중 한 나라의 역사에 대한 묘사가 이어지는 동안 다른 한 나라의 역사에 대한 설명은 잠시 중단될 수 있음을 뜻한다. 15장 25절부터 지금까지 우리는 아합과 엘리야의 대결과 바알과 하나님의 대결을 중심으로 벌어진 사건들에 특별히 초점을 맞추어 북 왕조에서 일어난 사건들을 계속 따라왔다. 열왕기상은 역사적 기록 그 이상이다. 후세들이 조상들의 죄와 실패를 따르지 않도록 사건들에 대한 하나님의 관점을 독자들에게 보여주려는 의도를 가지고 있으며, 역사적 사건들을 바탕으로 한 설교다.

22장 41절에서 우리는 유다의 역사로 돌아가게 된다. 그러나 22장 51절에서 이야기는 다시 북 왕조로 돌아가기 때문에 이 부분은 간단한 막간과 같은 역할을 하고 있다. 그리고 열왕기하 8장 16절까지 여호사밧이 유다의 왕으로 계속 통치하게 될 것이다. 여호사밧은 B.C. 872년 삼십오 세의 나이로 왕위에 올라 처음 3년 동안은 기본적으로 선한 왕이었던 그 부친 아사와 함께 통치했다. 그는 B.C. 872년부터 848년까지 이십오 년을 치리했다. 그 가운데 마지막 5년 동안은 그의 아들 여호람과 함께 통치했다. 역대하 기자는 여호사밧에 관한 이야기를 4장에 걸쳐 기록하고 있으며, 주로 나라를 개혁하고 갱신하면서 백성들이 하나님을 신뢰할 수 있도록 인도한 그의 역할에 초점을 맞추고 있다(대하 17-20장). 반면에 열왕기상 기자는 그의 생애를 설명하는 데 단지 아홉 구절만을 할애했다.

여호사밧에 관한 설명 중 가장 두드러진 것은 그가 이스라엘 왕으로 더불어 평화한 것이었다. 그 평화는 결혼을 통한 동맹으로 자리를 잡게 되었고, 군사적 연합으로 표현되었다. 그가 이룩한 군사적 공적들과 에돔을 지배한 것과 솔로몬 당시 해군이 누렸던 명성을 회복하려다 실패한 일 등은 간단하게 언급되어 있다. 그는 아합의 아들 아하시야와 동맹을 맺긴 했지만, 두 나라의 종들을 함께 배에 승선시키자는 아하시야의 제안은 허락지 않았다.

열왕기상 기자에게 가장 중요한 것은 여호사밧에 대한 평가다. 그 부친 아사의 모든 길로 행하며 돌이켜 떠나지 아니하였다. 이것은 저자가 보내는 가장 높은 찬사 - 다윗의 행함같이 행하였다는 찬사 - 에는 조금 못 미치는 것이지만, 히스기야와 요시야와 함께 유다의 선한 왕들 중에 여호사밧을 포함시키는 그런 칭찬이었다. 그는 여호와 보시기에 정직히 행하였다. 여호사밧은 하나님의 말씀을 기준으로 그의 나라를 다스렸기 때문에 선한 왕이 되었다.

### C. 이스라엘 왕 아하시야의 죽음(22:51-53, 왕하 1:1-18)

| Supporting Idea | 하나님의 말씀을 인간의 저항으로 파기하거나 제어할 수 없다. |
|---|---|

**22:51-53.** 이 구절에서 우리는 북 왕조의 영적, 도덕적 수렁 속으로 다시 뛰어들게 된다. 아합의 아들은 아합이 평생 곡해했던 하나님에 대해 말해수는 이름을 가지고 있었다. 아하시야는 '여호와께 붙들린' 이라는 뜻이다. 그러나 그의 마음은 바알에게 붙들려 있었다. 그는 B.C. 853년에 왕위에 올라 852년까지 2년 동안 통치했지만, 실제로는 아마도 24개월을 다 채우지 못했을 것이다. 그는 계속 그 부모의 길로 행하였고, 갈멜산에서 드러난 바알의 무력함이나 그의 아버지의 처참한 죽음을 통해 아무것도 배우지 못하였다. 또 엘리야를 통해 하나님이 그에게 선포하신 재앙에도(21:20-24) 그는 아랑곳하지 않았다. 바알 숭배를 통해 그는 이스라엘 하나님 여호와의 노를 격동하기를 그 아비의 온갖 행위 같이 하였다.

**왕하 1:1-2.** 열왕기상하를 구분한 것은 순전히 인위적인 것이었다. 원래는 구분되어 있지 않았지만 헬라어로 번역하면서(70인역) 아마도 규격화된 두루마리가 다 찼기 때문에 상하로 구분하여 두 권으로 만들었을 것이다. 따라서 아하시야에 관한 이야기가 잠시 방해를 받게 되었다. 이스라엘의 속국이었던 모압의 배반은 열왕기하 3장에서 자세하게 설명될 것이다.

아하시야는 그의 수도 사마리아에 있는 그 다락 난간에서 떨어져 생명이 위협당하는 부상을 입게 되었다. 다락방은 보통 평평한 지붕 위에 있었기에 다른 사람들의 간섭을 받지 않고 시원한 바람을 느낄 수 있는 곳이었다. 그가 난간에서 떨어진 것은 사고였거나, 술에 취해 있었기 때문일 것이다. 어쨌거나 그는 심각한 부상을 입었다.

그 위기 속에서 그는 '자신이 선택한 신' 바알을 찾았다. 블레셋의 한 마을인 에그론에서 바알의 구체적인 특징이 어떻게 나타나고 있었는지 우리는 알 수 없다. 아마도 치유의 능력을 가진 신으로 알려져 있었을 것이다. 그의 이름은 '파리 대왕' 이라는 뜻을 가진 바알세붑이었다. 그 이방 신에게 아하시야는 도움을 구하려 했다. 그는 자신의 병에서 회복될 수 있는지를 알아보기 위해 73킬로미터가량 떨어진 에그론으로 그의 사자들을 보냈다.

**왕하 1:3-8.** 아하시야는 더 이상 그의 반역을 계속할 수 없었다. 그의 사자가 에그론으로 가고 있는 동안 하나님은 엘리야에게 여호와의 사자를 보내셨다. 그가 엘리야에게 전한 메시지는 '땡땡땡' 치는 종소리처럼 이 장에서 정확하게 세 번 반복되었다(3-4, 6, 16절). 그 메시지의 첫 부분은 살아 계신 하나님이 그 어떤 적수도 용납지 않으실 것이라는 내용이었다. 하나님은 혼합주의를 참지 않으실 것이다. 그리고 아합의 집이 지은 죄와 반역을 더 이상은 벌하지 않고 내버려두지 않으실 것이다. 아하시야는 하나님의 의로운 심판이 얼마나 엄중한 것인지 알게 될 것이다. 네가 반드시 죽으리라!

엘리야가 아하시야의 사자들을 만난 것은 기록되지 않았다. 그러나 그 만남은 그들의 임무를 수행할 수 없을 만큼 충격적인 것이었다. 그들은 여행 중에 만난 신원을 알 수 없지만 그들을 놀라게 만든 한 사자에게서 들은 메시지를 왕에게 그대로 전했다. 그 사자의 특징을 물은 아하시야는 털이 많은 사람인데 허리에 가죽 띠를 띠었더이다라는 대답을 들었다. 그리고 그가 그의 아버지를 상대했던 사람이라는 것을 알게 되었다. 그는 디셉 사람 엘리야로다.

**왕하 1:9-17상.** 아하시야는 또 다른 방법으로 그의 아버지와 다를 바 없는 그의 모습을 드러내었다. 그는 하나님의 선지자를 통해 하나님의 말씀을 듣게 되었다. 그러나 그는 그 앞에서 회개하지 않았다. 대신 하나님의 말씀을 무효화시키고 자신의 권세 아래 두려 했다. 그는 엘리야를 잡을 수 있다면 그의 메시지를 바꿀 수 있을 것이라 생각했던 것이 분명했다. 그래서 선지자를 잡기 위해 군대를 풀었다. 그 결과 대결이 벌어지게 되었다. 왕의 권세를 가진 사람이 산꼭대기에 혼자 무방비 상태로 앉아 있는 사람을 쳐다보았다. 그의 명령에는 권력을 가진 자의 오만함이 배어 있었다. 하나님의 사람이여 왕의 말씀이 내려오라 하셨나이다. 마치 자신이 사건의 진로를 결정할 수 있는 사람인 것처럼 보였다.

그러나 왕과 그의 신하들은 하나님의 말씀을 무시하는 것은 불을 가지고 노는 것과 같다는 사실을 알고 있어야 했다. 엘리야는 내가 만일 하나님의 사람이면 불이 하늘에서 내려와서 너와 너의 오십 인을 사를지로다라고 대답했다. 불이 정말 내렸다. 그러나 아하시야와 그가 보낸 그의 오십 부장은 단념하지 않았다. 두 번째 오십 부장의 요구는 더 오만했다. "왕의 말씀이 속히 내려오라 하셨나이다." 그러나 또다시 하나님의 불이 내려왔다.

세 번째 오십 부장은 겸손한 마음과 하나님의 선지자에 대한 깊은 존경을 가지고 찾아왔다. 그는 무릎을 꿇고 원컨대 나의 생명과 당신의 종인 이 오십 인의 생명을 당신은 귀히 보소서라고 간청했다. 그러나 엘리야는 명령을 수행하고 있었다. 결정은 그가 아니라 하나님이 내리셨다. 여호와의 사자가 엘리야에게 그와 함께 내려가서 왕에게 다시 하나님의 메시지를 전하게 하셨다. 하나님의 말씀에 완화된 것은 아무것도 없었다. 엘리야는 아하시야에게 하나님의 심판을 다시 한 번 더 선포했다. 네가 반드시 죽으리라! 아하시야는 엘리야가 예언한 대로 죽었다.

**왕하 1:17하-18.** 아하시야의 죽음으로 아합의 집이 다 끊어진 것은 아니었다. 열왕기상 21장 20-24절에서 엘리야가 예언한 피 죽음은 아직 다 끝나지 않았다. 이제 아하시야의 동생 여호람이 유다 왕… 여호람의 제 이년에 왕위에 오르게 되었다. 이 시기에 유다가 북쪽을 병들게 한 바알 숭배를 받아들이면서 영적으로 두 나라는 별 다를 바 없게 되었다.

| Main Idea 복습 | 하나님의 말씀을 무시하거나 하나님의 말씀에 저항할 수 있을 것이다. 그러나 하나님의 말씀을 피해 가거나 무산시킬 수는 없을 것이다. |
|---|---|

# 결론

## 네 사람과 성경

이 부분에 나오는 네 주인공은 우리에게 하나님의 말씀과 우리의 관계에 대한 중요한 교훈을 가르쳐주고 있다.

아합은 하나님의 말씀을 무시하거나 소홀히 여겨서는 안 된다는 사실을 우리에게 보여준다. 그는 먼저 하나님의 말씀을 모방해서 자신이 듣고 싶은 메시지를 전해주는 400명의 거짓 선지자들을 지원하면서 하나님의 말씀을 위조하려 했다. 그러나 하나님의 참 메시지를 피할 수 없게 되자 그는 자신이 하나님의 말씀을 무시할 수 있다고 생각하기로 했다. 그러나 영리하게 변장한다고 해서 하나님의 말씀을 피할 수 있는 것은 아니다. 결국 개들이 아합의 피를 핥았으니 '여호와의 하신 말씀과 같이' 되었다(왕상 22:38).

미가야는 어떤 대가를 치르게 되든 용감하게 하나님의 말씀 편에 설 것을 우리에게 도전한다. 그는 사람들이 듣고 싶어 하지 않는다 할지라도 하나님의 진리를 두려워하지 않고 선포하기로 결단한 선지자의 좋은 본보기다.

여호사밧은 하나님의 말씀을 먼저 들어야 한다는 사실을 우리에게 상기시켜준다. 그는 하나님을 사랑한 왕이었지만, 그의 실용주의 때문에 나라에 큰 해를 끼치고 체면을 손상시키는 관계를 맺게 되었다. 그는 먼저 결정을 내린 다음 하나님을 찾는 실수를 저질렀다. 그리고 하나님의 말씀을 들은 후에는 자신의 실수를 인정하지 않았고, 하나님의 지시를 따르려 하지 않았다.

아하시야는 자신이 하나님의 말씀을 통제할 수 있다고 생각했다. 인간의 능력으로 하나님의 말씀을 자신에게 맞출 수 있을 것이라 생각했다. 그러나 그의 아버지처럼 그는 언제나 최종 결정권은 하나님의 말씀에 있다는 사실을 알게 되었다. "엘리야의 전한 여호와의 말씀대로 죽었다"(왕하 1:17)는 그의 비문은 의미심장한 것이다.

이 네 사람과 그들의 반응은 하나님의 말씀에 대한 우리의 반응을 평가할 수 있는 하나의 패턴 혹은 모델을 제공해준다. 그들에게는 선지자의 입술을 통해 하나님의 말씀이 전해졌다. 우리는 하나님의 기록된 말씀인 성경을 통해 하나님의 말씀을 들을 수 있다.

▣ 진리 알기

- 작은 타협은 불가피하게 큰 타협을 불러온다.
- 진리는 듣는 사람들을 기쁘게 해주기 위해 고안해낸 말을 하는 사람들에게서가 아니라 하나님의 말씀을 듣는 사람들에게서 찾을 수 있다.
- 하나님의 음성 대신 다른 음성을 듣고 따르는 것은 속임수를 선택하는 것이다.
- 우리는 하나님의 말씀을 무시할 수 없다. 하나님은 하나님이 하실 것이라고 말씀하신 그대로 행하신다.
- 하나님은 하나님이 보시기에 옳은 일을 하기로 헌신한 사람들을 높여주신다.
- 하나님을 대신할 다른 대상을 따라가는 것은 멸망의 길을 따라가는 것이다.
- 하나님은 교만하고 오만한 사람들을 물리치신다.

▣ 적용하기

- 영적으로 확신하고 있는 일들을 타협하게 만드는 유혹을 거부하라.
- 의사 결정을 한 후가 아니라 하기 전에 하나님의 말씀에 귀를 기울이라.
- 하나님의 말씀을 듣는 일에 주의를 기울이라. 많은 사람들이 가는 길을 그저 따라가려 하지 말라.
- 하나님께 절대적으로 충성하라.
- 하나님과 하나님의 말씀 앞에서 겸손한 마음을 가지라.

## 삶의 적용

# 불이 내릴 때

어느 날 예수님과 제자들이 유대인과 사마리아인이 서로에게 느끼는 적대감 때문에 그들을 환영해주지 않는 사마리아 지역을 지나가게 되었다. 야고보와 요한은 벌컥 화를 냈다. "주여 우리가 불을 명하여 하늘로 좇아 내려 저희를 멸하라 하기를 원하시나이까"(눅 9:54). 그러자 예수님은 사마리아인들이 아니라 제자들을 꾸짖으셨다(눅 9:55). 주 예수님은 법정에서 조롱과 멸시를 받으셨다. 이루 다 말로 표현할 수 없는 모욕을 당하셨지만, 적들을 물리치고 자신을 구원할 천사들을 부르지 않으셨다(마 26:53). 대신 그들을 용서해주시기를 기도하셨다(눅 23:34).

주 예수님이 보여주신 본보기는 엘리야가 보여준 것과 달랐다. 그리고 적을 어떻게 대해야 하는지 우리에게 보여주셨다(마 5:34-48). 그러나 엘리야가 하나님의 성품을 잘못 전달했다고 생각하는 것은 옳지 않다. 주 예수님은 분명히 지옥에 대해 가르치셨다. 지옥은 고통스럽고(눅 16:19-31) 영원한(마 25:41) 곳이며, 각 개인이 선택하게 되는 곳(눅 12:4-5)이라고 말씀하셨다. 성경은 "우리 하나님은 소멸하는 불이심이니라"(히 12:29), "살아 계신 하나님의 손에 빠져 들어가는 것이 무서울진저"(히 10:31)라고 경고하고 있다. 그리스도를 구세주와 주님으로 믿지 않는 사람들에게는 "짐짓 죄를 범한즉 다시 속죄하는 제사가 없고 오직 무서운 마음으로 심판을 기다리는 것과 대적하는 자를 소멸할 맹렬한 불만 있게"(히 10:26-27) 될 것이다.

적의 군대에 불을 내리게 한 엘리야는 하나님의 성품을 부인한 것이 아니라 하나님을 무시하는 것이 얼마나 심각한 결과를 불러오게 되는지를 보여주었다. 죄는 죽게 한다. 영원히 죽게 한다. 그러나 우리 구세주가 이미 하나님의 심판의 불을 받으셨다. "하나님이 세상을 이처럼 사랑하사 독생자를 주셨으니 이는 저를 믿는 자마다 멸망치 않고 영생을 얻게 하려 하심이니라"(요 3:16).

## 기도

주님, 하나님의 말씀을 경시하지 않게 도와주옵소서. 하나님 말씀을 먼저 구하고 하나님 말씀 앞에서 겸손해지는 것을 배우게 하옵소서. 어떤 대가를 치르든지 하나님의 말씀을 용감하게 옹호하고, 그 일을 철저하게 할 수 있도록 도와주옵소서. 아멘.

## 심층 연구

### A. '여호와께서 거짓말하는 영을… 넣으셨고"(22:23)

하늘의 법정을 본 미가야는 여호와가 아합의 거짓 선지자들에게 거짓말하는 영을 넣으셨다고 설명했다. 그가 실제로 일어난 일을 묘사하려 했던 것같지는 않다. 아마도 거짓 선지자들이 거짓을 말하는 사람들인 동시에, 또 그 거짓말의 희생자라는 사실을 극적으로 설명하기 위한 한 방법이었던 것으로 보인다. 그것은 하나님이 거짓 선지자들을 고무하기 위해 거짓 영을 허락하신다고 말하고 있는(데살로니가후서 2장 11절을 보라) 다른 성경 구절들과도 모순되지 않는다. 범죄자에게 형벌은 합당한 것이다. 아합은 거짓 신을 선택했고 그래서 거짓말을 듣게 되었다.

중요한 것은 아합이 속지 않았다는 사실이다. 미가야 선지자를 통해 그는 그의 선지자들이 자신을 속이고 있다는 것과 자신이 전쟁터에서 죽음을 맞이하게 될 것이라는 사실을 분명히 듣고 알게 되었다. 그의 문제는 하나님이 하신 말씀을 몰랐던 것이 아니라 하나님이 원하시는 것을 따르지 않았던 것이다. 그는 거짓 선지자들을 따르는 것이 그가 원하는 것이었기 때문에 그들을 따르기로 선택했다.

### B. 여호사밧(22:43)

여호사밧이 "여호와 보시기에 정직히 행하였다"고 기록한 열왕기상 기자의 평가는 역대하 17-20장에 기록된 자료에 의해 확인될 수 있다. 세 가지 일을 두드러지게 볼 수 있다. 첫째, 여호사밧은 열정적으로 하나님께 헌신한 사람이었다. "오직 그 부친의 하나님께 구하며… 저가 전심으로 여호와의 도를 행하여…"(대하 17:4, 6). 둘째, 여호사밧은 하나님의 말씀을 중심으로 살기로 결단했다. 그래서 그는 하나님의 말씀을 중심으로 백성들을 다스렸다(대하 17:7-9, 19:4-11). 셋째, 그는 여호와를 신뢰하기로 결심했다. 때문에 그는 기도하고 하나님이 지시하신 대로 행동했다. 그가 백성들에게 활력을 준 내용은 역대하 20장 20절에 표현되어 있다. "너희는 너희 하나님 여호와를 신뢰하라 그리하면 견고히 서리라 그 선지자를 신뢰하라 그리하면 형통하리라."

여호사밧의 이 세 가지 특징은 하나님이 인정하시는 삶을 사는 데 없어서는 안 될 자질들이다.

### C. 바알세붑(왕하 1:2)

'파리 대왕' 이라는 뜻의 이 이름은 아마도 원래 '왕자' 를 뜻하는 히브리어 '바알세불' 을 풍자화한 것일 수 있다. 복음서에서 바리새인들은 '귀신의 왕 바알세불' (마 12:24)을 언급했다. 예수님도 바알세불을 언급하셨는데(마 10:25, 12:27), 그것은 사단의 동의어로 사용된 것으로 보인다.

## 고안

### A. 들어가는 글

1. '하나님의 말씀을 경시하는 일' 의 이야기로 시작하라.
2. 배경 설명: 아합과 그의 가족에 대한 하나님의 심판이 선지자를 통해 선포되었다. 하나님의 말씀은 선언되었고, 이제 성취되기 시작할 것이다.
3. 적용: 또다시 이스라엘은 수리아와 대립하게 되었다. 그러나 이전의 승리가 장래의 승리를 보장해주는 것은 아니다.

### B. 본문 이해

1. 아합의 죽음(22:1-40)
2. 유다 왕 여호사밧의 통치(22:41-50)
3. 이스라엘 왕 아하시야의 죽음(22:51-53, 왕하 1:1-18)

**C. 결론**: '네 사람과 성경' 을 읽어주라.

## 토의 질문

1. 먼저 결정을 내린 다음 하나님의 조언을 구하기로 했던 적이 있었는가? 경건하고 선한 결정을 내리는 데 도움이 될 만한 것으로 어떤 것들을 들 수 있겠는가?

2. 하나님의 말씀을 경시하는 방법들로 어떤 것들이 있는가?

3. 위기 상황에서 아하시야는 본능적으로 우상을 찾았다. 우리도 그렇게 하는 경우가 있다고 생각하는가?

4. 엘리야는 그의 적들에게 하늘에서 불이 내리기를 원했다. 인간의 죄에 대한 하나님의 심판을 어떻게 이해하고 있는가? 지옥을 우리는 얼마나 심각하게 받아들여야 하는가? 예수님이 지옥에 대해 가장 많이 말씀하신 분이라는 사실이 지옥에 대한 생각을 달리 하게 만드는가?

# 열왕기하 2:1-3:27

## 겉옷을 가지고

*"영적 지도자는 선택이나 임명을 통해, 사람들이나 컨퍼런스나 종교회의를 통해 배출되는 것이 아니다. 하나님만이 영적 지도자를 만들 수 있는 분이시다. 중요한 지위에 오른 것만으로는 지도자가 될 수 없다. 리더십 과정을 밟거나 지도자가 되기로 결심한다고 해서 지도자가 될 수 있는 것도 아니다… 영적 리더십은 영적인 것이며 하나님만이 주실 수 있다."*

*- 오스왈드 샌더스(Oswald Sanders)*

**열왕기하 2:1-3:27** 하나님의 주권적인 목적에 따라 엘리사가 엘리야의 뒤를 이을 때가 되었다. 그 승계는 엘리야가 초자연적으로 이 세상을 떠나게 되는 매우 놀라운 방식으로 이루어졌다. 엘리사는 엘리야의 뒤를 이어 사역하기 위해 초자연적인 능력을 부여받았다. 축복이라는 기적들과 그가 수행하도록 능력을 부여받은 심판과 이스라엘 군대의 구출에 대한 그의 예언을 통해 그 승계가 분명한 것으로 드러났다.

## 들어가는 글

# 지도자가 떠날 때

1945년 4월 12일 해리 투르먼(Harry Truman)은 '가능한 한 빨리 그리고 가능한 한 조용하게' 백악관으로 와달라는 요청을 받았다. 투르먼은 대통령이 자신에게 맡길 특별한 일이 있을 것이라 생각하며 즉시 출발했다. 백악관에 도착한 그는 놀랍게도 루즈벨트 여사가 앉아 있는 방으로 안내되었다. 그녀는 자리에서 일어나 그의 어깨에 손을 얹고 "해리, 대통령께서 세상을 떠나셨어요"라고 말했다.

너무 놀라 말을 잃고 있던 투르먼은 루즈벨트 여사에게 "제가 도와드릴 수 있는 일이 있습니까?"라고 물었다.

그녀는 "아니요. 사실 곤란에 처한 분은 당신이에요. 우리가 도와드릴 수 있을까요?"라고 대답했다.

어느 때고 대통령이 된다는 것은 힘든 일이다. 게다가 그때는 제2차 세계대전 당시였다. 루즈벨트 대통령은 미 역사상 가장 오랫동안 대통령직에 있었다. 그는 물의를 일으키기도 했지만 강력한 지도자였다. 전쟁은 순조롭게 진행되고 있었지만, 중요한 결정들이 - 히틀러와 일본과 전후 세계를 장악하기 위해 공작을 펴고 있는 스탈린 등에 대한 - 남아 있었다. 자기 나라와 자유로운 세계를 이끌어가야 할 모든 책임이 갑자기 투르먼의 어깨에 떨어졌다. 다음 날 그는 "달과 별들과 모든 행성들이 내 위에 떨어진 듯한 느낌이었다"고 말했다.

대통령이건 부모이건 간에 재능 있는 위대한 지도자의 뒤를 잇는 것보다 더 어려운 일은 없다. 그러나 지도자들은 아무리 훌륭하고 경건하다 할지라도 영원하지는 않다. 그래서 변화는 불가피하다. 훌륭한 사람들이 떠나게 되고, 새로운 문제가 생겨나게 되며, 새로운 기회도 오게 된다. 때때로 우리는 과거를 그대로 복제하고 싶어 한다. 그러나 세상은 그렇게 돌아가지 않는다. 때문에 우리는 모두 배턴을 손에 잡고 달려야 할 때를 맞을 수밖에 없다.

지도자가 떠나게 되면 우리는 그를 대신할 사람을 - 그 자리를 채워줄 누군가를 - 찾으려 하는 경향이 있다. 그러나 하나님은 과거를 재순환시키지 않으신다. 우리에게 필요한 것은 그와 똑같은 사람이 아니라 그 사람의 하나님이다. 하나님이 세우신 지도자가 떠난다 해도 하나님의 모든 것은 그대로 남아 있다. 변화가 생길 때는 변함 없으신 하나님께 초점을 맞추어야 하는 때다.

엘리사는 구약 성경에서 가장 강력한 인물이었던 엘리야의 뒤를 이어야 하는 엄청난 일을 맡게 되었다. 그는 "엘리야가 어디 있는가?"라는 질문이 아니라 "엘리야의 하나님이 어디 계시는가?"라는 질문을 해야 한다는 사실을 깨닫고 있을 만큼 지혜로웠다. 그는 엘리야가 일했던 상황과 매우 흡사한 상황 속에서 하나님을 섬기게 되었다. 그는 엘리야가 시작한 일을 마치게 될 것이다. 그러나 자신의 독특성을 반영하는 방법으로 일하게 될 것이다.

## 본문 이해

### 겉옷을 가지고

| Main Idea | 하나님이 세우신 지도자가 떠난다 해도 하나님의 모든 것은 그대로 남아 있다. |
|---|---|

#### A. 새로운 지도자(2:1-14)

| Supporting Idea | 우리는 일을 맡으면서 하나님의 임명을 받아야 할 뿐 아니라, 그 일을 수행하기 위해서도 하나님의 기름 부으심을 받아야 한다. |
|---|---|

하나님은 호렙산에서 엘리야에게 바알과 아합을 따르는 자들에게 맞서 싸우기 시작한 대결을 마칠 사람은 엘리사라는 사실을 분명하게 밝혀주셨다(왕상 19:15-18). 엘리사가 얼마나 오랫동안 엘리야의 종과 생도로 그와 동행했는지는 알 수 없지만, 이제 승

계가 이루어질 때가 되었다.

**2:1-6.** 2장의 첫머리는 곧 일어나게 될 극적인 사건을 알려주고 있다. 여호와가 회리바람으로 엘리야를 하늘에 올리고자 하실 때였다. 에녹의 경우를 제외하고 그런 일은 일어난 적이 없었다. 그러나 상당수의 사람들이 엘리야가 떠날 때 극적인 일이 벌어질 것이라는 사실을 알고 있었다. 본문 내용은 길에서 일어난 이야기들을 중심으로 펼쳐지고 있다. 엘리야와 엘리사는 길갈에서 시작해 벧엘을 지나 여리고로 갔다. 세 군데 모두에서 엘리야는 엘리사를 단념시키려 했다. 너는 여기 머물라. 그러나 그 노력은 엘리야에게도 그리 마음 내키는 일이 아닌 듯했다. 그는 엘리사에게 머물러야 한다고 강하게 주장하지 않았다. 그를 단념시키려 하기보다는 젊은이의 충성과 결단을 시험하고 있는 것처럼 보였다. 엘리사의 반응은 매번 똑같았다. 내가 당신을 떠나지 아니하겠나이다.

그것은 엘리야가 어디를 가든지 그와 함께 있을 것이라는 엘리사의 결심을 반영해주는 맹세와도 같은 대답이었다. 엘리사는 그날이 중요한 날이라는 것을 알고 있었고, 산만해지거나 방심해서는 안 된다는 다짐을 하고 있었을 것이다. 두 곳에서 두 사람은 선지자의 생도들을('심층 연구'를 보라) 만났다. 그리고 여행의 방향은 그들을 만나려는 엘리야의 계획에 따라 결정되었다. 그들은 두 곳에서 엘리야에 대해 똑같은 말을 했다. 여호와께서 오늘날 당신의 선생을 당신의 머리 위로 취하실 줄을 아나이까? 하나님이 엘리야뿐 아니라 그들에게도 그 정보를 알려주셨던 것이 분명하다. 그러나 엘리야는 그 문제에 대해 더 이상 논의하지 않았다. 그렇게 한다고 해서 달라질 것은 아무것도 없었고, 또 엘리사의 슬픔만 더 가중시킬 뿐이기 때문이었다.

여행은 길갈에서 시작되었다. 길갈은 여호수아가 이스라엘 백성들을 약속의 땅으로 인도했던 중요한 곳이었다(수 5장). 그러나 길갈이 여리고에서 가까운 곳에 있었고 벧엘로 올라가야 할 필요가 있었던 것으로 보아, 그곳은 아마도 같은 이름을 가진 다른 마을이었을 것이다. 그들은 야곱이 하나님을 만났던 곳이었을 뿐 아니라(창 28:10-22) 여로보암이 만든 종교의 중심지이기도 했던 벧엘로 갔다. 그리고 그곳에 있던 선지자의 생도들을 만났다. 그곳으로부터 엘리야는 엘리사와 함께 하나님의 지시에 따라 여리고로 갔다. 여리고는 여호수아가 가나안 정복 당시 첫 번째 대승을 거두었던 곳이고, 또 다른 선지자의 생도들이 머물던 곳이다. 그곳을 떠나 두 사람은 '오십 명의 선지자 생도들이'

(7절) 앞으로 일어나게 될 일을 증거하기 위해 모여 있던 요단강 서쪽으로 갔다.

**2:7-12.** 요단강은 국경을 이루고 있었고, 또 성경에 나타나는 중요한 지역이었다. 또 하나님이 모세에게 더 이상 넘어가지 못하도록 금하신 곳이었기 때문에 모세 대신 여호수아가 모세가 시작한 일을 마치기 위해 백성들을 이끌고 넘어간 경계 지역이었다. 그 일은 엘리야와 엘리사에게도 마찬가지였다. 엘리야가 겉옷을 취하여 말아 물을 쳤다. 그것은 모세가 홍해에서 했던 것과 같은 행동이었다(출 14:15-22). 모세는 목자를 상징하는 그의 막대를 들어 물을 친 반면, 엘리야는 선지자를 상징하는 자신의 옷을 벗어 물을 쳤다. 출애굽 당시를 재현하듯 물이… 갈라지고 두 사람이 육지 위로 건너갔다. 두 사람은 이제 모세가 숨을 거두었던 모압 땅으로 건너가 있었다.

엘리사가 끈덕지게 엘리야를 떠나지 않고 따랐던 이유가 이제 분명해졌다. 전통적으로 죽음을 앞둔 사람은 그의 뒤를 이을 후계자를 축복해주었다. 그 풍습에 따라 엘리야는 엘리사에게 나를 네게서 취하시기 전에 내가 네게 어떻게 할 것을 구하라고 말했다. 엘리사가 기다려왔던 순간이 왔다. 그는 당신의 영감이 갑절이나 내게 있기를 구하나이다라고 대답했다. '갑절' 은 히브리 관용어 중의 하나로 '두 배' 를 뜻하는 것이 아니라 '장자의 몫' (신 21:17, '심층 연구' 를 보라)을 뜻하는 것이었다. 엘리사는 자신이 엘리야의 후계자로 지명되었다는 것을 알고 있었다(왕상 19:19-21). 그리고 하나님이 능력을 부여해주셔야 할 필요가 있다는 사실을 깨닫고 있었다. 그는 엘리야의 역할을 물려받게 될 것이다. 따라서 그 일을 감당하기 위해 하나님이 엘리야에게 주셨던 것과 같은 능력이 필요했다.

엘리사는 하나님이 주시는 능력 없이는 그 일을 할 수 없다는 것을 알고 있었다. 그러나 하나님의 영은 하나님의 영이었다. 하나님의 영이 엘리야의 지시를 따르는 것이 아니었다. 엘리야는 엘리사의 요청을 보장해줄 수 없었다. 그러나 하나님이 그 일을 이루어주실 것인지의 징조를 보여줄 수는 있었다. 나를 네게서 취하시는 것을 네가 보면 그 일이 네게 이루려니와 그렇지 않으면 이루지 아니하리라.

엘리야의 승천은 영적인 상징을 담고 있었다. 두 사람이 걸어가며 이야기하는 동안 홀연히 불수레와 불말들이 두 사람을 갈라놓았다. 수레와 말은 군대를 상징하는 것이다. 그것은 하나님의 백성들을 보호하실 분은 결국 하나님 자신이라는 사실을 말해주는 것이다(신 20:1, 왕하 6:15-17). 그러나 바알 숭배로 물든 나라에서 수레와 말은 바알이 '구름을 타는 자' 라는 거짓된 주장을 반박하는 것이었다. 하나님만이 '너를 도우시려고 하늘을 타시고 궁창에서 위엄을 나타내시는' (신 33:26) 분이시다. 엘리야는 병거가 아니라 회리바람을 타고 승천하였다. 그것은 바알이 우레의 신이라는 주장이 헛된 것임을 또 다시 보여주는 것이다. 폭풍우를 다스리는 분은 하나님이셨다. 그리고 그 폭풍우를 탄 사람은 하나님의 선지자였다. 아합과 이세벨의 죽음에는 개들이 합세했다. 그러나 엘리야의 승천은 초자연적 개입을 통해 일어났다.

엘리사는 엘리야에 대한 존경과 자신의 슬픔을 보여주는 무의식적인 탄식을 외쳤다. 내 아버지여 내 아버지여 이스라엘의 병거와 그 마병이여! 엘리야는 그의 멘토('아버지')였다. 엘리사는 또 엘리야를 나라를 보호하기 위한 하나님의 진정한 군대로('이스라엘의 병거와 마병이여,' 열왕기하 13장 14절에서 다시 사용되었음) 알고 있었다. 하나님의 선지자는 이스라엘의 안전을 보증해주었다. 그러나 이제 그 선지자는 가고 없었다. 엘리사는 자기의 옷을 잡아 둘에 찢었다. 그것은 자기 자신과 국가에 닥친 슬픔을 표현하는 것이었다. 소중하고 가치 있는 어떤 것이 엘리사를 떠났다.

**2:13-14.** 엘리사는 엘리야와 같은 입장이 되었다. 하나님이 자기 멘토의 죽음을 증거할 수 있게 하셨다. 선지자로서의 지위와 하나님의 능력을 상징하는 엘리야의 몸에서 떨어진 겉옷이 그 증거였다. 엘리사는 그 옷을 집어들고 요단 언덕으로 돌아갔다. 그는 자신이 스승의 뒤를 이은 정당한 후계자라는 사실을 증명해야 하는 '여호수아' 였다. 엘리사의 외침은 하나님이 자신을 인정해주실 것을 간청하는 탄원이었다. 엘리야의 하나님 여호와는 어디 계시니이까? 그 응답은 엘리사가 엘리야의… 겉옷을 가지고 물을 치매 물이 이리 저리 갈라지는 것으로 나타났다.

바알 신화에서 강과 바다는 바알이 통제하기 어려운 바알의 적이었다. 그러나 강은 강을 만드신 하나님에게는 전혀 다루기 힘든 것이 아니었다. 엘리야는 떠났지만 하나님의 모든 것은 그대로 남아 있었다. 이스라엘에게 필요한 것은 엘리야가 아니라 엘리야의 하나님이었다. 엘리사의 관심은 사람이 아니라 하나님께 집중되어 있었다. 엘리사는 엘리야의 지위뿐 아니라 그의 능력까지 부여받았다.

## B. 시험받는 지도자(2:15-25)

| Supporting Idea | 하나님의 영이 우리를 통해 하시는 일이 우리가 하나님의 부르심을 받았다는 것을 증거해준다. |
|---|---|

**2:15-18.** 오십 명의 선지자 생도들은 멀리서 보고 있었다. 그러나 그들이 얼마나 많은 것을 보았는지는 분명하지 않다. 그들은 엘리야가 놀랍게 승천하는 것을 보지는 못했을 것이다. 그러나 엘리사가 물을 가르고 마른땅을 건너오는 것은 분명히 보았을 것이다. 그들은 엘리야의 영감이 엘리사의 위에 머물렀다는 것을 알았다. 엘리사를 만난 그들은 그 앞에서 땅에 엎드렸다. 그들은 엘리사에게 주신 하나님의 권능과 엘리사의 리더십을 기꺼이 인정하고 따르고자 했다. 그러나 그들은 엘리야를 떠나보내려 하지 않았다. 그들은 엘리야를 염려하며 그를 찾아나서고 싶어 했다. 여호와의 신이 저를 들어가다가 어느 산에나 어느 골짜기에 던지셨을 것이라 생각했다.

그들은 엘리야의 시체를 찾을 것이라 기대하고 그를 묻어주고 싶어 했던 것인가? 아니면 엘리야가 길을 잃고 외딴 곳에서 헤매고 있을 것이라 생각한 것인가? 그들의 혼란과 엘리야에 대한 헌신은 이해할 만한 것이었다. 엘리야처럼 세상을 떠난 사람은 아무도 없었다!

엘리사는 그들이 찾을 수 없다는 것을 알고 그들을 말리려 했다. 그러나 그들은 엘리사가 부끄러워하도록 강청했다. 그것은 그들이 엘리야를 찾는 문제에 대해 많은 시간을 할애했다는 것을 뜻한다. 그들은 엘리사의 리더십을 인정했지만 엘리야의 문제를 해결해야 할 필요가 있다고 느꼈다. 마침내 엘리사는 마음을 가라앉히고 그가 사랑하는 지도자를 찾도록 허락해주었다. 그러나 그들이 빈손으로 돌아오자 자신이 경고했던 것을 상기시켜주었다. 이 이야기는 사랑하는 지도자를 떠나보내고 하나님이 의도하신 다음 단계로 나아가기가 얼마나 어려운 일인지를 잘 보여준다.

**2:19-22.** 엘리야의 이름은 '내 하나님은 여호와이시다' 라는 뜻으로, 그의 사역을 단적으로 드러내준다. 엘리사도 '하나님이 구원하시다' 라는 뜻을 가진 이름으로 그의 독특한 사역을 잘 보여준다. 엘리사의 삶은 그가 일으킨 많은 기적으로 유명한데, 그 기적들은 거의 대부분이 사람들을 그들의 개인적인 문제에서 구해낸 것이다.

엘리사가 기적을 일으킨 성읍의 이름은 알 수 없다. 그러나 요단강에서 가까운 곳이었으며, 엘리사가 고친 물이라는 전통이 지금까지 계속되고 있는 것을 보면 그곳이 여리고였다는 것을 알 수 있다. 그곳은 **이 성읍의 터는 아름다우나**라고 말할 수 있는 그런 곳으로 요단강 유역의 오아시스에 자리 잡고 있었다. 여리고는 여호수아의 저주 아래 지어졌다(왕상 16:34). 아마도 그래서 물이 문제가 되었을 것이다. **물이 좋지 못하므로 토산이 익지 못하고 떨어지나이다.** 토산이 익지 못하고 떨어진다는 말은 '유산으로 고통받고 있다' 는 말을 번역한 것이다. 그것은 아마도 그 지역에서 유산하는 사람들이 많았다는 사실을 언급하는 것이었으며, 그것은 수확이 좋지 못한 것보다 훨씬 더 심각한 일이었다.

정확한 문제가 무엇이었건 간에 엘리사의 해결 방법은 놀라운 것이었다. 그는 소금을 담은 새 그릇을 들고 **물 근원으로 나아가서 소금을 그 가운데 던졌다.** 그것은 물론 과학적인 해결 방법은 아니었다. 대신 기적적인 해결 방법이었다. 물을 '고친 것' 은 엘리사나 소금이 아니라 하나님이셨다. 엘리사의 행동이 능력을 발휘했던 것은 하나님의 능력이 그 기초를 이루고 있었기 때문이었다.

**2:23-25.** 하나님의 말씀은 또 하나님의 말씀을 거부하고 저항하는 사람들에게 심판으로 임한다. 길을 돌려 엘리사는 **거기서 벧엘로 올라갔다.** 벧엘은 여로보암이 만든 종교의 중심지가 되었고, 그곳에서 하나님의 신실한 선지자들이 무시를 당했다(대하 36:15-16). 적어도 마흔두 명이나 되는 십대의 **젊은 아이들이**('심층 연구' 를 보라) 성에서 나와 엘리사를 알아보고 **조롱했다.** 그 조롱은 아이들의 장난기 어린 조롱 그 이상이었다. 영적인 증오심이 가득 찬 그런 조롱이었다. **대머리여 올라가라!**

'올라가라' 는 것은 엘리야의 승천을 비아냥거리는 조롱으로 보는 것이 가장 적절할 것이다. '대머리' 라고 부른 것은 머리카락이 많지 않았던 엘리사를 개인적으로 모욕하기 위한 것이었다. 젊은이들에게 어른들을 존경할 것을 기대하는 사회에서 그것은 하나님의 선지자에 대한 미움으로 가득 찬 무례한 행동이었다. 그들은 엘리사가 누구인지 알고 있었고, 그와 그가 섬기는 하나님을 조롱한 것이었다.

엘리사는 **저희를 보고 여호와의 이름으로 저주하였다.** 하나님의 선지자를 조롱하는 것은 그의 하나님을 조롱하는 것이었다. 하나님의 선지자를 모욕하는 것은 하나님을 모욕하는 것이었다. 엘리사의 저주는 폭언이 아니라 하나님의 심판을 불러오는 것이었다. **곧 수풀에서 암콤 둘이 나와서 아이들 중에 사십이 명을 찢었더라.** 메시지는 분명했다. 하나님의 선지자에게 집적거리지 말라! 엘리사는 대부분 축복을 베푸는 기적을 행했다. 이 경우는 계속해서 하나님을 거역하면 파멸하게 될 것이라는 경고였다. 반역적인 세대를 향해 하나님은 그들이 무시할 수 없는 방법으로 말씀하셨다.

엘리사는 엘리야가 여행했던 길을 그대로 되돌아가 엘리야가 바알의 선지자들과 대결했던 갈멜산으로 갔다. 그런 다음 거기서 사마리아로 되돌아갔다. 그것은 의미심장한 것이었다. 엘리야는 주로 외딴곳에서 사역하면서 대부분의 시간을 보냈다. 엘리사는 아합의 수도에 거처를 정하고 그곳에서 하나님의 대변인이 되었다. 그는 엘리야가 시작한 사역을 마무리하게 될 것이다. 그러나 단순하게 그의 멘토를 모방하는 사람이 되지는 않을 것이다. 그는 엘리야의 그림자가 아니라 하나님의 특별한 사람이었다.

### C. 지도자의 출현(3:1-27)

| Supporting Idea | 하나님은 우리를 사용하시며 우리가 해야 할 사역의 기반을 마련해 주신다. |
|---|---|

**3:1-3.** 우리는 잠시 엘리사를 뒤로하고 국제적인 사건들이 벌어지고 있는 무대로 옮겨가게 된다. 아합의 아들 여호람(B.C. 852년에서 841년까지 통치)이 그의 형 아하시야가 죽자(1:17-18) 그의 뒤를 이어 이스라엘의 왕이 되었다. 그를 '요람' 이라고 부르기로 한 번역가들도 있었는데 그것은 유다 왕 여호사밧의 아들 여호람(8:16)과 구분하기 위해서였다. 요람은 그의 아버지 아합보다는 조금 나은 왕이었다(저가 여호와 보시기에 악을 행하였으나 그 부모와 같이 하지는 아니하였으니). 그는 바알 숭배를 자제했다. 저가 그 아비의 만든 바알의 주상을 제하였음이라. 그 주상이 나중에 다시 나타나는 것을 볼 때(10:26-27) 그가 그 주상들을 파괴한 것은 아니었다. 바알 숭배를 금하지는 않았지만 자신은 바알 숭배에 참여하지 않았다. 그러나 여로보암이 이스라엘로 범하게 한 그 죄를 따라 행하고 떠나지 아니하였다. 상황이 조금 나아지긴 했지만 극히 부분적인 변화에 불과했다.

**3:4-12.** 열왕기하 1장 1절에서 우리는 모압의 배반에 대한 정보를 얻을 수 있었다. 아하시야는 그런 상태를 그대로 두었고 그 책임은 이제 요람이 떠맡게 되었다. 모압 왕 메사의 배반은 이스라엘에게 막대한 경제적 손실을 가져다주었다. 이스라엘은 모압으로

부터 해마다 엄청난 양의 조공을 받고 있었다. 새끼 양 십만의 털과 수양 십만의 털을 이스라엘 왕에게 바치더니. 아합의 죽음은 모압에게 그런 무거운 부담을 벗어버릴 수 있는 절호의 기회였다. 그래서 메사는 반역을 일으켰고, 요람은 그 반역을 진압하기로 결정하고 동맹을 맺고 있던 유다의 여호사밧 왕에게 전쟁에 참여해줄 것을 제안했다. 여호사밧의 응답은 그가 아합에게 했던 것과 같은 것이었다. 내가 올라가리이다 나는 당신과 일반이요. 이전에 비참한 결과를 맛보았던 여호사밧이 좀 더 신중하게 행동하고 자제했을 것이라 생각할 것이다. 그러나 그렇지 않았다.

공격 계획은 기발한 것이었다. 모압의 북쪽 국경 지역은 수비가 견고했기 때문에 유다와 동맹 관계를 맺고 있던 에돔 왕과 함께 결성한 연합군이 수비가 허술한 곳을 기습 공격하기 위해 광야를 지나 남쪽으로 돌아갔다. 요람 왕이 생각해낸 그 계획은 상당히 영리하고 창의적인 것이었다. 그러나 심각한 문제에 부딪혔다. 진군하는 기간이 예상보다 오래 걸렸고, 군인들은 광야에서 물이 부족한 상태로 오도 가도 못하게 되었다는 것을 알게 되었다.

요람의 반응은 아합의 아들에게서 기대할 수 있는 무엄한 것이었다. 그는 하나님을 탓했다. 여호와께서 이 세 왕을 불러모아 모압의 손에 붙이려 하시는도다. 언제 하나님이 그들을 불러모으셨다는 말인가? 하나님을 무시하는 사람들이 일이 잘 돌아가지 않을 때 얼마나 재빠르게 하나님을 공격하는지를 보면 정말 놀라지 않을 수 없다. 여호사밧은 하나님을 탓하는 그런 비난을 무시하고 우리가 여호와께 물을 만한 여호와의 선지자가 여기 없느냐? 고 물었다. 그리고 엘리사가 군대와 함께 있다는 것을 알게 되었다. 두 왕 모두 엘리사를 모르고 있었다. 그래서 한 신복이 엘리야와 엘리사의 관계를 알려주었다. 엘리야의 손에 물을 붓던… 엘리사가 여기 있나이다.

여호사밧에게는 그 관계만으로도 충분했다. 급박한 상황 때문에 왕은 선지자를 부르는 정상적인 방법을 따르지 않고 세 사람의 왕이 직접 그에게로 내려갔다.

**3:13-19.** 이때 엘리사는 처음으로 정치적인 문제에 개입하게 된다. 그러나 그는 세 사람의 왕을 당당하게 맞이했다. 요람에게 한 그의 말은 신랄한 것이었다. 당신의 부친의 선지자들과 당신의 모친의 선지자들에게로 가소서. 그는 아합 집의 사람들을 경멸했다. 요람 왕은 그들이 곤란에 처한 것은 하나님의 잘못된 지시 때문이었다고 주장하며 계속 하나님의 성품을 비난했다. 엘리사는 여호사밧을 위해 하나님의 말씀을 구할 것

이라고 말하며 요람의 말을 무시했다. 엘리사는 엘리야처럼 부자들과 권세를 가진 사람들에게 아첨하거나 맹종하는 그런 사람이 아니었다. 그는 하나님께 전적으로 헌신된 사람이었다.

그러나 엘리사는 하나님의 말씀을 구하기로 동의했다. 그는 거문고 타는 자를 불렀다. 아마도 요람 왕을 대하면서 들끓게 된 마음을 안정시키기 위해서였을 것이다. 여호와께서 엘리사를 감동하셨고 엘리사는 왕들에게 말씀하신 하나님의 약속을 전달해주었다. 비를 몰아오는 눈에 보이는 구름(바람과 비)은 없었지만 하나님이 많은 물을 공급해주실 것이다. 그들이 비록 광야에 있었지만 군인들뿐 아니라 그들의 육축과 짐승이 다 마시기에 충분한 물을 공급해주실 것이다. 또 하나님은 그들의 위험한 상황에도 불구하고 모압을 이기고 승리하게 하실 것이다.

**3:20-26.** 다음날 아침 동틀 무렵(소제 드릴 때) 예언이 성취되기 시작했다. 서쪽 고지대에서 쏟아진 눈에 보이지 않은 폭우로 발생한 홍수가 왕들에게 필요한 물을 공급해주었다. 그 홍수는 또 모압을 혼란에 빠지게 했다. 메사는 전 군대를 동원해 연합군의 서쪽에 진을 치고 있었다. 따라서 아침에 일어나 태양이 솟아오르는 쪽을 바라보다가 해가 물에 비취므로 맞은편 물이 붉어 피와 같음을 보고(히브리어에서 붉은, 에돔, 피 이 세 단어의 발음은 서로 비슷하다) 그 붉은 색을 적군이 서로 싸워 흘리게 된 피라는 결론을 성급하게 내리고 이스라엘 진을 치러 나아갔다. 무모하게 돌격한 그들은 연합군의 기습에 부딪혔고, 이스라엘 연합군은 모압 군대를 몰살하고 모압 땅을 침략했다.

살아남은 모압 군대는 그들의 수도 길하레셋까지 물러나지 않을 수 없었다. 그 도시는 성벽에 둘러싸여 있었다. 상황이 위급하다는 것을 알게 된 메사는 에돔 왕에게로 가고자 했다. 아마도 세 왕 중 에돔 왕이 가장 약했기 때문이거나, 아니면 모압과 에돔이 때때로 동맹을 맺곤 했기 때문이었을 것이다. 그러나 그 시도는 실패로 끝났고 모압의 파멸은 불가피해 보였다. 하나님은 선지자를 통해 말씀하신 대로 기적적으로 물을 공급해주셨고, 이스라엘에게 압도적인 승리를 거두게 하셨다. 엘리사는 자신이 엘리야의 진정한 후계자이며 하나님이 그를 통해 말씀하셨다는 사실을 입증했다.

**3:27.** 그러나 이야기는 우리가 기대했던 대로 끝나지 않았다. 모압 왕은 그의 신 그모스에게 돌아갔다. 그리고 자기 뒤를 이어 왕이 될 맏아들을 취하여 적군들이 볼 수 있도록 성 위에서 번제를 드렸다. 그 무지막지한 행동은 해석하기 심히 어려운 것으로 드러

난 진술을 하게 만들었다('심층 연구'를 보라). 이스라엘에게 크게 통분함이 임하매 저희가 떠나 각기 고국으로 돌아갔더라.

이 이상한 결말은 엘리사의 예언의 성취가 예상치 못한 방향으로 흘러가게 되었음을 뜻했다. 그의 예언은 나라를 구했고 그 사건을 종결지었다. 그가 하나님의 선지자, 즉 그 시대를 위한 새로운 하나님의 사람임이 증명되었다. 엘리야를 그리워하게 될 것이다. 그러나 하나님은 변함없이 늘 하나님의 백성들과 함께하실 것이다. 그러나 이스라엘의 영적인 상태는 하나님이 약속하신 모든 것을 받을 수 있는 그런 상태가 아니었다.

| Main Idea 복습 | 하나님이 세우신 지도자가 떠난다 해도 하나님의 모든 것은 그대로 남아 있다. |
|---|---|

# 결론

## 하나님이 세우신 사람

엘리사가 엘리야의 후계자가 되기로 선택한 것은 아니다. 여러 가지 면에서 그 자리는 피하고 싶은 그런 자리였다. 반대와 논쟁과 충돌을 피할 수 없는 자리였다. 그러나 그는 이스라엘에서 하나님의 권위를 나타내기 위해 부르심을 받은 하나님의 사람이었다.

엘리사가 엘리야의 뒤를 이으려 했기 때문에, 또는 엘리야가 그를 훈련시켰기 때문에, 아니면 선지자의 생도들이 그를 엘리야의 뒤를 이을 사람으로 뽑았기 때문에 엘리사가 엘리야의 후계자가 된 것이 아니었다. 오래전에 갈멜산에서 하나님이 엘리야의 후계자로 그를 지명하셨기 때문에 엘리야의 뒤를 잇게 되었다. 엘리야와 오랫동안 동행하고 관찰하면서 지도자로서의 자질이 개발되었을 것이다. 그는 천부적으로 재능을 갖춘 사람이었다. 그러나 본문은 영적 지도자는 하나님이 부르셔서 능력을 부여해주시고, 그의 삶 속에 임재하시는 하나님의 영을 통해 확증해주셔야 한다는 사실을 분명하게 보여주고 있다.

엘리사는 특정한 때에 특정한 일을 맡기시기 위해 하나님이 부르신 하나님의 사람이었다. 그러나 지도자의 계승과 관련된 교훈은 시대를 초월하는 것이다. 배턴을 넘겨줄 때마다 우리는 "엘리야의 하나님이 어디 계시는가?"라고 자문해야 한다. 지도자들은 왔다 간다. 그러나 "예수 그리스도는 어제나 오늘이나 영원토록 동일하시다"(히 13:8).

■ 진리 알기

- 지혜로운 지도자는 그를 따르는 사람들의 헌신을 확인한다.
- 우리는 특정한 일을 위해 하나님의 임명을 받아야 할 뿐 아니라 성령님을 통해 기름부음을 받아야 한다.
- 하나님의 사람이 아니라 사람의 하나님께 초점을 맞추어야 한다.
- 우리 안에서 하나님이 하시는 일을 통해 하나님이 우리를 부르시고 능력을 부여해주셨다는 사실이 다른 사람들에게 분명하게 드러나게 된다.
- 하나님은 우리를 사용하시기 전에 먼저 우리를 시험하시고 다듬으실 것이다.
- 하나님의 종들이 하나님께 민감하고 하나님이 사용하실 수 있도록 준비되어 있을 때 하나님은 그들을 위해 사역의 문을 여실 것이다.

■ 적용하기

- 영적인 상태가 지위보다 더 중요하다. 능력 없이 어떤 지위에 오른다는 것은 축복이 아니라 부담스러운 짐이다.
- 앞서 간 사람들을 소중하게 여기라. 그러나 하나님만을 신뢰하고 하나님께만 초점을 맞추라.
- 하나님이 시험하시고 다듬으시는 때를 기대하라.
- 하나님이 기회라는 문을 여실 때 다른 사람들에게 주게 될 인상이 아니라, 하나님 앞에서 정직하고 신실하게 행하는 일에 최대의 관심을 집중하라.

## 삶의 적용

### 지도력에 대한 시험

요단강을 걸어서 통과하면서 엘리사는 앞으로 해야 할 일을 위해 하나님이 자신을 부르시고 능력을 부여해주셨다는 사실을 알게 되었다. 다만 앞으로 하게 될 일이 어떤 일인지에 대해서는 분명히 알 수 없었을 것이다. 영적 지도자들은 하나님이 세우신다. 그들을 부르시고, 그들에게 능력을 부여해주시며, 그들의 삶 속에서 하나님이 하시는 일을 통해 그들이 하나님의 사람이라는 사실을 확증해주신다. 그러나 지도자들은 또 그들에게 오는 기회와 도전들을 통해 다듬어지고 개발된다. 엘리사가 맞이했던 다음 네 가지 시험은 모든 지도자에게 중요한 것이다.

1. **향수라는 시험**. 선지자의 생도들은 하나님의 부르심을 알고 있었지만, 과거에서 자유로워지기까지는 상당한 시간이 필요했다. 지도자들은 미래를 향해 움직여 나가면서 섬기도록 되어 있다. 그리고 과거를 다루는 방법에 따라 과거가 닻이 될 수도 있고 방향타가 될 수도 있다. 엘리사를 따르던 사람들은 과거와 하나님께 대한 부적절한 관점에 묶여 있었다. 그것은 엘리사가 피할 수 없었던 시험이었다.

2. **필요라는 시험**. 여리고의 상황은 인간의 능력으로 해결할 수 있는 상황 그 이상이었다. 거의 모든 지도자는 선임자가 아무리 경건하고 재능이 있었다 할지라도 모든 문제를 해결하고 모든 필요를 채워주지 못했다는 사실을 알게 된다. 남아 있는 어려운 문제를 해결하기 위해 하나님을 깊이 신뢰해야 할 뿐 아니라, 자신의 최고 기량을 발휘해야 한다.

3. **반대와 비난이라는 시험**. 하나님과 하나님의 영을 조롱하며 소리를 지르는 마흔두 명의 젊은이를 마주 대해야 하는 지도자는 그리 흔치 않다. 그러나 모든 지도자는 비난이라는 시험에 직면하게 된다. 하나님의 영광을 위한 지도자가 되기로 헌

신한 사람들이 항상 다른 사람들을 기쁘게 하거나 인기를 얻기 위한 결정을 내리지는 않을 것이다. 그럴 때 엘리사를 위해 나타났던 곰이 나타나 해결해주기를 바라는 유혹을 받을 수 있다. 그러나 우리 주님 예수님이 우리에게 좋은 본을 보여주셨다. "욕을 받으시되 대신 욕하지 아니하시고 고난을 받으시되 위협하지 아니하시고 오직 공의로 심판하시는 자에게 부탁하시며"(벧전 2:23).

4. **성공이라는 시험.** 엘리사는 그를 찾아 그의 도움과 지시를 바라는 세 왕을 앞에 두고 있었다. 그는 그런 인정을 구하지 않았다. 그러나 하나님이 그런 은혜를 베푸셨다. 성공보다 더 다루기 힘든 것도 아마 그리 많지 않을 것이다. 성공하게 되면 우리는 교만해지거나 자만심에 빠지기 쉽다. 또 우리는 죄 때문에 또는 불안하기 때문에 기회를 최대한 살리고 우리의 지위를 보장하기 위해 편법을 쓰기 시작할 수도 있다.

엘리사는 하나님의 은혜로 이런 시험들을 잘 넘기고 60년이라는 세월 동안 하나님을 신실하게 섬긴 기록을 남기게 되었다. 그는 우리가 본받고 따라야 할 좋은 본보기가 되었다!

## 기도

하나님 아버지, 하나님과 하나님이 주시는 능력을 떠나서는 우리가 하는 그 어떤 일도 영원한 가치를 가질 수 없다는 사실을 잊지 않게 도와주시기를 기도합니다. 엘리야의 하나님, 우리 안에 살아 계시는 하나님을 우리 주위에 있는 사람들에게 나타내도록, 하나님의 영광을 우리를 통해 드러내주시기를 기도합니다. 아멘.

## 심층 연구

### A. 선지자의 생도들(2:3, 5)

이 용어는(문자적으로는 '선지자의 아들들') 그들 중 한 사람이 벤하닷을 살려둔 아합을 책망한 내용이 기록된 열왕기상 20장 35절에서 처음 사용되었다. '선지자의 무리'들이 사무엘 당시 나타났다(삼상 10:5, 10, 19:20, 사무엘이 그들을 통솔하였음). 그리고 선지자의 생도들이 엘리야와 엘리사 당시에 나타났다(왕상 20:35, 왕하 2:3, 5, 7, 15, 4:1, 38, 5:22, 6:1, 9:1). 그들은 엘리야와 엘리사와 유착 관계를 맺고 하나님만을 섬기기로 한 무리로 생겨났다가 서서히 무대에서 사라졌다. 그들에게는 예언의 은사가 있었으며, 엘리야와 엘리사를 그들의 지도자와 교사로 우러러보았던 것으로 보인다.

### B. 모세와 엘리야(2:7)

모세와 엘리야가 서로 비슷했던 것은 우연 그 이상이었다. 열왕기하 기자는 두 사람의 유사성을 보여주는 하나의 패턴을 설정했다. 두 사람 모두 물을 갈랐고(홍해와 요단강), 제단에 불을 내리게 했으며(레 9:22-24), 시내산에서 하나님을 만났고, 기적적으로 먹을 것을 공급받았으며, 놀라운 방법으로 이 세상을 떠났다(신 34:5-6을 보라). 그리고 두 사람 모두에게 하나님이 그들에게 맡기신 일을 계속 이어가게 될 중요한 후계자들이 있었다(여호수아, 엘리사). 또한 변화산에서 함께 언급되었다(마 17:4).

### C. 갑절의 영감(2:9)

이 말은 엘리사가 엘리야가 가졌던 영감의 두 배를 요구한 것처럼 들린다. 그러나 여기서 영감은 하나님의 영을 뜻하는 것으로(16절) 나누거나 분해할 수 있는 것이 아니다. 수많은 '선지자의 생도들'이 있었고, 그들 중 50명이 요단강 건너편에서 기다리고 있었다. 엘리사는 엘리야의 뒤를 잇기 위한 후사로 '장자' 가 되어야 할 필요가 있었다. 그러므로 그는 장자들에게 주어지는 몫만큼의 영적 능력을 구하기 위해 이스라엘의 상속법을(신 21:17) 근거로 요구했던 것이다.

### D. 엘리사, 젊은 아이들, 곰(2:23-25)

이 이야기처럼 사람들을 고민하게 만드는 이야기도 아마 없을 것이다. 우리는 하나님의 심판에 관한 이야기를 다루는 데 어려움을 느낀다. 그러나 그런 태도는 우리의 성숙함이나 의로움을 보여주는 것이 아니다. 오히려 우리의 죄성을 보여주는 것이다. 우리의 죄성 때문에 우리는 거룩하신 하나님의 경이로움과 우리 죄의 무례함을 보고 싶지 않은 것이다. 그러나 이 이야기를 주의 깊게 읽어보는 것이 중요하다. 순진하고 어리석고 버릇없는 아이들이 머리가 벗어진 사람을 상난삼아 놀린 그런 이야기가 아니다. 하나님의 기준을 거부하고 하나님의 대변인을 조롱하는 종교를 신봉하고 있던 한 도시를 대표하는 젊은이들의 이야기다. 그들의 조롱은 엘리사뿐 아니라 하나님을 무시하는 것이었다. 그들에 대한 심판은 하나님이 하나님과 하나님의 사자를 노골적으로 무시한 사람들에게 그 대가를 치르게 하신 것이었다.

### E. '이스라엘에게 크게 통분함이 임하매' (3:27)

이 구절의 정확한 의미는 하나의 신비로 남아 있다. 열왕기상하가 가르치고 있는 전체적인 내용과 상반되는 방법으로 이 구절을 해석한다는 것은 어리석은 일이 될 것이다. 바알처럼 존재하지 않는 그모스가 이스라엘 사람들을 통분하게 만들었다는 뜻은 분명 아니다. 하나님이 하나님의 백성들에게 금하신 이방 제사에 대해(레 18:21) 하나님이 그런 반응을 하셨다는 뜻도 분명 아니다. 이 구절의 의미를 알아내기는 그보다 훨씬 더 어렵다. 통분함이 연합군 전체가 아니라 북 왕조를 뜻하는 이스라엘 사람들에게 임했다는 것은 상당히 흥미로운 사실이다. 이스라엘 사람들은 아합과 그의 아들의 통치를 받으며 이방의 영향을 많이 받게 되었다. 그들 대부분은 그모스가 실제로 존재한다고 믿고 있었다. 따라서 그들의 통분함은 아마도 그모스의 복수를 두려워하는 미신에서 비롯되었을 것이다.

## 교안

### A. 들어가는 글

1. '지도자가 떠날 때' 의 이야기로 시작하라.
2. 배경 설명: 하나님은 엘리야의 뒤를 이어 이스라엘 백성들에게 미친 아합과 바알의 영향을 제거할 사람으로 엘리사를 세우셨다. 그것은 매우 중요한 변화였다.
3. 적용: 지도자가 바뀔 때 우리는 선임자를 너무 친근하게 바라보고 그의 뒤를 잇게 된 새로운 지도자가 우리에게 필요한 전부라고 생각할 수 있다. 그러나 하나님만이 변함없는 권세를 가진 분이시다.

### B. 본문 이해

1. 새로운 지도자(2:1-14)
2. 시험받는 지도자(2:15-25)
3. 지도자의 출현(3:1-27)

**C. 결론**: '하나님이 세우신 사람' 을 읽어주라.

## 토의 질문

1. 능력 있는 지도자가 떠나게 되면 우리는 과거를 그리워하거나 새로운 지도자에게 지나친 기대를 하려는 유혹을 받게 된다. 이 이야기를 통해 지도자들에게서 무엇을 기대하고, 또 그들을 어떻게 바라보아야 하는지에 대해 어떤 교훈들을 얻을 수 있는가?

2. 위기에 처한 요람 왕은 그때까지 그가 철저하게 무시해왔던 하나님을 탓했다 (3:10). 지금도 그런 사람들을 볼 수 있다고 생각하는가?

# 열왕기하 4:1-6:7

## 동정심

*"그리스도를 따르는 우리의 사명과 목적은 하나님을 온전히 사랑하고, 우리 자신을 올바르게 사랑하며, 동정심을 가지고 다른 사람들을 사랑하는 것이다."*

*- 케네스 보아(Kenneth Boa)*

**열왕기하 4:1-6:7** 엘리사는 백성들의 영혼을 위해 왕족과 바알의 선지자들에게 맞서야 하는 힘든 사역을 감당해야 했지만, 그 사역의 대부분은 하나님을 신뢰하는 모든 사람들의 - 이스라엘 백성이 아닐지라도 - 필요를 채워주시는 하나님의 사랑과 동정심을 보여주는 기적들로 이루어졌다.

### 인물 소개: 엘리사

엘리사의 사역은 기적들이 그 특징을 이루고 있다. 그 대부분의 기적들은 사람들의 필요를 채워주기 위한 것이었다. 그가 행한 기적들은 예수님이 행하신 기적들과 놀랍게도 흡사하다.

- 요단강을 가름(2:14)
- 여리고 물을 고침(2:21)
- 젊은 아이들에 대한 저주와 두 암콤(2:24)
- 물과 모압에 대한 승리(3:20)
- 과부의 기름(4:6)
- 수넴 여인의 아들(4:15)
- 수넴 여인의 아들을 살림(4:35)
- 국을 해독함(4:41)
- 적은 양의 식물로 많은 사람을 먹게 함(4:44)
- 나아만을 고침(5:14)
- 게하시에게 문둥병을 일으킴(5:27)
- 도끼 머리를 물에 뜨게 함(6:6)
- 아람 군대의 눈을 멀게 함(6:18)
- 아람 군대를 달아나게 함(7:6-7)

## 들어가는 글

### 약한 사람들을 위하여

영국의 중심가인 피커딜리(Piccadilly) 서커스에는 금으로 된 날개를 달고 있는 궁수가 꼭대기에 서 있는 기념비가 있다. 관광 안내를 하는 사람은 그것이 사랑의 신 에로스를 기념하기 위한 탑이라고 설명하지만 그 이상의 배경이 있다. 이 기념비는 1893년에 쉐프트베리(Shaftesbury)의 일곱 번째 백작이었던 에쉴리 쿠퍼(Ashley Cooper, 1801-1885)를 기념하기 위해 처음 세워졌다.

쿠퍼는 귀족이었지만 제 기능을 하지 못하고 빚에 시달리는 가정에서 자랐다. 그러나 마리아 밀리스(Maria Millis)라는 가정부가 그를 그리스도께 인도해주었고, 몇 가지 사건들이 젊은 정치인이었던 그를 '약하고 의지할 데 없으며 그에게 아무런 도움도 주지 않는 사람들을 위해 헌신하게' 만들었다. 그는 재능과 연줄을 통해 높은 지위에 오를 수 있는 기회가 있었지만, 그리스도를 섬기고 가난한 사람들을 위해 일할 수 있는 다른 길을 가기로 결심했다.

쿠퍼는 60년 동안 놀라운 일들을 이루었다. 그는 정신 질환을 앓고 있는 사람들을 위한 처우를 개선했고, 공장 노동자들과 광부들과 농부들의 작업 조건을 개선했으며, 가난한 사람들에게 집을 제공해주었고, 하수 시설을 정비하고 깨끗한 물을 공급하기 위한 시설을 마련했으며, 여자들을 착취하는 제도에 맞서 싸웠다. 그는 또 공장과 광산에서 굴뚝 청소부로 일하거나 매춘으로 착취당하는 아이들에게 특별한 관심을 기울였다. 그리고 '빈민 학교' 로 알려진 공립학교 제도의 개척자가 되었다. 그는 수많은 일들을 이루었으며, 그 일들을 모두 그리스도의 이름으로 했다.

쿠퍼가 세상을 떴을 때 런던에서 가장 가난한 수만 명의 사람들이 모자를 벗고 빗속에서 그들을 위해 60년 동안 일했던 사람에 대한 사랑을 표현했다. 그리고 8년이 지난 후 윌리엄 글래드스톤(William Gladstone) 총리가 비문을 새겨 넣은 쉐프트베리 기념비가 피커딜리 서커스에 봉헌되었다. 그 비문은 다음과 같다. "반세기 동안 공인으로 살면서 하나님께 영광을 돌리기 위해 깊은 동정심과 강인한 마음으로 사람들을 섬겼고,

그들에게 본이 되었으며, 그들에게 축복이 되었고, 그들이 크게 감사하며 기억할 이름이 되었다."

이 비문은 도움을 필요로 하는 사람들에 대한 동정심과 친절로 고동치는 하나님의 마음을 보여주는 창문이 된 사람의 삶을 잘 묘사해주고 있다.

하나님은 각기 다른 사람들을 통해 하나님의 다양한 성품의 각기 다른 면들을 보여주신다. 엘리야는 바알의 거짓에 맞서 하나님의 진리를 수호하기 위해 싸웠던 열정적인 행동가였다. 엘리사 역시 엘리야 못지않게 하나님께 헌신했던 사람으로 사람들에 대한 하나님의 사랑과 동정심을 드러내 보여주었다. 이 장에서는 도움을 필요로 하는 사람들을 위해 엘리사가 베푼 기적들 가운데 나타나는 하나님의 모습들을 보게 될 것이다.

## 본문 이해

### 동정심

| Main Idea | 하나님은 도움을 필요로 하는 모든 사람에 대한 하나님의 동정심을 보여주시기 위해 하나님의 사람들을 통해 일하신다. |
|---|---|

### A. 절망적인 상황에 처한 사람들을 돌보시는 하나님(4:1-7)

| Supporting Idea | 하나님은 지위와 권력을 갖지 못한 사람들에게 긍휼을 베푸신다. |
|---|---|

**4:1-7.** 고대 사회에서 과부들은 늘 매우 어려운 상황에 처해 있었다. 우리는 선지자의 생도들이 어떤 환경에서 생활했는지 잘 알 수 없다. 이 구절은 그들 중에는 결혼을 해서 자녀들을 두고 빚을 지고 있는 사람들도 있었다는 사실을 분명히 보여준다. 그런 사람들의 아내들 중 과부가 된 절망적인 상황에서 엘리사를 찾아온 여인이 있었다. 그

녀는 이미 남편을 잃었고, 이제 아들들까지 잃게 될 위험에 처해 있었다. 채주가 이르러 나의 두 아이를 취하여 그 종을 삼고자 하나이다. 종이 되는 것은 성경 시대 당시 빚을 갚는 한 방법이었으며(출 21:2-4), 채주에게는 그렇게 할 수 있는 권리가 있었다. 그런 '종들'은 빚을 갚거나 희년이 되면 자유를 얻을 수 있었다(레 25:39-43). 그러나 그런 방법들이 그 어머니에게는 큰 위로가 될 수 없었다.

채주가 그의 권리를 행사하는 것이었기 때문에 엘리사는 법적으로 그녀를 위해 아무것도 할 수 없었다. 그러나 다른 해결 방안을 제공할 수 있었다. 그 과부에게 한 병 기름(요리하고 불빛을 밝히는 데 없어서는 안 될 중요한 필수품)이 남아 있다는 것을 알게 된 엘리사는 그녀에게 기름통을 가능한 한 많이 빌린 다음, 그 통들에 기름을 채우라고 지시했다. 그것은 분명히 믿음의 시험이었다. 아주 적은 양의 기름밖에 없는 상황에서 많은 기름통을 구한다는 것도 그렇고, 또 선지자가 없는 상태에서 그렇게 한다는 것도 쉬운 일이 아니었기 때문이다. 이 기적은 엘리사에 대한 확신이 아니라 하나님께 대한 신뢰와 관련된 것이었다.

과부는 통들을 모은 다음 그 안에 기름을 붓기 시작했다. 그녀는 아들이 다른 그릇이 없나이다라고 말할 때까지 계속 기름을 부었다. 그녀는 모은 기름통을 다 채울 수 있었다. 그리고 이 놀라운 일을 엘리사에게 보고했다. 그는 그녀에게 가서 기름을 팔아 빚을 갚고 남은 것으로 너와 네 두 아들이 생활하라고 말했다. 하나님이 개인의 필요를 그 개인에게 맞게 채워주셨던 것이다. 가난한 과부의 갚을 수 없었던 빚을 갚아주셨고, 종이 될 뻔했던 그녀의 아들들을 구해주셨다.

## B. 애통하는 사람들을 돌보시는 하나님(4:8-37)

| Supporting Idea | 하나님은 남몰래 애통해하는 사람들에게 긍휼을 베푸신다. |
|---|---|

**4:8-17.** 이어지는 두 번의 기적으로 혜택을 입게 된 여인은 앞의 과부와는 전혀 다른 계층에 속한 사람이었다. 그녀는 수넴이라는 지역에서 높은 지위와 신분을 가진 유복한 사람으로 글자 그대로 '귀한 여자'였다('심층 연구'를 보라). 수넴은 이스르엘 바로 위쪽에 위치한 곳으로 엘리사가 자주 여행하던 곳이었다. 그녀가 엘리사에게 음식을 먹

고 가도록 간청한 적이 있었고, 그 후 그녀가 하나님의 거룩한 사람으로 인정했던 선지자는 그 지역을 지날 때마다 그녀의 집에 들러 음식을 먹었다. 마침내 그녀는 자신의 남편에게 엘리사를 위하여 작은 방을 담 위에 짓자는 제안을 했고, 그 이후 선지자는 그 지역을 지날 때마다 그곳에서 머물게 되었다.

엘리사는 그녀의 친절에 깊이 감사하고 있었다. 하루는 엘리사가 여기서 처음 등장하게 되는 그의 사환 게하시를 보내어 그 수넴 여인을 불러오게 했다. 그런 다음 그녀에게 그녀의 친절을 어떻게 갚아주었으면 좋겠는지를 물었다. "내가 너를 위하여 어떻게 하랴 왕에게나 군대장관에게 무슨 구할 것이 있느냐?" 그녀는 아니라고 단호하게 대답했다. 그녀는 보상을 받는 일에는 아무 관심도 없었다. 나는 내 백성 중에 거하나이다. 그녀는 자신의 삶에 분명히 만족하고 있었고, 선지자에게 도움을 받아야 할 필요도 거의 없었다.

그러나 눈에 보여지는 것과 실제 상황이 같은 것은 아니다. 부족한 것이 없는 확신에 찬 이 여인에게도 게하시의 단순한 관찰을 통해 드러나게 된 숨겨진 마음의 고통이 있었다. 이 여인은 아들이 없고 그 남편은 늙었나이다. 불임은 많은 여인들에게 언제나 큰 마음의 짐이었다. 더구나 그녀의 경우는 문화적인 요인들과 남편의 나이가 많다는 현실과 아들을 갖고 싶어 하는 모든 히브리 가정의 깊은 열망 등이 복합적으로 얽혀 더 큰 부담으로 작용하고 있었다. 그녀는 이미 희망을 버린 상태였다. 그러나 하나님의 신에 감동된 엘리사는 그녀를 다시 불러 놀라운 약속을 했다. 돌이 되면 네가 아들을 안으리라.

정말 좋은 일이기는 했지만 그녀에게는 생각만으로도 고통스러운 일이었다. 내 주 하나님의 사람이여 당신의 계집종을 속이지 마옵소서. 아기를 바라는 그녀의 열망은 인정할 수 없을 만큼 깊이 숨겨져 있었고 다시 끌어내기에도 너무 고통스러운 것이었다. 그녀의 부와 지위도 그 쓰라린 고통에서 그녀를 보호해주지 못했다. 그녀에게 필요한 것은 가난한 과부가 필요로 했던 것과는 너무나 다른 것이었다. 그러나 그녀의 마음은 과부의 마음만큼이나 약했다. 하나님은 자비롭게 그녀의 마음의 소원을 들어주셨다. 여인이 과연 잉태하여 돌이 돌아오매 엘리사의 말한 대로 아들을 낳았더라. 하나님의 선지자의 말은 믿을 수 있는 것이었다.

**4:18-37.** 열왕기하 기자는 예상치 못했던 생명이라는 기쁨에서 갑작스러운 죽음이

라는 공포로 우리를 데려간다. 소년은 아버지와 함께 들에 나갈 수 있을 만큼의 나이가 되었다. 어느 날 들에서 아이는 내 머리야 내 머리야!라고 외쳤다. 아버지는 아들을 어머니가 있는 집으로 돌려보냈다. 그녀의 절망감은 기록되지 않았다. 그러나 그녀가 아들을 품에 안고 있는 동안 아이가 죽었다. 아들을 잃는 고통보다 더 큰 고통이 어디 있겠는가? 아들의 죽음이라는 더 큰 고통이 불임의 고통을 대신했다.

그녀는 아들의 죽음을 인정하려 하지 않았다. 적어도 아이의 생명에 책임이 있는 선지자가 아들의 죽음을 선포할 때까지는 그 죽음을 인정할 수 없었다. 그녀의 행동은 가능한 한 빨리 하나님의 사람을 만나려는 그녀의 결심을 보여준다. 그리고 그때까지는 아들의 죽음을 비밀로 하려 했다. 그녀는 먼저 아들의 시체를 하나님의 사람의 침상 위에 두고 나왔다. 그런 다음 하나님의 사람에게 달려갔다가 돌아오기 위해 남편에게 나귀를 보내달라고 요청했다.

갈멜산은 약 40여 킬로미터가량 떨어진 곳에 있었다. 그녀는 엘리사가 있는 곳 근처까지 다가간 후에도 속도를 늦추려 하지 않았다. 모든 것이 평안하냐고 묻는 게하시의 공손한 질문을 뒤로하고 그녀는 엘리사 앞으로 나가 땅에 엎드려 엘리사의 발을 안았다. 그리고 그녀의 고통을 쏟아놓았다. 내가 내 주께 아들을 구하더이까 나를 속이지 말라고 내가 말하지 아니하더이까. 그러나 그녀는 그저 불평하기 위해 그곳까지 달려간 것이 아니었다. 그녀는 아들이 다시 살아나는 것을 보기 위해 달려갔던 것이다. 아마도 그녀는 엘리야가 사렙다 과부를 위해 했던 일에 대한 소식을 들어 알고 있었을 것이다(왕상 17:17-24).

엘리사는 게하시에게 자신의 지팡이를 들고 소년에게 가게 했다. 게하시에게 길에서 그 누구와도 평상시에 나누던 것과 같은 인사를 나누어서는 안 된다는 지시를 할 만큼 급박한 상황이었다. 그러나 수넴 여인은 하나님의 선지자가 동행하는 것 외에는 그 어떤 일도 받아들이려 하지 않았다. 여호와의 사심과 당신의 혼의 사심을 가리켜 맹세하노니 내가 당신을 떠나지 아니하리이다. 하나님께 대한 그녀의 믿음은 하나님의 선지자에 대한 믿음으로 표현되었다.

게하시가 도착한 다음 한 행동은 아무 효과도 없었다. 앞서 가서 지팡이를 그 아이의 얼굴에 놓았으나 소리도 없고 듣는 모양도 없는지라. 게하시는 엘리사에게 아이가 깨지 아니하였나이다라고 말했다. 아이의 죽음은 확실했다. 아이의 시체는 몇 시간 동안 다락방에 방치되어 있었다.

기적 자체는 아주 간단하게 묘사되었다. 죽은 아이가 있는 방에 혼자 들어간 엘리사는 하나님께 기도한 다음 아이의 몸 위에 올라가 자기 입을 그 입에 대고 몸을 펴서 아이를 덮었다. 아이의 몸이 따뜻해지자 엘리사는 잠시 물러났다가 다시 돌아와 아이의 몸을 자기 몸으로 덮었다. 그러자 아이가 일곱 번 재채기하고 눈을 떴다. 엘리사가 왜 그런 행동을 했는지, 또 왜 아이가 일곱 번 재채기를 했는지에 대한 설명은 기록되지 않았다. 그러나 기적은 엘리사가 한 행동의 결과로 일어나게 된 것이었으며, 하나님이 개입하셨기 때문에 일어난 일이었다. 하나님은 엘리야를 통해 일하셨던 것처럼 죽은 아이를 다시 살리기 위해 엘리사를 통해 일하셨다.

### C. 굶주린 사람들을 돌보시는 하나님(4:38-44)

| Supporting Idea | 하나님은 살아가는 데 필요한 것들을 공급해주시는 긍휼을 베푸신다. |
|---|---|

**4:38-41.** 수넴 여인이 경험한 기적이 일어난 후에 엘리사가 행한 다른 기적들 대부분은 그 강도가 그리 크지 않았던 것처럼 보인다. 음식에 관한 두 이야기는 우리를 길갈 근처에서 엘리사를 만나기 위해 모여 있던 선지자의 생도들에게로 우리를 다시 데려간다. 그들은 가난했던 것이 분명하다. 그리고 그 땅에 흉년이 들어 있었다. 음식은 언제나 귀한 것이었지만 생계를 유지하기 힘든 흉년에는 더욱 그랬다. 엘리사가 선지자의 생도들을 위하여 국을 끓이라고 지시하자 몇 사람이 채소를 캐기 위해 가까운 들로 나갔다. 그들 중 한 사람이 들 외를 따왔다. 그리고 야등 덩굴에서 딴 들 외에는 독성이 있다는 사실을 모른 채 그 들 외를 국에 썰어 넣었다.

처음 국의 맛을 본 사람이 솥에 사망의 독이 있나이다라고 외쳤다. 아마도 쓴맛을 그렇게 표현했을 것이다. 국을 먹은 사람들이 곧바로 위험해진 것은 아니었고, 엘리사는 그들을 위해 아무 조처도 취하지 않았다. 흉년에 음식은 귀한 것이었다. 국을 쏟아버리는 대신 엘리사는 옆에 서 있던 사람들에게 가루를 가져오라고 지시했다. 그리고 그 가루를 국에 넣었다. 그 결과 솥 가운데 독이 없어졌다. 가루가 변화를 일으킨 것이 아니었다. 그것은 하나님께로부터 온 기적이었다.

**4:42-44.** 그 다음에 일어난 기적에 대해서는 간단하게 묘사하고 있다. 아마도 흉년 때에 일어난 일이었을 것이다. 한 사람이 처음 익은 식물 곧 보리떡 이십과 또 자루에 담은 채소를 가지고 왔다. 처음 익은 식물은 제사장에게 가져가도록 되어 있었다(민 18:13, 신 18:4-5). 그러나 이스라엘에는 아론 지파의 제사장이 없었기 때문에 그 사람은 그것을 여호와의 선지자 엘리사에게 가져왔고, 엘리사는 그것을 일백 명에게 주어 먹게 하라고 지시했다. 적은 양은 아니었지만 그곳에 모인 무리들이 다 먹기에는 부족한 것이었다. 그러나 엘리사에게는 하나님께로부터 온 계시가 있었다. **여호와의 말씀이 무리가 먹고 남으리라 하셨느니라.** 그는 하나님의 말씀에 따라 움직이는 믿음의 사람이었다. 그가 지시한 대로 행한 사람들은 하나님의 약속은 믿을 만한 것이라는 사실을 깨닫게 되었다. **무리 앞에 베풀었더니 여호와의 말씀과 같이 다 먹고 남았더라.**

## D. 겸손한 사람에게 은혜를 베푸시는 하나님(5:1-27)

| Supporting Idea | 하나님은 하나님의 말씀을 따르는 사람들에게 긍휼을 베푸신다. 그러나 하나님의 말씀을 무시하는 사람들은 물리치신다. |
|---|---|

**5:1-7.** 장면이 다시 이스라엘에서 수리아로, 이스라엘 백성들로부터 수리아의 장군으로 바뀐다. 나아만은 그가 비범한 사람이라는 것을 보여주고 있다. '유쾌함' 이라는 뜻을 가진 그의 이름은 그가 즐거운 사람이었다는 것을 말해준다. 그는 **아람**(수리아) 왕의 **군대장관**으로서 막중한 책임을 수행하고 있었다. 그를 묘사하는 데 사용된 용어들은 그가 나무랄 데 없는 사람이었음을 말해준다. **크고 존귀한 자니… 저는 큰 용사였다.** 그는 이방인이었지만 하나님과 그의 관계는 보기 드문 것이었다. **이는 여호와께서 전에 저로 아람을 구원하게 하셨음이라.** 구체적으로 승리를 거둔 사건은 기록되지 않았지만, 하나님은 이스라엘뿐 아니라 열방의 주님이시다.

그런데 나아만은 **문둥병자였다.** 문둥병은 오늘날 의학용어와는 달리 다양한 질병을 지칭하는 말로 사용되었으며 극히 심각한 중병을 뜻했다('심층 연구' 를 보라). 나아만은 여전히 외부적인 활동이 가능했던 것으로 보아 초기 상태였던 것이 분명하다. 그러나 그 병은 점차적으로 악화되었고, 알려진 치료 방법이 없는 치명적인 것이었다. 무엇보다 그 병은 격리를 요하는 것이었다. 반점이 나타나고 오늘날 많은 곳에서 에이즈를 두려워하듯이 그렇게 두려움을 일으키는 병이었다.

수리아가 이스라엘을 침략했을 때 이스라엘 땅에서 잡은 작은 계집아이 하나가 나아만의 집에서 일하고 있었다. 그녀는 나아만과는 달리 종이었고 여자아이였으며, 히브리인이었고 하나님을 믿었다. 아마도 십대 초반의 어린 소녀였을 것이다. 주인의 병에 대해 알게 된 그녀는 동정심을 가지고 하나님의 선지자에 대한 그녀의 확신을 표현하였다. 우리 주인이 사마리아에 계신 선지자 앞에 계셨으면 좋겠나이다 저가 그 문둥병을 고치리이다.

중한 병을 앓고 있는 사람들은 기꺼이 무엇이든 다 해보려 한다. 외국에서 온 어린 소녀의 소원대로 나아만은 그의 상태를 이미 알고 있었던 것으로 보이는 왕에게 나아갔다. 왕은 이스라엘 왕에게 글을 보내면서까지 그의 여행을 승인해주었다. 그래서 나아만은 그의 치료를 확실하게 해줄 다음 두 가지 준비를 하고 길을 떠났다.

첫째, 그는 이스라엘 왕으로부터 그가 원하는 것을 사기 위해 은 십 달란트(약 340킬로그램)와 금 육천 개(약 68킬로그램)와 의복 열 벌을 가지고 갔다. 그것은 엄청난 돈이었다. 나아만은 그가 원하는 것을 얻기 위해 선지자를 고용할 수 있었다. 그가 준비한 두 번째 자원은 왕이 써준 편지였다. 그 편지에는 왕의 지위와 권세가 포함되어 있었다. 왕은 무엇이든 원하는 대로 가질 수 있었다. 수리아 왕은 자신이 바라는 것을 분명하게 표현했다. 내 신하 나아만을 당신에게 보내오니 이 글이 당신에게 이르거든 당신은 그 문둥병을 고쳐주소서.

그런 요구를 받은 이스라엘 왕은 이성을 잃고 흥분했다. 그는 하나님이나 하나님의 선지자를 부를 생각은 전혀 하지 않았다. 편지에서 그가 읽은 모든 것은 전쟁을 일으키기 위한 구실로 보였다. 저 왕이 틈을 타서 나로 더불어 시비하려 함인 줄 알라. 그는 무슨 일이 어떻게 돌아가고 있는지 전혀 모르고 있었고, 하나님의 손길도 보지 못하고 있었다.

**5:8-19상.** 반면에 엘리사는 하나님과 하나님의 목적을 알고 있었다. 왕이 할 수 없는 것을 그는 할 수 있었다. 그는 이스라엘 왕에게 나아만을 자기에게 보내라는 전갈을 보냈고, 나아만은 말들과 병거들을 거느리고 엘리사를 찾아갔다. 사마리아는 큰 도시가 아니었다. 수행원들을 거느린 그런 행렬은 중류층 지역을 지나가는 대통령의 자동차 행렬처럼 눈에 띄는 그런 것이었다. 엘리사의 집 앞에 도착한 나아만은 병거에서 내리지

않았다. 그와 같은 높은 지위를 가진 사람은 마땅히 정중한 대우를 받게 될 것을 기대했다. 그러나 엘리사는 나아만에게 그의 사환을 보내 너는 가서 요단강에 몸을 일곱 번 씻으라 네 살이 여전하여 깨끗하리라는 지시를 했다.

그런 대우를 받은 나아만은 노를 발했다. 그는 부하들에게 분을 터뜨리면서 선지자의 집을 떠났다. 내 생각에는 저가 내게로 나아와 서서. 그는 "이 사람은 내가 누군지 모른단 말인가?" 라고 말한 것이나 다를 바 없었다. 더구나 선지자가 특별한 방법으로 자신의 병을 고쳐줄 것이라 생각했던 그의 기대까지도 깨지고 말았다. 그 하나님 여호와의 이름을 부르고 당처 위에 손을 흔들어 문둥병을 고칠까 하였도다. 그리고 국가적 차원의 자존심도 작용을 했다. 다메섹 강 아마나와 바르발은 이스라엘 모든 강물보다 낫지 아니하냐 내가 거기서 몸을 씻으면 깨끗하게 되지 아니하랴. 그런 나아만의 말이 틀렸다고는 할 수 없을 것이다. 요단강은 보잘것없는 흙탕물이었다.

나아만은 자신이 하나님께 원하는 것이 무엇인지 너무나 잘 알고 있었다. 그리고 자신이 조정할 수 있는 기술적인 타협이나 돈으로 살 수 있는 사업적인 방법을 통해 그것을 얻을 수 있다고 생각하는 사람들을 대표하는 전형이었다. 그는 병을 고치려면 겸손히 하나님께 복종해야 한다는 생각은 전혀 할 수 없었다. "요단강에 몸을 일곱 번 씻으라" 는 하나님의 방법이 그에게는 너무 간단하고 너무 어리석어 보였다.

다행히 나아만의 부하들은 그를 잘 알고 있었다. 그들은 그의 어리석은 행동을 지적해주었다. 그들의 간청이 그의 허세를 꺾었다. 선지자가 당신을 명하여 큰 일을 행하라 하였더면 행치 아니하였으리이까 하물며 당신에게 이르기를 씻어 깨끗하게 하라 함이리이까. 그들은 그에게 '자존심이 좀 상하는 것 말고 무슨 손해를 본다고 그러십니까?' 라고 말한 것이었다. 그는 강까지 40여 킬로미터를 가서 요단강에 일곱 번 몸을 잠갔다. 그 결과는 놀라운 것이었다. 그 살이 여전하여 어린아이의 살 같아서 깨끗하게 되었더라. 나아만은 하나님의 선지자의 말을 따른 결과 그가 고대했던 병 고침을 받을 수 있었다.

그는 자신이 병에서 나은 것을 알리기 위해 다메섹으로 바로 가는 대신, 자신의 믿음을 고백하기 위해 사마리아에 있는 선지자에게 갔다. 그는 놀라운 믿음을 고백하며 하나님과 새로운 관계를 맺게 되었다. 내가 이제 이스라엘 외에는 온 천하에 신이 없는 줄을 아나이다. 엘리사가 없는 곳에서 일어난 기적은 나아만에게 엘리사의 하나님을 볼 수 있게 해주었다. 나아만은 옳은 말을 한 것만이 아니었다. 잠시 후 그는 그의 변화된 관점을 보여주었다. 이제부터는 종이 번제든지 다른 제든지 다른 신에게는 드리지 아니하고 다만 여호와께 드리겠나이다. 그것은 회심을 보여주는 말이었다. 그는 또 하나님의 선지자와도 새로운 관계를 맺게 되었다. 그에게 경의를 표하지 않는 엘리사에게 분노한 거만했던 그가 이제는 자신을 엘리사의 종으로 묘사했다.

나아만은 자신의 감사를 표하기 위해 선물을 주려 했지만 엘리사는 그 선물을 거절했다. 그 일은 하나님과 하나님의 영광을 위한 일이었기 때문이다. 나의 섬기는 여호와의 사심을 가리켜 맹세하노니 내가 받지 아니하리라.

나아만은 갑자기 새로운 가치관을 갖게 되었다. 조금 전까지 그는 요단강을 혐오했다. 이제 그에게 가장 소중한 것은 노새 두 바리에 실을 흙이었다. 그는 하나님의 땅에서 가져간 흙으로 하나님께 예배드릴 제단을 쌓을 생각이었다. 그의 신학은 열방의 주인이신 하나님을 잘못 알고 있는 분명히 미숙한 것이었다. 그는 하나님을 이스라엘 땅과 연결지어 생각하고 있었다. 물론 그의 신학은 잘못된 것이었지만 하나님을 높이려는 그의 마음은 칭찬할 만한 것이었다.

나아만은 또 자신의 책임에 대해서도 민감해졌다. 수리아 왕의 오른팔로서 그는 왕과 함께 바알과 흡사한 수리아의 신 림몬을 섬기는 사당으로 가야 할 경우가 있었다. 그는 그런 행동이 옳지 않다는 사실을 깨닫게 되었다(그는 당신의 종을 사유하시기를 원하나이다라는 말을 두 번 반복하며 자신의 고뇌를 드러내었다). 그는 왕과 함께 절을 하겠지만 그의 마음은 하나님께 드릴 것이다. 그는 왕의 신이 아니라 왕에 대한 충성심 때문에 그곳에 갈 것이다.

**5:19 하-27.** 하나님의 일과 하나님의 사람들에게는 가깝지만 하나님의 마음에서는 멀 수 있다. 나아만이 돌아가는 것을 보면서 엘리사의 사환 게하시는 부자가 될 수 있는 기회를 놓치고 있다는 생각 외에는 아무 생각도 할 수 없었다. 그는 그 동안 일어났던 일의 영광은 이미 모두 다 잊고 있었다. 그의 탐심은 엘리사의 관대함과 나아만의 감사와는 대조적인 것이었다. 그는 부자가 될 수 있는 기회를 잡기로 했다.

게하시의 계획은 간단하고 영리했다. 나아만을 급히 뒤쫓아가 예상치 않았던 방문객이 찾아왔기 때문에 갑자기 돈이 필요하게 되었다는 이야기를 늘어놓으며 엘리사의 이름으로 은 한 달란트와 옷 두 벌을 요구했다. 그의 영리함은 그럴듯한 이야기를 꾸며내고 많은 것을 요구하지 않았다는 사실에서 잘 볼 수 있다. 동시에 나아만에게 일어난 변화는 그가 사환을 맞이하기 위해 기꺼이 말에서 내리고, 또 게하시가 요구한 것보다 더 많은 것을 그에게 준 것에서 잘 볼 수 있다. 그는 자신의 두 사환에게 그 물건들을 엘리사에게 가져다주도록 지시하기까지 했다. 그러나 게하시는 그 물건을 두 사환의 손에서 취하여 집에 감추고 저희를 나아만에게 돌려보냈다. 나아만의 두 사환을 수리아로 돌려보낸 게하시는 이스라엘에서는 자신이 은밀하게 저지른 그 일에 대해 아는 사람이 아무도 없을 것이라 생각했다. 그는 '완전 범죄' 에 성공했고, 그 일로 손해를 본 사람은 아무도 없었다.

적어도 엘리사를 만나기 전까지는 그렇게 보였다. 게하시는 하나님의 선지자를 과소평가하고 있었다. 하나님의 계시로 엘리사는 무슨 일이 벌어지고 있는지 다 알고 있었다. 그리고 게하시에게 그가 하나님과 하나님의 말씀을 경시했다는 사실을 분명히 지적해주었다. 하나님께 정보를 얻는 사람을 속이려는 것은 헛된 수고일 뿐이다. 더구나 그것은 하나님의 영광을 가리는 일이었다. 하나님이 하신 일을 이용해 돈을 벌려 한다는 것은 비난받을 만한 괘씸한 일이었고, 게하시는 그 대가를 지불하게 되었다. 나아만의 문둥병이 네게 들어 네 자손에게 미쳐 영원토록 이르리라.

이야기가 끝날 때 나아만과 게하시 두 사람의 입장이 서로 바뀌게 되었다. 선지자를 통해 말씀하신 하나님 앞에서 자신을 낮춘 이방인은 치유를 받게 되었고, 하나님의 말씀을 무시한 선지자의 사환은 참담한 심판을 받게 되었다. 믿는 사람들을 고치시고 긍휼을 베푸시는 하나님은 죄를 범한 사람들을 벌하실 심판의 하나님이시기도 하다. "하나님이 교만한 자를 대적하시되 겸손한 자들에게는 은혜를 주시느니라" (벧전 5:5).

## E. 실수한 사람들을 돌보시는 하나님(6:1-7)

| Supporting Idea | 하나님이 긍휼을 베푸시지 않을 만큼 그렇게 사소한 일은 없다. |
|---|---|

**6:1-7.** 우리는 또다시 알려지지 않은 장소에 있던 선지자의 생도들을 접하게 된다. 그들이 지금까지 엘리사를 만났던 장소가 비좁을 만큼 이제 그들의 숫자가 늘어났다. 그래서 그들은 그들의 지도자에게 숙박할 수 있는 간단한 구조물로 된 새로운 처소를 짓자고 제안했다. 기둥을 세우기에 적당한 나무들은 요단강 근처에서 구할 수 있었다. 엘

리사는 그들이 필요한 자재를 구하기 위해 그곳에 가기로 한 계획에 동의했다. 한 사람이 진흙탕 물인 요단강 둑에서 나무를 베고 있었는데 그의 도끼 머리가 자루에서 빠져 강물 속에 빠져버렸다. 젊은 선지자는 "아아, 내 주여 이는 빌어온 것이니이다"라고 소리를 지르며 엘리사를 찾아왔다. 그 당시 쇠로 된 도끼는 비싼 것이었고, 그것은 마치 친구의 차를 빌렸다가 사고를 낸 것과 같은 상황이었다.

엘리사는 그 생도의 부주의를 꾸짖지 않았다. 대신 도끼가 빠진 곳이 어디인지를 묻고 나무 가지를 베어 물에 던져서 기적적으로 도끼로 떠오르게 했다. 우리 하나님은 하나님이 만드신 자연의 법칙도 다스리는 분이시다. 그런 다음 엘리사는 그에게 물에서 도끼를 건져내도록 지시했다.

이 일은 모든 기적들 중에서 가장 '사소한' 기적이었다. 그러나 그것이 아마도 이 기적이 말하려는 핵심일 것이다. 비록 사소한 일이라 할지라도, 그리고 우리의 실수로 빚어진 문제거나 사고였다고 말할 수 있는 것들이라 할지라도 우리를 돌보시는 하나님의 손길에서 벗어나 있는 것이 아니다. 하나님이 물에 빠뜨린 모든 도끼 머리를 다 떠오르게 해주시겠다거나, 잃어버린 열쇠를 찾게 해주시겠다는 약속을 하지는 않으신다. 그러나 "너희 염려를 다 주께 맡겨 버리라 이는 저가 너희를 권고하심이니라"(벧전 5:7)고 말씀하시며 우리를 초청하신다.

| Main Idea<br>복 습 | 하나님께서 도움을 필요로 하는 모든 사람들에 대한 하나님의 동정심을 보여주시기 위해 하나님의 사람들을 통해 일하신다. |
|---|---|

# 결론

## 차별 대우하지 않으시는 하나님

엘리사의 기적들은 가난한 사람들과 도움이 필요한 사람들과 특히 하나님을 믿고 순종하는 사람들을 하나님이 돌보신다는 사실을 보여준다. 엘리사가 행한 네 개의 기적은 선지자의 생도들과 관계 있는 사람들을 위한 것이었다. 절망적인 곤경에 처한 과부이건, 흉년에 살아남기 위해 수고해야 하는 사람들이건 그들은 모두 하나님이 특별하게 돌봐주신 사람들이었다.

그러나 하나님이 가난한 사람들과 도움이 필요한 사람들의 하나님만 되시는 것은 아니다. 불리한 처지에 있는 사람들의 하나님은 또 눈에 보이지 않는 고통을 가슴으로 느끼고 있는 부유하고 유리한 입장에 있는 사람들의 하나님도 되신다. 하나님은 선지자의 과부뿐 아니라 수넴 여인에게도 긍휼을 베푸셨다.

또 하나님의 사랑과 동정심은 이스라엘 백성들에게만 국한된 것이 아니었다. 이방인 문둥병자 나아만이 하나님 앞에서 자신을 낮추었을 때 그에게도 긍휼을 베푸셨다. 나아만은 그의 권세로 하나님의 사랑을 사거나 요구할 수 없었다. 또 그의 명성과 업적으로 하나님의 사랑을 받을 수도 없었다. 그러나 하나님의 선지자를 통해 주신 하나님의 말씀에 순종함으로 하나님의 사랑을 거저 받을 수 있었다.

■ 진리 알기

- 하나님을 신뢰하는 사람들이 어떤 상황에 처해 있고, 또 그들의 필요가 어떤 것이건 간에 하나님의 은혜와 능력이 그들을 위해 준비되어 있다.
- 믿음은 하나님의 말씀에 따라 행동하는 것이다.
- 하나님의 은혜는 겸손한 믿음으로 하나님을 찾는 모든 사람들을 위한 것이다.
- 하나님께만 속한 영광을 다른 곳으로 돌리게 만드는 일은 결코 하지 말아야 한다.

■ 적용하기

- 중요해 보이지 않고 사소해 보이는 문제들을 안고 있는가? 하나님을 신뢰하고 그 문제를 하나님께 맡기라.
- 너무 커서 하나님도 해결하실 수 없을 것처럼 보이는 문제가 있는가? 담대하게 그 문제를 하나님께 맡기라.
- 하나님을 감동시키거나 하나님이 우리에게 신세를 지시게 할 수 있을 만한 그런 공로는 우리에게 있을 수 없다. 겸손하게 하나님께 나아가라.
- 하나님은 하나님의 말씀을 통해 하나님과 하나님의 방법을 알려주셨다. 하나님의 말씀에 귀 기울이라.
- 하나님의 영광은 우리의 이해를 초월하는 놀라운 것이다. 그 영광을 막지 말라.

## 삶의 적용

### 구원을 보여주는 그림들

우리가 살펴본 기적들 중 두 가지는 하나님이 우리를 위해 주 예수 그리스도 안에서 하신 일을 보여주는 놀라운 그림이다. 빚에 몰린 가난한 과부는 하나님이 그녀의 빚을 갚아주셨기 때문에 그 속박에서 벗어날 수 있었다. 하나님은 그녀가 자신의 힘으로 할 수 없는 것을 그녀를 위해 대신해주셨다. 그것은 하나님이 우리를 위해 구원자를 보내주시고 우리를 구원하시기 위해 그 대가를 지불하게 하신 사실을 보여주는 작은 그림이었다. 그 과부는 그녀를 구원하시는 하나님의 방법을 전해준 선지자의 말을 믿고, 그 말에 따라 행동할 필요가 있었다.

나아만의 이야기는 우리에게 하나님이 교만한 자를 물리치시고 겸손한 자에게 은혜를 베푸신다는 사실을 상기시켜준다. 나아만은 왕의 권세 덕분에 병을 고쳐줄 것을 요구할 수 있을 것이라 생각하면서 이스라엘을 향해 떠나갔다. 또 자신이 가지고 가는 상당히 많은 양의 재물로 살 수 있을 것이라 생각했거나, 아니면 선지자의 놀라운 행동을 통해 고침을 받을 수 있을 것이라 생각했다. 그러나 그런 것들 때문에 그가 병에서 나은 것이 아니었다. 하나님의 선물을 받기 위해서는 그의 교만을 버리는 것 외에 다른 것은 아무것도 필요하지 않았다. 그는 자신을 낮추고 하나님의 선지자를 통해 선포된 하나님의 말씀을 따라야 했다. 하나님의 말씀에 순종했을 때 그는 치유하시는 하나님의 능력을 경험할 수 있었다.

## 기도

하나님 아버지, 하나님이 크건 작건 우리 삶의 모든 상황을 돌보시고 어느 때나 '은혜의 보좌' 앞에 담대히 나아갈 수 있는 길을 열어주셔서 감사합니다. 하나님이 말씀으로 우리에게 가르쳐주신 것을 기초로 우리가 누구인지를 아는 겸손함과 하나님이 어떤 분이신지를 아는 데서 오는 확신을 가지고 하나님께 나아갈 수 있도록 도와주시기를 기도합니다. 하나님의 놀라운 은혜에 감사 드립니다. 아멘.

## 심층 연구

### A. 기적의 의미

성경 전체를 통해 기적들은 중요한 의미를 지니고 있다. 그러나 잘 살펴보면 많은 기적들이 세 차례에 걸친 중요한 기간들에 - 출애굽과 가나안 정복(모세와 여호수아)과, 엘리야와 엘리사 그리고 신약 성경 시대(예수님과 사도들) - 몰려 있음을 알 수 있다. 첫 번째 경우에는 하나님의 언약 백성이 특별한 방법으로 형성되었다. 두 번째 경우에는 언약이 바알 숭배로 인해 위기에 처하게 되었고, 세 번째 경우는 새로운 언약 사회가 탄생되었다. 기적들은 하나님의 메시지와 그 메시지를 전달하는 사람들의 진실성을 보증해주었다. 기적은 하나님의 능력을 그저 드러내기 위한 것이 아니라 기적 그 이상의 어떤 것을 보여주기 위한 표적의 역할을 했다. 기적은 또 하나님의 성품을 드러내줌으로 하나님의 마음을 보여주는 것이었다. 어떤 면에서 기적은 또 하나님의 나라를 보여주는 것이기도 하다. 왜냐하면 기적은 하나님이 죄의 영향과는 무관하게 의도하신 것을 보여주는 창이기 때문이다.

### B. 수넴(4:8)

수넴은 나사렛에서 남쪽으로 몇 킬로미터 떨어진 모리아 산 서남쪽 언덕에 있는 도시였다. 예수님 당시 나인이라 불렸던 한 마을도 그 언덕에서 몇 킬로미터가량 떨어진 곳에 위치해 있었다. 두 지역을 연결시켜주는 것은 지리적 요소만이 아니었다. 엘리사는 수넴에서 죽은 아이를 살렸다. 주 예수님은 나인이라는 곳에서 장례 행렬을 막고 한 과부의 아들을 살리셨다(눅 7:11-15). 엘리사의 기적들은 구세주의 기적들을 가리켜 보여주고 있는데, 특히 백 명을 먹인 기적(왕하 4:42-44)과 문둥병자를 고친 기적(왕하 5:1-10)이 더욱 그렇다.

### C. 문둥병

오늘날 우리는 문둥병을 한센병과 같은 것으로 생각한다. 고대 이스라엘에서도 그런 구체적인 질병이 있었는지는 확실하지 않다. 성경에 나오는 문둥병은 다양한 피부병을 언급하고 있는 레위기 13장에 자세하게 묘사되어 있다. 나아만이 걸린 질병이 어떤 것이었는지 정확하게 알 수는 없지만 상당히 심각한 병이었고, 그 병에 걸린 사람은 사회적으로 격리될 수도 있는 치명적이었던 것은 분명하다.

## 고안

### A. 들어가는 글

1. '약한 사람들을 위하여' 의 이야기로 시작하라.
2. 배경 설명: 엘리사는 나라를 위한 선지자로 부르심을 받긴 했지만 가난한 사람들과 약한 사람들과 도움을 필요로 하는 사람들을 위해 많은 시간을 할애하며 하나님의 사랑과 동정심을 보여주었다. 그러나 하나님의 은혜는 또 믿음으로 자신을 낮춘 부자들과 권세자들에게도 흘러갔다.
3. 적용: 3장에서는 왕과 군대들을 볼 수 있었지만 이 장에서는 종종 약하고 가난한 각 개인들을 보게 된다.

### B. 본문 이해

1. 절망적인 상황에 처한 사람들을 돌보시는 하나님(4:1-7)
2. 애통하는 사람들을 돌보시는 하나님(4:8-37)
3. 굶주린 사람들을 돌보시는 하나님(4:38-44)
4. 겸손한 사람에게 은혜를 베푸시는 하나님(5:1-27)
5. 실수한 사람들을 돌보시는 하나님(6:1-7)

**C. 결론**: '차별 대우하지 않으시는 하나님' 을 읽어주라.

## 토의 질문

1. 이 장에서 본 기적들은 모든 사람들에 대한 - 가난한 사람들과 도움이 필요한 사람들, 부자와 유복한 사람들, 권세를 가진 사람들과 외국인들 - 하나님의 동정심을 보여준다. 우리 교회들은 사람을 차별 대우하지 않으시는 하나님의 동정심을 어떻게 드러내고 있는가?

2. 나아만은 교만 때문에 병 고침과 회심을 경험하지 못할 뻔하였다. 사람들이 하나님의 은총을 경험하지 못하는 이유들 중 교만이 얼마나 큰 비중을 차지하고 있다고 생각하는가? 우리 각자의 삶 속에서 교만은 어떤 모습으로 나타나고 있는가?

# 열왕기하 6:8-8:29

## 하나님의 비밀 요원

*"역사를 살펴보면 이 세상에서 가장 많은 일을 했던 그리스도인들은 다음 세상을 가장 많이 생각했던 사람들이었다… 그들은 모두 하늘에 마음을 두고 있었기 때문에 이 땅에 그들의 흔적을 남긴 사람들이다. 그리스도인들이 더 이상 다음 세상에 대한 생각을 하지 않기 때문에 이 세상에서 무기력한 삶을 살아가고 있다. 천국에 목표를 두면 천국으로 던져넣은 세상을 얻게 될 것이다. 그러나 이 세상에 목표를 두면 둘 다 잃게 될 것이다."*

*- C. S. 루이스(C. S. Lewis)*

**열왕기하 6:8-8:29** 엘리사는 도움이 필요한 사람들을 돕는 삶을 산 선지자였다. 그러나 하나님은 그를 또 국가적 차원의 사건들에 영향을 미치는 위치에 서게 하셨다.

### 인물 소개: 수리아(아람)의 하사엘

- 벤하닷의 뒤를 이어 B.C. 843년부터 801년까지(그가 숨진 해는 정확하게 알 수 없다) 아람(수리아)을 통치했다.
- 그는 앗수르 연대기에 평범한 사람을 뜻하는 '보잘 것 없는 사람의 아들'로 묘사되어 있다.
- B.C. 841년 앗수르 왕 살만에셀 3세의 공격을 받고 패했지만 B.C. 838년에 또 다시 그의 공격을 받았다. 그러나 살만에셀 3세의 두 번째 공격은 실패로 끝이 났다.
- 그는 이스라엘의 요람과 예후와 여호아하스에 맞서 싸우는 전투에 참여했다. 이스라엘에 대한 그의 공격은 앗수르가 그 지역에서 후퇴했던 시기와 일치한다(B.C. 837-850).
- 그는 앗수르 연대기에 아닷니라리 3세(B.C. 806-798)의 신하로 묘사되어 있다.

# 들어가는 글

## 음모론

우리가 댈러스에 살 때 우리를 찾아온 방문객들을 변함없이 늘 안내한 곳은 텍사스 교과서 보관 창고 6층에 있는 박물관이었다. 그곳은 리 하비 오스왈드(Lee Harvey Oswald)가 쪼그리고 앉아 델리 플라자로 들어가기 위해 존 케네디(John Kennedy) 대통령을 태운 리무진이 오기를 기다리던 곳이었다. 그 6층은 방문객들에게 그날 일어났던 사건의 공포감을 덜어주고, 범인 수사에 대한 이해를 도와주며, 1963년 11월 22일 대통령을 숨지게 했던 탄환이 발사되었던 구석 창가에 서볼 수 있도록 해주기 위해 박물관으로 조성되었다. 나는 늘 그 악몽같았던 날의 기억들을 되새기며 고조된 감정을 안고 그곳을 떠나게 된다.

그런 다음 우리는 식사를 하기 위해 종종 수백 미터가량 떨어진 곳에 있는 웨스트 앤드 시장을 찾아간다. 그리고 가게들을 돌아보고 케네디 대통령의 암살에 대한 정반대되는 관점을 - 공식적인 정부의 설명은 완전한 은폐라는 사실을 - 보여주는 한 상점에서 다양한 물건들을 산다. 쿠바인들과 마피아와 CIA와 KGB 등을 비난하며 케네디 대통령의 암살에 대한 다양한 주장들을 펼치며 큰 소리로 논쟁하는 사람들도 종종 보게 된다. 그 사건이 일어난 후 수십 년이 지난 지금도 사람들이 흥분하는 것을 볼 수 있다.

음모론이 무성하다. 모슬렘들은 유대인들이 이슬람과 팔레스타인 사람들에 대한 불신을 초래하기 위해 뉴욕 시에 있는 세계 무역센터를 폭파시키는 계략을 꾸몄다고 주장했다. 또 다이애나 왕비는 살해된 것이라고 주장하는 사람들도 있고, 달 착륙은 조작된 것이라고 주장하는 사람들도 있으며, 정부는 정체를 알 수 없는 기업가들이나 공산주의자의 꼭두각시라고 주장하는 사람들도 있다. 음모와 조작이 있는 것은 분명한 사실이지만, 그런 주장들의 대부분은 과도한 상상력이나 편집증에서 나오는 것들이다. 인간은 합리적인 설명에 도전할 수 있을 것처럼 보이는 일들을 이해할 필요가 있다.

어떤 사건들에 대한 설명들이 눈으로 볼 수 있는 것보다 훨씬 더 깊은 것들을 숨기는 거짓일 경우가 있다. 그리고 왕들과 정치인들과 군대가 역사를 만들어가는 것처럼 보인다. 그러나 하나님은 끊임없이 하나님의 사람들을 통해 일하신다. 그리고 그들이 실제로 사건들을 만들어가는 사람들이다. 역사가들은 이 장에 기록된 사건들을 하나님의 계시라는 렌즈를 통해 삶을 바라보는 사람과는 다르게 볼 것이다. 그 당시 결정적인 역할을 한 인물은 왕들이 아니라 하나님의 선지자 엘리사였다. 그는 그의 하나님이 밝혀주신 눈으로 보았기 때문에 다른 사람들이 보지 못하는 것들을 보았다. 그를 통해 승리가 왔고, 그를 통해 왕들이 세워지기도 했으며, 또 끌려내려가기도 했다. 역사는 전능하신 하나님의 손안에 있다.

## 본문 이해

### 하나님의 비밀 요원

| Main Idea | 하나님의 선지자는 하나님을 대변하는 사람이었기 때문에 선지자에 대한 사람들의 반응에 따라 축복과 저주가 결정되었다. |
|---|---|

### A. 도단을 공격한 수리아(6:8-23)

| Supporting Idea | 하나님의 백성들이 하나님의 선지자를 따를 때 하나님의 보호하심을 경험하게 된다. |
|---|---|

**6:8-14.** 앞에서 엘리야는 각기 다른 배경을 가진 다양한 사람들의 삶 속에서 그들의 필요를 채워주는 기적을 행했다. 이제 이 부분에서는 하나님의 선지자가 국가적으로 그리고 국제적으로 중요한 역할을 하게 된다. 앞에서 마지막으로 기록된 국제적 상황은 아합이 길르앗 라못을 되찾으려다 목숨을 잃게 된 이스라엘과 수리아와의 전쟁이었다(왕상 22장). 그리고 이제 이스라엘은 또다시 전쟁을 치르게 되었다. 아람 왕이 이스라엘로 더불어 싸우며라고 기록되어 있지만 그 전쟁은 전면전이라기보다는 수리아 습

격대가 이스라엘의 영토를 침입해서 일어난 싸움이었던(6:23) 것이 분명하다. 이 전투에서는 이스라엘의 왕이나 아람 왕이 전혀 언급되지 않았다. 확실하게 말할 수는 없지만 아마도 여호람과 벤하닷 당시였을 것이다. 왕의 이름이 거론되지 않은 것은 하나님의 사람 엘리사에게 보다 조명이 집중되는 역할을 했다.

수리아 왕은 이스라엘을 재빠르게 침략하는 전략을 세웠다. 그러나 그가 군대를 이동하기 전에 엘리사가 이스라엘 왕에게 소식을 전했다. 왕은 삼가 아무 곳으로 지나가지 마소서 아람 사람이 그곳으로 나오나이다. 이스라엘 왕은 선지자의 말을 따랐고, 그 결과 수리아 군대가 격퇴된 것이 한두 번이 아니었다.

수리아 왕이 내릴 수 있는 결론은 딱 한가지뿐이었다. 그의 신복 중 하나가 이스라엘과 내통하고 있다는 것이었다. 화가 난 그는 신하들의 자백을 강요했다. 그러나 그의 신하들은 어떤 일이 벌어지고 있는지 알고 있었다. 엘리사가 왕이 침실에서 하신 말씀이라도 이스라엘 왕에게 고하나이다. 그것은 엘리사가 수리아에 대한 정보를 알려주는 네트워크를 구축하고 있었기 때문이 아니라 하나님이 계시해주셨기 때문이었다. 수리아가 안고 있는 문제는 왕이나 군대가 아니라 선지자였다. 해결책은 분명했다. 그를 찾아 잡아오라! 수리아 왕의 정보요원들은 엘리사가 이스라엘의 수도 사마리아에서 북쪽으로 16킬로미터가량 떨어진 도단에 있다는 정보를 입수했다. 그러자 수리아 왕은 선지자를 잡기 위해 침략하라는 명령을 내렸다. 그는 자신의 군대가 그런 일쯤은 쉽게 처리할 수 있을 것이라 생각했다!

**6:15-17.** 사마리아에 집이 있는 엘리사가 왜 도단에 있었는지 우리는 알 수 없다. 이른 아침에 밖에 나갔던 엘리사의 사환이 군사와 말과 병거가 성을 에워싸고 있는 것을 보았다. 사환은 그들이 적개심을 품은 수리아 군대이며, 성이 속수무책으로 둘러싸여 있다는 것을 알고는 엘리사에게 달려가 외칠 수밖에 없었다. 아아, 내 주여 우리가 어찌하리이까?

엘리사는 그에게 두려워하지 말라 우리와 함께한 자가 저와 함께한 자보다 많으니라고 대답했다. 그것은 믿음을 요하는 대답이었다. 왜냐하면 함께하시는 하나님이 등식을 바꾸어놓으시기 때문이다. 그러나 엘리사의 사환은 무슨 뜻인지 의아해했던 것이 분명하다. 수리아 군이 수적으로는 분명히 우세했다. 대답은 엘리야의 기도로 나타났다. 여호와여 원컨대 저의 눈을 열어서 보게 하옵소서. 그러자 하나님이 엘리사의 사환의 눈을 뜨게 하셨고, 그는 불말과 불병거가 산에 가득하여 엘리사를 두르고 있는 것을 보았다. 눈에 보이지 않는 그 불말과 불병거는 엘리야를 생각나게 해주었다(2:11). 그것들은 하나님의 종을 보호하기 위해 천사들로 구성된 군대를 보여주는 것이었다.

중요한 것은 엘리사가 눈에 보이지 않는 그 군대가 오도록 기도한 것이 아니라, 사환에게 보이도록 기도했다는 것이다. 그는 하나님의 보호가 이미 준비되어 있음을 알고 있었다. 사환이 본 것은 힘의 균형에 대한 그의 견해를 바꾸어놓았다. 적군의 우세는 착각일 뿐이었다. 그들은 그들이 통제하고 있다고 생각했다. 그러나 실제적인 힘은 다른 곳에 있었다.

**6:18-23.** 눈에 보이지 않는 군대가 수리아 군대를 물러나게 한 것은 아니었다. 그들은 적대감을 가지고 엘리사에게 왔고, 엘리사는 기도로 그들의 공격에 대응했다. 그는 하늘의 군대가 있다는 사실을 의지하고 가만히 있는 대신 저 무리의 눈을 어둡게 하옵소서라고 기도했다. 수리아 군대는 판단력을 잃고 무력해졌다. 왕에게 정보를 제공해주었던 엘리사가(6:8-10) 이제는 속수무책이 된 수리아 군대를 북 왕조 수도까지 16킬로미터를 이끌어가는 한 사람의 비밀 경찰이 되었다. 그들을 사마리아 성 안으로 끌어들인 그는 하나님이 그들의 눈을 열어 다시 보게 해주시기를 기도했다. 자신들이 한 사람의 무력한 포로가 되었다는 사실을 알게 된 교만한 수리아 군대의 좌절감은 엄청난 것이었다. 그들은 어서 죽게 되기를 바랄 수밖에 없었다.

이스라엘 왕도 그렇게 하려고 했다. 내가 치리이까? 엘리사는 왕에게 전쟁 포로를 죽여서는 안 되며 또 그들은 왕의 포로들이 아니라는 사실을 상기시켜주었다. 그리고 그들을 손님으로 접대해주고, 아무 해도 입히지 말며, 집으로 보내주라는 지시를 했다. 왕은 다시 엘리사의 지시를 따랐다. 엘리사는 일반적인 관례를 따르지 않았다. 그는 하나님의 사람이었고, 적에게 친절을 베풀며 그들을 겸허하게 만들었다.

그 결과 적대적인 수리아의 공격은 일시적으로 중단되었다. 이로부터 아람 군사의 부대가 다시는 이스라엘 땅에 들어오지 못하니라. 그보다 더 중요한 것은 중요한 원리가 분명하게 드러나게 된 것이다. 그 원리는 하나님의 보이지 않는 군대가 그 어떤 군대보다 강하기 때문에 선지자를 통해 주신 하나님의 말씀을 따르는 사람들은 하나님의 은총을 경험하게 된다는 사실이다.

## B. 사마리아를 포위한 수리아(6:24-7:20)

| Supporting Idea | 선지자를 통해 주신 하나님의 말씀을 따를 때 하나님의 백성들은 그들의 필요를 채워주시는 하나님을 경험하게 된다. |
|---|---|

**6:24-7:2.** 수리아와 이스라엘 사이에서 중단된 적대감은 그리 오래 가지 못했다. 얼마 후 아람의 벤하닷 왕이 그 온 군대를 모아 올라와서 사마리아를 에워쌌다. 이 전쟁이 발발하게 된 이유는 알 수 없다. 성이 포위된 전면전이었다. 성 안에 있던 사람들은 모두 발이 묶이게 되었다. 시민이건 군인이건 매한가지였다. 포위의 영향은 점진적으로 나타났다. 그런데 얼마 후 큰 흉년이 들게 되었다. 혼란과 무질서가 퍼지기 시작했고, 먹을 것이 줄어들게 되었으며, 부당 이득을 취하는 자들이 곤경에 처한 가난한 사람들을 착취했다. 실제로 먹을 수 없는 것들과 쓰레기로 버려질 것들이 터무니없이 비싼 값에 팔렸다.

부정하고 맛이 없는 나귀 머리 하나가 은 팔십세겔(약 910그램)이었고, 합분태 사분 일갑(일 갑은 약 1.2리터 정도다)은 다섯 세겔(약 은 57그램)이었다. 합분태는 '비둘기 똥'을 뜻하는 말을 번역한 것이다. 그것을 합분태라고 한 것은 절망감이 그만큼 깊었다는 것을 말해준다.

터무니없이 비싼 음식값은 더 이상 악화될 수 없을 만큼 극에 달했다. 이스라엘 왕이 성 위를 통과하고 있었다. 아마도 수리아 군대의 위치와 성 안의 생활 모습을 확인하기 위해서였을 것이다. 그때 한 여인이 나의 주 왕이여 도우소서라고 외쳤다. 왕의 이름은 밝혀져 있지 않지만 아마도 여호람이었을 것이다. 그의 대답은 그가 하나님께 화를 내고 있으며 좌절감을 느끼고 있다는 것을 잘 보여주었다. 여호와께서 너를 돕지 아니하시면 내가 무엇으로 너를 도우랴 타작마당으로 말미암아 하겠느냐 포도주 틀로 말미암아 하겠느냐. 냉소적인 그의 대답도 그의 절망감과 하나님을 향한 그의 분노를 가려주지 못했다. 그는 흉년이 든 것은 모두 하나님 탓이라고 생각했다. 그는 모압에서 곤경에 처했을 때도 하나님을 탓했다(3:10-13). 왕은 위기에 처할 때마다 본능적으로 하나님을 비난했다!

여인은 왕이 생각하는 것보다 훨씬 더 극한 상황에 처해 있었다. 그녀와 또 한 여인은 그들의 아이들을 죽여 그 고기를 먹기로 합의한 상태였다. 자녀를 희생시키면서까지 살아남으려 하는 어머니의 심정보다 더 절박한 것은 없을 것이다. 그들은 왕에게 도움을 구한 여인의 아들을 이미 삶아 먹었고, 다른 여인의 아이를 먹을 때가 되었지만 그 어머니가 그 아들을 숨겼다. 아들을 죽여 그 고기를 먹고 왕의 도움을 청하고 있는 여인은 자신이 한 행동을 전혀 부끄럽게 여기지 않았다. 다만 아들을 숨긴 다른 여인의 행동에 크게 분노하고 있었다. 그녀는 왕이 자기편을 들어주고 다른 여인의 아들을 먹을 수 있는 자신의 권리를 옹호해줄 것을 기대하고 있었다!

왕은 큰 충격을 받았다. 그는 자기 옷을 찢었고 그 속살에 굵은 베를 입었다. 굵은 베옷을 입는 것은 회개를 뜻하는 것이다. 그러나 그는 하나님 앞에서 진정으로 회개하지는 않았다. 왕은 백성들을 회개로 이끌지 않았다. 사람의 고기를 먹는 야만성은 신명기 28장 53-57절에 예언된 대로 언약을 저버린 데 대한 하나님의 심판을 보여주는 것이었다. 거룩하신 하나님이 그런 야만성을 권고하시는 것은 아니다. 그러나 악을 저지하지 않으셨고, 타락한 인간이 그 흉한 모습을 드러내도록 내버려두셨다.

왕은 바알이나 자기 부모들이 백성들에게 소개한 악이나 여로보암이 만든 이교나 백성들의 악한 마음 때문에 분노를 터뜨린 것이 아니라 엘리사 때문에 분노를 터뜨렸다. 엘리사의 머리가 오늘날 그 몸에 붙어 있으면 하나님이 내게 벌 위에 벌을 내리실지로다. 그 결과는 그렇게 비참하지만 않았더라도 웃음을 터지게 만드는 그런 일이었을 것이다. 엘리사가 무슨 잘못을 한 것인가? 그는 기아가 죄에 대한 하나님의 심판이라는 진리를 말했을 뿐이었다. 왕에게 엘리사는 편리한 희생양이었다! 그를 제거해버리는 것이 그의 메시지를 듣는 것보다 더 쉬운 일이었다.

엘리사 역시 백성들과 함께 고통을 당했다. 그 역시 성 안에 있었고 하나님의 계시를 통해 왕의 위협을 알고 있었다. 살인한 자의 자식이 … 머리를 취하려고 사람을 보내었을 때 엘리사는 장로들과 함께 집에 앉아 있었다. 왕이 보낸 사자가 도착했고 왕도 그의 뒤를 따라왔다. 그리고 하나님께 대한 그의 앙심을 쏟아놓았다. 이 재앙이 여호와께로부터 나왔으니 어찌 더 여호와를 기다리리요. 어떤 면에서 그의 말은 옳은 것이었다. 재앙은 이스라엘을 심판하시는 하나님의 손길이었다.

그러나 하나님은 하나님의 백성을 버리지 않으셨다. 엘리사는 가장 의례적인 선지자의 언어로 선포했다. 내일 이맘때에 사마리아 성문에서 고운 가루 한 스아에 한 세겔을 하고 보리 두 스아에 한 세겔을 하리라. 24시간 내에 성문에서 좋은 식량을 싼값에 살 수 있을 것이라는 그 말은 사실 너무나 황당한 것이었다. 왕의 신복 중 한 사람이 즉각 이의를 제기했다. 그런 일이 일어날 리 없다는 주장이었다. 그러나 그것은 사람의 예언이 아니라 여호와의 이름으로 말하는 선지자의 약속이었다. 엘리사는 사실을 분명히 하기 위해 그 빈정대는 사람에게 심판을 선언했다. 네가 네 눈으로 보리라 그러나 그것을 먹지는 못하리라. 포위된 도시의 혼란과 무질서 속에서 엘리사는 하나님께 대한 깊은 신뢰의 본을 보여주었다.

**7:3-15.** 하나님은 약속을 지키셨다. 그러나 가장 예상치 못한 방법으로 그 약속을 지키셨다. 흉년에는 문둥병자와 같이 사회에서 버림받은 사람들이 가장 큰 고통을 겪게 된다. 그들은 성 안으로 들어갈 수 없었다. 비록 들어간다 할지라도 죽음만이 그들을 기다리고 있을 뿐이었다. 성 밖에 남아 있게 된다면 그들은 흉년의 희생자가 되거나 적군의 공격을 가장 먼저 받게 될 것이다. 그러나 그들에게는 잃을 것이 아무것도 없었다. 그래서 적군에게 항복하기로 했다.

그러나 그들이 적의 진영으로 떠나려는 순간 하나님이 개입하셨다. 주께서 아람 군대로 병거 소리와 말 소리와 큰 군대의 소리를 듣게 하셨다. 수리아 군대는 이스라엘이 그들을 치기 위해 남쪽(애굽)과 북쪽(헷)에 돈을 주고 군대를 샀다는 결론을 내렸다. 황혼 경이었기 때문에 후퇴하기가 쉽지 않았다. 겁에 질린 수리아 군대는 퇴각에 방해가 되는 것을 - 장막과 말과 나귀와 무엇보다 가장 중요한 식량을 - 모두 버려두고 떠나갔다.

수리아 군대 진영에 도착한 문둥병자들은 진영이 비어 있고 많은 귀중품들이 널려 있는 것을 보았다. 그들은 무슨 일이 일어난 것인지 도무지 알 수가 없었지만, 귀중품들을 챙겨 감추고 배를 채웠다. 그러나 책임감과 죄책감을 느끼게 되었다. 이제 떠나 왕궁에 가서 고하자.

왕은 엘리사가 한 약속에 대한 별 기대 없이 잠자리에 들었다. 그래서 보고를 받게 되었을 때 그는 수리아인들의 영리한 계략일 것이라 의심했다. 그의 불신은 뿌리 깊은 것이었다. 다만 신하 중 한 사람의 요청이 그의 마음을 움직였다. 그 신하는 문둥병자들이 생각했던 것과 같은 생각을 했다. "우리에게는 더 이상 잃어버릴 것이 없다. 사람들과 병거 두 대를 보내 확인해야 한다. 그냥 성 안에 있으면 죽게 될 것이다. 보고가 틀린 것이라면 수리아인들이 그들을 죽일 것이다. 그러나 보고가 맞는 것이라면 우리 모두 살게 될 것이다." 그의 주장이 승리를 거두었고 왕은 사람들을 보냈다. 정탐꾼들은 수리아 군대가 달아난 증거를 발견하고 요단까지 따라갔다. 그리고 왕에게 돌아가 수리아 군대가 사라지고 없다고 고했다.

**7:16-20.** 이야기의 결론은 선지자를 통해 하신 하나님의 말씀의 성취를 강조하고 있다. 여호와의 말씀과 같이 되었고, 하나님은 약속을 지키셨다. 굶주린 도시의 주민들이 달려나가 아람 사람의 진을 노략했다. 하나님은 약속을 성취하셨다. 중개업자들이 엘리사가 예언한 대로 곡물을 성문으로 가져와서 질 좋은 상품을 싼값에 팔았다. 하나님이 말씀하신 심판도 이루어졌다.

얄궂게도 왕은 하나님의 약속을 의심했던 사람에게 성문을 지키게 했다. 버려진 수리아 군대 진영에 먹을 것이 많이 있다는 소식이 성내에 전해지자 사람들이 한꺼번에 몰려나가며 성문에서 저를 밟아 죽게 했다. 그 이야기는 가장 이루어지지 않을 것 같은 하나님의 약속도 이루어진다는 사실을 강조하기 위해 되풀이되어 기록되었다. 승리를 주시는 분은 왕이나 왕의 군대가 아니라 하나님이시다. 그리고 승리는 하나님의 선지자를 통해 온다. 하나님의 참 선지자들은 진리를 말한다. 그들을 조롱하거나 무시하거나 반대해서는 안 된다.

### C. 수넴 여인(8:1-6)

| Supporting Idea | 하나님의 백성들이 하나님의 선지자의 말을 기초로 행동할 때 하나님이 그들의 필요를 채워주신다. |
|---|---|

**8:1-6.** 이 짧은 구절은 우리를 국가적인 영역에서 다시 개인적인 영역으로 데려간다. 엘리사가 이전에 아들을 다시 살려준 수넴 여인의 이야기는 4장 8-37절에 기록되어 있다. 선지자의 말을 기초로 믿음으로 행동한 이스라엘의 남은 자의 상징으로 그 여인이 이 부분에서 다시 나온다. 알려지지 않은 때에 엘리사는 그녀에게 앞으로 오게 될 7년간의 기근을 경고해주었다. 그 기근은 아마도 반역한 백성들에 대한 하나님의 또 다른 심판이었을 것이다. 엘리사는 그녀에게 이스라엘을 떠나 그녀의 권속과 함께 거할 만한 곳으로 가서 거하라고 지시했다. 그녀의 남편에 대한 언급은 없다. 이제 그녀가 과부가 되었다고 생각하는 것도 일리가 있을 것이다. 그녀는 선지자의 말대로 행하여 그 권속과 함께 가서 블레셋 사람의 땅에 칠 년을 우거했다.

그 후 고향으로 돌아온 그녀는 심각한 문제에 부딪혔다. 그녀의 집과 땅이 압류되어 있었다. 아마도 땅은 왕이 압수를 했거나, 아니면 다른 사람이 사용하고 있었을 것이다. 그녀의 유일한 희망은 왕에게 호소하는 것이었다. 그래서 자기 집과 전토를 위하여 호소하려 하여 왕에게 나아갔다. 그러나 남편이 없는 여인의 호소는 별 효과가 없었다. 더구나 그녀의 문제는 그녀가 선지자의 지시를 따랐기 때문에 생긴 것이었다. 하나님은 곤경에 처한 그녀를 도와주실 것인가?

그녀가 왕실 법정에 들어갔을 때 마침 왕은 엘리사의 사환 게하시에게 엘리사의 행한 모든 큰 일을 고하라고 명했다. 게하시의 등장은 우리를 놀라게 한다. 그가 나온 것은 이 일이 나아만이 기적을 경험하기 전이나 아니면 공무를 수행할 수 있을 만큼 병이 깊지 않았던 때 일어났을 것이라는 사실을 말해준다. 그러나 이야기의 핵심은 엘리사가 어떻게 죽은 사람을 살렸는지를 그가 왕에게 말하고 있을 때 그녀와 그녀의 아들이 왕 앞에 나타났다는 사실이었다. 게하시는 그의 이야기를 중단하고 내 주 왕이여 이는 그 여인이요 저는 그 아들이니 곧 엘리사가 다시 살린 자니이다라고 말했다.

왕은 그녀에게 관심을 돌리고 그녀의 이야기를 들었다. 그리고 그녀의 땅과 함께 무릇 그 여인에게 속한 것과 그 땅에서 떠날 때부터 이제까지 그 밭의 소출을 다 돌려주라는 명을 내렸다. 이 이야기는 '때를 잘 맞춘' 것을 보여주기 위한 것이 아니라 하나님의 선지자를 통해 주신 하나님의 말씀에 순종한 사람들을 돌보시는 하나님의 섭리를 보여주기 위한 것이다. 엘리사는 자신이 없는 자리에서도 그녀를 도와주었다. 하나님은 그녀의 필요를 신실하게 채워주셨다.

### D. 하사엘의 '임명' (8:7-15)

| Supporting Idea | 하나님이 하나님의 선지자를 통해 이방 국가들에 대해 하시는 말씀 역시 확실한 말씀이다. |
|---|---|

**8:7-15.** 엘리사가 이스라엘 땅을 벗어난 유일한 경우다. 그가 이스라엘 땅을 벗어나게 된 이유는 기록되어 있지 않지만, 아마도 하나님이 하사엘에게 기름을 부어 아람 왕으로 삼으라고 엘리야에게 명하신 일이(왕상 19:15) 아직 이루어지지 않았기 때문인 것으로 보인다. 다메섹에 간 엘리사는 그곳에서도 곧 사람들의 주목을 받게 되었다. 병든

벤하닷 왕은 믿을 만한 신하 하사엘을 엘리사에게 보내어 저로 말미암아 여호와께 나의 이 병이 낫겠나 묻게 하라는 지시를 했다. 그는 자신이 병에서 낫게 될 것인지를 알고 싶었다. 이방인인 벤하닷은 도움이 될 만한 것은 무엇이든 다 찾아보려 했고, 또 치유하시는 하나님의 능력으로 나아만 장군이 병에서 낫게 된 것을 본 적이 있었다. 벤하닷은 하사엘을 신뢰하고 있었고, 하사엘을 보내기로 한 자신의 선택이 하나님의 뜻에 의한 것이라는 사실을 전혀 깨닫지 못하고 있었다.

하사엘은 엄청난 선물을 가지고 엘리사를 찾아갔다. 다메섹 모든 아름다운 물품으로 예물을 삼아 가지고 약대 사십에 싣고 갔다. 그는 왕이 알고 싶어 하는 질문을 엘리사에게 했다. 그러나 엘리사는 그가 기대했던 것과는 전혀 다른 대답을 했다. 너는 가서 저에게 고하기를 왕이 정녕 나으리라 하라 그러나 여호와께서 저가 정녕 죽으리라고 내게 알게 하셨느니라.

그 말은 엘리사가 하사엘에게 왕을 속이라고 말하는 것처럼 들리지만, 좀 더 넓은 정황에서 보면 그 의미는 분명하다. 벤하닷의 병은 치명적인 것이 아니었고 그 병에서 낫게 될 것이다. 그러나 벤하닷은 하사엘에게 죽임을 당하게 될 것이다. 엘리사는 하사엘이 부끄러워하기까지 쏘아보다가 울었다. 엘리사는 하사엘의 마음을 꿰뚫어보고 그의 의도를 분명하게 읽어냈던 것이다. 선지자는 하사엘의 의도를 드러냈을 뿐 아니라 그의 장래에 대해서도 알고 있었다. 그가 이스라엘 백성들을 크게 괴롭히게 될 것이다.

하사엘은 수리아의 왕이 되어 B.C. 843년부터 806년까지 통치하게 될 것이다. 그는 이스라엘 백성들과 피비린내 나는 전쟁을 치르며 통치 기간의 대부분을 보내게 될 것이다. 그는 전쟁의 공포를 불러일으키며 이스라엘 백성들을 괴롭힐 것이다. 그것은 이스라엘 백성들의 반역을 징벌하고, 그들 중에서 바알 숭배를 제거하시는 하나님의 심판이 될 것이다. 하나님은 하사엘을 심판의 막대기로 사용하실 것이다. 하나님이 하사엘이 행하게 될 악을 조장하시지는 않을 것이다. 그러나 하나님의 공의로운 목적을 이루기 위해 그를 사용하실 것이다.

하사엘의 반응은 놀라운 것이었다. 당신의 개 같은 종이 무엇이관대 이런 큰 일을 행하오리이까. 그가 자신을 개, 즉 아무것도 아닌 존재라고 설명한 것은 거짓 겸손이었다. 그는 평민이었으며, 앗수르 연대기는 그를 '보잘것없는 사람의 아들' 이라고 묘사하고 있다. 그는 엘리사가 자신이 할 일을 '큰 일' 이라고 설명한 것으로 들었다. 그는 권력과 폭력에 마음이 끌리는 사람이었다. 엘리사는 그의 미래에 대해 분명하게 말했다. 여호와께서 네가 아람 왕이 될 것을 내게 알게 하셨느니라.

일은 신속하게 진행되었다. 하사엘은 왕이 나을 것이라는 엘리사의 메시지를 전달하기 위해 왕에게 돌아갔다. 그러나 다음 날 그는 두꺼운 옷에 물을 적셔 그것으로 왕의 얼굴을 덮었다. 하나님은 이스라엘뿐 아니라 수리아에서도 전능하신 분이었다. 하나님은 하사엘의 악한 마음을 알고 계셨다. 하나님은 인간의 악을 통제하시고 하나님의 목적을 이루실 것이다. 여기서도 하나님의 선지자가 보이지 않는 곳에서 일하고 있었다.

### E. 유다의 왕들(8:16-29)

| Supporting Idea | 하나님은 하나님의 선지자를 통해 말씀하실 때 비록 신실하지 못한 백성들에게 하신 약속일지라도 그 약속을 신실하게 지키신다. |
|---|---|

열왕기하의 기자는 또다시 이스라엘의 역사를 잠시 멈추고 유다의 역사 쪽으로 눈길을 돌려 두 나라의 역사가 나란히 평행을 이루게 하고 있다. 엘리사는 유다에서 활동하지 않았다. 그러나 유다에는 하나님이 다윗에게 하신 약속이 있었다. 유다와 이스라엘의 본질적인 차이는 왕들의 성품이 아니라 다윗에게 약속하신 하나님의 자비로운 언약이었다.

**8:16-24.** 여호사밧의 아들 여호람은 B.C. 848년에서 841년까지 유다를 통치하였고, 처음 5년 동안은 아버지와 함께 통치하였다(왕상 22:50). 그는 아합의 딸과 결혼하였다. 그녀의 이름은 이곳에 나와 있지 않지만, 열왕기하 8장 26절에는 '이스라엘 왕 오므리의 손녀 아달랴'로 기록되어 있다. 이스라엘의 왕 중에도 여호람이라는 왕이 있었다(그래서 혼란을 최소화하기 위해 이스라엘의 여호람을 요람이라고 번역한 성경도 있다). 여호람은 여호와 보시기에 악을 행하였다. 바알 숭배가 유다에 이미 널리 퍼지게 되었고 점점 더 힘을 얻어가고 있었다. 역대기하의 기자는 여호람이 왕권을 강화하기 위해 "그 모든 아우와 이스라엘 방백 중 몇 사람을 칼로 죽였다"(대하 21:4)고 기록하고 있다. 이제 이교도의 풍습이 다윗의 왕좌를 차지하게 되었다. 여호사밧의 타협이 쓴 열매를 맺고 있었다!

유다 왕조는 불경한 왕의 통치 아래 붕괴되기 시작했다. 오랫동안 속국처럼 지내온

에돔이 배반하여 유다의 수하에서 벗어나 자기 위에 왕을 세웠다. 그러나 여호람은 그 반역을 막을 수 없었다. 또 유다의 일부로 국경지역에 있던 도시 립나도 에돔과 함께 유다를 배반했다. 유다의 도시들마저도 유다를 배반했던 것이다! 영적인 반역에는 값비싼 대가가 따랐다. 여호람은 창자에 든 고칠 수 없는 병으로 숨을 거두게 되었다(대하 21:18-19).

**8:25-29.** B.C. 841년에 여호람의 아들 아하시야가(이스라엘에도 같은 이름을 가진 왕이 있었다. 왕상 22:51 - 왕하 1:18) 그 아버지의 뒤를 이어 왕위에 올랐다. 그는 여호람의 막내아들이었다. 여호람의 다른 아들들은 침략자들에게 죽임을 당했다(대하 21:16-17, 22:1). 아하시야 역시 바알을 숭배했다. 저는 아합의 집 길로 행하여 아합의 집과 같이 여호와 보시기에 악을 행하였으니 저는 아합의 집의 사위가 되었음이러라. 그의 어머니뿐 아니라 그의 아내도 아합을 숭배했다!

아하시야의 통치는 채 일 년을 채우지 못했다. 그는 이스라엘의 아합의 아들 요람과 함께 동맹을 맺고 길르앗 라못을 되찾으려 했다. 이스라엘의 아합 왕은 길르앗 라못을 되찾기 위해 싸우다 숨졌다(왕상 22장). 이번에는 이스라엘의 왕이 부상을 당했고 그 상한 것을 치료하려 하여 이스르엘로 돌아갔다. 아하시야는 그와 동행했다. 열왕기하 기자는 두 왕을 이스르엘에 남겨두고 두 나라의 역사 속에서 일어나게 될 결정적인 변화를 맞이할 준비를 하고 있다.

| Main Idea 복 습 | 하나님의 선지자는 하나님을 대변하는 사람이었기 때문에 선지자에 대한 사람들의 반응에 따라 축복과 저주가 결정되었다. |
|---|---|

## ! 결론

### 올해의 인물

대중매체들은 해마다 한 해가 끝날 무렵이면 그 한 해를 빛낸 사람들을 선정해 축하해주기를 좋아한다. 올해의 인물로 선정되는 사람들은 - 정치인, 연예인, 사업가, 군 장교, 운동선수 등 - 큰 뉴스거리로 보도된다. 그러나 명성을 얻는 것과 중요한 사람이 되는 것 사이에는 큰 차이가 있다. 십 년 전 '올해의 인물'로 선정되었던 사람의 이름을 기억해낼 수 있는 사람은 거의 없다. 한때 상당히 중요해 보였던 업적들이 아무 흔적도 없이 사라져버리는 경향이 있다는 사실을 보여주는 연구 조사가 있다.

벤하닷과 요람과 여호람과 하사엘과 수리아 군대를 이끌고 도단을 공격했던 장군들과 군 장교들이 수리아의 '올해의 인물'로 선정되었을 것이다. 그러나 진정한 능력을 보여준 사람은 살아 계신 하나님을 알고, 하나님의 말씀에 순종하며 살았던 사람 엘리사였다. 그는 역사의 진로를 결정했고, 하나님의 축복과 저주를 불러왔다. 그는 하나님이 하나님의 목적을 이루시기 위해 하나님의 대리인으로 사용하신 사람이었다. 그는 극히 적은 소수에 속한 사람인 것처럼 보였지만, 숭고한 진리를 실천하며 산 사람이었다. "우리와 함께한 자가 저와 함께한 자보다 많으니라"(왕하 6:16). 엘리사는 이 세상에 가장 큰 영향을 미치는 사람은 현재를 위해 사는 사람이 아니라 영원한 삶을 추구하며 살아가는 사람들이라는 뜻 깊은 사실을 우리에게 상기시켜주고 있다.

▣ 진리 알기

- 하나님의 백성들은 하나님의 선지자를 통해 주신 하나님의 말씀을 따를 때 하나님의 보호하심을 경험하게 된다.
- 하나님은 언제나 하나님의 백성들과 함께하신다. 눈에 보이지 않는 하나님의 군대가 이 세상의 그 어떤 군대보다 더 강하다.
- 하나님의 백성들은 신실하지 못할지라도 하나님은 하나님의 언약을 충실히 지키시며 변함

없이 신실하시다.

- 하나님은 모든 나라를 다스리시며, 놀라운 창의성을 가지고 하나님의 목적을 이루어가신다.
- 영적인 반역에는 값비싼 대가가 따른다.

■ 적용하기

- 신뢰하고 순종하라. 그러면 함께하시는 하나님과 그 하나님의 보호하심을 확신하며 살아갈 수 있을 것이다.
- 곤경에 빠지게 될 때 하나님을 원망할 수도 있고, 아니면 하나님을 신뢰할 수도 있다. 신뢰가 하나님을 믿는 사람들이 취해야 할 태도다.
- 하나님의 경고를 심각하게 받아들이라. 하나님은 말씀하신 대로 행하신다.
- 하나님이 하나님의 목적을 어떻게 이루어가실 것인지를 우리가 알아야 하는 것은 아니다. 하나님의 전능하심과 신실하심을 신뢰할 수 있기 때문이다.

## 삶의 적용

### 숨을 곳이 없다

하나님은 시간과 공간과 능력과 경험에 제한받지 않는 무한한 분이시라는 것이 성경이 말하고 있는 심오한 진리들 중의 하나다. 그러나 우리가 그 진리를 기뻐할 수 있는 것은 하나님과 우리가 맺고 있는 관계와 직접적인 연관이 있다.

수리아 왕은 그가 상상할 수 있는 하나님과는 다른 하나님을 - 그의 비밀을 알고 있고, 그의 가장 은밀한 대화까지도 들을 수 있으며, 그것들을 그의 적에게 알려줄 수 있는 하나님을 - 만났다. 그것은 그에게 좌절감을 일으키는 것이었고, 그는 그런 하나님의 선지자를 죽이려 했다. 수리아 왕의 군사 기밀을 다루는 심복이었던 하사엘은 왕을 죽이고 권력을 잡으려는 자신의 의도를 알고 있는 사람은 아무도 없을 것이라고 생각했다. 그러나 하나님의 선지자 앞에 섰을 때 그의 가장 은밀한 계획이 폭로되었고, 그는 부끄러움을 느끼지 않을 수 없었다. 그의 의도가 들통났다. 왕이 선지자를 죽이려고 그를 보냈고, 그는 엘리사가 이미 그의 의도를 알고 있다는 사실을 그 앞에서 깨닫게 되었다. "지으신 것이 하나라도 그 앞에 나타나지 않음이 없고 오직 만물이 우리를 상관하시는 자의 눈앞에 벌거벗은 것같이 드러나느니라"(히 4:13).

반면에 하나님이 모든 것을 알고 계신다는 진리는 하나님께 충성하는 사람들에게는 매우 소중한 진리다. 적이 공격하기 전에 하나님이 하나님의 백성들에게 경고해주실 수 있다. 적이 공격을 가할 때는 하나님이 하나님의 군대를 배치해주실 수 있다. 기근이 끝나기 전에 혹은 적이 도망하기 전에 격려해주실 수 있다. 과부가 탄원하러 오기 전에 하나님은 그녀의 필요를 알릴 수 있도록 그녀를 위한 완전한 시나리오를 만드실 수 있다. 하나님은 언제나 하나님의 백성들의 복리에 관심을 기울이시고 돌보신다. 그것은 우리와 함께하시는 하나님께 대한 확신을 가지고 살아갈 수 있다는 것을 뜻한다.

## 기도

하나님, 현재 일어나고 있는 일들이나 상황이 우리의 유익과 하나님의 영광을 위해 어떻게 드러나게 될지 볼 수 없을 때에도 하나님의 말씀과 하나님의 방법을 신뢰할 수 있게 도와주옵소서. 매단계 우리를 둘러싸고 있는 눈에 보이지 않는 하나님의 병거들을 보고 하나님 앞에서 신실하게 살아갈 수 있게 도와주옵소서. 아멘.

## 심층 연구

### A. 엘리사에 대한 비난(6:31)

기근을 엘리사 탓으로 돌린 여호람의 비난은 선지자가 된다는 것은 언제나 위험한 일이라는 사실을 상기시켜주었다. 죄인들은 자신들의 죄를 지적받고 싶어 하지 않는다. 그들은 죄에 대한 대가를 치르게 될 것이라는 말을 듣게 되는 것을 아주 싫어한다. 예수님은 제자들에게 예수님을 신실하게 따르면 선지자와 같은 대우를 받게 될 것이라고 경고하셨다. "나를 인하여 너희를 욕하고 핍박하고 거짓으로 너희를 거스려 모든 악한 말을 할 때에는 너희에게 복이 있나니 기뻐하고 즐거워하라 하늘에서 너희의 상이 큼이라. 너희 전에 있던 선지자들을 이같이 핍박하였느니라"(마 5:11-12).

### B. "여호와여 원컨대 저의 눈을 열어서 보게 하옵소서"(6:17)

엘리사는 그의 사환이 모르는 것을 알고 있었고, 그래서 도단에서 일어난 사건을 다른 시각으로 바라볼 수 있었다. 하나님의 군대가 이미 하나님의 선지자를 보호하기 위해 그곳에 와 있었다. 엘리사는 하나님의 약속을 확신하고 있었기 때문에 적군보다 그의 사환에게 더 깊은 관심을 가질 수 있었다. 하나님은 하나님의 백성들을 위해 싸우신다. 그리고 하나님을 신뢰하는 사람들을 버리지 않으신다.

# 교안

### A. 들어가는 글

1. '음모론' 의 이야기로 시작하라.
2. 배경 설명: 엘리사는 국제적인 사건들 속에 개입하고 있는 자신을 보게 되었다. 그 사건들은 왕들과 군대들이 모든 것을 결정하는 것처럼 보였다. 그러나 실제로 모든 것을 결정하는 사람은 하나님을 대변하고 주어진 상황에 영향을 미치기 위해 하나님의 진리를 선포하는 사람이었다.
3. 적용: 엘리사 당시 이스라엘과 수리아 사이에서는 전쟁이 끊임없이 이어지고 있었다. 그 속에서 하나님의 선지자인 엘리사는 백성들을 위한 하나님의 비밀 무기 역할을 했다.

### B. 본문 이해

1. 도단을 공격한 수리아(6:8-23)
2. 사마리아를 포위한 수리아(6:24-7:20)
3. 수넴 여인(8:1-6)
4. 하사엘의 '임명' (8:7-15)
5. 유다의 왕들(8:16-29)

### C. 결론: '올해의 인물' 을 읽어주라.

## 토의 질문

1. 하나님이 '눈을 열어주시고' 하나님이 함께하시는 것을 특별히 깨닫게 해주셨던 경험을 한 적이 있는가? 엘리사와 그의 사환이 그들의 위험을 깨닫기 전부터 하나님은 이미 그들을 보호하고 계셨다는 사실을 알게 된 것이 우리에게 어떤 변화를 가져다주는가?

2. 하나님은 전능하시다. 그러나 사건들을 다루시는 하나님의 방법은 각 상황에 따라 매우 다르다. 하나님께 주권이 있는가? 아니면 사람들에게 결정권이 있는가? 우리 하나님이 주권자시라는 사실을 어떻게 알 수 있는가?

# 열왕기하 9:1-10:36

## 여호와의 검

*"어떤 일을 할 수 있는 권리가 있다는 것과 그것을 하는 것이 옳다는 것은 전혀 별개의 문제다."*

*- G. K. 체스터튼(G. K. Chesterton)*

**열왕기하 9:1-10:36** 하나님이 바알 숭배와 아합의 영향력을 이스라엘에서 제거하실 때가 되었다. 그것은 철저한 수술로만 가능한 일이었다. 그래서 하나님은 이스라엘에서 바알 숭배를 제거하고 이세벨을 포함해 아합의 집을 숙청할 만한 열의를 가진 사람 예후를 세우셨다. 그러나 열의에 찬 예후는 하나님의 지시를 여러 번 어겼고, 그 결과 이스라엘의 예배를 온전히 개혁할 수 없었다.

**인물 소개: 예후**

- 아합과 요람 당시의 군대 장관이었다.
- 아합의 집을 심판하기 위한 하나님의 도구로 임명되었고 기름부음을 받았다.
- 이스라엘에서 아합의 집과 바알 숭배를 제거하는 피의 숙청을 단행했다.
- 수많은 유다의 왕족을 죽게 한 책임이 있다.
- B.C. 841년부터 814년까지 이스라엘을 통치했다.
- 하나님과 다른 신을 함께 섬겼으며 여로보암이 만든 타락한 사교를 허용했다.
- 앗수르의 살만에셀 3세에게 굴복하고 많은 조공을 바쳤다.
- 하사엘이 요단강 동쪽 지역을 점거하는 것을 막지 못했다.
- 이스라엘에서 가장 오래 지속된 왕조의 기초를 세웠다.

## 들어가는 글

### 호된 자비

고등학교 시절 내 친한 친구 중 건설 현장에서 일을 하다 손을 심하게 다친 친구가 있었다. 병원을 찾아간 나는 의사가 내 친구의 손가락 몇 개를 절단할 것인지 말 것인지를 심각하게 고려하고 있다는 사실을 알고 큰 충격을 받았다. 더구나 그 의사는 우리 가족의 절친한 친구셨다. 그렇게 착한 선생님이 어떻게 내 친구의 손가락을 자를 생각을 할 수 있단 말인가? 그때까지 나는 의사가 될 생각을 하고 있었다. 그러나 그런 일을 하는 것이 의사라면 의사가 되지 않겠다고 생각했다.

물론 그런 생각은 나의 무지와 미숙함을 보여주는 것이었다. 사실 그 선생님은 내 친구의 손가락을 구해줄 수 있었다. 그러나 비록 즐거운 일은 아니지만 때로는 절단이 불가피할 때도 있다. 그 선생님이 감정 때문에 흔들렸다면 내 친구의 건강이 위험에 빠지거나 더 큰 손상을 입었을 것이다. 의사들은 감염된 신체 부위나 종양이나 부러진 갈비뼈를 무자비하게 다룰 수도 있다. 왜냐하면 그들은 환자의 전체적인 건강을 중시하기 때문이다. 건강에 해가 되는 것은 그대로 두지 않을 것이다. 왜냐하면 그들은 건강을 증진시키는 일에 관심을 두고 있기 때문이다. 그리고 극단적인 방법을 써야 할 때도 있을 것이다.

목사인 나는 부적절한 또는 옳지 않은 관계를 고백하는 사람들을 대하게 된다. 그들은 거의 모두 그런 관계를 다른 방식으로 유지해나갈 수 있는 방법을 알고 싶어 한다. 그런 방법은 있을 수 없으며, 그 관계를 끊어야 한다고 말해주는 내게 감사를 표하는 사람은 거의 없는 편이다. 그들은 다른 해결 방법을 주장하고 종종 다른 방법을 찾기도 한다. 그러나 나는 그런 유혹들은 단호하게 잘라버려야 한다는 사실을 많은 사람들의 쓰라린 경험을 통해 배울 수 있었다.

이스라엘의 상황은 하나님이 이스라엘에서 바알 숭배라는 암덩어리를 절단해내기 위해 그 일을 할 수 있는 의사를 지명하는 것이 필요하다고 생각하실 그런 지경에까지 이르러 있었다. 아합의 집은 백성들에게 소름끼치는 악을 범하게 했고, 엘리야는 그 악을 제거하기 위한 철저한 수술을 행하실 하나님의 뜻을 전달했다(왕상 21:20-29). 암이 너무 많이 번져 있었고, 또 깊숙이 박혀 있었기 때문에 과감한 대책이 필요했다.

하나님이 하나님의 백성들을 수술하기 위해 사용하시는 의사들은 종종 우리를 놀라게 한다. 하나님은 나중에는 앗수르와 바벨론의 이방 왕들을 사용하실 것이다. 그러나 이 단계에서는 결점이 많은 도구인 예후라는 군인을 사용하기로 하셨다. 예후는 '여호와를 위한 자신의 열심' (왕하 10:16)을 자랑한 사람이었다. 그러나 그의 열심은 불완전하고 잘못된 것이었다. 그는 하나님의 뜻을 지속적으로 추구하지 않았고(10:29, 31) 때때로 의사라기보다는 도살자와 같았다. 그 결과 그는 호세아의 책망을 받게 되었다(호 1:4). 그럼에도 불구하고 그는 과업을 수행하기 위한 하나님의 도구였고, 나라를 괴롭히는 영적인 암을 제거하기 위해 하나님이 사용하신 사람이었다.

## 본문 이해

### 여호와의 검

| Main Idea | 하나님을 섬기려는 열정으로 하나님께 대한 순종을 대신할 수는 없다. |
|---|---|

#### A. 기름 부음 받은 예후(9:1-13)

| Supporting Idea | 의롭고 전능하신 하나님은 하나님의 심판을 수행할 대행자로 일하게 될 사람들을 부르실 수도 있다. |
|---|---|

**9:1-3.** 오래전 하나님이 엘리야에게 '님시의 아들 예후에게 기름을 부어 이스라엘 왕이 되게' (왕상 19:16) 하라고 지시하셨다. 엘리야가 그 일을 수행하지 못한 이유는 알 수 없다. 그러나 그가 하지 못한 그 일은 하사엘에게 했던 것처럼(왕하 8:7-15) 선지자 엘

리사가 수행해야 할 몫으로 남게 되었다. 왕이 살아 있는 동안 다음 왕위에 오를 사람에게 기름을 붓는 것은 안전한 일이 아니었다. 그래서 엘리사는 선지자의 생도 중 하나를 통해 그 일을 하기로 했다. 선지자를 통해 기름 부음을 받는 것은 적법성을 인정받는 것이었다. 엘리사는 그 생도에게 기름병을 손에 가지고 여호람 왕이 이스르엘에서 부상을 치료하는 동안(8:28-29) 군대가 남아 있던 길르앗 라못에 있는 이스라엘 진영으로 급히 가라고 지시했다. 그는 그곳에서 예후를 불러내 그의 머리에 기름을 붓고 여호와의 말씀이 내가 네게 기름을 부어 이스라엘 왕을 삼노라 하셨느니라고 말하도록 되어 있었다.

그 말은 계속해서 세 번이나 반복되고 있는데(3, 6, 12절) 그것은 하나님이 예후의 반역을 유발시키셨다는 사실을 강조하는 것이다. 아합의 집을 제거하겠다고 하신 하나님의 말씀이 성취되었다는 사실이 이 본문이 다루고 있는 중요한 주제 가운데 하나다. 그러나 선지자의 생도는 자신이 위험에 처할 수도 있다는 사실을 알고 있어야 했다. 예후에게 기름을 붓는 행동에 대해 군대가 어떤 반응을 보일지 알 수 없는 일이었다. 엘리사의 대리인은 자신의 임무를 마친 후 곧 문을 열고 도망하되 지체치 말아야 했다.

**9:4-10.** 그는 길르앗 라못으로 가서 예후를 찾은 다음 엘리사가 지시한 대로 은밀하게 예후에게 기름을 부었다. 그런 다음 엘리사의 지시대로 예후에게 위임장을 주었다. 예후에게는 아합의 집을 치고 이세벨의 죄악을 처벌해야 하는 두 가지 책임이 주어졌다. 예후는 하나님의 말씀을 수행하는 하나님의 대리인으로 행동하도록 되어 있었다. 숙청을 종결지어야 했다. 이스라엘 중에 매인 자나 놓인 자나 아합에게 속한 모든 남자는 내가 다 멸절해야 했다. 정당하게 평가를 받으려면 이 사실을 분명히 기억하고 있어야 했다. 예후는 선지자들의 피와 여호와의 종들의 피를 이세벨에게 갚아주는 하나님의 공의의 도구가 되어야 했다. 그것은 열왕기상 18장 4절과 13절에 언급된 하나님의 선지자들의 죽음을 생각나게 하는 것이었다.

하나님은 신속하게 보복하지 않으신다. 그러나 하나님의 보복은 확실한 것이다. 예후 일가를 숙청하는 것은 또 엘리야를 통한 하나님의 예언을 성취하는 것이었다. 이스르엘 지방에서 개들이 이세벨을 먹으리니라고 진술한 것은 열왕기상 21장 23절에 기록된 엘리야의 예언을 생각나게 한다. 그러므로 하나님의 심판이 아합의 집에 임한 데는 두 가지 이유가 있었다. 엘리야는 아합이 나봇을 죽인 것에 대한 심판을 선포했었다. 이스르엘을 언급한 것은 그 심판이 수행되고 있음을 확실히 보여주는 것이다. 그보다 더 큰 이유는 하나님의 종들을 죽이고 하나님의 메시지를 거부했기 때문이다. 하나님의 말씀은 반드시 이루어진다. 임무를 수행한 선지자는 곧 문을 열고 도망을 쳤다.

**9:11-13.** 은밀하게 행동하고 신속하게 도망치는 사람의 모습은 밖에 있던 신하들에게 궁금증을 불러일으켰다. 그들 가운데 한 사람이 예후에게 평안이뇨 그 미친 자가 무슨 까닭으로 그대에게 왔더뇨라고 물었다. 예후는 신하들이 그 모든 것을 짓궂은 장난으로 생각하고 있는 것은 아닌지 의심했던 것이 분명했다. 그들이 무슨 일이 있었는지 전혀 모르고 있다는 사실을 확인한 예후는 선지자가 그에게 한 말을 그대로 그들에게 전했다. 여호와의 말씀이 내가 네게 기름을 부어 이스라엘 왕을 삼는다 하셨다 하더라.

신하들이 보인 반응은 놀랄 만한 것이었다. 그들은 예후의 말을 그대로 받아들이고 그의 주장을 지지했다. 그들은 각각 자기의 옷을 급히 취하여 섬돌 위 곧 예후의 밑에 깔고 나팔을 불며 예후는 왕이라고 외쳤다.

예후가 이렇게 즉각 왕으로 받아들여진 것은 여호람과 아합의 집에 대한 불만이 이미 존재하고 있었음을 보여준다. 혁명의 분위기가 이미 무르익어 있었다. 그러나 하사엘의 경우와는 달리 예후가 왕위를 차지하려는 의도를 가지고 있었음을 보여주는 단서는 찾아볼 수 없다. 예후의 출연은 하나님이 하나님의 선지자를 통해 주도하신 일이었다. 아합을 따르던 사람들이 제거된 것은 하나님이 선택하신 도구들을 통해 하나님이 하신 일이었다.

## B. 예후의 열심(9:14-10:19)

| Supporting Idea | 하나님이 하나님의 도구로 우리를 사용하실 때 우리는 하나님의 뜻을 조심스럽게 따라야 한다. |
|---|---|

**9:14-26.** 신속하고 확실하게 권력을 잡게 되면 반역은 성공한다. 예후는 그 사실을 잘 알고 있었고, 자신의 권력을 강화하기 위해 즉각 조치를 취했다. 그는 먼저 아람 왕 하사엘과 싸우다가 당한 부상을 치료하기 위해 약 70여 킬로미터가량 떨어진 이스르엘에 물러가 있던 왕을 처리해야 했다. 통치하고 있는 왕을 처리하는 일은 다른 사람에게 맡길 수 있는 것이 아니었다. 그래서 예후는 그의 공모자들에게 길르앗 라못에 있는 이스라엘 진영을 지키고 한 사람이라도 그 성에서 도망하여 이스르엘에 전하러 가지 못하게

하라는 지시를 내렸다. 그런 다음 자신은 소수의 사람들과 함께 요람과 유다의 아하시야가 있는 곳으로 갔다.

이야기하는 사람은 예후가 도성에 다가가는 과정을 아주 자세하게 설명하고 있다. 이스라엘의 요람 왕은 전선에서 일어나고 있는 소식을 애타게 기다리고 있었다. 파수꾼이 군대가 다가오고 있다고 보고하자 왕은 한 사람을 보내어 평안이냐 묻게 했다. 그렇게 번역할 수도 있지만 요람에게는 의심할 이유가 없었다. 그 질문은 "모든 것이 다 잘 돌아가고 있는가? 우리가 이겼는가?" 라는 뜻이었다. 예후는 그 질문에 대답하는 대신 그 사람을 자기 신하들과 함께 서게 했다. 그리고 똑같은 과정이 다시 반복되었다. 그리고 그들은 파수꾼이 병거 모는 모습을 보고 예후라는 것을 알 수 있을 만큼 가까이 다가갔다. 예후의 모는 것 같이 미치게 모나이다. 왕은 무슨 소식인지 몹시 알고 싶었지만 예후의 군대를 전혀 의심하지 않았다. 그들은 왕의 군대였다. 그는 수리아와 싸우고 있는 전선의 상태에만 온 마음을 쏟고 있었다.

요람과 아하시야는 호위 군대 없이 병거를 타고 예후를 만나러 나갔다. 그들이 이스르엘 사람 나봇의 토지에서 마주치게 된 것은 우연이 아니라 하나님의 섭리였고, 예후는 그것이 하나님의 섭리라는 사실을 잘 알고 있었다(9:25). 여호와의 심판이 임박했다. 요람은 자신이 보냈던 사람들에게 질문하게 했던 것과 똑같은 질문을 했다. 예후야 평안이냐?

요람은 수리아보다 더 급박한 문제를 안게 되었다는 사실을 곧 깨달았다. 예후의 성난 대답이 그의 의도를 보여주었다. 네 어미 이세벨의 음행과 술수가 이렇게 많으니 어찌 평안이 있으랴. 예후는 도전장을 던졌다. 이스라엘에서 아합의 집과 바알 숭배가 계속되는 한 샬롬은 있을 수 없었다. 예후의 의도를 알아차린 요람은 아하시야에게 경고하면서 반역이라 외친 다음 달아났다. 그러나 멀리 갈 수 없었다. 예후는 요람의 두 팔 사이를 쏘고 자신의 장관 빗갈에게 그 시체를 취하여 이스르엘 사람 나봇의 밭에 던지라는 명을 내렸다.

그런 다음 예후는 빗갈에게 그들이 아합 당시 들었던 출처를 알 수 없는(아마도 엘리야였을 것이다) 기록되지 않은 예언을 상기시켜주었다. 여호와께서 이 아래 같이 저의 일을 예언하셨느니라. 그 예언은 적어도 20년 전에 선포된 것이었지만 이제 성취되고 있었다. 그 예언의 내용이 반복된 것은 일련의 사건들이 하나님이 하신 말씀의 결과라는 사실을 보여주는 것이다.

**9:27-29.** 아하시야는 유다의 왕이었을 뿐 아니라 아합의 인척(아합의 손자)이기도 했다. 예후는 유다의 왕에 대해서는 아무런 명령도 받은 것이 없었다. 그러나 아합을 지지하는 사람인 아하시야를 보고 그를 도망치게 그대로 둔다면 보복을 당할 수도 있다는 두려움을 느낀 예후는 자신의 신복들에게 저도 병거 가운데서 죽이라는 명을 내렸다. 아하시야는 부상을 입긴 했지만 이스라엘의 중요한 한 도피성인 므깃도로 피하였다가 그곳에서 세상을 떠났다. 그의 시체는 예루살렘으로 옮겨져 장사되었다. 두 나라의 왕이 모두 죽임을 당했다. 왕위가 공석으로 남게 된 유다는 비참한 상황이 되었는데, 11장에서 그 모습을 보게 될 것이다. 유다의 왕을 죽인 것은 예언을 성취한 것이 아니었다. 예후가 자기 마음대로 한 일이었다.

**9:30-37.** 두 왕이 죽었다는 소식이 빠르게 퍼졌다. 예후가 이스르엘에 도착했을 때 이세벨은 무슨 일이 일어났고, 또 앞으로 어떤 일이 일어나게 될지 이미 알고 있었다. 그녀는 교만하고 오만한 여자였고, 예후와의 대결이 불가피하다고 생각했다. 그래서 왕비로서 그를 맞이하기로 마음을 정하고 눈을 그리고 머리를 꾸미고 창에서 바라보다가 예후를 만나 그를 무시하고 빈정대는 투로 그에게 도전했다. 주인을 죽인 너 시므리여 평안하냐? 예후를 '시므리' 라고 부른 것은 그를 배신자라고 부르는 것이었으며, 시므리가 겨우 7일 동안 왕으로 통치하다가 아합의 아버지 오므리에게 살해되었다는 사실을 예후에게 상기시켜주는 것이었다(왕상 16:8-20).

그 말은 예후를 진정시키기 위해 한 말이 결코 아니었다! 예후가 사람들을 향해 그의 편이 될 사람이 있는지를 묻자 두어 내시가 기꺼이 예후를 돕겠다고 나섰다. 그들은 그녀를 내려 던지라는 예후의 명령을 따랐고, 예후의 말이 그녀의 시체를 밟았다. 죽은 왕비를 모욕하기 위해 예후는 이세벨이 살던 집으로 들어가 먹고 마셨다. 얼마 지난 후 그는 그녀의 시체를 묻어주는 것이 좋겠다는 생각을 하게 되었다. 그러나 그녀를 묻으러 나간 그의 신하들은 그 두골과 발과 손바닥 외에 다른 것은 찾을 수 없었다. 그것들은 아합이 한때 자기 나물 밭으로 만들고 싶어 했던 바로 그 땅에 있었고, 몰려다니는 야생개들이 그녀의 시체를 먹어치웠다.

그 소식을 들은 예후는 그것을 또 하나의 예언이 성취된 것으로 보았다. 그녀가 나봇을 죽인 땅이 그녀의 시체를 거절했다는(시체가 거름 같이 밭 면에 있게 되었다는) 사실은 있는 그대로 하나의 노골적인 유머가 되었다.

**10:1-11.** 예후는 아합에게 속한 모든 남자를 다 멸절하라는 명을 받고 있었다(9:8). 그런데 수도 사마리아에서 장로들과 교육하는 사람들이 아합의 아들( '아들들' 은 '남자 후손들' 이라는 일반적인 의미였을 것이다) 칠십 인을 돌보고 있었다. 그들은 예후의 새로운 정권에 지속적인 위협을 가했다. 예후가 그 위협에 대처한 방법은 그의 영리함과 잔인성을 보여주는 것이었다.

예후는 수도를 직접 공격하지는 않았다. 그는 왕족을 위협하기 위해 작성된 편지를 써서 보냄으로 반대하는 사람들의 세력을 시험해보았다. 너희 주의 아들들 중에서 가장 어질고 정직한 자를 택하여 그 아비의 위에 두고 너희 주의 집을 위하여 싸우라. 사마리아에 있던 지도자들은 예후에 대한 대책을 이미 세워두고 있었다. 그들은 예후가 무자비하고 단호한 사람이라는 것과 그의 위협 앞에서 모든 저항이 녹아 없어지게 되리라는 것을 잘 알고 있다. 그래서 그의 통치에 복종하고 따르기로 했다.

예후의 다음 계획은 사마리아의 지도자들에게 아합 집의 숙청을 맡기는 것이었다. 그는 다시 무지막지한 편지를 써서 왕족들을 보호하고 돌보고 있던 사람들에게 보냈다. 너희 주의 아들 된 사람들의 머리를 취하고 내일 이맘때에 이스르엘에 이르러 내게 나아오라. 그의 명령은 아주 영리하게 표현되었다. 그는 자신의 의도를 그들이 나름대로 해석할 수 있는 여지를 남겨두는 한편, 또 아합의 아들들의 지도자들을(머리들을) 자기에게 보내라는 뜻이었다는 주장을 언제나 할 수 있게 만들었다. 그러나 비겁한 지도자들은 그것을 새로운 정권에 대한 충성심을 시험하기 위한 것으로 - 전 정권에 대한 피의 숙청으로 - 받아들였다.

예후는 하나님의 명령에 순종하려 했다. 그러나 그 사람들은 자신을 보호하는 일에만 몰두하고 있었다. 그들은 왕실의 후손들을 모두 죽인 후 그 머리들을 예후에게 보냈다. 예후는 그 머리들을 이스르엘 성 입구에 쌓아두게 했다. 그것은 고대 중동 지역에서 위협을 가하는 일반적인 한 방법 - 반역에 대한 경고를 발하는 공포 정치의 한 형태 - 이었다.

아합 일가의 처형은 하나님이 명하신 것이었다. 그러나 그런 공개적인 잔학성은 반발을 불러일으키지 않을 수 없었다. 그러나 예후는 자신이 왕족을 직접 죽인 죄를 범하지 않는 방법을 취했다. 그는 자신이 왕을 죽인 것을 인정하면서도 그 죄가 자신에게만 돌아오지 않게 했다(이 여러 사람을 죽인 자는 누구냐). 그는 그들의 무죄를 언도했고(너희는 의롭도다) 또 그 일을 예언이 성취된 것이라는 사실로 선포했다. 여호와께서 그 종 엘리야로 하신 말씀을 이제 이루셨도다.

예후는 자신에게 반대하는 것은 하나님께 반대하는 것이라는 암시를 하며 하나님의 예언을 그의 정권에 대한 원망으로 바꾸어놓았다. 의사가 되었어야 할 그는 하나님이 명하신 것을 훨씬 뛰어넘어 유혈 참사로 나아가는 도살자가 되었다. 아합의 집에 속한 이스르엘에 남아 있는 자를 다 죽이고 또 그 존귀한 자와 가까운 친구와 제사장들을 죽이되 저에게 속한 자를 하나도 남기지 아니하였더라.

**10:12-14.** 정권을 잡기 위해 사마리아로 가던 중에 예후는 사마리아 북쪽에 목자가 양털 깎는 집이라 불리는 곳에서 유다 왕 아하시야의 형제들을 만났다. 그들은 왜 그곳에 있는지를 묻는 질문에 자신들은 왕자들과 태후의 아들들에게 문안하러 내려가는 중이라고 대답했다. 그들의 설명은 의심스러운 것이었다. 그때까지도 아하시야와 이세벨의 죽음을 모르고 있다는 것은 있을 수 없는 일이었다. 예루살렘에서 이스르엘로 가는 사람들이 사마리아 북쪽을 통과한다는 것도 이상한 일이었다. 그들에게 다른 목적이 있었거나, 아니면 그저 적절하지 못한 때에 적절하지 못한 곳에 있었거나 둘 중 하나였다. 예후는 그들을 의심하고 사로잡아 모두 죽이라는 명령을 내렸다. 사십이 인이 하나도 남지 아니하였더라. 이 일 역시 그가 해야 할 일을 넘어선 것이었다. 예후는 냉혹한 살인자가 되었다.

**10:15-17.** 목자가 양털 깎는 집이라 불리던 곳을 떠나려 하던 예후는 그를 찾아온 레갑의 아들 여호나답을 만났다. 엄격한 종교 단체를('심층 연구'를 보라) 설립한 여호나답은 예후에게서 동질감을 느꼈던 것이 분명했다. 그의 지원은 예후가 이스라엘의 보수적인 사람들의 지지를 받는 데 도움이 될 것이다. 두 사람은 서로에 대한 헌신을 다짐했고, 예후는 그에게 자신과 함께 가서 여호와를 위한 자신의 열심을 보라고 초청했다.

'여호와를 위한 열심'은 이교도의 신앙과 결코 타협하지 않았던 비느하스(민 25:10-13)와 엘리야(왕상 19:10, 14)와 같은 사람들의 자질이었다. 예후의 주장은 10장 31절에서 볼 수 있듯이 사실에 입각한 것이 아니었다. 그러나 그는 아합의 집에 대한 하나님이 주신 사명에는 순종했다. 사마리아에 이르러 거기 남아 있는 바 아합에게 속한 자를 죽여 진멸하였으니 여호와께서 엘리야에게 이르신 말씀과 같이 되었더라.

**10:18-29.** 예후는 구체적으로 바알 숭배를 제거하도록 되어 있었다. 그러나 그 명령은 이미 법으로 제정되어 있었다. 사마리아의 바알 숭배자들은 예후가 아합의 집을 제거했다는 것만 알고 있었을 뿐 그의 종교적 신념에 대해서는 모르고 있었다. 그래서 그들은 예후가 아합은 바알을 조금 섬겼으나 예후는 많이 섬기리라고 말하며 바알에 대한 그의 헌신을 뽐내자 기꺼이 그를 믿기로 했다. 물론 그것은 그들을 속이기 위한 예후의 계략이었다. 그들의 새 왕이 큰 제사를 바알에게 드릴 것이라고 선포하자 그들은 반역은 군사적이고 정치적인 것이었을 뿐 종교적인 것은 아니었다고 생각하게 되었다. 그러나 예후의 의도는 제사가 아니라 살육이었다.

예후의 교활함은 그가 취한 방법들 속에서 드러났다. 온 나라의 바알 숭배자들을 사마리아에 있는 바알의 당에 모두 불러모은 후 예복을 내어다가 바알 섬기는 자들에게 제공해주었다. 그는 또 그들에게 스스로 경비를 서게 하고 여호와의 종은 하나도 너희 중에 있지 못하게 하라고 지시했다. 반면 그는 바알의 당 주위에 팔십 인을 두고 한 사람이라도 도망하게 하는 자는 자기의 생명으로 그 사람의 생명을 대신할 것이라고 경고했다. 예후는 번제를 드리는 데까지 진행한 다음 바알 숭배자들을 모두 죽이라는 명령을 내렸다.

그 결과 바알 숭배자들이 몰살되었고, 바알의 목상들은 헐어 내려져 불에 태워졌으며, 바알의 당은 훼파되었다. 모욕을 더하기 위해 훼파된 바알의 당을 변소로 만들었다. 바알과 그의 신전이 변기 속으로 사라지게 되었다!

예후의 가장 큰 업적은 바알 숭배를 타파한 것이었다. 그 이후 이스라엘에서 정부가 후원하는 가나안 종교는 자취를 감추게 되었다. 왕실은 더 이상 바알 숭배를 보호하거나 후원하지 않게 되었다. 예후는 엘리사가 시작한 일을 마무리했다. 그러나 그것은 이야기의 한 부분일 뿐이었다. 여호와를 위한 예후의 열심에는 중대한 결점이 있었다. 느밧의 아들 여로보암의 죄에서는 떠나지 아니하였더라. 그의 열심은 하나님의 율법의 권위를 따른 것이 아니었다. 그는 잔인한 행동들을 통해 너무 멀리까지 가고 말았다. 그리고 참된 예배에는 미치지 못했다. 그는 바알 숭배를 타파하기는 했지만 벧엘과 단에 있는 금송아지를 섬기는 죄에서는 떠나지 아니하였다.

## C. 예후에 대한 평가(10:30-36)

| Supporting Idea | 부분적인 개혁은 모호한 유산을 남길 것이다. |
|---|---|

**10:30-31.** 예후의 열심은 열왕기하 기자가 그의 삶을 요약한 것에 반영되어 있는 이상하게 혼합된 모호한 유산을 남겼다. 한편으로 그는 바알 숭배라는 암덩어리와 아합의 지지자들을 이스라엘에서 제거하기 위한 하나님의 도구였다. 그것은 위대한 업적이었다. 그 때문에 그는 이스라엘의 왕들 중에서 유일무이하게 하나님의 인정을 받을 수 있었다. 여호와께서 예후에게 이르시되… 내 마음에 있는 대로 아합 집에 다 행하였다 하시니라. 그 업적은 하나님이 예후의 결점과 난폭함을 허용하실 만큼 그렇게 중요한 것이었다.

그 결과 하나님은 예후에게 그의 자손이 이스라엘 왕위를 이어 사대를 지내게 될 것이라는 약속을 해주셨다. 그의 후손은 B.C. 841년에서 752년까지 통치하면서 이스라엘 역사상 가장 오랫동안 통치한 왕조를 이루었다. 그 약속은 자비로운 것이었지만 또 제한된 것이기도 했다. 그 왕조는 영원한 다윗의 왕조가 아니었다. 또 여로보암에게 제안되었던 잠정적으로 영속하게 될 왕조도 아니었다.

그러나 우리는 예후의 실패들을 간과할 수 없다. 그의 개혁은 부분적인 것이었다. 그는 하나님의 말씀을 시종일관 따른 사람이 아니었다. 영적으로 그는 이스라엘 왕들 중에서 가장 훌륭한 일을 이루었다. 그러나 다윗의 수준에는 훨씬 미치지 못하였다. 이 사실을 강조하기 위해 예후가 전심으로 이스라엘 하나님 여호와의 율법을 지켜 행하지 아니하며 여로보암이 이스라엘로 범하게 한 그 죄에서 떠나지 아니하였더라고 말하고 있는 것을 우리는 다시 보게 된다. 하나님이 하나님의 뜻을 행하면서 예후가 이룩한 모든 업적을 인정하셨다. 그러나 하나님의 진리는 예후에게 그가 범한 죄를 모른체하고 그냥 넘어가게 하지 않았다. 그의 부분적인 개혁은 하나님의 모호한 인정을 받게 되었다.

**10:32-33.** 예후의 모호한 개혁은 또 그에게 모호한 유산을 남기게 했다. 예후가 B.C. 841년에 정권을 잡았을 때 수리아의 하사엘은 앗수르의 살만에셀 3세의 포위 공격을 받고 있었다. 살만에셀은 수리아의 수도 다메섹에 하사엘을 가두고 도시를 점령했다. 그 군사 원정은 이스라엘의 왕 예후가 살만에셀에게 공물을 바치고 있는 모습을 담고 있는

블랙 오벨리스크에 기념되어 있다. 성경에는 기록되어 있지 않지만 왕족들에 대한 예후의 숙청은 앗수르를 적절하게 대항할 수 없게 만들었던 것이 분명하다. 그래서 그는 적에게 조공을 바치기로 했던 것이다.

B.C. 838년 앗수르가 그 지역에서 철수하자 하사엘은 엘리사가 예견했던 대로(8:12) 그의 관심을 남쪽의 이스라엘에게 돌렸다. 그는 요단 동편 길르앗 온 땅까지 사방을(요르단 지역 전체를) 공격했다. 그것은 수리아와의 직접적인 충돌을 막아주는 완충지대와 그 지역 주요 도로에 대한 통제권을 상실하게 되는 것을 뜻했다. 그러나 이스라엘의 문제는 사실 하사엘이 아니었다. 그 군사적 패배는 심판하시는 하나님의 손길이었다. 이때에 여호와께서 비로소 이스라엘을 찢으시매 하사엘이 그 사방을 치게 된 것이다. 그것은 예후의 개혁이 불충분했다는 사실을 한 번 더 말해주는 불길한 진술이었다. 이스라엘이 바알 숭배를 물리치긴 했지만 하나님을 참으로 예배하게 된 것은 아니었다. 그러므로 하나님이 그 백성들을 치셨던 것이다.

**10:34-36.** 예후는 이십팔 년 동안 이스라엘을 다스렸다. 그러나 열왕기상 기자는 그의 업적에 대해 거의 아무 언급도 하지 않고 있다. 그는 예후의 무릇 행한 일('대단한 업적들')이 어떤 것이었는지를 독자들이 짐작하도록 더 이상 언급하지 않았다. 이 본문의 초점은 예후가 아합의 집을 숙청하고 바알 숭배를 타파했던 때에 초점이 맞추어져 있다. 그러나 우리는 그가 했어야 할 일을 온전히 다 마치지 못했다는 애석한 느낌을 받게 된다. 그리고 그가 백성들을 개혁의 과정에 결코 참여시키지 못했던 것이 분명했다. 그 개혁은 '위에서 아래로' 전달된 방식이었고, 따라서 백성들 속에서 깊은 뿌리를 내릴 수 없었다.

예후에 대한 마지막 평가는 그가 세우거나 확립한 긍정적인 것들이 아니라 그가 죽인 사람들과 파괴한 것들을 언급하고 있다. 그 결과 그의 통치는 그저 '불완전한' 것이었다는 평가를 받아야 했다.

| Main Idea 복습 | 하나님을 섬기려는 열정으로 하나님께 대한 순종을 대신할 수는 없다. |
|---|---|

# 결론

## 영적 수술

예후는 하나님의 백성들의 복리를 위한 중요한 과업을 수행하기 위해 하나님이 부르신 사람이었다. 나라가 절망적인 상태로 병들어 있을 때 하나님은 그를 외과의사로 임명하시고 아합의 지지자들과 바알 숭배라는 종양을 제거하게 하셨다. 그것은 큰 수술이었다. 간단한 치료로는 불가능한 일이었다. 종양은 완전히 제거되어야 했고, 흔적도 남겨서는 안 되는 것이었다. 그 수술은 폭력과 유혈 참사가 따르는 일이었기 때문에 즐거운 일이 아니었다.

예후는 열심을 가지고 임무를 수행했고 칭찬받을 만했다. 그는 자신이 하나님의 뜻을 행하고 있음을 알고 있었고, 그의 손을 멈추게 할 감상적인 생각이 결코 끼어들지 못하게 했다. 수술을 마친 후 그의 나라는 매우 달라졌다. 아합의 집은 멸절되었고 바알 숭배에 대한 정부 지원은 과거의 지나간 일이 되었다. 예후는 그가 다루어야 할 죄의 뿌리를 뽑아냈다.

그러나 두 개의 종양을 제거한 의사가 남은 하나의 종양을 마저 제거하지 못한다면 환자에게 큰 도움이 되지 못한다. 특히 남은 종양이 치명적인 것일 경우에는 특히 더 그렇다. 예후는 두 가지 면에서 실패했다. 여로보암이 만든 종교라는 종양을 제거하지 못했고, 외과용 메스를 사용하는 대신 도살자의 도끼를 사용했다. 그는 영적인 실패자라는 최종 평가를 받게 되었다. 하나님을 섬기려는 열정으로 하나님께 대한 순종을 대신할 수는 없다.

▣ 진리 알기

- 하나님은 자비롭게 심판을 미루기도 하시지만 때가 이르면 반드시 심판하실 것이다.
- 죄는 부분적으로 다룰 수 없는 것이다. 뿌리까지 뽑아내야 한다.
- 열심으로 순종을 대신할 수는 없다. 감정이 아니라 하나님의 말씀에 근거를 둔 열심이어야

한다.

- 부분적인 순종은 불순종이라는 최종적인 평가를 받게 된다.

■ 적용하기

- 하나님은 우리가 하나님의 영광을 위한 열정을 품는 사람들이 되길 원하신다. 그러나 우리의 열정은 하나님의 말씀에 근거를 둔 것이어야 하며 지식을 겸비한 것이 되어야 한다.
- 죄를 부분적으로 다루려 하지 말라. 뿌리까지 완전히 뽑아내라.
- 하나님을 위한 열심을 가지라. 그러나 또 한편으로는 불순종을 경계해야 한다.

## 삶의 적용

### 옳지 못한 방법으로 행한 옳은 일

악한 왕조와 거짓 종교의 암적인 영향을 근절하는 일은 피 흘림이나 폭력 없이 이룩할 수 있는 일이 아니었다. 예후가 한 일의 많은 부분이 하나님의 인도하심을 따른 것이었다는 사실을 인정하지 않는다면 그것은 예후에 대한 바른 평가라고 할 수 없을 것이다. 그러나 아하시야를 죽인 것과 이스르엘의 주민들을 위협하기 위해 시체를 성문 앞에 쌓아두었던 것과 아하시야의 인척들을 몰살한 것은 그가 지켜야 할 한계를 벗어난 일이었다. 그는 하나님을 위한 열심을 가지고 시작했지만, 자신이 지켜야 할 선을 넘어서서 경건하지 못한 열정과 광신으로 나아갔다.

옳은 일을 옳지 않은 방법으로 수행하는 경우가 있다. 그렇게 되면 우리가 사용하는 수단들이 우리가 추구하는 결과를 오염시키게 된다. 태어나지 않은 태아의 생명을 보호하려는 열정 때문에 낙태 시술을 하는 의사들의 생명을 해치며 생명 옹호를 광신적으로 주장하는 사람들도 있다. 성경이 말하는 도덕성을 지키려는 열정 때문에 동성연애

자들을 학대하는 사람들도 있다. 복음을 증거하려는 열정 때문에 다른 사람들의 존엄성을 무시하는 광신적인 행동을 하는 사람들도 있다.

예후는 경건한 자제심 없이 열심을 앞세웠던 사람의 전형이었다. 주 예수님은 열정적인 분이셨다. 예수님이 성전을 정결케 하셨을 때 제자들은 "성경 말씀에 주의 전을 사모하는 열심이 나를 삼키리라" 한 하나님의 말씀을 기억했다(요 2:17). 로마서 12장 11절은 우리에게 "부지런하여 게으르지 말고 열심을 품고 주를 섬기라" 고 권면하고 있다. 그러나 우리는 예후의 열심이 아니라 예수님의 열심을 품어야 한다.

## 기도

하나님 아버지, 하나님을 위한 열심과 열정을 가질 수 있게 도와주옵소서. 하나님을 향한 우리 사랑의 불꽃이 식어 꺼지지 않게 하옵소서. 그리고 하나님과 다른 사람들에게 민감할 수 있게 도와주셔서 우리의 열정을 잘못된 것에 쏟아부어 하나님의 이름에 누를 끼치지 않게 하옵소서. 아멘.

## 심층 연구

### A. 아하시야의 죽음(9:27-29)

역대하 22장 9절에 기록된 아하시야의 죽음은 약간 다르게 보인다. 거기서 아하시야는 사마리아에 숨어 있다가 발각되어 그를 죽인 예후에게 잡혀간 것으로 되어 있다. 두 기록 모두 불완전하고 서로의 불완전한 부분을 보완해주고 있다. 아하시야는 부상을 당하고 사마리아로 옮겨졌고, 그곳에서 발견되어 므깃도에 있던 예후에게 끌려간 다음 거기에서 숨을 거두었다. 그러나 지금 우리가 알고 있는 것을 기초로 그때 일어난 일들을 재구성하기는 어렵다.

### B. 이세벨의 화장(9:30)

이세벨이 눈을 그리고 머리를 꾸민 동기는 많은 사람들에게 여러 가지 추측을 불러일으켰다. 그녀가 예후를 유혹하기 위해서였을 것이라고 생각하는 사람들도 있다. 그러나 그녀의 나이와(아합이 왕위에 오른 지 이미 33년이 지난 때였다) 그녀가 예후에게 한 말을 볼 때 그런 것같지는 않다. 그보다는 끝까지 회개하지 않은 교만한 여인이 취할 수 있는 반응으로 보는 것이 더 타당할 것이다.

### C. 레갑의 아들 여호나답(10:15)

레갑 족속이 언급된 곳은 이곳 외에 예레미야 35장 1-19절 한 곳뿐이다. 200년 이상 지난 후에 기록된 예레미야서는 여호나답이 레갑 족속의 창시자라는 것을 분명하게 보여준다. 그들은 도시가 아니라 장막에서 살면서 전통을 고수하며 금욕적인 생활을 하던 사람들이었다. 그들은 술을 마시지 않았을 뿐 아니라 농사도 짓지 않았다. 그들은 이스라엘 백성들이 광야에서 경험했던 유목 생활을 하나님이 인정하시는 이상적인 생활 방식으로 생각하고 있었던 것이 분명하다. 그들은 바알 숭배와 아합을 지지하던 사람들의 왕권에 대한 주장을 거부하면서 예후와 손을 잡았다.

## 고안

### A. 들어가는 글

1. '호된 자비' 의 이야기로 시작하라.
2. 배경 설명: 하나님은 엘리야에게 바알과 아합을 상대로 그가 시작한 일을 다른 사람들이 마치게 될 것이라고 말씀하셨다. 예후는 그때 하나님이 지명하셨던 세 사람 중 마지막 사람이었다. 예후는 열심을 품고 바알 숭배와 아합의 지지자들을 타파하는 일을 수행했다.
3. 적용: 예후는 하나님이 하나님의 선지자 엘리사를 통해 이스라엘의 역사에 직접 개입하시면서 본 무대에 등장한 사람이었다.

### B. 본문 이해

1. 기름 부음 받은 예후(9:1-13)
2. 예후의 열심(9:14-10:19)
3. 예후에 대한 평가(10:30-36)

### C. 결론: '영적 수술' 을 읽어주라.

## 토의 질문

1. 열심과 광신의 차이가 백지장 한 장만큼의 차이밖에 나지 않을 때도 있다. 이 둘의 차이점은 무엇인가? 열심의 경계를 넘어서고 있다는 것을 어떻게 알 수 있겠는가?

2. 우리들 대부분의 문제는 지나친 열심이 아니라 여로보암이 만든 우상을 있는 그대로 인정하는 무관심과 미지근한 태도다. 우리의 삶 속에서 하나님을 위한 진정한 열심을 어떤 모습으로 드러낼 수 있을 것인가?

3. 예후는 아합의 집과 바알 숭배를 가차없이 타파하며 하나님을 위한 그의 열심을 보여주었다. 우리의 문화적 상황은 그때와 매우 다르다. 그러나 우리가 만날 수 있는 이세벨을 그저 간과하고 있는 것은 아닌가? 예후가 수행한 숙청 중에서 우리에게 적용할 수 있는 것은 어떤 것들인가?

# 열왕기하 11:1-12:21

## 변방에서 돌아와

*"하나님은 인간의 능력이나 자원 없이도 하나님의 목적을 이루실 수 있다. 또 인간을 의지하지 않고도 그 일을 하실 수 있다. 역사를 통해 하나님은 평범한 사람들을 사용하셨다. 왜냐하면 하나님께 대한 그들의 놀라운 신뢰를 통해 하나님의 은혜와 능력을 독특하게 드러내실 수 있기 때문이었다. 하나님이 뛰어난 사람을 선택해서 사용하실 때는 그가 자신의 타고난 능력과 자원들을 의지하지 않을 때 뿐이다."*

*- 오스왈드 챔버스(Oswald Chambers)*

**열왕기하 11:1-12:21** 예후가 이스라엘에서 제거한 바알 숭배는 아합의 딸 아달랴가 통치하던 유다에서 그 자리를 틀었다. 다윗 왕조의 연약함에도 불구하고 하나님은 다윗 왕조와 올바른 성전 제사를 회복시키기 위해 신실한 제사장과 어린 왕을 사용하셨다.

### 인물 소개: 요아스

- 그의 할머니 아달랴가 그의 형제들을 진멸할 때 다윗의 후손 중 유일하게 살아남은 남자였다.
- 제사장 여호야다의 지휘 아래 일곱 살의 나이로 왕위에 등극하였다.
- B.C. 835년에서 796년까지 통치하였고, 나이가 어렸기 때문에 초기에는 여호야다의 지시를 받았다.
- 성전을 수리하고 성전의 재정을 재편성했다.
- 하나님을 떠났고 여호야다의 아들 스가랴(스가랴서를 기록한 선지자가 아님) 선지자를 처형했다.
- 아람 군대의 손에 부상을 당했다(대하 24:23-25).
- 스가랴를 처형한 것 때문에 자기 신하에게 암살되었다.
- 예루살렘에 묻혔지만 왕실 무덤에는 묻히지 못하였다(대하 24:25).

## 들어가는 글

### 불 속에서 구출된 흔적

1709년 2월 9일 밤 영국 애버스(Epworth)의 한 사제관이 불길에 휩싸였다. 그 집에서는 사무엘 웨슬리(Samuel Wesley)의 가족이 자고 있었다. 연기와 화염으로 가득한 속에서 가족들은 밖으로 나가려고 애를 썼다. 안전한 곳으로 빠져나오게 된 가족은 이층 방에서 자고 있던 어린아이를 두고 나온 것을 알게 되었다. 2층 창문으로 아이가 보이자 아버지는 몇 차례 아이를 구하러 뛰어들어갔지만 불길에 막혀 구할 수 없었다. 그러나 한 이웃이 다른 사람들의 어깨를 타고 올라가 집이 무너지기 직전에 아이를 창문으로 끌어낼 수 있었다.

아이의 어머니 수산나(Susannah)는 그 순간을 결코 잊을 수 없었다. 그 사건은 그녀의 아들 존 웨슬리(John Wesley)가 하나님이 주신 특별한 사명을 가지고 태어난 아이라는 확신을 그녀에게 심어주었다. 그녀는 아들에게 '불 속에서 건져진 흔적'을 가진 사람이라는 말을 해주었고, 그 말은 그가 수십 년 후 임종의 순간을 생각하며 자신을 위해 직접 쓴 비문에 사용되었다. 실제로 하나님의 손이 그와 함께하셨다. 세월이 지나 그리스도께 대한 믿음을 갖게 된 후 그는 복음을 선포하면서 자신의 삶을 하나님의 심판의 불길 속에서 사람들을 끌어내는 시각으로 바라보았다. 그는 18세기 영국 제도를 휩쓸고 영국의 13개 식민지로 퍼져나간 영적 각성에 중요한 역할을 한 사람이 되었다.

죽음에 처한 아이를 구해내는 일은 언제나 극적이고 감동적이다. 우리가 앞으로 살펴보게 될 성경 본문은 죽음에서 구출되어 특별한 일을 하게 된 아이에 관한 이야기를 자세하게 말해주고 있다. 나라는 파멸 직전까지 가 있었다. 유다를 다른 나라들과 다른 나라로 구별해주었던 특징이 - 하나님께 대한 예배와 다윗 왕조가 - 완전히 사라지게 될 위험에 처해 있었다. 그 아이는 하나님이 다윗에게 약속하신 위대한 메시아에 대한 언약과 연결된 유일한 생존자였다. 그리고 그 아이는 그의 나라가 북방의 이웃 나라 이스라엘을 집어삼켰던 바알 숭배로 빠져들어가는 것을 막아내는 역할을 하게 되었다. 그 아이의 이야기는 우리에게 경건한 사람이 - 그의 경우 여호야다라는 나이든 선지자 - 미치는 영향의 중요성을 생생하게 상기시켜준다.

## 본문 이해

### 변방에서 돌아와

| Main Idea | 영적으로 회복하기 위해서는 하나님이 정하신 왕을 인정하고 하나님께 합당한 예배를 드리는 것이 필요하다. |
|---|---|

#### A. 파멸 직전에(11:1-3)

| Supporting Idea | 어둠이 빛을 이길 것처럼 보이는 때도 있다. |
|---|---|

**11:1-3.** 예후의 숙청으로 바알 숭배는 북 왕조에서 제거되었다. 그러나 예후가 유다의 왕 아하시야를 처형한 것 때문에(9:27-29) 바알 숭배가 유다에서 자리를 잡을 수 있는 문이 열리게 되었다. 아합의 딸이며 아하시야의 어머니였던 아달랴는 이미 왕의 어머니로서 권력을 쥐고 있었다. 아하시야의 아들 중에서는 왕위에 오를 만한 확실한 후보자가 없었다(역대하 22장 9절은 "아하시야의 집이 약하여 왕위를 지키지 못하게 되니라" 고 말하고 있다). 아하시야의 아버지이며 아달랴의 남편인 여호람이 왕위에 오르면서 자신의 형제들을 모두 죽였고(대하 21:4), 그의 아들들은 블레셋과 아라비아의 침략으로 목숨을 잃게 되었다(대하 21:16-17). 다윗의 가계가 심각한 위험에 처해 있었다.

아달랴는 그 공백을 메우기로 결정했다. 아합의 딸이었던 그녀의 결혼을 주선했던 사람은 여호사밧 왕이었다(8:18, 26). 선한 왕이었던 여호사밧이 선택했던 그 타협이 그의 후손들을 위해 쓴 열매를 맺고 있었다! 아달랴가 그 아들의 죽은 것을 보고 일어나 왕의 씨를 진멸하였다. 권력을 잡기 위해 자기 손자들을 죽이기로 한 할머니는 타락한 인간이 얼마나 잔인할 수 있는지를 잘 보여주는 그림이었다.

유다 역사상 왕위가 찬탈자의 손에 넘어간 것은 이때뿐이었다. 이제 유다는 유다의 이세벨을 갖게 되었다! 본문에서는 아달랴가 이세벨의 손녀였는지 아니었는지는 밝히지 않고 있다. 그러나 이세벨의 영적인 딸이었던 것만은 분명했다. 그녀의 동기는 기록되지 않았지만, 적어도 부분적으로는 종교적인 이유 때문이었다. 남편(8:18)과 아들(8:26)에게 미친 그녀의 유해한 영향은 이미 언급된 바 있다. 열왕기하 11장 18절은 예루살렘에 바알의 당이 세워졌고, 바알의 제사장들이 그 기능을 수행하고 있었음을 분명히 보여준다. 역대하 24장 7절은 그녀를 추종하던 사람들이( '악한 여인 아달랴의 아들들' 이라고 불리던) 하나님의 성전을 고의적으로 파괴하고 그 비품들을 바알 제사에 사용했음을 말해주고 있다.

예후가 북 왕조에서 바알 숭배를 타파한 것이 아마도 아달랴로 하여금 남 왕조 유다를 바알 숭배자들을 위한 안전한 피난처로 만들려는 결심을 다지게 했을 것이다. 그녀가 어떤 동기를 가지고 있었건 간에 잘못된 여왕이 이제 유다를 다스리게 되었다. 그녀는 하나님만을 섬길 것을 주장하는 모세 언약과 다윗 왕조를 약속한 다윗 언약의 유산을 짓밟아버리기로 마음을 정했다.

유다는 심각한 위기에 처하게 되었다. 하나님의 백성을 통해 이루실 하나님의 계획의 장래가 몹시 위태롭게 되었다. 그러나 또 한 사람의 용감한 여인 요람 왕의 딸 아하시야의 누이 여호세바의 행동으로 고비를 넘기게 되었다. 열왕기하에는 언급되지 않았지만 여호세바는 여호야다 제사장의 아내이기도 했다(대하 22:11). 중요한 순간에 그녀는 그 당시 한 살이었던 아하시야의 아들 요아스를 왕자들의 죽임을 당하는 중에서 도적하여 내고 저와 그 유모를 성전에 있는 침실(또는 '침대를 보관하는 방' , 곧 창고를 뜻하는 단어일 수도 있다)에 숨겨 아달랴를 피해 죽임을 당치 않게 했다. 요아스는 6년 동안 숨어살았다. 사람들은 다윗 왕조가 끊어졌다고 생각하게 되었고, 사악한 여왕의 손이 나라의 운명을 좌지우지하고 있었다.

이런 현상을 다윗 언약이라는 보다 큰 정황에서 두고 보는 것이 중요하다. 열왕기상하의 기자는 우리에게 하나님이 '다윗과 그의 후손들을 위한 영원한 등불' (왕상 11:36, 15:4, 왕하 8:19)을 약속하셨다는 사실을 상기시켜주었다. 그러나 이제 그 등불이 가물거리며 한 살짜리 아기처럼 약해졌다. 등불이 꺼지게 된다면 메시아에 대한 하나님의 언약은 실패하게 될 것이다. 신학적으로 우리는 전능하신 하나님이 약속을 지키실 것이라는 사실을 알고 있다. 그러나 그분이 그 약속을 얼마나 약해지게 하실 수 있는지를 보고 놀라지 않을 수 없다. 두 여인이 서로 상반되는 자리에 서 있었다. 사악한 여왕은 다윗 왕조를 멸망시키기로 다짐했고, 하나님을 따르는 용감한 여인은 그 왕조를 지키고 보호하는 일에 헌신했다.

### B. 위험이 따르는 순종(11:4-21)

| Supporting Idea | 하나님은 불꽃을 일으키기 위해 위험을 감수하고 순종하는 신실한 사람들을 사용하신다. |
|---|---|

**11:4-8.** 열왕기하는 갑자기 여호야다라는 인물을 소개한다. 나중에 가서야 그가 세사장이었다는 사실이 밝혀진다(9절). 그리고 열왕기하는 우리에게 그가 여호세바의 남편이라는 사실을 알려주지 않고 있다. 제사장으로서 그는 어린 왕을 성전에서 돌보고 보호해야 할 책임을 맡고 있었다. 아달랴가 억압하던 어두운 시기에 그는 하나님께 대한 순전한 예배를 회복할 뿐 아니라 다윗 왕조를 다시 세울 계획을 세우고 있었다. 상황은 매우 위험했다. 그는 조심스럽게 일을 진행시켜야 했다. 그는 사건을 주도하고, 행동을 구상하며, 반란을 선동한 핵심 인물이었다. 그것은 하나님의 율법을 따르는 선지자가 아니라 제사장이 개혁을 주도한 것으로 유다에서 일어난 하나의 새로운 현상이었다.

여호야다의 계획은 아달랴가 왕위를 찬탈한 후 칠 년째 되는 해에 여호야다가 성전에서 가리 사람의 백부장들과 호위병의 백부장들을 불러모으면서 구체적으로 진행되기 시작했다. 가리 사람들은 왕실의 호위대로 일하고 있었으며, 가리 족속과 관계가 있는 고용된 사람들이었던 것이 분명하다(삼하 20:23). 여호야다는 그들과 언약을 세웠다. 그 언약에는 분명히 비밀을 지키고 다윗 왕조를 부활시키기 위해 헌신하기로 다짐하는 맹세가 포함되어 있었다. 여호야다는 그들에게 신성한 성전 안에서 신성한 맹세를 하게 한 다음 왕자를 보여주었다. 아마도 감정이 고조되는 순간이었을 것이다. 성전 수비대들도 그가 왕자라는 사실을 모르고 있었다! 사람들은 다윗 왕조가 멸절되고 다윗 왕조에 대한 하나님의 약속이 소멸되었다고 생각하고 있었기 때문에 그것은 놀랍고도 충격적인 사건이었다.

통치권을 가진 여왕 아달랴는 막강한 권력을 쥐고 있었기 때문에 예상치 못한 방법으로 신속하고 확실하게 일을 벌여야 했다. 호위병들의 정확한 행동을 자세하게 설명한 여호야다의 지시가 아주 분명한 것은 아니었다. 그러나 핵심은 여호야다가 안식일날 성전 호위병들의 교대 시간을 선택한 것이었다. 그 시간에는 성전에 호위병들이 많이 모여 있다 해도 아달랴 측에 큰 의심을 불러일으키지 않을 것이다. 세 그룹의 호위대가 성전의 각기 다른 곳에 집합하도록 되어 있었다. 그들은 신호가 떨어지면 어린 왕을 보호하기 위해 성전을 지키고 왕을 호위하면서 방해하는 사람이 있으면 제거할 준비를 하고 있어야 했다.

**11:9-12.** 백부장들은 제사장 여호야다의 모든 명대로 행하였다. 제사장은 여호와의 전에 있는 다윗 왕의 창과 방패를 백부장들에게 주어 그 일의 신성함을 더해주었다. 그 무기들은 200년 이상 된 것들이었다! 그 무기들을 사용하는 것은 군사적인 의미보다는 상징적인 의미를 가지는 것이었다. 여호야다는 다윗을 상기시켜주기 위해 그것들을 사용했다. 그 일에 참여한 모든 사람은 그들이 참여하고 있는 일의 의미를 알고 있어야 했다. 그 일은 그저 권력을 잡기 위한 싸움이 아니었다. 하나님의 언약 백성으로서 나라의 정체성을 회복하기 위한 투쟁이었다.

호위대를 배치한 여호야다는 일곱 살이 된 왕자를 데리고 나왔다. 여호야다는 성전 안에서 안식일에 찾아온 많은 군중들에게 둘러싸여 왕자에게 면류관을 씌우며… 기름을 부어 왕을 삼았다. 공개적인 대관식은 사람들의 환호로 이어졌다. 무리가 박수하며 왕의 만세를 부르니라. 통치 군주가 있는 상황에서 그것은 혁명이었다! 요아스의 복위는 제사장들과 성전 호위병들과 군대와 백성들의 지지를 받고 있었다.

**11:13-16.** 강력한 통치자들은 위협에 과민한 반응을 보인다. 아달랴는 호위병과 백성의 소리를 듣고 심상치 않은 일이 벌어지고 있다고 생각할 만큼 예민했다. 그녀는 상황을 파악하기 위해 신하를 보내지 않았다. 대신 그녀는 수행원 없이 왕실에 인접한 여호와의 전에 들어가서 백성에게 이르렀다. 무슨 일이 벌어지고 있는지 한눈에 알 수 있었다. 왕이 규례대로 대 위에 서 있었다. 아달랴가 일곱 살짜리 소년이 자신의 손자라는 사실을 알아보지는 못했던 것으로 보인다. 그러나 그 소년의 머리에 면류관이 씌워져 있었기 때문에 그 행사의 취지는 분명히 알 수 있었을 것이다!

대는 아마도 전통적으로 대관식이 거행되는 장소가 된 야긴과 보아스를 지칭하는 용어로 사용되었을 것이다(왕상 7:21). 왕위를 찬탈한 아달랴는 반 쿠데타를 일으키려는 시도에 매우 민감한 반응을 보여왔다. 사람들의 행동은 그녀가 가장 두려워하던 일이 현실이 되었다는 사실을 분명히 보여주었다. 온 국민이 즐거워하여 나팔을 부는지라. 다윗 왕조의 복귀가 즉각 받아들여졌고 많은 사람들의 지지를 얻고 있음이 분명했다.

아달랴는 옷을 찢으며 외치되 반역이로다! 반역이로다!라고 외쳤다. 그것은 요람이 예후를 향해 소리친 것과 같은 외침이었다(9:23). 그러나 자신의 손자들을 죽인 반역자의 입에서 그런 말이 나왔다는 것은 뜻밖의 일이었다!

여호야다는 과감하게 반응했다. 그는 아달랴를 잡으라는 명령을 내렸다. 그런 다음 그녀를 성전 밖으로 데려나가도록 명령하였다. 그녀는 성전 밖으로 끌려나가 왕궁 말 다니는 길(11장 20절에서는 '왕궁' 이라고 간단하게 언급한 곳)로 통과하다가 거기서 칼에 맞아 죽임을 당했다. 그녀를 지지하기 위해 모인 사람은 아무도 없었고, 그녀는 혼사 죽었다. 유다의 이세벨은 정밀한 수술로 제거되었다.

**11:17-18.** 요아스는 나라의 지도자가 되기에는 너무 어렸다. 그래서 여호야다가 그의 정권을 섬겼다. 그가 처음으로 한 일은 백성들을 하나님께 재헌신하게 하는 매우 중요한 일이었다. 유다가 다윗의 후손들의 왕조라는 사실이 아니라 하나님이 세우신 왕과 관계가 있다는 사실이 무엇보다 중요한 것이었다. 영적 개혁을 정치적 개혁보다 더 중시했다. 여호야다는 왕과 백성으로 여호와와 언약을 세워 여호와의 백성이 되게 했다. 이 국가적 차원의 언약에는 하나님과의 언약을 공식적으로 새롭게 하고, 유다를 여호와의 백성으로 재확인하는 것이 포함되었다(신 4:20, 7:6, 14:1-2, 26:18, 27:9).

여호야다는 또 왕과 백성 사이에도 언약을 세우게 했다. 이 언약의 정확한 내용은 기록되지 않았다. 아마도 다윗 왕조에 대한 백성들의 헌신(삼하 7장)과 율법에 따라 통치할 것에 대한 왕의 헌신(신 17:14-20)이 포함되었을 것이다. 아달랴에게서 나온 왕실에 관한 모든 이방적 요소를 제거해야 할 필요가 있었다.

바알 숭배 역시 타파해야 했다. 바알 숭배는 여호람 왕 때로부터 아합 지지자들의 권력 아래서 번창해왔다. 그러므로 온 국민이 바알의 당으로 가서 그 당을 훼파했다. 바알의 당과 그 단들과 우상들을 깨뜨렸을 뿐 아니라 바알의 제사장 맛단까지 처형했다. 이 개혁은 6년 전 이스라엘에서 예후가 수행했던 일과 유사한 것이었다. 그러나 그 때보다 피를 덜 흘렸고 더 많은 사람들의 지지를 받으며 이루어졌다.

**11:19-21.** 여호야다의 지휘로 시작된 그 주목할 만한 날은 하나님의 전에서 왕궁으로 옮겨가는 행진으로 막을 내렸다. 왕궁에 이른 왕은 왕의 보좌에 앉았고 온 국민은 즐거워했다. 오랫동안 계속된 유다의 국가적 악몽은 끝이 났다. 비록 일곱 살의 어린 왕이었지만 다윗 왕조가 다시 통치하게 되었다. 혁명의 드라마에도 불구하고 왕위를 찬탈했던 아달랴와 그녀가 소개했던 모든 악한 제도가 제거되었기 때문에 성은 평온해졌다. 사람들은 평화를 누리게 되었다.

### C. 성전 수리(12:1-16)

| Supporting Idea | 참된 개혁에는 합당한 예배의 회복은 물론 합당한 지도자의 회복이 요구된다. |
| --- | --- |

**12:1-3.** 왕의 통치를 요약하는 것이 열왕기상하를 기록한 기자가 채용한 특징적인 한 방법이었다. 그런데 아달랴에 대해서는 그 요약을 생략했다. 왜냐하면 그녀는 찬탈자였기 때문이다. 요아스는 예루살렘에서 B.C. 835년에서 796년까지 유다를 가장 오랫동안 통치한 왕이었다. 그는 제한적인 인정을 받았다. 유다 왕들의 대부분처럼 그 역시 산당들은 제거하지 못했다. 히스기야 이전의 왕들은 모두 산당을 그대로 두었다. 그러나 요아스에 대한 긍정적인 평가에도 불구하고 중요한 한계가 있었다. 요아스가 제사장 여호야다의 교훈을 받을 동안에 여호와 보시기에 정직히 행하였다. 이것은 그가 초기에는 잘 하였다는 것을 뜻한다. 그렇다면 여호야다의 영향을 받지 않게 된 후 어떤 일이 일어났던 것인가? 열왕기하에는 그것에 대한 구체적인 기록이 없다(역대하 기자는 요아스가 후기에 범한 실패에 대해 아주 구체적으로 묘사하고 있다). 그러나 기자는 요아스가 시작할 때처럼 그렇게 잘 마치지 못했다는 것을 보여주는 몇 가지 단서들을 남겨놓았다.

**12:4-16.** 요아스 통치의 주요 업적은 성전을 수리하고 성전 재정을 재편성해서 성전 수리를 가능케 한 것이다. 열왕기하 기자는 그 재편성 과정을 자세하게 다루고 있다. 세부 사항들에 대한 설명이 애매해서 이해하기가 쉽지 않은 부분들도 있다. 그러나 확실한 것은 그가 그동안 시행했던 것과는 다른 기초 위에서 성전을 관리하기로 한 요아스의 헌신을 칭찬하고 있다는 점이다. 성전은 거의 150년 전에 건축된 것이었다. 성전은

오랜 세월로 노화되었을 뿐 아니라, 요아스 이전에 아합의 영향을 받은 통치자들의 남용으로 새로운 관리가 필요한 상태였다.

성전 수리는 우리의 기대와는 달리 여호야다가 아니라 요아스가 주도한 일이었다. 왕은 제사장들에게 여호와의 전에 거룩하게 하여 드리는 은… 자원하여 여호와의 전에 드리는 모든 은을 제사장들이 각각 아는 자에게서 받아들여서… 전의 어느 곳이든지 퇴락한 것을 보거든 그것으로 수리하라고 명했다. 제사장들은 예배자들이 성전에 가져오는 먹을 것과 은을 기초로 생활했다. 지금까지 그 은들은 제사장들을 위해서만 사용되었다. 그런데 이제 상당액이 성전 수리에 쓰이게 되었다.

요아스가 그 명령을 내렸던 때에 대해서는 알 수 없다. 그러나 30세까지, 즉 즉위한 후 23년째 되는 해까지 성전 수리는 시작되지 않았던 것으로 보인다. 요아스는 여호야다를 포함한 제사장들을 소집해 아무 조치도 취하지 않는 그들의 행동을 책망했다. 너희가 어찌하여 전의 퇴락한 데를 수리하지 아니하였느냐 이제부터는 너희 아는 사람에게서 은을 받지 말고 저희로 전 퇴락한 데를 위하여 드리게 하라. 여호야다가 그런 일에 태만했다는 것은 상당히 놀라운 일이다. 그러나 역대하 기자는 그가 130세에 숨을 거두었다고 기록하고 있는 것을 볼 때 이미 지도력을 잘 발휘할 수 없을 만큼 상당히 나이가 많았을 것이다(대하 24:15).

왕의 구체적인 지시에 제사장들은 백성에게 은을 받지도 않고 성전 수리에도 관여하지 않기로 동의했다. 은을 직접 받을 경우 그 은을 자신들을 위해 쓰고 싶은 유혹이 너무 컸기 때문이다. 그들에게는 일을 분담하고, 책임 의식을 갖게 해주며, 은을 개인적으로 유용하려는 유혹을 제거해줄 수 있는 그런 제도가 필요했다.

여호야다와 요아스가 개발한 새로운 제도는 은을 걷고 사용하는 새로운 체제가 중심을 이루었다. 여호와의 전 문 어귀 우편 곧 단 옆에 뚜껑에 구멍을 뚫은 궤를 두고 무릇 여호와의 전에 가져오는 은을 다 그 궤에 넣게 했다. 그리고 그 궤에 은이 많은 것을 보면 왕의 서기와 대제사장이 올라와서 여호와의 전에 있는 대로 그 은을 계수하여 봉하고 그 달아본 은을 일하는 자 곧 여호와의 전을 맡은 사람들에게 나누어주었다. 여호와의 전을 맡은 사람들은 다시 그 은을 실제 수리를 맡은 일꾼들에게 나누어주었다.

그렇게 하기 위해서는 성전을 바라보는 시각에 중요한 변화가 있어야 했다. 성전은 왕이 재정과 인력을 통제하는 왕실의 사적 소유가 될 수 없었다. 또 제사장들이 그들의 이익을 위해 운영하는 종교 기관도 될 수 없었다. 성전은 하나님의 집이었다. 일반 대중의 헌금으로 운영되어야 했다. 사람들이 성전에 가져오는 돈은 은 대접이나 불집게 같은 신성한 물건들을 만드는 데에도 제사장들의 지시만으로는 사용할 수 없게 되었다. 성전 보수를 위해 선발된 사람들은 돈을 맡길 수 있을 만큼 믿음직한 사람들이었다. 그리고 그들은 성실하게 일했다.

한편 제사장들은 그들이 하는 일에 대한 재정적인 원조를 받게 되었다. 그들을 위해 들어오는 수입은 성전 수리에 사용되지 않았다. 모세의 율법에 따라(민 5:5-10) 속건제의 은과 속죄제의 은은 여호와의 전에 드리지 아니하고 제사장에게 돌렸다.

열왕기하 기자가 이런 자세한 사항들에 왜 그렇게 매료되었는지, 그리고 성전 재정의 재정비가 그에게 왜 그렇게 중요한 것이었는지는 분명하지 않다. 그러나 요아스가 성전 관리를 매우 중시했으며 그것은 칭찬할 만한 것이었다는 사실을 우리에게 보여주고 싶어 했던 것은 분명하다. 다윗의 후손이 왕위에 오르는 것만으로는 충분하지 않다. 하나님께 드리는 합당한 예배를 통치의 핵심으로 삼는 것이 매우 중요한 일이었다.

### D. 후진(12:17-21)

| Supporting Idea | 시작을 잘 했다고 해서 끝도 좋을 것이라고 장담할 수는 없다. |
|---|---|

**12:17-18.** 이스라엘과 유다는 모두 국내 문제에, 즉 아합을 지지하는 사람들의 세력을 제거하는 일에 몰두해왔다. 그러나 나라 밖의 적들이 사라진 것은 아니다. 수리아의 하사엘은 유다가 아니라 이스라엘을 자신의 최대 적으로 생각하고 있었다. 그러나 그는 또 유다에 대한 계획도 가지고 있었다. 그는 해변 평지를 따라 블레셋 지역으로 옮겨가 가드를 쳐서 취했다. 그 결과 그는 해안 주요 도로를 통제하고 경제적으로나 군사적으로 유다를 위태롭게 만들었다. 두려움을 느낀 요아스는 그에게 조공을 바치기로 했다. 요아스는 성전을 수리하는 중요한 업적을 이루긴 했지만, 또 하사엘을 예루살렘에서 떠나보내기 위해 성전의 특별한 보화들을 거두어 그에게 주어야 하는 수모도 겪었다.

**12:19-21.** 열왕기하 기자는 일반적으로 왕들의 생애를 요약해서 우리에게 설명해 주고 있다. 그러나 요아스에 대한 요약에는 그의 신복들이 일어나서 모반하여 실라로

내려가는 길가의 밀로 궁에서 저를 죽였다는 놀라운 내용이 포함되어 있다. 그러므로 요아스는 유다에서 그런 비참한 종말을 맞이한 첫 번째 왕이 되었다. 우리는 11장 끝에 기록된 즐거운 축하로부터 지금까지 계속 승리한 이야기를 들어왔다. 그런데 요아스의 신복들이 왜 그런 모반을 하게 되었는지에 대해서는 들을 수 없다. 다만 요아스를 암살한 사람들이 시므앗의 아들 요사갈과 소멜의 아들 여호사바드였으며 그들이 요아스의 신복들이었다는 사실만을 알 수 있을 뿐이다.

열왕기하 기자는 "요아스가 제사장 여호야다의 교훈을 받을 동안에 여호와 보시기에 정직히 행하였다"고 한 12장 2절의 진술을 상기시켜주는 중요한 정보를 우리에게 제시해주고 있다. 여호야다가 숨을 거두자 요아스의 신복들은 요아스를 유인해 하나님과 하나님의 전을 버리고 이방의 신들을 섬기게 했다. 그가 한 행동의 대부분은 하나님을 기쁘시게 하기 위해서보다는 자신의 멘토들을 기쁘게 하고 싶은 마음에서 나온 것들이었다. 하나님이 요아스의 죄를 책망하기 위해 그를 보호해주었던 여호야다의 아들 스가랴를 하나님의 선지자로 보내시자 "무리가 함께 꾀하고 왕의 명을 좇아 여호와의 전 뜰 안에서 (선지자를) 돌로 쳐 죽였다"(대하 24:21).

역대하 기자는 계속해서 요아스가 아람 군대에게 부상을 당했고 "그 신복들이 제사장 여호야다의 아들들의 피로 인하여 모반하여 그 침상에서 쳐 죽였다"(대하 24:25)고 기록했다. 그것은 배은망덕하고 무자비한 행동이었다. 열왕기하 기자가 요아스의 슬픈 결말을 자세하게 기록하지 않은 이유는 분명하지 않다. 그러나 우리는 요아스의 시작과 끝의 차이점을 생각해보지 않을 수 없다. 하나님께 하나님의 합당한 자리를 내어드리기 위해 혁명을 통해 왕위에 오른 소년이 그 목적을 방해하는 걸림돌이 되었기 때문에 무력으로 제거되어야 했다. 생의 말미에 그는 후진을 하면서 그가 나라를 구했던 바로 그 절벽으로 나라를 다시 몰아갔다!

요아스는 다윗 성에 장사되었다(21절). 그러나 열왕의 묘실에는 장사되지 못했다(대하 24:25). 그는 수치스럽고 치욕적으로 생을 마감했다.

| Main Idea 복습 | 영적으로 회복하기 위해서는 하나님이 정하신 왕을 인정하고 하나님께 합당한 예배를 드리는 것이 필요하다. |
|---|---|

# 결론

## 어둠 뒤에 찾아온 빛

요아스의 비참한 결말 때문에 그가 유다 역사에 이룩한 중요한 일들까지 모호한 것으로 만들어서는 안 된다. 요아스는 소망의 등불이 꺼져가는 나라의 어린 아기였다. 그가 죽음의 위기를 피해 숨어 지내는 동안 가장 믿음이 강한 사람들마저도 아달랴의 강력한 힘 앞에서 하나님의 나라가 힘없이 사라지게 될 것이라는 생각을 하지 않을 수 없었을 것이다. 그러나 몇몇 신실한 사람들이 옳은 일을 하기로 결단했다. 그들은 멸망 직전에 처한 나라를 되살리기 위해 전능하신 하나님이 사용하신 사람들이었다. 나라를 회복하기 위한 첫 번째 요건은 아달랴를 대신해 하나님이 인정하시는 합당한 왕 요아스를 세우는 것이었다. 두 번째 요건은 요아스가 행한 대로 무시되고 오용되었던 하나님께 대한 예배를 회복하는 것이었다. 갑자기 멈추긴 했지만 요아스의 성전 수리는 뜻 깊은 일이었다.

전능하신 하나님은 실패할 수 없는 분이시고, 또 실패하지도 않을 분이시다. 그러나 또 하나님은 하나님의 일을 약하고 실패하는 사람들의 손에 맡기신다. 여호야다와 같이 훌륭한 사람이라도 개인적으로 재정적인 영향을 받아야 했기 때문에 성전에서 해야 할 옳은 일을 뒤로 미루어두었다. 요아스와 같은 사람은 놀라운 은혜의 수혜자가 될 수 있었음에도 불구하고 자신을 사랑했던 사람들에게 등을 돌리고 그를 멸망시키려는 사람들을 따랐다. 그러나 그렇게 연약했음에도 하나님은 불꽃이 꺼지는 것을 허락하지 않으셨다. 다윗의 등불은 꺼질 수 없었다. 요아스의 실패에도 불구하고 하나님의 등불은 꺼지지 않았다.

교회 역사는 하나님의 백성들의 실패와 연약함과 다양한 적의 공격 때문에 하나님의 약속이 철회될 것처럼 보였던 그런 비슷한 순간들로 가득 차 있다. 그러나 깊은 어둠 속에서 옳은 일을 하기로 선택한 사람들을 하나님은 사용하셨다. 그리고 성령님이 불길을 타오르게 하셨다. 개신교 개혁의 가장 위대한 슬로건 중의 하나는 '어둠 뒤에 찾아온 빛' 이었다. 하나님께 너무 늦었다는 말은 있을 수 없다! 그래서 우리에게는 소망과 신실하게 일해야 할 사명이 있는 것이다.

■ 진리 알기

- 하나님은 하나님 나라의 프로그램이 크게 약해지는 때를 종종 허락하기도 하신다.
- 하나님은 하나님의 나라를 위해 위험을 감수하면서까지 순종하기로 헌신한 신실한 사람들을 사용하신다.
- 하나님의 나라를 위해 일하는 지혜로운 사람은 기도할 뿐 아니라 신중하게 계획한다.
- 하나님의 이름이 걸려 있는 곳을 존중하는 마음으로 대할 때 하나님은 영광을 받으신다.
- 사람들의 연약함과 편견을 다룰 수 있는 실제적인 지혜를 가지고 하나님 나라의 일을 수행해야 한다.
- 시작을 잘 했다고 해서 끝도 좋을 것이라고 장담할 수는 없다.

■ 적용하기

- 자신의 약점 때문에 하나님이 하나님의 일을 포기하셨다고 생각하면서 실망하지 말라.
- 하나님 나라를 위해 자신이 해야 할 일을 신중하게 생각하고, 지혜롭게 계획하며, 실제적으로 관리하라.
- 멘토가 떠난 후에도 흔들리지 않고 확신할 수 있는 믿음을 개발하라.
- 결승선까지 잘 달리지 못한다면 잘 달린 것이라 할 수 없다.

## 삶의 적용

### 관리할 수 있는 은사

관리는 종종 지루한 일로 여겨질 수 있다. 관리에 관심을 가진 사람들은 종종 전진이라는 고속도로를 가로막고 있는 방책처럼 여겨지곤 한다. 그러나 요아스가 성전의 재정 관리를 재정비하지 않았다면 성전을 수리할 수 없었을 것이다. 제사장들이 성전 수리에 사용되어야 할 재정과 제사장들의 수입을 위한 재정을 분리하지 않는 한 성전 수리에 사용해야 할 돈을 제사장들이 자신들의 개인적인 일에 사용하려는 유혹을 받지 않을 수 없었다.

재정 관리를 재정비한 것은 몇 가지 중요한 원리를 따른 것이었다. 첫째, 돈을 내는 사람들과 돈을 쓰는 사람들의 책임을 구분할 필요가 있었다. 여호야다처럼 훌륭한 사람마저도 성전 수리를 우선 과제로 삼지 못하는 잘못을 범했다면 다른 사람들의 경우는 말할 것도 없을 것이다. 둘째, 재정을 한데 섞는 것을 피해야 할 필요가 있었다. 셋째, 헌금을 개인적으로 사용하려는 유혹을 받지 않도록 감시할 수 있는 집중화된 모금 체계를 가질 필요가 있었다.

하나님 나라의 일을 하면서 돈은 매우 조심스럽게 다루어야 한다. 개인적으로 사용하려는 유혹이 따른다는 사실을 인식하고 있어야 한다. 하나님의 일을 위해 재정을 관리할 수 있는 은사를 중시해야 한다. 그리고 우리가 하는 모든 일에서 하나님의 영광이 가장 중요하다는 인식이 있어야 한다. 돈을 잘못 다루었기 때문에 성전이 파손된 상태로 남아 있게 된다면 그것은 하나님의 명예를 해치는 것이 된다. 또 재정을 남용할 여지를 남겨둔다면 그것 역시 하나님의 명예를 해치는 것이 된다.

## 기도

하나님 아버지, 믿음의 삶을 잘 마칠 수 있게 도와주옵소서. 우리가 바른 길을 걸을 수 있도록 우리가 어릴 때부터 우리에게 투자해준 사람들을 생각하며 감사를 드립니다. 하나님이 그들을 본향으로 데려가신 후에도 하나님을 위해 우리가 정도에서 벗어나지 않고 잘 마칠 수 있도록 도와주시기를 기도합니다. 아멘.

## 심층 연구

### A. 아기의 목숨을 구함(11:2-3)

하나님은 다윗에게 "네 위를 대대에 세우리라"(시 89:4, 29)고 약속하셨다. 그 아기의 생존은 주 예수 그리스도가 다윗의 자손으로 오심으로 완성될(마 1:1) 다윗 언약의 성취에 없어서는 안 될 중요한 문제였다. 인간적으로 말해서 다윗의 후손이 이때보다 더 위험에 처했던 적은 없었다. 여호람이 자기 형제들을 숙청했고(대하 21:4), 블레셋과 아라비아의 공격으로 왕족들이 죽임을 당했으며(대하 21:16-17), 아달랴가 자기 손자들을 죽였기 때문에(왕하 11:1) 다윗 가문에 속한 왕족 중에 이 아기만이 유일하게 살아남아 있었다. 요아스의 생명을 구한 것은 매우 중요한 의미를 지닌 일이었다.

사탄은 다윗의 '등불'을 끄려 했고 거의 성공할 뻔했다. 사탄이 베들레헴에서 다른 아기들과 함께 주 예수님의 목숨을 빼앗으려 한 것도(마 2:16-18) 그 '등불'을 끄기 위한 공격이었다. 어린 아기들을 몰살한 것은 하나님의 구원 계획의 성취를 막으려는 사탄의 또 하나의 시도였다. 하나님의 구원 계획은 확실한 것이다. 그러나 하나님은 하나님의 프로그램이 심각한 위기에 처하게 되고 악이 승리하는 것처럼 보이는 일을 허락하기도 하신다. 그 사실을 십자가보다 더 잘 보여주는 곳도 없을 것이다. 그러나 살아 계신 하나님은 언제나 승리를 거두신다.

### B. 기름 부음을 받은 사람(11:12)

구약시대에는 왕들에게 기름을 부어 거룩하게 구별하였다. 사울과 다윗은 사무엘 선지자에게 기름 부음을 받았고(삼상 10:1, 16:3), 솔로몬은 제사장 사독에게 기름 부음을 받았다(왕상 1:39). 요아스의 경우에서 볼 수 있듯이 일반적으로 제사장들이 기름 붓는 역할을 했다. 왕은 '기름 부음을 받은 자'였다. 그래서 다윗도 사울을 '여호와의 기름

부음을 받은 자'(삼상 24:6, 10, 26:11)로 여기며 존경을 표했다. 다윗의 뒤를 이은 한 왕이 이 땅에 하나님의 완전한 나라를 세우게 될 것이라는 구약 성경의 점진적인 계시는 이 '기름 부음을 받은 자' 또는 메시아가 오게 될 것을 기대하게 만들었다.

다윗의 뒤를 이어 오게 될 왕에 대한 기대는 선지서들 속에 여러 차례 나타나 있다. 그러나 이 타이틀이 오실 왕에게 직접 사용된 곳은 다니엘서 9장 24-27절 한 곳뿐이다. 이에 해당하는 헬라어는 크리스토스(Christos)이다. 따라서 신약 성경은 아버지 하나님과 성령님의 기름 부음을 받으신 분, 곧 예수 그리스도의 오심으로 하나님의 약속이 성취되었음을 선포하고 있다.

### C. 요아스의 애석한 결말(12:19-21)

요아스가 맞이한 애석한 결말에 대해서는 이미 본문에서 언급하였다. 요아스가 자신의 생명을 구해준 부부이며 자신을 인도해주고 조언해주었던 사람들의 아들을 죽이라고 명령할 정도까지 배은망덕해질 수 있었다는 것은 상상하기 어렵다. 선지자이며 제사장이었던 스가랴를 죽인 것에 대해 주님은 누가복음 11장 49-51절에서 언급하셨다. 히브리 구약 성경의 순서 때문에(역대기는 히브리 정경의 마지막 책이다) 그의 죽음은 구약 성경에 언급된 마지막 살인이었다. 첫 살인은 가인이 아벨을 죽인 것이다.

## 고안

### A. 들어가는 글

1. '불 속에서 구출된 흔적'의 이야기로 시작하라.
2. 배경 설명: 이야기는 하나님의 목적이 심각한 위기에 처하게 된 남 왕국으로 넘어간다. 열렬한 바알 숭배자가 정권을 잡고 있었다. 다윗 왕가에서는 한 어린 아기만이 살아남아 있었다. 하나님의 구원 계획은 겨우 살아남은 그 어린 아기처럼 미약해져 있었다!

3. 적용: 하나님의 해결 방법은 하나님의 극적인 개입의 형태가 아니라 평범한 사람들의 신실함으로 나타났다.

**B. 본문 이해**

1. 파멸 직전에(11:1-3)
2. 위험이 따르는 순종(11:4-21)
3. 성전 수리(12:1-16)
4. 후진(12:17-21)

**C. 결론**: '어둠 뒤에 찾아온 빛'을 읽어주라.

## 토의 질문

1. 요아스의 지휘 하에 이루어진 회복은 여호야다의 신중한 계획과 요아스의 성전 보수로 유명해졌다. 주님의 일에서 훌륭한 계획과 건전한 업무 수행이 얼마나 중요한 역할을 하는가? 그런 것들에 따르는 위험은 어떤 것들인가?

2. 이 본문에서는 유다를 통해 이루시려는 하나님의 목적이 심각한 위기에 처했다. 하나님이 왜 그런 일을 허락하셨다고 생각하는가? 우리 시대에 일어날 수 있는 그와 비슷한 일들은 어떤 것들이라 생각하는가?

# 열왕기하 13:1-15:31

## 잃어버린 기회

*"이미 내뱉은 말, 활시위를 떠난 화살, 과거, 잃어버린 기회 이 네 가지는 되돌릴 수 없다."*

*- 아랍의 격언*

**열왕기하 13:1-15:31** 이스라엘은 하나님의 진노를 불러일으키는 불충하고 반역적인 길을 가고 있었다. 앗수르가 강력한 적국으로 등장하자 강하고 경건한 지도자가 없었고, 내부적인 불안정과 도덕적 결함을 지니고 하나님께 등을 돌리고 있던 이스라엘은 파멸을 피할 수 없게 되었다. 이 본문에서는 심판의 날을 향해 내리막길을 달리는 이스라엘의 질주가 빨라지는 것을 볼 수 있다.

### 이스라엘과 유다의 왕들(B.C. 8세기)

| 이스라엘(북 왕조) | 유다(남 왕조) |
|---|---|
| | 요아스(B.C. 835-796) |
| 여호아하스( B.C. 814-798) | |
| 요아스(B.C. 798-782) | |
| | 아마샤(B.C. 796-767) |
| 여로보암 II (B.C. 793-753) | |
| | 아사랴(B.C. 792-740) |
| 스가랴(B.C. 753-752) | |
| 살룸(B.C. 752) | |
| 므나헴(B.C. 752-742) | |
| | 요담(B.C. 750-732) |
| 브가히야(B.C. 742-740) | |
| 베가(B.C. [753]740-732) | |
| | 아하스(B.C. 735-715) |
| 호세아((B.C. 732-722) | |
| | 히스기야(B.C. 715-686) |

## 들어가는 글

### "나는 바른 방향으로 가고 있다."

그는 야구계에서 가장 밝게 빛나는 스타 가운데 한 사람이었다. 그런데 그가 갈색 죄수복을 입고 재판관 앞에 서 있었다. 그는 신인상을 받았고, 여덟 번이나 올스타전에 참가했으며, 네 번이나 월드시리즈 반지를 낀 선수였다. 그러나 여섯 번이나 서약을 어겼고 이제 판결을 기다리게 되었다. 검사는 재판관에게 "그는 다른 사람들의 지시를 받아들이기 싫어합니다. 따라서 심판을 받아야 할 것입니다"라고 말했다. 재판관도 동의하고 그에게 8개월 간의 징역형을 선고했다. 재판관은 "감금을 피할 수 있는 몇 차례의 기회가 있었지만 당신은 그 기회들을 놓쳤습니다. 그리고 이제 그 결과를 직면할 때가 되었습니다"라고 말했다. 수감되기 전 죄수는 "나는 바른 방향으로 가고 있었다"라고 주장했다.

그렇다면 그것은 그 자신에게만 그런 것이었다. 애석하게도 그는 잃어버린 기회들과 낭비된 잠재력과 놓친 가능성들로 이어진 삶을 살아왔다. 그는 자신을 스스로 망치는 일들을 해왔고, 그 열매를 거두게 되었다. 그의 팬들은 이제 그가 교훈을 얻고 달라지기를 바랄 수밖에 다른 방도가 없었다.

이스라엘의 역사 역시 잃어버린 기회와 놓친 가능성들로 점철되어 있었다. 하나님은 이스라엘의 초대 왕에게 반영구적인 왕조에 대한 약속을 해주셨다(왕상 11:34-39). 그러나 그 왕은 그에게 왕조를 약속하신 하나님께 등을 돌리고 거짓 종교를 만들어내는 자멸적인 행동을 했다. 그는 앞에서 언급한 야구 선수처럼 다른 사람들의 지시를 받아들이기 싫어했다. 그래서 심판이 그와 그의 나라에 임했다(왕상 14:14-16). 애석하게도 그의 뒤를 이은 후계자들 중 그 누구도 그 진로를 되돌리려 하지 않았다. 나라는 "우리는 바른 방향으로 가고 있다"고 주장하며 절벽 끝을 향해 나아가면서 멸망하고 싶어 하는 것처럼 보였다.

열왕기하 13장에 이르면 이야기의 진행 속도가 현저하게 빨라진다. 세 개의 장에서 우리는 80년 동안 교체된 8명의 이스라엘 왕을 만나면서 심판의 날이 점점 더 가까이

다가오고 있음을 알 수 있다. 남 왕국은 그저 조금 나을 뿐이었다. 그들은 변절한 이스라엘의 뒤를 꾸물거리며 따르고 있었다. 그리고 하나님의 심판을 피할 수 없는 자멸적인 행동들을 하고 있다. 17장에 이르면 다가온 위험을 명백하게 볼 수 있다. 기회를 잃어버린 나라의 슬픈 이야기다.

## 본문 이해

### 잃어버린 기회

| Main Idea | 하나님이 은혜로 주신 기회들을 잃게 되면 우리는 엄청난 대가를 치르게 된다. |
|---|---|

#### A. 이스라엘의 여호아하스와 요아스(13:1-25)

| Supporting Idea | 죄와 미온적인 자세 때문에 하나님이 주시는 기회들을 잃게 된다. |
|---|---|

**13:1-9.** 예후는 하사엘과 수리아 군대가 이스라엘에 군사적 압박을 가하는 동안 세상을 떠났다(10:32-36). 예후의 아들 여호아하스는 수리아의 세력이 최고 절정을 누리고 앗수르가 이스라엘 주변지역을 점령하고 있었던 B.C. 814년에 왕이 되었다. 예후는 이스라엘에서 바알 숭배를 제거했지만 나답의 아들 여로보암의 죄는 그대로 두었다. 여호아하스의 아들 요아스는 바알을 되살리지는 않았지만 자기 아버지의 정책을 계속 유지했다. 그는 여호와 보시기에 악을 행하였다. 왜냐하면 여로보암의 죄를 좇고 떠나지 않았기 때문이었다. 그래서 여호와께서 이스라엘을 향하여 노를 발하사 늘 아람 왕 하사엘의 손과 그 아들 벤하닷의(군대 장관이었던) 손에 붙이셨다. 하나님은 반역한 하나님의 백성들을 심판하시기 위해 이방 나라의 왕을 사용하셨다.

북 왕조의 왕들 중 여호와의 호의를 구했던 경우는 여호아하스가 여호와께 간구했던 것이 처음이자 마지막이었다. 열왕기하 기자의 서술 방식은 사사기의 형태를 모방하고 있다. 죄가 하나님의 진노를 불러일으켰고, 그 결과 군사적으로 패배하거나 억압을 당하게 되었다. 그러나 고통 속에서 외치는 이스라엘의 탄식은 하나님의 동정심을 불러일으켜 구원자를 보내시게 했다. 여호아하스는 하나님을 찾았지만 깊이 회개한 것은 아니었다. 그의 간구는 엘리사가 꿰뚫어보았던 하사엘의 무시무시한 억압이(왕하 8:12) 이어지고 이스라엘 백성들이 쫓겨나가게 되자 고통 속에서 도움을 구하는 외침이었다.

하나님은 이스라엘이 아람 왕에게 심하게 학대받음을 보시고 그의 간구를 들어주셨다. 그리고 구원자를 이스라엘에게 주시매 이스라엘 자손이 아람 사람의 손에서 벗어날 수 있었다. 그 당시 사사에 비교될 수 있는 인물로 나타난 사람이 없기 때문에 그 구원자가 누구였는지는 그저 짐작할 수밖에 없다. 엘리사였을 수도 있지만, 그 당시 엘리사의 공개적인 활동에 대한 언급을 찾아볼 수 없다. 아마도 그 '구원자'는 앗수르의 왕 아닷 니라비 3세였을 것이다. B.C. 805년에 그는 자기 나라를 수호하기 위해 수리아 군대를 이스라엘에서 철수시켰고 수리아와 싸워 이겼다. 그 결과 이스라엘에 대한 수리아의 압력은 끝이 나게 되었다.

이스라엘 백성들의 생활은 곧 정상으로 돌아갔다. 이스라엘 자손이 전과 같이 자기 장막에 거하였다. 그러나 그들은 또 전과 같이 여로보암이 만든 금송아지를 섬기고 이방 신전에서 아세라 목상을 섬기기까지 했다. 그들은 다시 범죄하면서 하나님이 베푸신 구원의 은혜를 헛되게 했다. 그 결과 그들은 군사적으로 약해지게 되었다. 나라의 구원이 하나님께 달려 있었을 뿐 아니라 그 나라를 유지하는 것도 하나님께 달려 있었다. 하나님의 은혜를 헛되게 하고 죄에 빠진 그들은 나약함이라는 형벌을 자신들에게 선고했다.

**13:10-19.** 여호아하스의 뒤를 이어 그의 아들 요아스가 왕위에 올랐다(B.C. 798-792). 잠깐 동안(유다의 요아스는 B.C. 796년에 사망했다) 이스라엘과 유다는 같은 이름을 가진 두 왕이 통치하게 되었다. 열왕기하 기자는 요아스의 통치 결과에 대해서는 아무런 언급도 하지 않았다. 영적으로 그는 그의 아버지와 같은 길을 걸었다. 그의 죽음에 대한 일반적인 언급만을 이 구절과 14장 15-16절에서 볼 수 있다.

선지자 엘리사와의 의미 있는 만남이 없었다면 요아스는 실제로 아무런 흔적 없이 사라졌을 것이다. 그때 엘리사는 나이가 많았고 병을 앓고 있었다. 그는 B.C. 853년 아합이 죽기 전 엘리야의 사환으로 무대에 등장했었다. 요아스가 B.C. 798년 왕위에 올랐을 때 엘리사는 이미 적어도 55년 동안 선지자로 이스라엘을 섬겨왔다. 요아스는 하나님께 대한 참된 믿음을 가진 사람이 아니었다. 그러나 엘리사를 국가의 보물로 여겼다. 따라서 엘리사의 부재는 그에게 큰 구멍으로 남게 될 것이다. 요아스는 엘리사를 찾아가 그 얼굴에 눈물을 흘리며 엘리야가 극적으로 세상을 떠날 때 엘리사가 엘리야를 묘사하기 위해 사용했던 것과 같은 말로(2:12) 엘리사를 묘사했다. 내 아버지여 내 아버지여 이스라엘의 병거와 마병이여!

엘리사는 열왕기하 6-7장에 기록된 대로 수리아를 이기고 승리를 이끌어낸 이스라엘의 군대였다. 그는 이스라엘의 보잘것없는 군대보다 더 확실하게 나라를 보호해준 힘의 원천이었다(13:7). 엘리사에게 보인 요아스의 존경은 적절한 것이었다. 그는 하나님께 연결된 자신을 보여주었다. 그러나 이스라엘이 의지해야 할 사람은 선지자가 아니었다. 엘리야나 엘리사처럼 위대한 선지자들이라 할지라도 마찬가지였다. 왕은 변함없으신 하나님을 신뢰해야 했다.

엘리사의 마지막 메시지는 두 가지 행동을 통해 전달된 예언의 형태였다. 첫 번째 행동은 왕이 손으로 활을 잡고 동편 창을 열고 수리아 쪽을 향해 쏘는 것이었다. 그 행동의 의미는 분명했고, 엘리사는 왕이 아람 사람을 진멸하도록 아벡에서 치리이다라고 말했다. 아벡은 수리아와 이스라엘 사이에 있었던 전략적인 국경도시였다. 절대적으로 약한 이스라엘의 군사력을 감안해볼 때 그것은 너무나 놀라운 약속이었다.

요아스가 그 약속을 믿었는지 믿지 않았는지는 알 길이 없다. 곧바로 선지자의 두 번째 지시가 이어졌다. 살들을 취하소서… 땅을 치소서. 같은 살들이었기 때문에 의미심장한 뜻이 있다고 충분히 생각할 수 있었다. 요아스는 살들을 취해 세 번 치고 그쳤다. 그것은 나이든 선지자의 이상한 지시에 맞장구를 치며 마지못해 한 행동이었다. 엘리사는 노를 발하며 왕이 오륙 번을 칠 것이니이다 그리하였더면 왕이 아람을 진멸하도록 쳤으리이다 그런즉 이제는 왕이 아람을 세 번만 치리이다라고 말했다.

그러나 요아스는 선지자의 말이나 하나님을 신뢰하지 않았다. 그는 그저 시늉만 해보였을 뿐이었다. 백성들도 마찬가지였다. 그들은 하나님을 향한 열정적인 헌신 없이 그저 하나님을 예배하는 시늉만 해보였다. 하나님은 약속을 신실하게 지키는 분이셨기 때문에 이스라엘은 승리를 경험하게 될 것이다. 그러나 왕이 중도에 멈추었기 때문에 그들이 경험할 수 있는 만큼의 승리를 다 경험하지는 못하게 될 것이다. 그는 하나님이 주신 기회를 잃었다.

**13:20-25.** 이 장은 좀 색다르게 끝이 난다. 그러나 자세히 살펴보면 강력한 메시지를 담고 있다. 엘리사가 죽으매 장사하였다. 아마도 동굴이나 바위를 뚫어 만든 무덤에 장사되었을 것이다. 그런 묘지는 반복해서 계속 사용되었다. 엘리사의 죽음은 군사적으로 나약한 이스라엘과 관계가 있는 이상한 사건으로 이어졌다. 늦은 봄 추수철에 모압 적당이 가능한 한 많은 곡물을 빼앗아가기 위해 지경을 범했다. 한번은 침략자들이 장례를 치르는 사람들을 놀라게 했다. 목숨을 잃게 될 것을 두려워한 사람들은 시체를 급히 엘리사의 묘실에 내던져버렸다. 그런데 그 시체가 엘리사의 뼈에 닿자 곧 회생하여 일어서는 일이 벌어졌다.

그것은 전무후무한 일이었다. 그런 일이 또 있었다면 엘리사의 묘실에 던져진 시체들이 살아나는 일이 그 지역에서 계속 일어났을 것이다! 그 사건은 단 한 번 일어난 특별한 일이었다. 그러나 그 일을 터무니없는 미신으로 털어버려야 할 이유는 없다. 이어지는 내용은 열왕기하 기자가 그 일을 상징적인 중요성을 갖는 것으로 생각하고 있었음을 보여준다.그는 자신의 그런 생각을 표현하기 위해 23절에서 '내던지다' 라는 단어를 다시 사용했다. 여호와께서… 멸하기를 즐겨 아니하시고 이때까지 자기 앞에서 쫓아내지(내던지지) 아니하셨더라. 22절과 23절에서 기자는 13장 1-9절에 기록된 하사엘에게 억압받던 여호아하스 시절 당시로 거슬러올라갔다.

그때 하나님이 이스라엘을 구원하신 것은 하나님의 예언적 언약에 기초를 두고 있었다. 여호와께서 아브라함과 이삭과 야곱으로 더불어 세우신 언약을 인하여 이스라엘에게 은혜를 베풀어 긍휼히 여기시며 권고하셨다. 이스라엘의 소망은 그들의 공로가 아니라 하나님의 언약에 달려 있었다. 성경 기자는 독자들이 바벨론에 포로로 잡혀가 있다는 사실을 알고 있었으며, B.C. 722년에 일어난 이스라엘의 멸망을(17장에 기록된) 예리하게 인식하고 있었다. 나라는 죽은 것처럼 보였다. 그러나 시체가 하나님의 예언적 언약에 가서 닿을 때 나라는 다시 살아날 것이다. 그 놀라운 부활은 바벨론 유수 후에 일어나게 될 일이었다. 어떤 면에서는 1948년 이스라엘의 재탄생으로 그 일이 이루어졌다고 볼 수 있다. 그러나 주 예수님의 재림으로 마른 뼈들이 다시 완전하게 살아날 때 완성될 것이다(겔 37장).

선지자의 약속이 선지자보다 더 오래 계속될 수 있다는 것을 확실하게 하기 위해 이 장은 엘리사의 약속이 성취된 것으로 끝이 난다. 요아스가 벤하닷을 세 번 쳐서 파하고 이스라엘 성읍들을 회복하였더라. 그러나 왕이 하나님을 신뢰하기만 했더라면 그보다 훨씬 더 많은 것을 이룰 수 있었을 것이다. 그 승리들은 잃어버린 기회를 생생하게 상기시켜주고 있다.

### B. 유다의 아마샤(14:1-29)

| Supporting Idea | 교만과 오만 때문에 하나님이 주신 승리를 잃게 된다. |
|---|---|

**14:1-7.** 열왕기하 기자는 이스라엘에서 일어나고 있는 사건들을 잠시 중단시키고 유다에서 일어나고 있는 일들을 따라잡고 있다. 요아스는 암살되었지만(12:20) 이스라엘에서와는 달리 그를 암살한 사람이 왕위를 찬탈하지는 않았다. 대신 그의 아들 아마샤가 그의 뒤를 이어 왕위에 올랐다. 아마샤의 통치는 특이한 것이었다. 그는 29년 동안(B.C. 796-767) 왕위에 있었던 것으로 인정되고 있지만, 그의 아버지 요아스와 그의 아들 아사랴와 함께 통치한 기간을 제외하면 그가 실제로 통치한 것은 그보다 훨씬 짧다. 그 역시 제한적인 인정을 받았다. 그 부친 요아스의 행한 대로 다 행하였어도 산당을 제하지 아니하였다. 따라서 그는 '비교적 좋은' 점수를 받은 왕이었다.

아마샤는 나라를 굳게 세우고 그 부왕을 죽인 신복들을 죽였다. 고대 근동 지역의 일반적인 방식과는 대조적으로 그는 법에 따라 그의 원한을 온건하게 해결했다. 인용된 신명기 24장 16절에는 아마샤에게 제재를 가하는 명령이 포함되어 있었다. 이 경우에 있어서 그는 하나님의 말씀에 따라 적절하게 반응하는 모습의 본을 보여주었다.

아마샤의 통치에 그보다 훨씬 더 결정적인 역할을 한 것으로 드러난 다른 사건이 있었고 그 사건은 그의 몰락을 불러오는 씨앗이 되었다. 사건의 서두는 그 사건이 그에게 명성을 얻게 해주었다는 것을 암시하고 있다. 아마샤가 염곡에서 에돔 사람 일만을 죽이고 또 셀라를 쳐서 취하였다. 그 당시 유다가 승리를 거두는 경우는 거의 없었다. 그의 아버지는 하사엘에게 조공을 바치고 나서야 겨우 위험을 면할 수 있었다(12:17-18). 에돔이 강대국은 아니었다 할지라도 일만 명과 싸워 이겼다는 것은 상당한 업적이었다. 더구나 셀라를 쳐서 취한 것은 더욱더 강한 인상을 주는 것이었다. 전통적으로 페트라 지역과 동일시되었던 셀라는 거의 난공불락의 요새지였다. 그런 곳을 점령했다는 것은 자랑할 만한 업적이었다.

**14:8-14.** 성공으로 의기양양해진 아마샤는 확신을 가지고 예루살렘으로 돌아왔다. 역대하는 이스라엘 용병들의 행동이 유다와 이스라엘 사이에 있었던 갈등에 불을 지폈다는 것을 보여주고 있다. 아마샤는 이스라엘 군대의 도움을 받기로 계약을 체결했지만 선지자의 지시로 그 계약을 파기했다. 그러자 화가 난 이스라엘 군대가 유다의 성읍들을 공격하고 삼천 명을 죽이고 약탈했다(대하 25:6-10, 13). 대담해진 아마샤는 이스라엘 왕 요아스에게 도전장을 보냈다. 오라 우리가 서로 대면하자. 그것은 두 나라 관계의 중요한 변화를 나타내는 것이었다. 오므리와 아합 이래 두 나라는 동맹 관계에 있었다. 아마샤의 도전은 두 나라 사이의 공공연한 충돌뿐 아니라 새로운 긴장감을 불러일으켰다.

이야기 형태로 된 요아스의 대답에는 축하와 경멸과 경고가 포함되어 있었다. 레바논 가시나무가 레바논 백향목에게 보내어 이르기를 네 딸을 내 아들에게 주어 아내를 삼게 하라 하였더니 레바논 들짐승이 지나가다가 그 가시나무를 짓밟았느니라. 요아스는 아마샤를 흉하고 쓸모없는 가시나무로 비유하는 한편 자신은 레바논의 아름다운 백향목에 비유했다. 그리고 이스라엘을 가시나무를 짓밟은 들짐승에 비유했다. 요아스는 분명히 아마샤를 경멸했고 그를 패배시킬 수 있는 자신의 능력을 확신하고 있었다. 그러나 그는 싸움을 피하고 싶었다. 그래서 가능한 한 분명하게 경고했다. 네가 에돔을 쳐서 파하였으므로 마음이 교만하였으니 스스로 영광을 삼아 궁에나 거하라 어찌하여 화를 자취하여 너와 유다가 함께 망하고자 하느냐. 다시 말해서 "마이너리그에서 승리한 것을 기뻐하게나. 그러나 메이저리그에 참가하려면 좀 더 준비를 해야 할 거야!"라고 대답한 것이나 다를 바 없었다. 실제로 이스라엘이 유다보다 군사적으로 월등하게 우세했던 것인지, 아니면 요아스가 그저 허세를 부린 것인지는 알 길이 없다. 어쨌거나 그 대답은 아마샤가 간과할 수 없는 도전이었다.

전쟁이 불가피하게 되었다고 생각한 요아스는 선제 공격을 하기로 했다. 예루살렘에서 서남쪽으로 약 24킬로미터가량 떨어진 요단 지역 한가운데 위치한 벧세메스에서 아마샤의 군대를 마주 대하게 된 요아스는 유다의 군대를 패주시키고 유다 왕 아마샤를 사로잡았다. 아마샤가 어디서 얼마나 오랫동안 포로로 잡혀 있었는지는 알 수 없다. 그러나 상당히 오랫동안 그런 상태로 지냈을 것이라고 생각할 수 있는 상당한 이유들이 있다. 요아스가… 예루살렘 성벽을… 헐었다. 북방 방어벽으로 쌓은 성벽 사백 규빗이 헐렸고, 여호와의 전과 왕궁 곳간이 약탈을 당했으며, 사람들은 볼모로 잡혀가게 되었다. 그것은 군대가 패주하고, 왕이 잡히고, 성벽이 무너지고, 성전이 약탈당하고, 사람들이 잡혀간 충격적이고 전례 없는 사건이었다. 유다와 유다의 왕은 철저하게 굴욕당했다.

예루살렘 성벽이 무너지고 사람들이 잡혀간 것이 이번이 마지막이 아니었다. 이 사건은 두 나라의 운명에 중요한 영향을 미쳤다. 왕을 포함해 잡혀간 유다의 포로들은 유다의 보복 시도를 저지시키는 담보물과 같은 것이었다.

**14:15-22.** 열왕기하 기자는 잠시 멈추어 요아스의 통치를 요약하기 위해 13장 12-13절에 기록된 내용을 거의 정확하게 반복하면서 아마샤의 슬픈 결말을 자세하게 이야기하고 있다. 그러나 일반적인 방식과는 약간의 차이가 있다. 요아스가 죽은 후에도 유다 왕 요아스의 아들 아마샤가 십오 년을 생존(통치한 것이 아니라)하였더라. 그의 아들 아사랴의 연대기는 아사랴가 B.C 792년에 왕이 되었다는 것을 보여주고 있는데, 그의 즉위와 아마샤의 생포가 동시에 일어났다면 그 기록은 일리가 있는 것이다. 본문은 아마샤가 언제 석방되었는지에 대해 아무런 언급도 하지 않고 있다. 그러나 큰 타격을 받은 그의 군사적 모험주의의 여파가 오랫동안 계속되었던 것은 분명하다. 그는 특히 예루살렘에서 큰 원망을 샀다. 그가 풀려나자 예루살렘에서 무리가 저를 모반했다.

아마샤는 목숨을 건지기 위해 라기스로 피신했지만 모반을 일으킨 무리가 사람을 라기스로 따라보내어 저를 거기서 죽이게 했다. 유다 온 백성이 아사랴로 그 부친 아마샤를 대신하여 왕을 삼은 것을 볼 때 그것은 다윗 왕조를 공격하기 위한 것이 아니라 아마샤 개인을 제거하기 위한 모반이었다. 유다 온 백성이 아사랴를 왕으로 삼은 것은 아마샤가 체포되었을 당시였으며, 따라서 그것은 아사랴를 죽이기 몇 년 전에 일어난 일이었다. 그것은 아사랴의 나이와 52년간의 그의 통치와 일치한다. 처음 25년 간 그는 알려지지 않은 기간 동안 전쟁 포로로 잡혀 있었던 그의 아버지와 함께 나라를 다스렸다.

요아스에 이어 아마샤는 유다에서 암살된 두 번째 왕이었다. 남 왕조의 불안정한 모습이 드러나기 시작했다. 아마샤가 유일하게 남긴 빛나는 업적은 그의 아들 아사랴가 에돔에서 승리를 거둔 자기 아버지의 뒤를 이어 엘랏을 건축하여 유다에 돌림으로 솔로몬의 영광을 잠시 볼 수 있게 한 것이었다(왕상 9:26). 그러나 아마샤의 교만은 유다의 위상을 크게 떨어뜨렸다.

### C. 이스라엘의 여로보암 2세와 유다의 아사랴(14:23-15:7)

| Supporting Idea | 성공으로 인한 자기만족 때문에 하나님이 경건한 변화를 일으키기 위해 주시는 기회를 잃을 수 있다. |
|---|---|

**14:23-29.** 여로보암 2세가 다스린 41년 동안(B.C. 793-753) 이스라엘은 가장 빛나는 번영을 이루었으며, 그의 통치 기간은 이스라엘 역사상 가장 긴 기간이었다. 그는 예후 왕조(10:30)의 네 번째 왕이었지만 이스라엘의 첫 번째 왕의 이름을 물려받았다. 그는 여호와 보시기에 악을 행하여… 여로보암의 모든 죄에서 떠나지 아니하였더라. 그는 군사적인 성공을 거두었고, 정치적으로도 세력을 확장했으며, 경제적으로도 번영을 이루었다. 그의 통치하에서 이스라엘은 여호아하스 당시의 무력함을 벗어버리고(13:7) 그 지역 일대에서 강대국으로 부상하게 되었다. 국경은 하맛 어귀(북쪽 경계, 레바논의 베가 골짜기)에서부터 아라바 바다(사해, 지금의 요르단 지역 대부분을 차지하게 된 것을 보여줌)까지 확장되었으며, 솔로몬 당시의 국경(왕상 5:1, 8:65)과 거의 비슷하게 되었다. 여로보암 2세는 무너지기 직전에 있던 나라를 몇 년 안에 그 지역 강대국들 중의 하나로 만들었다.

열왕기하 기자는 여로보암 2세의 성공에 대해 우리에게 두 가지 사실을 알려주고 싶어 했다. 하나는 그의 성공이 선지자 요나를 통해 하신 하나님의 말씀대로 이루어진 것이라는 사실이다. 이스라엘에서 일어난 사건들을 결정지은 것은 여로보암의 능력이 아니라 하나님의 말씀이었다. 또 하나는 이스라엘이 군사적 패배와 억압으로부터 일시적으로 벗어날 수 있었던 것은 하나님의 백성들에 대한 하나님의 자비의 산물이었다는 사실이다. 끊임없이 언약을 파기하고 반역해온 이스라엘에 대한 하나님의 심판은 정당한 것이었다. 그러나 하나님은 회개할 수 있는 기회들을 계속 주시는 놀라운 은혜를 베푸셨다. 결국 심판하실 때에도 이스라엘을 완전히 몰살시키지 않으시고 남은 자를 보존하셨다.

열왕기하 기자는 여로보암이 그 권력으로 싸운 일과 다메섹을 회복한 일과 이전에 유다에 속하였던 하맛을 이스라엘에 돌린 일 등을 열거했다. 놀라운 업적들이었다. 그러나 열왕기하 기자에게는 그리 인상적인 일이 아니었다. 영적인 신실함과 언약을 지키는 순종과 같은 더 중요한 요소가 빠져 있다면 그런 업적들은 결국 그리 중요한 것이 아니었다.

**15:1-7.** 유다의 아사랴는 북쪽의 여로보암 2세와 같은 혁혁한 공은 세우지 못했다. 그러나 그는 깊은 인상을 남겼다. 유다에서 가장 오래 통치한 왕이었던 그는(B.C. 792-740) B.C. 767년 그의 아버지가 암살된 이후 독자적으로 나라를 다스리게 되었다. 그는 아사랴('여호와께서 도우셨다')와 웃시야('여호와는 나의 힘')라는 두 이름으로 알려져 있다. 그는 그런 대로 좋은 왕으로 평가받고 있다. 아사랴가… 여호와 보시기에 정직히 행하였으나 오직 산당은 제하지 아니하였다. 아사랴의 긴 통치 기간에도 불구하고 열왕기하 기자는 그를 간단하게 다루고 넘어갔다. 그는 아사랴의 군사적인 승리와 건설업적을 무시했다. 우리는 여호와께서 왕을 치셨으므로 그 죽는 날까지 문둥이로 살았다는 이야기를 듣게 된다. 그 불행의 원인은 밝혀져 있지 않지만 역대하 기자는 그가 제사장들만 할 수 있는 역할을 침범했기 때문이라고 말해주고 있다(대하 26:16-21).

그 결과 아사랴는 별궁(글자 뜻대로 하면 '자유의 집')에 거하게 되었다. 그것은 그가 왕의 책무에서 벗어나게 되었음을 뜻한다. 대신 그의 아들 왕자 요담이 궁중 일을 다스리며 국민을 치리하였다. 그의 아버지 아마샤는 이스라엘의 죄수가 되었고, 웃시야는 그의 교만 때문에 하나님의 죄수가 되었다. 그가 죽게 된 해는 하나님이 이사야 선지자에게 자신을 계시하시면서 잘 알려지게 되었다(사 6:1). 문둥병에 걸린 왕이었던 그는 다윗 성에 그 열조와 함께 장사되었다.

### D. 이스라엘의 마지막 왕들(15:8-31)

| Supporting Idea | 잃어버린 기회들은 무서운 결과를 불러온다. |
|---|---|

**15:8-12.** 4대가 더 왕위에 오를 것이라고 약속되었던 예후 왕조의 마지막 왕이 된 스가랴는 B.C. 753년에서 752년까지 약 6개월 동안 나라를 다스렸다. 그는 예후가 반란을

일으킨 이후 90대가 된 살룸에 의해 공개적으로 암살되었다. 그 일은 예후에게 말씀하신 하나님의 약속이 성취된 것이었을 뿐 아니라, 이스라엘이 국내적으로 심하게 불안정해지기 시작하는 사건이기도 했다.

**15:13-16.** 살룸은 권력을 잡긴 했지만 또 맹수들을 풀어놓았다. 왕위에 오른 지 한 달 만에 그는 므나헴이라는 이름을 가진 무자비한 음모자의 희생 제물이 된 자신을 보게 되었다. 므나헴의 본거지는 디르사의 옛 왕실 수도였다. 므나헴은 무자비한 테러리스트로 알려지기를 바라기라도 하듯이 권력을 잡기 위해서라면 무슨 일이라도 할 준비가 되어 있었다. 그는 딥사와 그 가운데 있는 모든 사람과 그 사방을 쳤으며… 그 가운데 아이 밴 부녀를 갈랐더라.

소름끼치는 그 잔학한 일이 어느 곳에서 일어났는지는 분명하지 않다. 딥사는 유프라테스 강 유역에 위치해 있었다. 그곳은 여로보암 2세가 통제권을 취하게 된 지역에 속해 있던 곳으로 이스라엘에서 멀리 떨어진 곳이었다. 그러나 그 일이 일어난 곳이 그렇게 멀리 떨어진 곳에 있지는 않았던 것으로 보인다. 많은 해석학자들은 헬라어 성경에는 원래대로 이스라엘의 한 성읍이었던 답부아라는 지역으로 되어 있다는 제안을 하고 있다. 그곳이 어디였건 그 잔학한 행동은 동족에게 행한 유래 없는 만행이었다. 이스라엘 사람들은 수리아(8:12)나 앗수르 사람들 못지않게 잔인해져 있었다.

**15:17-22.** 므나헴은 십 년 동안(B.C. 752-742) 권력을 유지하고 있었다. 그의 통치는 종교적인 개혁을 이루려는 열망과는 거리가 먼 것이었다. 그는 여호와 보시기에 악을 행하였다. 비교적 안정되게 나라를 다스렸지만 그것은 앗수르에 항복한 대가로 얻어낸 것이었다. 눈에 띄지 않는 곳에서 서서히 나타나기 시작하고 있던 앗수르가 이곳에서 처음으로 언급되었다. 앗수르의 왕이었던 불(디글랏 빌레셀)이 와서 그 땅을 치려 했다. 므나헴은 하나님을 의지하지 않고 자기 자신의 전략을 믿었다. 그는 불의 지지를 받고 자신의 통치권을 강화하기 위해 은 일천 달란트를 불에게 주며 스스로 속국이 되기를 자처했다. 은 일천 달란트는 약 35톤가량 되는 양이었으며, 므나헴이 이스라엘의 부자들에게 600그램 정도에 달하는 은 오십 달란트씩을 세금으로 거두어들여 모은 것이었다.

그 결과 앗수르 왕이 물러나긴 했지만 그리 오랫동안 물러나 있지는 않았다. 디글랏 빌레셀은 그의 연대기에 "나는 그를 눈보라처럼 전복시켰고 그는 혼자서 새처럼 날아와 내 발 앞에 무릎을 꿇었다"라고 기록했다.

**15:23-26.** 므나헴은 이 시기에 자연사로 세상을 떠난 유일한 왕이었다. 그의 아들 브가히야는 B.C. 742년부터 740년까지 통치하다가 그의 신하 가운데 한 사람이었던 베가의 희생자가 되었다. 베가는 길르앗 사람 오십 명을 수행하고 있었다. 그것은 그가 자신의 본거지를 가지고 있었음을 말해준다. 그는 왕궁을 습격해 왕과 함께 이스라엘의 알려지지 않은 두 신하 아르곱과 아리에를 죽였다.

**15:27-31.** 베가는 이십 년을 통치한 것으로 알려져 있다. 그러나 그 기간은 연대표보다 10년이나 더 길기 때문에 베가가 10년 동안 므나헴과 브가히야의 적수로 길르앗에서 권력을 유지하고 있었던 것으로 보인다. 그런 다음 B.C. 740년부터 732년까지 전국을 다스렸다. 그의 통치 기간 중 디글랏 빌레셀이 B.C. 732년에 다메섹을 멸망시키고 다시 나타났다. 베가는 수리아의 르신과 동맹을 맺고 있었다(15:37, 16:5-6). 따라서 그는 앗수르의 무시무시한 공격을 받게 되었고, 이스라엘의 전략적 도시들은 물론 길르앗과 갈릴리를 잃게 되었다. 무엇보다 가장 끔찍한 것은 불이 이스라엘 백성들을 사로잡아 앗수르로 옮겨간 것이다.

그것은 신명기에 기록된 언약의 경고(신 28:63-68)를 기초로 하고 있으며, 열왕기상 8장 46-51절 이후 이스라엘을 덮고 있던 징벌이었고, 앗수르로 끌려가는 파도의 첫 번째 물결이 되었다. 이스라엘 백성들을 잡아간 것은 앗수르가 다른 곳에서 수행하려는 일들에 필요한 인력을 채우기 위해서 뿐 아니라 이스라엘을 처벌하고 위협하고 약하게 만들기 위해서였다.

앗수르가 베가의 나라를 유린한 것은 그가 수리아와 동맹을 맺고 있었기 때문이다. 따라서 베가는 그의 지지 세력을 잃게 되었다. 그 결과 그는 그를 쳐서 죽이고 대신하여 왕이 된 호세아의 손에서 처참하게 인생을 마감했다. 그것은 부러움을 살만한 그런 자리가 결코 아니었다. 호세아는 나라가 완전히 멸망하기 직전에 왕위에 올랐다. 잃어버린 기회들과 놓친 은혜들로 이어져온 길은 이제 그 비통한 결말에 이르게 되었다.

| Main Idea 복 습 | 하나님이 은혜로 주신 기회들을 잃게 되면 우리는 엄청난 대가를 치르게 된다. |
|---|---|

# 결론

## 긴 내리막길

"어떤 길은 사람의 보기에 바르나 필경은 사망의 길이니라"(잠 14:12). 이스라엘의 역사 속에서 배울 수 있는 교훈을 이 구절처럼 잘 표현하고 있는 구절도 아마 없을 것이다. 열왕기하 15장의 마지막 부분에 이른 우리는 긴 내리막길의 끝자락에 거의 다 오게 되었다. 여로보암 1세가 하나님을 뒤로하고 치명적인 첫걸음을 내디딘 이래 그 결과를 피할 수 없게 되었다. 특히 그의 뒤를 이은 18명의 왕 가운데 그의 영적인 반역을 되돌리려 한 왕이 한 사람도 없었기 때문에 더욱 그럴 수밖에 없었다. 그러나 나라는 즉각 몰락하지 않았다. 하나님이 은혜로 자멸의 과정을 늦추셨고 종종 특별한 호의를 베푸시며 개입하셨기 때문이다. 그러나 이스라엘의 역사는 고의적인 죄와 잃어버린 기회들로 이어진 긴 내리막길이었다. 이제 그 끝자락이 가까이 다가오면서 자멸적인 행동이 점점 더 과격해졌다. 마치 나라를 멸망시키고 싶은 생각이 백성들을 덮친 것처럼 보였다.

유다 역시 파멸의 길에서 그리 멀리 떠나 있지 않았다. 금송아지를 섬기는 이교를 후원하지는 않았지만 산당과 거짓 신들을 용납하는 죄를 범하고 있었다. 그들은 곧 이스라엘이 몰두했던 것과 같은 수치스러운 죄에 빠져들게 되었다. 그들은 이스라엘에 재난이 닥치는 것을 보면서도 아무런 교훈도 얻지 못하고 있었다. 그러나 다윗에게 주신 하나님의 약속과 그들의 위대한 선조가 보여준 모범이 내리막길로 치닫는 발걸음을 늦추게 하는 역할을 했다.

두 나라의 이야기는 하나님이 오래 참으시는 자비로운 분이시며, 또 거룩한 분이시라는 사실을 우리에게 상기시켜준다. 하나님이 주신 기회들을 낭비하면서도 바른 방향으로 가고 있다고 스스로 확신하고 있을 수 있다. 그러나 그 길 끝에는 멸망이 기다리고 있다.

■ 진리 알기

- 하나님의 백성들은 신실하지 못할지라도 하나님은 그들의 부르짖음에 응답하시는 은혜를 베푸신다.
- 죄를 지으며 살던 과거의 생활로 되돌아가는 것은 하나님의 '은혜를 헛되게' 하는 것이다.
- 열의를 가지고 순종하지 못하고 중단하게 되면 하나님이 우리에게 주고 싶어 하시는 기회를 잃게 된다.
- 교만은 하나님뿐 아니라 사람들 앞에서도 우리를 어리석게 만든다.
- 위대함에 대한 세속적인 기준은 영적인 기준과 매우 다르다.
- 성공은 우리의 진정한 상태를 보지 못하게 만들 수 있다.

■ 적용하기

- 하나님이 생활 속에서 주시는 은혜를 얼마나 인식하며 살아가고 있는지 평가해보라.
- 하나님과의 대화 속에서 감사가 차지하는 비율은 얼마나 되는가?
- 하나님의 은혜를 인식하는 것과 하나님께 순종하는 것이 서로 어떤 관계를 맺고 있다고 생각하는가?
- 하나님이 당신의 진정한 상태를 드러내주실 수 있도록 하나님의 말씀에 귀를 기울이라.

## 삶의 적용

### 성공으로 눈이 멀게 된

8세기 중엽 이스라엘과 유다는 상당한 성공을 거두었다. 두 나라 모두 안전한 국방력과 경제 발전과 강한 군사력을 자랑하고 있었다. 성공의 정점을 이루었던 B.C. 755년, 두 나라 가운데 한 나라는 30년 내에 몰락하게 되고, 다른 한 나라는 대제국의 속국이 되리라고는 전혀 생각할 수 없었다. 여로보암과 웃시야는 그들의 성공과 업적과 국제적인 명성을 자랑할 수 있었다. 그래서 그들의 죄와 잘못을 책망하는 호세아나 아모스와 같은 선지자들을 쉽게 무시해버렸다. 모든 것이 다 잘 돌아가고 있는데 왜 바꾸고 싶어 하겠는가? 새로운 방식이 좋은 효력을 내고 있는데 왜 옛날 방식으로 돌아가려고 하겠는가?

성공은 자만을 불러올 수 있다. 또 자만은 착각으로 발전하게 된다. 이스라엘의 번영은 일시적인 정치적 상황과 하나님의 은혜로 인한 것이었다. 그러나 그 번영을 당연한 일로 여기거나 또는 이스라엘이 위대하기 때문인 것으로 오해하기 쉬웠다. 자만은 우리가 무엇을 어떻게 해야 하는지 알고 있기 때문에 그리고 그 누구도 우리의 능력을 빼앗아갈 수 없기 때문에 그 누구도 우리를 당할 수 없다고 생각하는 교만을 불러온다.

이스라엘과 유다의 승리는 기회의 창이었고 표면적인 현상뿐 아니라 그 내면 깊숙한 곳을 들여다보며 자기 점검을 할 수 있는 은혜와 성공을 위한 좋은 기회였다. 그러나 두 나라의 지도자들은 성공으로 눈이 멀게 되었다. 지혜로운 사람은 진리를 추구하고, 진리를 대면하고 그리고 진리를 따른다. 그런데 그들은 "고장 난 것이 아니면 고치지 말라"는 하찮은 조언도 거부했다. 직장에서나 교회에서나 가정에서나 개인 생활에 있어서나 '성공' 때문에 눈이 머는 일이 없도록 경계하고, 하나님과 하나님의 뜻으로 명철해지는 길을 선택하는 것이 중요하다.

## 기도

하나님 아버지, 우리가 죄에는 핑계를 대려 하고 우리의 장점은 과장하려 하면서 우리 자신을 속이려 하는 우리의 속성을 하나님은 잘 아십니다. 하나님 아버지, 우리의 거짓된 마음을 깨우쳐주옵소서. 하나님이 우리를 보시듯이 우리 자신의 상태를 볼 수 있는 은혜를 허락해주옵소서. 하나님과 다른 사람들 앞에서 참된 삶을 살아갈 수 있게 도와주옵소서. 아멘.

## 심층 연구

### A. 두 선지자 이야기

엘리야와 엘리사는 비슷한 점이 많다. 두 사람 다 참된 예배를 하나님께만 드렸다. 그러나 또 두 사람에게는 다른 점들도 있었다. 엘리야는 하나님이 지시하시는 대로 혼자서 왕들과 맞서 대결하며 많은 시간을 보냈다. 반면에 엘리사는 정기적으로 선지사의 생도들과 함께 시간을 보냈으며, 이스라엘의 수도에서 살았다. 엘리야는 비교적 짧은 기간 동안 사역했지만 엘리사는 상당히 오랫동안 사역했다. 엘리야는 죽음을 보지 않고 세상을 떠났지만, 많은 기적을 행한 엘리사는 나이 많아 숙환으로 숨을 거두었다. 두 사람은 각기 하나님의 사람으로 각자의 시대를 살았다. 하나님은 한 가지 유형만을 고집하지 않으신다.

### B. 땅을 치는 것(13:18)

엘리사가 요아스에게 땅을 '치라' 고 지시했을 때 사용한 단어는 요아스에게 활을 '쏘라' 고 명했을 때 사용한 것과 같은 단어였다. 엘리사는 땅을 치라고 지시했다기보다는 땅을 향해 활을 쏘라고 명령했던 것일 수도 있다. 어떤 경우이건 그 행동이 뜻하는 의미는 같은 것이었다.

### C. 시체의 소생(13:20-25)

이스라엘이라는 국가의 시체가 소생하게 될 것이라는 성경의 예언은 1800년 동안 사라졌다가 1948년 기적적으로 이스라엘이라는 나라로 다시 나타나면서 새로운 중요성을 가지게 되었다. 마른 뼈의 소생을 언급하고 있는 잘 알려진 에스겔 37장의 예언은 먼저 죽은 뼈들이 모여 생기 없는 골격을 이루는 모습을 묘사하고 있다. 그것이 믿음이 없는 상태에서 존재하고 있는 이스라엘의 모습이다. 이스라엘은 영토를 회복하긴 했지만 영적으로는 거듭나지 못했다. 성령님의 사역과 이스라엘의 회개와 함께 메시아가 돌아오실 때 이스라엘도 갱생하게 될 것이다. 이스라엘의 회복을 놀라운 일로 볼 수 있겠지만, 현재의 나라는 아직 성경이 말하는 회복된 하나님 나라의 백성은 아니다. 그렇게 되기 위해서는 회개와 거듭남이 필요하다.

### D. 야우디(14:28)

14장 28절은 주석학자들을 매우 당황하게 만드는 진술이 되어왔다. 히브리 원문은 '다메섹과 유다에 속하였던 하맛' 에 대해 언급하고 있는데, 이 구절은 '건축하여 유다에 돌렸더라' 고 한 22절의 내용과 일치한다. 문제는 다메섹과 하맛은 솔로몬과 다윗 시대를 제외하고는 유다에 속한 적이 없었다는 사실이다. 그렇다고 해서 앗수르 비문을 기초로 유다 대신 야우디(Yaudi, NIV)라고 번역한 것은 지지를 거의 받을 수 없는 하나의 추측에 불과하다. 또 원래 '이스라엘' 이었던 것을 '유다' 로 잘못 기록한 것이라고 생각하는 사람들도 있다. 확실한 것은 아니지만 내 경우는 다윗과 솔로몬 당시의 유다를 언급한 것으로 본다.

## 교안

### A. 들어가는 글

1. "나는 바른 방향으로 가고 있다" 의 이야기로 시작하라.
2. 배경 설명: 이스라엘의 역사가 그 끝을 향해 나아가고 있는 동안 잠시 영광을 누리기는 했지만 나라는 점점 더 약해져갔다. 하나님이 베푸시는 은혜를 경험할 수 있는 기회는 낭비되거나 남용되었다. 나라가 몰락하기를 바라는 마음이 백성들을 덮친 듯했다.

3. 적용: 하나님의 선지자 엘리사가 마지막으로 한 번 더 등장한다. 엘리사의 임종을 앞에 두고 있는 순간에도 이스라엘의 왕은 엘리사가 제시한 기회를 잡지 못했다.

## B. 본문 이해

1. 이스라엘의 여호아하스와 요아스(13:1-25)
2. 유다의 아마샤(14:1-29)
3. 이스라엘의 여로보암 2세와 유다의 아사랴(14:23-15:7)
4. 이스라엘의 마지막 왕들(15:8-31)

**C. 결론**: '긴 내리막길' 을 읽어주라.

## 토의 질문

1. 여호아하스는 하나님이 계획하신 일을 갑자기 멈추었기 때문에 기회를 잃게 되었다. 우리에게도 '갑자기 멈추기' 때문에 하나님이 우리에게 주고자 하시는 은혜를 스스로 저버리게 되는 경우들이 있을 수 있다고 생각하는가?

2. 아마샤는 그의 교만 때문에 요아스에게 비참하게 패배했다. 확신과 자신이 이룬 업적에 대한 적절한 자부심과 악한 교만과 거만은 각각 어떻게 서로 다른가?

# 열왕기하 15:32-17:41

## 우상숭배에 대한 대처

*"인간은 본래 거룩함을 향해 나가려 하지 않는다. 하나님의 은혜가 없이는 거룩함과 기도와 성경 말씀에 대한 순종과 하나님 안에서 기뻐하는 일 등에 마음이 끌리지 않는다. 우리는 쉽게 타협하면서 그것을 관용이라고 말한다. 또 쉽게 불순종하면서 그것을 자유라고 말한다. 그리고 미신을 좇으면서 그것을 믿음이라고 말한다."*

*- D. A. 칼슨(D. A. Carson)*

**열왕기하 15:32-17:41** 이스라엘은 그 역사를 통해 반역과 영적 타협의 길을 선택해왔다. 그리고 이제 몰락과 포로로 끌려가게 되는 하나님의 무서운 심판에 부딪히는 그 길 끝에 서게 되었다. 그 시기에 유다에서는 아하스가 이스라엘이 간 것과 같은 길을 뒤따르고 있었는데, 그것은 재난을 불러오는 것이었다.

### 역사 소개: 앗수르의 왕들

**〈디글랏 빌레셀 3세〉**

- B.C. 745년부터 727년까지 통치하였다.
- 원래 이름은 불이었고(왕하 15:19) 디글랏 빌레셀은 왕명이었다.
- 그의 선임 지도자들은 나약한 사람들이었다. 그는 비옥한 초승달 지대(나일 강과 티그리스 강과 페르시아만을 연결하는 고대 농업 지대)에서 앗수르를 주도적인 강대국으로 만들며 앗수르의 힘을 다시 드러냈다.
- 두 차례에 걸친 중요한 전쟁을 - B.C. 743년 므나헴이 그에게 조공을 바쳤던 첫 번째 전투와(왕하 15:19-20) B.C. 734년에 치른 두 번째 전투 - 위시해 서쪽에 있던 나라들을 서른여덟 차례나 공격했나.
- B.C. 732년 다메섹을 정복하고 아람(수리아)의 국토를 분할했으며, 동시에 이스라엘을 약탈했다.
- 동쪽으로 돌아간 다음 B.C. 729년에 바벨론을 정복하고 그곳에서 B.C. 727년에 세상을 떠났다.

**〈살만에셀 5세〉**

- B.C. 727년부터 722년까지 통치하였다.
- B.C. 725년에 서쪽을 공격해 B.C. 722년 세상을 떠니기 직전 사마리아를 정복할 때까지 그 성을 포위하고 있었다.

**〈사르곤〉**

- B.C. 722년부터 705년까지 통치하였다.
- 사마리아를 정복했다고 주장했다. 아마도 살만에셀의 이룬 업적을 자신에게 돌렸을 가능성이 높다.
- 왕권을 주장하기 위해 급히 앗수르로 돌아갔다.
- 연대기에는 그의 통치 기간 중 서쪽을 공격했던 수많은 전쟁들이 기록되어 있다. 구약 성경에서는 이사야 20장 1절 한 곳에만 언급하고 있는데 그 공격은 유다와는 관계가 없는 것이었다.
- B.C. 705년에 숨졌다. 앗수르 왕에게 대항한 히스기야의 반항(대하 18:7)은 아마도 그 즈음이었거나 아니면 그 이전이었을 것이다.

## 들어가는 글

### 악어에게 먹을 것을 던져주는 사람

네빌 챔버레인(Neville Chamberlain)은 아돌프 히틀러(Adolf Hitler)를 합리적이고 믿을 만한 사람이라고 확신했다. 1930년대 후반 영국의 수상이었던 챔버레인은 재난을 불러올 전쟁에 자기 나라가 가담하지 않게 하는 일에 헌신하고 있었다. 그는 나치 지도자들의 요구를 좀 들어주면 나머지 유럽 국가들과 평화롭게 만족하며 살 수 있을 것이라 생각했다. 그런데 애석하게도 히틀러를 진정시키기 위해서는 우호적인 나라들과 맺은 조약을 깨뜨리지 않을 수 없었다. 그는 그것을 자신이 지불해야 할 대가라고 생각했다. 그리고 1938년 9월 29일 영국, 프랑스, 독일, 이탈리아는 뮌헨 조약을 체결했다. 챔버레인은 의기양양하게 본국으로 돌아가 협정서를 흔들며 그것이 '우리 시대의 평화, 명예로운 평화' 를 뜻하는 것이라고 선포했다. 사람들은 그의 주장에 크게 안도하며 환호했다.

그러나 그 평화를 확신하지 못한 사람이 있었다. 윈스턴 처칠(Winston Churchill)은 '다른 사람을 달래려는 사람은 악어가 자신을 삼키지 않게 되길 바라며 악어에게 먹을 것을 던져주는 사람과 같다' 는 사실을 알고 있었다. 그는 하원들 중 혼자 그러나 선구적 의견을 주장하기 위해 자리에서 일어섰다. "영국과 프랑스는 전쟁과 불명예 중 하나를 선택하지 않을 수 없었습니다. 그리고 두 나라는 불명예를 선택했습니다. 그러나 두 나라는 전쟁을 치르게 될 것입니다… 전쟁을 치르지 않고도 패배할 수 있다는 사실을 그들은 알고 있었어야 합니다. 우리는 끔찍한 일을 겪게 되었다는 사실을 알아야 합니다. 그리고 다 끝났다고 생각하지 마십시오. 이제 시작일 뿐입니다. 쓴잔의 맛을 겨우 보았을 뿐입니다."

처칠의 주장이 옳았다는 것이 드러났다. 히틀러는 만족할 줄 모르는 악어였다. 그런 사람과의 타협은 곧 실패를 뜻하는 것이었다. 그리고 그런 사람과 맺은 타협안을 따르는 것은 서서히 내리막길로 내려가는 것이었다. 악인을 상대하게 되면 불행이 따르게 된다.

이 성경 본문에서 이스라엘은 그 역사의 끝을 보게 된다. 열왕기하 17장 이후 이스라엘은 흩어진 피난민으로 나타나는 것 외에 다시는 역사의 무대 위에 그 모습을 드러낼 수 없게 되었다. 유다로 도망을 친 사람들도 있었다. 이스라엘은 악인을 상대하며 하나님과 맺은 언약을 무시했다. 그리고 이제 그 대가를 치르게 되었다. 이스라엘이 스스로 멸망해가고 있는 동안 유다의 왕은 이스라엘의 정책을 모방하며 자기 나라를 역사상 가장 낮은 곳으로 끌어가고 있었다. 그는 이방의 왕과 이방의 신이라는 악어에게 먹을 것을 던져주며 악어에게 잡아먹히기 일보 직전까지 가 있었다. 이스라엘이 역사의 무대 뒤로 사라져가고 있었음에도 불구하고 유다의 왕은 이스라엘이 간 길을 따라 급히 달려가고 있었다.

## 본문 이해

### 우상숭배에 대한 대처

| Main Idea | 타락한 예배는 먼저 우리를 타락시킨다. 그런 다음 우리를 완전히 파멸시킨다. |
|---|---|

### A. 요담과 아하스(15:32-16:20)

| Supporting Idea | 영적 타협을 요구하는 단기적인 해결 방법에는 그에 상응하는 장기적인 대가가 따르게 된다. |
|---|---|

**15:32-38.** 열왕기하 기자는 다시 유다의 역사로 되돌아가기 위해 이스라엘에 대한 기술을 멈추었다. 그리고 이번이 그렇게 하는 마지막이다. 왜냐하면 이스라엘은 이제 곧 무대 뒤로 사라지게 될 것이기 때문이다. 우리는 이미 15장 5절에서 요담에 대한 소개를 받았다. 그는 문둥병에 걸린 아버지 웃시야를 대신해 나라를 통치하게 되었다. 요

담은 B.C. 750년부터 732년까지 통치하였는데 그 중 첫 10년 동안은 그의 아버지와 함께 통치했고, 마지막 3년은 그의 아들 아하스와 함께 통치했다. 요담도 제한적인 인정을 받았다. 요담이 그 부친 웃시야의 모든 행위대로 여호와 보시기에 정직히 행하였으나 오직 산당을 제하지 아니하였다.

이 평가는 이제 열왕기하를 통해 우리에게 매우 익숙해지게 되었다. 유다 왕들 가운데 많은 사람들이 비교적 잘 했지만 그것은 그들을 서로 비교했을 때에만 그랬다. 그러나 다윗에게는 미치지 못했다. 요담의 통치에 대해서는 그 외에 별다른 언급이 없다. 역대하 기자는 그를 좀 더 긍정적으로 평가했다(대하 27:1-9).

열왕기상 기자는 여호와께서 비로소 아람 왕 르신과 르말랴의 아들 베가를 보내어 유다를 치게 하셨더라고 기록하고 있다. 그것은 군사적인 공격이었을 뿐 아니라 유다를 심판하시는 하나님의 손길이기도 했다. 하나님은 처음으로 하나님의 거룩한 성을 공격할 군대를 보내셨다. 공격을 받도록 허용하신 것이 아니었다. 앗수르를 두려워한 르신과 베가가 동맹을 맺었다. 그들은 초강대국이 그들을 향해 움직이고 있었기 때문에 유다도 그들과 합세해주길 원했다. 그러나 요담은 그 동맹 제안을 거절했다. 그래서 이스라엘과 수리아는 요담을 물러나게 한 다음 자신들의 계획에 동조할 사람을 왕위에 올리기 위해, 그리고 앗수르와 동맹을 맺고 그들의 노출된 남쪽 측면을 공격할 수도 있는 유다의 군사적 위협을 제거하려는 두 가지 목적을 위해 유다를 공격했다.

**16:1-20.** 아하스의 통치는 큰 실패로 드러났다. 그는 백성들에게 왕이 승인한 우상을 숭배하게 만들고 아달랴 때보다 훨씬 더 광범위하게 이방 종교를 따르는 나라로 유다를 전락시켰다. 그는 첫 삼 년 동안 그의 아버지와 함께 통치하다가 다메섹이 앗수르에게 함락된 B.C. 732년부터 B.C. 715년까지 혼자 통치하게 되었다('심층 연구' 를 보라). 그의 통치에 대한 평가는 그 이전의 다른 어느 왕의 통치에 대한 평가보다 엄정하다.

아하스는 그 조상 다윗과 같지 아니하였다. 왜냐하면 그에게는 하나님을 위한 마음이 없었기 때문이다. 대신 그는 나라를 절벽 끝으로 몰고 간 이스라엘 열왕의 길로 행하였다(유다 왕들 중 똑같은 평가를 받은 사람은 아합의 사위였던 여호람뿐이었다, 8:18)! 아하스는 아합과 가장 흡사한 왕이었다. 그는 이방 종교를 공식적으로 승인된 종교로 삼았고, 심지어는 예루살렘 성전에서까지도 이방 종교 의식을 따랐다.

아하스가 행한 우상숭배가 자세하게 묘사되어 있다. 그는 어린아이들을 제물로 바치는 일을 허용했을 뿐 아니라 자신이 직접 그 일을 행하기도 했다. 이방 사람의 가증한 일을 본받아 자기 아들을 불 가운데로 지나가게 했다. 이스라엘의 왕들도 그렇게까지 타락하지는 않았다! 유다의 다른 왕들은 산당을 제거하지 않고 백성들이 산당에서 분향하는 것을 허락해주었다. 그러나 아하스는 산당을 제거하지 않았을 뿐 아니라 자신이 끊임없이 그 일에 참여했다. 그는 그때까지 다윗의 뒤를 이어 왕위에 오른 다윗의 자손들 가운데 가장 악한 왕이었다.

또다시 수리아와 이스라엘 동맹군이 유다를 공격했다(15:37). 역대하 28장 5-8절은 수없이 많은 유다 사람들이 죽임을 당하거나 포로로 잡혀간 대규모 공격을 보여주고 있다. 그러나 그들은 예루살렘까지 함락시키지는 못했다. 예루살렘에 올라와서 싸우려 하여 아하스를 에워쌌으나 이기지 못하니라. 그러나 수리아는 엘랏을 정복했고, 중요한 항구는 다시 에돔 사람들의 손에 넘어가게 되었다. 그 당시 예루살렘에서 일어난 일은 처녀가 잉태하여 아들을 낳을 것이라는 잘 알려진 예언이 포함되어 있는 이사야서 7장에 생생하게 묘사되어 있다. 르신과 베가의 침입은 유다 왕에게 지대한 영향을 미쳤다. 이사야는 "왕의 마음과 그 백성의 마음이 삼림이 바람에 흔들림 같이 흔들렸더라" (사 7:2) 고 말해주고 있다.

저항할 수 없는 적을 맞이하게 된 아하스에게는 몇 가지 선택안이 있었다. 수리아와 이스라엘의 동맹군에게 항복할 수 있었다. 그러나 그는 그렇게 하지 않았다. 아마도 앗수르와 맞서는 것을 어리석은 일이라고 생각했기 때문이었을 것이다. 그는 이사야가 간청했던 것처럼(7:3-12) 하나님을 신뢰하고 의지하면서 호소할 수도 있었을 것이다. 그러나 그는 앗수르 왕에게 그의 주와 보호자가 되어줄 것을 호소하는 외교적 방법을 선택했다. 그는 이방 왕 디글랏 빌레셀에게 굴복하고 아첨하기 위해 사자를 보냈다. 그는 하나님을 신뢰하기를 거부하고 대신 앗수르라는 악어를 기꺼이 의지했다. 그런 다음 그는 성전과 왕궁의 은금을 거두어 앗수르 왕에게 예물로 보냈다. '예물' 이라는 번역보다는 '뇌물' 이라는 단어로 번역하는 것이 좀 더 정확할 것이다. 뇌물은 하나님의 율법이 금하는 것이었다. 그러나 아하스는 하나님이 아니라 인간을 신뢰하기로 했다.

B.C. 733년 앗수르 군대가 다메섹을 향해 진격해 18개월 동안 포위하고 있다가 B.C. 732년에 다메섹을 점령했다. 그 일로 수리아는 사라지게 되었다. 이스라엘 역시 수리아와 같은 운명에 처하게 되는 것은 그저 시간 문제일 뿐이었다. 열왕기하 15장 29절에는

디글랏 빌레셀이 이스라엘의 일부를 점령하고 이스라엘 백성들을 사로잡아 간 사건이 기록되어 있다. 베가를 암살하고 그의 뒤를 이어 왕위에 오른 호세아는 앗수르에게 해마다 조공을 바쳤다(17:3).

아하스는 르신과 베가를 피할 수는 있었지만 앗수르라는 악어에게 먹이를 던져주는 일을 멈출 수는 없었다. 앗수르는 다메섹에 지역 본부를 설치하였고, 아하스는 그의 구원자인 디글랏 빌레셀에게 충성을 맹세하기 위해 그곳을 찾아갔다. 그곳을 방문하던 중 그는 그에게 인상적으로 보이는 단을 보았다. 그것은 수리아 사람들의 제단이었을 가능성도 있지만, 아마도 앗수르 신을 섬기기 위한 앗수르 사람들의 제단이었을 것이다. 아하스는 '새로 보는 제단' 을 두고 그냥 지나칠 수 없었다. 여로보암처럼 그는 여호와의 성전 예배에 자신이 고안한 것을 채용하기로 결심했다. 그는 단의 식양을 그려 대제사장 우리야에게 보냈고, 우리야는 아하스가 보낸 모든 것대로 단을 만들었다.

예루살렘으로 돌아온 아하스는 우리야가 만든 이방 제단 앞에 나아가 그 위에 제사를 드렸다. 그것은 하나님의 율법이 명하고 있는 계명에 정면으로 도전하는 것이었다. 그는 또 오래되고 낡은(그러나 하나님이 고안하신) 여호와의 앞 곧 전 앞에 있던 놋단을 새 단과 여호와의 전 사이에서 옮겨다가 그 단 북편에 두고 물을 일에(안내를 구하는 일에) 쓰게 했다. 그것은 이방인들이 하던 풍습을 모방한 것이 분명했다.

그것은 상당히 종교적인 일이었지만 또 하나님의 거룩한 예배 처소를 이교도화하는 일이기도 했다. 아하스가 앗수르의 지시에 따라 그렇게 했다는 기록은 찾아볼 수 없다. 그가 스스로 한 일이었다. 그러나 앗수르가 그렇게 할 것을 요구했더라도 그는 기꺼이 따랐을 것이다. 그는 앗수르 왕을 인하여 성전의 다른 물건들의 위치도 바꾸었다. 앗수르 사람들이 그런 일에 왜 관심을 보였는지는 분명하지 않다. 아하스는 모든 것을, 심지어는 여호와의 전에서 드리는 예배와 관련된 것까지도 앗수르가 원하는 대로 했다. 악어가 모든 것을 통제했다! 솔로몬 성전의 영광은 먼 과거의 옛 추억으로 남게 되었다.

### B. 이스라엘의 호세아(17:1-6)

| Supporting Idea | 때늦은 변화로는 과거의 실패로 인한 결과를 막을 수 없다. |
|---|---|

**17:1-6.** 이스라엘의 종말은 놀랍도록 간결하게 기록되어 있다. 마지막 순간의 고통과 나라가 무너지고 백성들이 여러 나라로 흩어지게 되었을 때의 공포를 우리에게 보여주고 있지 않다. 우리는 가족이 헤어지고 생활 방식과 사회 전체가 깨질 때 인간이 느끼는 깊은 고통을 그저 상상할 수 있을 뿐이다. 열왕기하 기자는 그 모든 것을 우리에게 맡겨놓고 있다. 그는 암살자 호세아가 B.C. 732년에 왕위에 올랐다고 간단하게 보고하고 있을 뿐이다. 놀랍게도 호세아는 이스라엘의 다른 왕들보다 가장 덜 부정적인 평가를 받았다. 다른 평가들에 비추어볼 때 그에 대한 평가는 그가 여로보암의 거짓 사교를 지지하거나 후원하지 않았음을 뜻하는 것으로 보인다. 그러나 이미 너무 늦었고 너무 미약했다. 200년 이상 하나님을 거역한 반역의 결과를 피할 길이 없었다.

살만에셀이 B.C. 727년에 그의 아버지의 뒤를 이어 앗수르 왕이 되었다. 디글랏 빌레셀의 종주권을 인정했던 호세아는 살만에셀에게도 신복하여 조공을 드렸다. 그러나 살만에셀은 동쪽에서 일어난 사건들에 몰두하고 있었다. 호세아는 그 기회를 타서 애굽 왕 소에게 사자들을 보내고 앗수르 왕에게 조공을 드리지 않았다. 그러나 힘없는 애굽은 그의 신뢰를 어리석은 것으로 만들어놓았고, 호세아는 곧 그 대가를 지불하게 되었다. 살만에셀은 호세아의 배반을 보고 그를 공격해 잡아다가 옥에 금고하여 두었다. 그 후 그에게 어떤 일이 일어났는지에 대해서는 알려진 바가 없다.

그 후 앗수르는 사마리아를 공격했다. 살만에셀은 삼 년 동안 사마리아를 에워싸고 있다가 결국 사마리아를 정복하고 반란을 일으킬 수 있는 지역을 해산시키고, 다른 지역에 필요한 인력을 보충하기 위해 이스라엘 사람들을 사로잡아 끌어갔다. 이스라엘 백성들이 그렇게 잡혀갔던 적이 이미 한 차례 있었다(15:29). 앗수르의 기록에 의하면 27,900명이 끌려갔는데 그것은 아마도 특정한 자격을 갖춘 남자들만을 포함시킨 숫자였을 것이다. 그곳은 티그리스-유프라테스 계곡 상류 지역이었다. 그들은 그곳에서 곧 다른 포로들 속에 뒤섞여 그 모습이 보이지 않게 되었다. 그들에게는 자신들의 독특성을 지킬 수 있을 만큼 강한 영적 정체성이 없었다.

200년 동안(B.C. 931-722) 19명의 왕들이 이스라엘을 이끌었는데 그들은 모두 "여호와 보시기에 악을 행하였다." 거의 2세기 전에 선포한 아히야의 슬픈 예언이 결국 성취되었다. "여호와께서 이스라엘을 쳐서 물에서 흔들리는 갈대같이 되게 하시고 이스라엘을 그 열조에게 주신 이 좋은 땅에서 뽑아 저희를 하수 밖으로 흩으시리니 저희가 아세라 목상을 만들어 여호와를 진노케 하였음이니라"(왕상 14:15).

## C. 이스라엘의 몰락(17:7-23)

| Supporting Idea | 하나님을 거역하고 계속되는 하나님의 경고를 무시하고 죄를 지으면 결국 하나님의 진노를 피할 수 없게 될 것이다. |
|---|---|

**17:7-12.** 절대적인 충성을 요구하시는 하나님이 언제나 열왕기상하의 핵심을 이루어왔다. 이스라엘이 범한 구체적인 죄들이 열거되었지만, 기본적으로 하나님이 고발하신 것은 "나는 너를 애굽 땅, 종 되었던 집에서 인도하여 낸 너의 하나님 여호와로라. 너는 나 외에는 다른 신들을 네게 있게 말지니라"(출 20:2-3)고 명령하신 십계명의 첫 번째 계명을 의도적으로 상기시켜주는 말로 표현되었다. 이 계명과 열왕기하의 관계는 분명하다. **이 일은 이스라엘 자손이… 그 하나님 여호와께 죄를 범하였기 때문이었다.** 하나님은 언약을 지킬 것을 이스라엘에게 요구하셨지만, 이스라엘은 다른 신들을 좇으며 이방의 풍습을 따랐다.

열왕기하가 왕들에게 초점을 맞추고 있긴 하지만 백성들 역시 하나님의 고발을 피할 수 없었다. 하나님의 심판을 불러온 장본인은 왕들뿐만이 아니라 이스라엘 백성들이었다. 하나님은 절대적인 충성에 미치지 못하는 것으로는 만족하지 않으실 것이다. 하나님의 영광과 탁월하심을 떨어뜨리는 것에 결코 만족하지 않으실 것이다. 이것은 다원론을 주장하는 우리 시대가 귀 기울여야 할 중요한 메시지다!

이스라엘이 범한 구체적인 죄들이 열거되어 있다. 그것은 그들의 범죄가 얼마나 광범위한 것인지를 잘 보여준다. **이스라엘 자손이 가만히 불의를 행하여 그 하나님 여호와를 배역하였다**는 주장은 좀 이상하다. 왜냐하면 그 뒤에 이어지는 이스라엘 백성들의 죄는 가만히 비밀스럽게 한 것처럼 거의 보이지 않기 때문이다. '가만히 행하다'라는 동사가 구약 성경에서 사용된 곳은 이곳 한 곳뿐이다. 아마도 가식적으로 행했다는 의미가 더 강했을 것이다. 그들은 자신들을 하나님의 백성이라고 주장하면서 **산당을 세우고… 분향하며 또 악을 행하였으며… 또 우상을 섬기는** 이 모든 일들을 했다. 그들은 하나님의 신실한 백성의 모습을 보여주지 않았다. 오히려 이방의 풍습을 따르며 **여호와를 격노케 하였고,** 하나님이 명하신 분명한 계명을 어겼다.

하나님의 고발은 이방의 우상숭배를 타파할 것을 조건으로 땅을 소유하게 될 것을 약속하신 신명기 12장 1-4절을 그 배경으로 하고 있다. "너희 하나님 여호와에게는 너희가 그처럼 행하지 말라" (신 12:4).

**17:13-15.** 하나님은 이스라엘 백성들에게 하나님의 율법을 주셨을 뿐 아니라 또 그들에게 회개하고 순종할 것을 촉구해온 각 선지자와 각 선견자를 주셨다. 열왕기상하는 계속해서 하나님의 계획 속에 있는 선지자들의 역할에 주의를 기울여왔다. 열왕기상 11장에서 이스라엘의 탄생을 선언하고, 14장에서 이스라엘의 불가피한 몰락을 선언하기 위해 아히야 선지자가 사용되었다. 엘리야와 엘리사에게는 지대한 관심이 집중되었다. 그러나 사람들의 반응은 늘 같았다. 저희가 듣지 아니하고 그 목을 굳게 하기를 그 하나님 여호와를 믿지 아니하던 저희 열조의 목 같이 하였다.

**17:16-17.** 고발의 마지막 단계에는 하나님의 율법을 어긴 좀 더 구체적인 사례들이 추가되었다. 두 송아지 형상을 부어 만든 것은 십계명이 금한 것이었다(출 20:4-6). 일월성신을 숭배하는 것은 신명기 4장 19절과 17장 3절에 금지된 것이었다. 바알 숭배는 십계명의 첫 번째 계명을 어긴 것이었고, 자기 자녀를 불 가운데로 지나가게 한 것은 혐오할만한 일일 뿐더러 금지된 일이기도 했다(레 18:21). 하나님의 백성들에게는 있을 수 없는 복술과 사술이 널리 행해진 것은 이스라엘 백성들이 영적인 창기가 되었음을 보여주는 것이었다. 그들은 스스로 팔려 여호와 보시기에 악을 행하였다. 그들의 죄는 무지와 무절제의 죄가 아니었다. 그들의 죄는 그들과 언약을 맺으신 하나님을 계속해서 적극적이고 활동적으로 거역하고 반역한 결과의 산물이었다.

**17:18-23.** 그들의 그런 오만에 하나님이 보이실 수 있는 반응은 한 가지뿐이었다. 즉, 그(그 얼굴) 앞에서 제하시는 것이었다. 이 표현은 그 사실을 분명히하기 위해 세 번이나 반복되었다(18, 20, 23절). 이 표현을 물리적인 개념으로 받아들여서는 안 된다. 왜냐하면 하나님은 어디에나 계시는 분이시기 때문이다. 이 표현은 관계를 표현하는 개념으로 심판, 특히 백성들이 여러 나라로 흩어지고 사로잡혀 가는 징벌을 묘사한 것으로 이해해야 한다. 하나님은 쉽게 노를 발하지 않는 분이시다. 그러나 하나님의 명예를 계속 훼손시킬 경우 분명히 진노하는 분이시기도 하다. 열왕기하 기자는 우리에게 이스라엘의 근본적인 죄가 무엇인지를 잊지 않게 해줄 것이다. 그는 이스라엘을 몰아 여호와를 떠나고 큰 죄를 범하게 한 여로보암의 죄를 또다시 언급했다. 하나님은 말씀하신

대로 행하는 유일한 분이셨다. 여호와가 그 종 모든 선지자로 하신 말씀대로 이스라엘이 고향에서 앗수르에 사로잡혀 가서 오늘까지 미쳤더라.

그러나 유다의 경우는 어떤가? 이제 유다만 남게 되었다. 그러나 유다마저도 하나님의 계명을 지키지 않았다. 그들은 이스라엘이 도입한 이방 풍습을 따랐다. 그것은 우리가 앞으로 살펴보게 될 유다의 역사에 관한 편집상의 진술이다. 이스라엘에게 심판이 임했다면 유다가 그 방향을 되돌리지 않는 한 유다에게도 심판이 임하게 될 것이다. 그런데 유다에 대한 전망이 그리 좋지 않았다.

## D. 이스라엘 땅에 이주하게 된 사람들(17:24-41)

| Supporting Idea | 타락한 예배는 혼란스럽고 부도덕하다. |
|---|---|

**17:24-26.** 이스라엘 백성들이 왜 더 이상 이스라엘 땅을 소유할 수 없게 되었는지를 설명한 다음, 열왕기하 기자는 자신이 글을 쓰고 있는 동안 그곳이 어떤 상태가 되었는지를 설명했다. 이 부분에서는 예배를 뜻하는 단어가 11번이나 나오며 핵심을 이루고 있다. 혼탁해진 예배로 그 지역 전체가 혼란에 빠지고 타락하게 되었다. 앗수르는 반역을 꾀하지 못하도록 사람들을 다른 곳으로 이주시키는 정책을 썼다. 그러나 사람이 살지 않는 지역을 다스리는 것은 별 매력이 없는 일이었을 뿐 아니라, 정복한 나라를 부강하게 하는 데도 도움이 되지 않았다. 그래서 그들은 그들이 정복한 다른 지역들에서 - 바벨론과 구다와 아와와 하맛과 스발와임에서 - 사람들을 옮겨다가 사마리아 여러 성읍에 살게 했다. 그들은 일시적으로 머문 것이 아니었다. 저희가 사마리아를 차지하여 그 여러 성읍에 거하니라.

그 사람들은 오랜 기간에 걸쳐 이주해왔을 것이다. 그러나 그 결과 여호와를 경외치 아니하는 사람들이 섞여 살게 되었다. 하나님은 다른 신들처럼 한 지역만을 위한 신이 아니시다. 그러나 약속의 땅에 대해서는 특별한 열의를 가지고 계셨다. 그래서 사자들을 그 가운데 보내시매 몇 사람을 죽인지라. 열왕기상하에서 사자가 심판하시는 하나님의 도구로 사용된 것은 이번이 세 번째다(왕상 13:24, 20:36). 이스라엘에 새로 거주하게 된 사람들은 다신론이라는 왜곡된 신학을 가지고 있었다. 그러나 그들은 이스라엘의 하나님이 그 땅에 대한 권리를 주장하신다는 사실을 알게 되었다. 그래서 그들은 앗수르 왕에게 사자를 보내어 참 하나님을 섬기는 것에 대해 알려줄 것을 요청했다. 왕께서 사마리아 여러 성읍에 옮겨 거하게 하신 열방 사람이… 그 땅 신의 법을 알지 못함이니이다.

**17:27-33.** 앗수르 왕은 사마리아에서 사로잡혀간 제사장 중 하나를 데려다가 그 땅 신의 법으로 무리에게 가르치게 했다. 그 제사장이 벧엘에 거한 것을 볼 때 타락한 여로보암의 사교를 신봉하던 사람이었던 것이 거의 확실하다. 그러므로 그가 백성에게 어떻게 여호와 경외할 것을 가르쳤을 때 그것은 왜곡된 교훈이었다. 그들의 반응은 그 땅에서 숭배되고 있던 신들 중에 여호와를 하나 더 추가하는 것이었다. 각 족속별로 자기들의 신과 신당을 가지고 있었다. 이 구절에 언급된 다양한 신들의 이름은 다른 곳에서는 거의 볼 수 없는 것들이다. 그러나 그 이름들을 열거한 것은 그 신들의 이름을 알리기 위해서가 아니라 이스라엘 땅을 채우게 된 영적 혼란을 보여주기 위한 것이다. 그 땅은 하나님만을 섬기는 예배에서 한 걸음 더 멀어지게 되었다. 다신교가 그 땅을 특징짓는 한 요소가 되었다.

열왕기하 기자는 그의 원독자들에게 그저 과거 역사를 설명한 것이 아니다. 그 독자들은 그들의 땅을 메우고 있는 거짓된 예배에 대해 읽으며 간담이 서늘해졌을 것이다. 그러나 바벨론에 있던 그들에게 가장 큰 위험은 그들이 그곳의 신들을 받아들이고, 바벨론의 풍습을 자기들의 풍습과 혼합시키며, 하나님을 모독하는 예배 형태를 개발하는 것이었다.

**17:34-41.** 그런 '예배'는 참된 예배가 아니었다. 하나님은 그런 혼합주의를 용납하지도, 참고 견디지도 않으실 것이다. 하나님이 받으실 만한 예배는 하나님의 법에 따라 하나님만을 섬기는 배타적인 예배였다. 열왕기하 기자는 하나님의 명령을 세 번이나 반복했다. 다른 신을 경외하지 말며 그를 숭배하지 말라(35, 37-38절). 이 명령은 바벨론에서 적들의 손에 포로로 잡혀 있는 사람들이 들어야 할 메시지였다. 그리고 다원주의와 혼합주의가 만연한 시대 속에서 살고 있는 우리들을 위한 메시지이기도 하다. 하나님이 받으시기에 합당한 예배는 하나님이 정하신 방법으로 하나님만을 섬기는 예배다.

그러나 사마리아에서 일어난 일들은 앗수르의 침략을 받기 전 이스라엘에서 일어난 일들과 많이 달라졌는가? 또는 그 당시 유다에서 일어난 일들과 많이 달랐는가? 바벨론에서 포로 생활을 하게 될 잠재적인 어떤 일들이 유다에서 일어나고 있었던 것인가? 이스라엘 백성들이 앗수르로 끌려간 후 북방 지역에서 일어난 일들을 정리하고 있는 진술은 그전에 그 지역에서 일어났던 일들에 대한 묘사와 그리 다를 바 없다. 그것은 하나님을 예배하는 사람들이 뒷걸음질친 결과 나타나는 영적 혼란을 보여주는 그림이었다. 사도 요한이 요한일서를 마치며 "자녀들아 너희 자신을 지켜 우상에서 멀리하라"(요 5:21)고 한 경고가 지금 우리 귓전에서 울려퍼지고 있다.

| Supporting Idea | 타락한 예배는 먼저 우리를 타락시킨다. 그런 다음 우리를 완전히 파멸시킨다. |
|---|---|

## 결론

### 타협의 대가

살해당한 소녀를 추도하고 위로하기 위해 다양한 종교 단체의 대표자들이 한 대형 교회에 모여 드린 추도예배가 TV를 통해 전국적으로 보도되었다. 그리고 우리는 그녀의 죽음을 통해 우리가 하나로 뭉칠 수 있게 되었다는 이야기를 반복해서 듣게 되었다. 그러나 그 대가로 우리가 지불한 것은 무엇인가? 그 안에서 성경의 위로나 기독교의 희망은 찾아볼 수 없었다. 실제로 한 참가자가 제시한 '무한한 어떤 존재' 에는 성경이 말하는 하나님과 비슷한 점이 하나도 없었다. 연합을 축하한다면서 오히려 진리를 모호하게 만들고 사람들을 오도하고 있는 것은 아닌가?

영적인 타협을 하기 시작하면 그것에 동화되면서 우리의 정체성을 잃게 되거나, 하나님의 심판으로 자유를 잃게 될 때까지 점점 더 타협하게 될 것이다. 특히 하나님께 대한 우리의 절대적인 충성을 타협하려는 유혹을 받게 될 때 더욱 그렇다. 이스라엘의 여로보암 왕이 어떤 의도로 금송아지들을 만들었건 그 금송아지 때문에 이스라엘의 예배는 타락하게 되었다. 하나님께 대한 잘못된 견해와 타락한 예배는 결국 하나님의 심판을 불러오게 될 타락과 타락한 악습으로 이어진다.

■ 진리 알기

- 악과 한 번 타협하게 되면 점점 더 타협하는 길로 나아가게 되고 결국 타락하게 된다.
- 하나님이 심판하실 때는 저항한다 해도 아무 소용이 없다.
- 하나님은 노하기를 더디 하는 분이시지만 우리가 계속 죄를 범한다면 반드시 진노하는 분이시다.
- 하나님은 하나님께 대한 절대적인 충성에 미치지 못하는 것을 용납하거나 인정하지 않으실 것이다.
- 우리는 우리가 예배드리는 대상을 닮아가게 된다.

■ 적용하기

- 성경을 기초로 한 참된 확신을 타협하지 않도록 마음을 지키라.
- 하나님의 심판은 확실하다는 사실을 세상을 바라보는 관점의 중심축으로 삼으라.
- 혼합주의라는 유혹을 경계하라. 친구들에게서 혼합주의가 나타나는 것을 보고 있는가?

## 삶의 적용

### 과거와 현재의 혼합주의

최근에 한 주요 교단의 주교가 성체성사를 인도했다. 그 의식에서는 여성 신부들이 행렬을 하면서 아프리카와 고대 이집트 신들을 불러냈다. 종파를 초월한 모임에서는 기독교인들이 하나님의 이름으로 기도할 수는 있지만 예수님의 이름을 거론해서는 안 된다는 지시를 따르고 있다. 한 주요 교단의 어떤 목사는 예수님만이 구원을 받을 수 있는 유일한 길이라고 믿는 사람들을 테러리스트들에 비유하며 이렇게 말했다 "그것은 그들의 방식만이 유일한 길이고 진리라고 주장하며 9월 11일 테러리스트들이 표현했던 절대론과 같은 것이다. 그런 절대론은 무례함을 불러오고, 무례함은 편협함을 불러오며, 편협함은 차별대우를 불러오고, 극단적인 경우에는 테러리스트들을 통해 보았듯이 폭력까지 불러올 수 있다."

이런 주장의 극단성과 성경을 따르는 그리스도인들의 분노를 야기하는 것은 윤리적으로 용납될 수 있는 일이라고 주장하는 사람들도 있다! 또 자유주의 교회의 한 교인은 다른 사람들을 회심시키려고 노력하지 않고 믿음을 전하고 있다며 "우리는 모두 아브라함의 자손이고 똑같은 하나님을 예배한다" 고 호언장담했다.

우리 사회는 절대적인 진리라고 말하는 것을 오만하고 부적절하며, 심어지는 공격적인 것이라고 주장하는 다원주의와 널리 퍼진 관용을 포용해왔다. 그러나 절대적인 충성을 요구하시는 살아 계신 하나님의 명령과 우리 주 예수 그리스도만이 하나님께 이르는 유일한 길이라는 주장은 사라지지 않았다. 우리 사회는 종파를 초월한 상호 존중과 다양성을 인정하고 있는 것이 분명하다. 그리스도를 따르는 사람들은 그들이 전하는 메시지뿐 아니라 그리스도가 명하시고 본을 보여주신 생활 방식에 온전히 순종하는 삶을 통해 주님을 높여야 할 책임이 있다. 그러나 또 우리는 우리 사회의 영적 혼란이 B.C. 7세기 사마리아의 상태와 흡사하다는 사실을 분명하게 인식할 필요가 있다. 혼합주의는 오랜 세월 끊임없이 이어져 내려왔다. 혼합주의는 '구원' 에 대한 거짓된 약속을 통해 사람들을 위험에 처하게 할 뿐 아니라 하나님의 영광과 위엄을 떨어뜨린다.

## 기도

하나님 아버지, 절대적인 진리와 하나님께 대한 배타적인 견해에 대한 모든 주장들이 공격을 받고 있습니다. 우리와 다른 견해를 가진 사람들을 존중할 수 있게 도와주옵소서. 그러나 또 하나님 앞에서 우리의 중재자 되신 주 예수님을 통해 보여주신 우리 자신에 대한 진리를 굳게 지킬 수 있도록 도와주시기를 기도합니다. 아멘.

## 심층 연구

### A. 아하스의 연대기(16:1-2)

열왕기하의 기록을 통해 아하스와 그의 아들 히스기야의 통치 기간을 정확하게 파악하기는 쉽지 않다. 아하스가 20세에 왕위에 올라 16년 동안 통치했고, 히스기야가 25년을 통치했다면(18:2) 히스기야가 태어났을 때 아하스는 겨우 열한 살이었다는 말이 된다. 불가능한 일은 아니지만 그럴 가능성은 매우 희박하다. '베가 십칠 년' (16:1)은 B.C. 735년이었을 것이다. 그러나 아하스의 통치는 B.C. 715년까지 계속되었고 요담은 B.C. 732년에 숨을 거두었다. 그러므로 16년 동안의 아하스 통치에는 그의 아버지와 함께 통치한 3년이 포함되지 않은 것이다. B.C. 732년부터 715년까지 아하스가 혼자 통치했다. 연대에 관한 문제는 제한된 지면 내에서 다 다루기에 너무 복잡한 문제다. 에드윈 시슬(Edwin Thiele)과 유진 메릴(Eugene Merrill)의 저서와 로버트 허바드(Robert Hubbard)의 주석에서 유익한 자료들을 찾을 수 있다.

### B. 아하스와 이사야(16:5-6)

이사야는 이사야서 7장에서 르신과 베가의 공격에 대한 자세한 내부적 상황을 설명하고 있다. 이사야는 신실하지 못한 왕에게 하나님을 신뢰할 것을 권고했다. "너는 삼가며 종용하라… 연기 나는 두 부지깽이 그루터기에 불과하니 두려워 말며 낙심치 말라" (사 7:4). 그런 다음 아하스에게 르신과 베가의 침략은 성공하지 못할 것이며, 65년 내에 사마리아가 무너지게 될 것이라는 하나님의 엄중한 약속과 경고를 전해주었다. 이사야는 아하스에게 이 약속을 확신하기 위해 그가 원하는 징조를 하나님께 구할 것을 권했다. 그러나 아하스는 이미 하나님이 아니라 앗수르를 신뢰하기로 마음을 정했고 징조를 구하는 것은 '하나님을 시험하는' 것이 될 것이라며 이사야의 권고를 물리쳤다.

그의 말은 경건한 것처럼 보였지만 그의 마음은 전혀 그렇지 못했다.

이사야는 하나님을 믿지 못하는 그를 책망하고 처녀가 잉태하게 될 것을 하나님이 주신 징조로 그에게 제시했다(사 7:14). 그 징조의 핵심은 처녀가 잉태하여 아들을 낳고 그 아들이 유년기를 보내게 될 때 하나님이 아하스의 '동맹국' 앗수르를 들어 유다를 치게 하실 것이라는 내용이었다. 앗수르의 공격은 수리아의 공격보다 더 무서울 것이다! 그리고 그것은 그대로 이루어졌다. 그러나 그 징조에는 앗수르의 침략 그 이상의 의미가 있었다. 메시아의 기적적인 잉태를 미리 알려주는 예언이었다. 메시아는 유다의 참 소망이었고, 우리 주 예수 그리스도가 오심으로 성취되었다(마 1:18-25, 눅 1:26-45).

## 고안

### A. 들어가는 글

1. '악어에게 먹을 것을 던져주는 사람' 의 이야기로 시작하라.
2. 배경 설명: 여로보암이 하나님을 거역하고 금송아지를 만든 그 순간부터 이스라엘의 역사는 내리막길을 향하게 되었다. 그의 뒤를 이은 왕들 중 그 누구도 그 반역을 되돌리려 하지 않았고 결국 그 대가를 치르게 되었다. 심판의 날이 왔던 것이다.
3. 적용: 심판의 날이 임한 이스라엘을 바라보는 유다는 의로운 목격자가 결코 아니었다. 유다의 왕들은 이스라엘이 당한 것과 똑같은 곤경 속으로 나라를 몰아넣는 정책을 추구하고 있었다.

### B. 본문 이해

1. 요담과 아하스(15:32-16:20)
2. 이스라엘의 호세아(17:1-6)
3. 이스라엘의 몰락(17:7-23)
4. 이스라엘 땅에 이주하게 된 사람들(17:24-41)

**C. 결론:** '타협의 대가' 를 읽어주라.

## 토의 질문

1. 사마리아로 이주해 온 사람들의 생활에 대한 묘사는 다양한 종교가 공존하면서 서로 교류하는 사람들의 모습을 보여준다. 많은 현대인들이 그런 '종교의 다양성' 을 장려하고 있다. 다원주의적 사회에서 일어나는 그런 현상에 대해 우리는 어떤 자세를 취해야 하는가? 하나님께 충성하는 사람들이 선을 그어야 할 경계는 어디여야 하는가?

2. 하나님께 대한 절대적인 충성을 타협하게 만들려는 유혹에는 어떤 것들이 있는가? 그런 유혹들을 어떻게 다루고 있는가?

# 열왕기하 18:1-19:37

## 공격을 받으면서

*"그리스도인이 되면 보통 아무 고통 없이 살게 될 것이라 생각하는 경우가 많다. 그러나 실제로 그리스도인들은 고통에서 해방되는 삶을 살아가고 있다. 고통이 없는 삶과 고통에서 해방되는 삶은 서로 매우 다른 것이다."*

*- 오스왈드 챔버스(Oswald Chambers)*

**열왕기하 18:1-19:37** 마침내 왕위에 오른 히스기야가 경건한 왕의 모습을 보여주게 되었다. 그러나 이미 유다는 앗수르의 공격이라는 유례없는 엄청난 위기를 맞이하게 되었다. 예루살렘을 방어할 수 있는 적절한 힘이 없었던 히스기야는 믿음으로 하나님을 신뢰하였고, 하나님의 선지자 이사야를 통해 승리에 대한 약속을 받았을 뿐 아니라 하나님의 특별한 개입을 통한 승리를 경험하게 될 것이라는 약속까지 받게 되었다.

## 들어가는 글

### 교전 지역에서 살아가는 삶

아침 6시가 조금 지난 시각 전화벨이 울렸을 때 나는 회의에 참석할 일을 생각하며 막 자리를 털고 일어나던 참이었다. 노스캐롤라이나에 살고 있던 아들에게서 온 전화였다. "아버지, 일어나셨어요? 빨리 TV 좀 켜보세요. 비행기가 무역센터로 돌진해 들어갔어요." 그래서 가장 창의적인 헐리웃 영화 제작사들조차 상상해낼 수 없는 도무지 믿어지지 않는 사건들을 목도하며 그날 하루를 시작하게 되었다.

탑승객 전원을 태운 첫 번째 비행기가 거대한 건물을 뚫고 들어간 것만으로도 충분히 끔찍했다. 그러나 두 번째 비행기가 다시 건물을 들이박았다. 그리고 곧 또 한 대의 비행기가 미 국방성을 치고, 네 번째 비행기가 펜실베이니아에 나타났다는 보도를 듣게 되었을 때, 누군가 미국에 전쟁을 선포하고 노련한 기술을 가지고 치밀하게 계획한 무자비한 공격을 수행하고 있음이 분명해졌다. 우리는 우리를 적으로 삼은 사람들의 표적이 되어 있었다.

전쟁의 제일법칙은 '적을 알라' 이다. 미 당국자들은 오사마 빈 라덴(Osama bin Laden)이 미국의 공공연한 적이라는 사실을 잘 알고 있었다. 그러나 2001년 9월 11일 알카에다(al-Qaeda)의 능력과 의지를 미국이 과소평가해왔으며, 그들이 미국을 매우 취약하게 만들었다는 사실이 분명하게 밝혀졌다.

성경은 그리스도인들이 영적인 전쟁이 벌어지고 있는 교전 지역에서 살고 있다는 사실을 분명히 드러내주고 있다. 우리는 세상과 정욕과 사탄이라는 무자비한 세 적을 마주 대하고 있다. 그들은 각기 다른 방식으로 우리에게 대항하고 있다. 세상은 안락함을 추구하도록 우리를 유인하면서 우리의 마음을 공격한다. 사탄은 의심을 불러일으키며 우리의 생각에 공격을 가한다. 정욕은 방종으로 우리를 유혹하며 우리의 의지를 공격한다. 이 땅에서 사는 한 우리는 하나님을 경외하는 삶을 방해하려는 그들의 공격을 늘 마주 대하게 될 것이다.

선한 사람들이 무서운 공격을 받아야 했던 성경의 사건들은 공격을 받으며 살아가는 삶에 대해 여러 가지 배울 것들을 우리에게 제공해주고 있다. 열왕기하 18장과 19장에서 선하고 경건한 왕을 만날 수 있게 된 것은 정말 다행스러운 일이다. 히스기야의 중요성을 보여주는 한 증거는 그의 이야기가 구약 성경에 세 차례나 기록되었다는 사실이다(열왕기하 18-20장, 역대하 29-32장, 이사야 36-39장). 이사야서와 열왕기하의 기록은 매우 흡사하긴 하지만 세 기록 모두 강조점이 각기 다르다. 열왕기하는 히스기야가 그 당시 초강대국이었던 앗수르의 맹공격을 받았을 때에 초점을 맞추고 있으며, 이것은 그의 믿음과 하나님을 신뢰하는 사람들에 대한 그분의 신실하심을 돋보이게 한다.

## 본문 이해

### 공격을 받으면서

| Main Idea | 살아 계신 하나님과 하나님의 약속을 신뢰할 때 우리는 가장 절망적인 상황 속에서도 우리를 구원하시는 하나님을 경험하게 된다. |
|---|---|

### A. 히스기야의 성품(18:1-12)

| Supporting Idea | 어떤 배경을 가지고 있건 간에 우리는 하나님을 기쁘시게 하고 경건한 성품을 도야할 수 있는 현명한 선택을 할 수 있다. |
|---|---|

**18:1-4.** 히스기야는 자신을 환경의 희생자라고 볼 수 있는 충분한 이유들을 가지고 있었다. B.C. 715년 그의 아버지가 사망하자 그는 왕위에 올랐다. 그리고 B.C. 686년까지 예루살렘에서 이십구 년을 치리했다(히스기야와 관련된 연대를 파악하기는 쉽지 않다 '심층 연구'를 보라). 그는 호세아 삼 년(B.C. 728년경)부터 그의 아버지와 함께 나라를 다스리는 책임을 맡았다. 어린 그는(B.C. 715년에 25세였다면 당시는 12세였을 것이다) 앗수르와 손을 잡는 외교 정책을 펼치고 형제 중 하나를 이방 신에게 제물로 바치는

자기 아버지의 영적 반역에 직접 노출되어 있었다(16:2-4).

아하스는 왕으로서 나라를 재앙으로 몰아넣었다. 그런데 아버지로서 그가 미친 영향은 그보다 더 심각한 것이었다. 더구나 그는 이스라엘을 무너뜨리는 앗수르의 무지막지한 힘을 보았다. 히스기야는 이스라엘이 걸어간 파멸의 길을 자기 나라가 뒤따라가고 있다는 사실을 인식하고 있었다(17:18-19). 그는 저항이 가장 적을 길을 선택하면서 과거의 방식을 그대로 따를 수도 있었을 것이다.

그러나 우리는 열왕기하에서 크게 인정받고 있는 한 왕을 만나게 된다. 그에 대한 평가는 그의 증손자 요시야에 대한 평가 못지않은 것이었다. **히스기야가 그 조상 다윗의 모든 행위와 같이 여호와 보시기에 정직히 행하였다.** 그 동안 이런 칭찬을 받은 왕이 없었다. 실제로 우리는 **여러 산당을 제하며 주상을 깨뜨리며 아세라 목상을 찍었다**는 이야기를 이곳에서 처음 듣게 된다. 히스기야는 그의 아버지와 정반대였다. 그는 다윗처럼 나라의 외적 개혁과 영적 부흥을 주도했다. 나라를 다시 세우기 위한 그의 개혁은 역대하 29-31장에도 상당히 자세하게 설명되어 있다.

히스기야 왕은 또 앞에서 언급된 적이 없었던 악습도 다루었다. 모세가 하나님이 지시하신 대로 만든 놋뱀이(민 21장) 그때까지 남아 있었고, **느후스단이라는** 특별한 이름으로 불리며 미신의 대상이 되고 있었다. 그의 아버지가 도입한 악습들에 비해 그것은 비교적 사소한 문제였다. 그러나 히스기야는 그렇게 생각하지 않았다. 그는 사람들이 분향하던 그 놋뱀을 부수어 고철로 만들어버렸다('심층 연구'를 보라).

**18:5-8.** 히스기야가 하나님을 기쁘시게 한 삶을 산 것은 우연이 아니었다. 그는 경건한 선택을 했다. 그에게는 세 가지 특징적인 자질이 있었다. 첫째, 그는 **하나님 여호와를 의지하였다.** 그것은 앗수르의 맹공격으로 가장 직접적인 시험을 받게 되었지만 흔들리지 않았던 믿음을 보여주는 자질이었다. 두 번째 자질은 절대적인 충성이었다. **저가 여호와께 연합하여 떠나지 아니하였다**(아내들을 떠나지 않았던 솔로몬과 대조적이었다, 왕상 11:2). 세 번째 자질은 히스기야의 일관된 순종이었다. **여호와께서 모세에게 명하신 계명을 지켰더라 그 결과 여호와께서 저와 함께 하시매 저가 어디로 가든지 형통하였더라.**

히스기야의 아버지는 초강대국의 지지자가 되었다. 히스기야는 B.C. 705년경 사르곤이 사망했을 때 초강대국을 상대로 반역을 일으키고, 비록 부분적이긴 하지만 그 억압에서 벗어날 수 있었다. 블레셋의 패배는 그에게 다윗에게 버금가는 성공을 거두게 해주었다. 그는 또 자기 아버지가 잃었던 지역들을 되찾았다(대하 28:18-19).

**18:9-12.** 열왕기하 기자는 우리를 앗수르 왕 살만에셀이 사마리아를 공격했던 B.C. 724년과 사마리아가 몰락한 B.C. 722년으로 다시 데려간다. 17장에 기록된 사건들을 다시 살펴보면서 그는 히스기야가 맞섰던 앗수르의 세력과 죄에 대한 대가가 어떤 것이었는지를 우리에게 상기시켜주고 있다. 그는 또 히스기야와 북 왕조의 특징이었던 무력함을 대비시켜놓고 있다. 그는 장황하게 설명하지는 않았지만 경건한 왕이 일으킬 수 있는 큰 변화를 우리가 볼 수 있게 되길 바랐다. 이스라엘은 그 하나님 여호와의 말씀을 준행치 아니하였고 행치도 아니하였다. 이제 우리는 왕이 하나님의 말씀에 귀를 기울이고 순종할 때 일어날 수 있는 일들을 보게 될 것이다.

### B. 히스기야에게 닥친 위기(18:13-37)

| Supporting Idea | 악한 세력은 언제나 하나님께 대한 우리의 신뢰를 빼앗아가려 한다. |
|---|---|

**18:13-16.** B.C. 705년에 사르곤의 뒤를 이어 왕위에 오른 앗수르의 산헤립에게는 반역한 히스기야를 그냥 두고 싶은 마음이 전혀 없었다. 히스기야를 벌하지 않는다면 그와 같은 일이 다른 곳에서도 일어나게 될 것이다. 동시에 그는 애굽을 공격할 계획이었다. 등 뒤에 적국을 두고 있을 수 없기 때문이었다. 그래서 B.C. 701년 그는 유다 모든 견고한 성읍들을 쳐서 취하고 예루살렘에서 남서쪽으로 40여 킬로미터 떨어진 곳에 위치한 라기스를 그의 본거지로 삼았다. 그는 자신의 연대기에 히스기야가 "새장에 갇힌 새처럼 수도 예루살렘에 갇히게 되었다"고 기록했다.

히스기야는 그의 성품에는 어긋나는 것이었지만 이해할 만한 실수를 했다. 그는 자신의 반역 '죄'를 인정하는 내용의 메시지를 앗수르 왕에게 보냈다. 내가 범죄하였나이다. 그리고 앗수르 왕에게 그가 요구하는 대로 하겠다는 제안과 함께 유다에서 떠날 것을 요청했다. 그러자 앗수르 왕은 은 삼백 달란트와 금 삼십 달란트를 요구하였다. 히스기야는 그 요구를 들어주기 위해 성전과 왕궁에 있던 모든 은과 성전 문과 문설주에 입힌 금까지 다 거두어 바쳐야 했다. 그런데 하나님의 도우심이나 인도하심을 구했다는 언급을 찾아볼 수 없다. 그때 히스기야는 이방 세력에 항복한 그의 아버지와 전혀 다를 바 없었다.

**18:17-27.** 앗수르는 규칙을 지키며 경기하는 나라가 아니었다. 앗수르 왕은 물러가는 대신 히스기야와 협상하기 위해 대군을 거느린 장군들을 보냈다. 사실 그에게는 유다의 항복을 받아내는 것 외에는 그 어떤 것도 받아들일 의도가 없었다. 히스기야는 믿을 만한 신하가 아니었고, 산헤립은 그와 그의 백성들을 그대로 두고 볼 수 없었다. 두 왕실을 대표하는 사람들이 성벽 바로 옆에 위치한 윗못 수도 곁 곧 세탁자의 밭에 있는 큰길에서 만났다. 그곳은 도시가 포위될 경우 전략적으로 매우 중요한 곳이었으며, 사람들이 회의를 열기 위해 모이는 곳이기도 했다. 대군을 거느린 고위 관료들로 구성된 산헤립 쪽은 유다에게는 위협적인 상대였다. 그들이 왕과의 만남을 요구했을 때 히스기야는 그가 가장 신뢰하는 신하들을 내보냈다.

앗수르의 랍사게는 뛰어난 선동가였다. 그는 유다의 확신을 비웃기 위해 사실과 사실 비슷한 것과 위협과 약속과 조롱을 모두 사용하였다. 그는 히브리어를 사용했을 뿐 아니라 유다에서 일어나고 있는 일들을 그럴듯하게 잘 묘사했다. 그의 주 목적은 하나님과 히스기야에 대한 유다 백성들의 확신을 흔들어놓는 것이었다. 그는 대왕 앗수르 왕 외에 다른 존재를 신뢰하는 것은 어리석은 일이라는 것을 보여주고 싶었다. 너의 의뢰하는 이 의뢰가 무엇이냐라고 한 그의 질문은 저항하는 유다 사람들의 심장을 찌르는 비수였다.

앗수르의 지휘관은 먼저 유다의 약한 방어 능력을 조롱했다. 네게 싸울 만한 계교와 용력이 있다고 한다마는 이는 입에 붙은 말뿐이라. 앗수르는 압도적인 우위를 점하고 있었다. 그는 또 애굽을 의뢰하는 유다를 조롱했다. 애굽은 상한 갈대 지팡이다. 사람이 그것을 의지하면 그 손에 찔려 들어갈지라. 애굽은 그럴듯해 보였지만 믿을 만한 나라는 되지 못했다.

앗수르 지휘관은 또 하나님을 의지하는 것 역시 어리석은 것이라고 주장했다. 히스기야가 이미 산당과 제단을 제하였기 때문이라는 것이다. 그는 이방인처럼 말했지만 사실은 히스기야의 개혁이 상당한 힘을 가진 신들의 감정을 헤쳤고, 심지어는 여호와까지 화나게 한 일이 되었을 것이라고 생각하고 있던 많은 유대인들의 숨겨진 마음을 자극하려 했을 것이다.

가시 돋친 그의 마지막 발언은 유다의 저항은 허세에 불과하다는 주장이었다. 유다에는 저항할 힘이 없다고 그는 주장했다. 그는 네가 만일 그 말 탈 사람을 낼 수 있다면 나는 네게 말 이천 필을 주리라고 호언장담했다. 그리고 다시 애굽을 조롱하며 말과 병거를 위해 애굽을 의지하는 것을 어리석은 일이라고 비웃었다. 마지막으로 그는 산헤립을 하나님의 대리인이라고 주장했다. 여호와께서 전에 내게 이르시기를 이 땅으로 올라와서 쳐서 멸하라 하셨느니라. 하나님이 과거에 하나님의 백성들을 징계하기 위해 이방인들을 사용하셨기 때문에 그 주장은 어느 정도 일리가 있는 말이었다. 실제로 이사야서에서 하나님은 "화 있을진저 앗수르 사람이여 그는 나의 진노의 막대기요 그 손의 몽둥이는 나의 분한이라"(사 10:5)고 말씀하셨다. 또 앗수르인들은 일반적으로 자신들을 신의 대리인들이라고 생각하고 있었다.

이제 히스기야의 신하들이 그의 말을 막고 앗수르인들이 통상적인 외교적 예의범절을 지키지 않았다는 사실을 지적했다. 앗수르인은 성 위에 있는 백성이 듣고 있는데 아람어가 아니라 히브리어를 사용했으며, 그것도 큰 소리로 말했기 때문에 성실하게 협상에 임한 것이 아니었다. 그들은 그에게 일반적인 외교 언어였으며 서앗수르 제국의 공용어인 아람 방언으로 당신의 종들에게 말씀하시라고 요청했다.

그러나 그 앗수르인은 그 제안을 거절하고 그들의 협상 결과가 백성들에게 영향을 미치게 될 것이라고 주장했다. 그는 성 위에 있는 백성들이 앗수르에게 항복하지 않을 경우 포위된 성에서 가혹한 기아에 시달리게 될 것이라고 위협했다. 그것은 노련한 선전 책략이었다. 그 대화를 듣고 있던 백성들은 하나님과 히스기야에 대한 자신들의 확신이 흔들리기 시작하는 것을 경험했을 것이다. 그것은 강한 군사력을 등에 업고 퍼붓는 언어폭력이었다.

**18:28-37.** 지휘관은 그의 표적 대상을 바꾸었다. 앗수르 왕의 이름으로 모인 백성들의 무리에게 직접 이야기하기 시작했다. 건져내다라는 단어가 그가 하는 말의 핵심을 이루었다. 그리고 그의 구체적인 표적은 그가 비방하는 히스기야였다. 그는 히스기야가 여호와의 구원과 개입에 대한 거짓 희망을 갖게 하면서 백성들을 속였다고 비난했다. 또 앗수르가 더 좋은 제안을 했다는 주장으로 히스기야를 공격했다. 그들이 항복하기만 하면 포도와 무화과를 먹고 또한 각각 자기의 우물의 물을 마시게 될 것이라고 주장했다.

지금까지 앗수르 지휘관의 공격은 히스기야의 리더십에 도전하고 백성들의 확신을 흔들어놓으려는 것이었다. 그러나 이제부터는 유다의 하나님도 많은 신들 중의 하나일 뿐이라고 주장하며 하나님을 무시하는 불경으로 넘어가기 시작했다. 그의 진술은 다원주의 세계관과 일치하는 것이었다. 그는 유다보다 더 강한 나라의 신들이 앗수르의 신보다 약했다면 어떻게 여호와가 예루살렘을 앗수르 왕의 손에서 능히 건지겠느냐는 논리를 펼쳤다. 그것은 유다의 하나님도 그저 하나의 신에 불과하다는 주장이었다. 그러나 하나님을 조롱한 것은 치명적인 실수였다는 사실이 증명되었다.

그 주장과 함께 협상은 끝이 났다. 백성이 잠잠하고 한 말도 대답지 아니하였다. 그것은 왕이 대답하지 말라고 명했기 때문이다. 그 침묵은 왕에 대한 그들의 존경을 뜻하는 것이었다. 히스기야의 협상 대리인들은 왕에게 돌아가 그들의 슬픔과 근심을 표현하기 위해 그 옷을 찢고 랍사게의 말을 보고했다. 유다는 큰 위기를 맞이하게 되었다!

## C. 히스기야의 반응(19:1-34)

| Supporting Idea | 적의 공격을 받을 때 기도하는 마음으로 하나님을 신뢰해야 한다. |
|---|---|

**19:1-7.** 지도자의 자질이 어려운 상황 속에서 시험받게 된다는 것이 사실이라면 히스기야는 그 힘든 시험을 치르는 중이었다. 그가 보인 첫 반응은 그의 사람됨을 보여주었다. 소식을 들은 그는 겸손히 자신을 낮추고(그 옷을 찢고 굵은 베를 입고) 하나님께 나아갔다(여호와의 전에 들어가서). 그는 조공으로는 앗수르를 더 이상 달랠 수 없으며 이 문제를 해결하실 수 있는 분은 하나님뿐이시라는 사실을 깨달았다. 그는 한 걸음 더 나아가 선지자 이사야에게 조언을 구했다. 선지자들이 왕들을 찾아가 조언한 적은 많이 있었지만, 하나님의 메시지를 전달하는 선지자를 찾아 조언을 구한 왕은 거의 없었다.

히스기야는 그를 대신해 협상을 맡았던 엘리야김과 셉나와 제사장 중 장로들에게 굵은 베를 입히고 자신의 메시지를 들려 선지자에게 보냈다. 왕은 그가 처한 상황을 직시하고 있었다. 곤란과 책벌과 능욕의 날이었다. 히스기야의 소망은 하나님을 모독한 앗수르인들의 불경에 바탕을 두고 있었다. 그것은 하나님의 영광과 명예가 걸린 문제였다. 랍사게가… 사신 하나님을 훼방하였으니… 하나님 여호와께서 혹시 저의 말을 들으셨을지라. 히스기야는 하나님만이 사신 하나님이라는 사실을 중요하게 생각하고 있었다. 앗수르가 다른 나라의 '거짓 신들' 을 정복한 것은 사실이었다. 그러나 하나님은 그들과 전혀 다른 분이셨다. 앗수르 왕은 자신에게 스스로 '대왕' 이라는 호칭을 부여했다. 그러나 사실 대왕은 하나님이셨다. 히스기야는 이사야에게 남아 있는 자를 위하여 기도할 것을 요청했다.

이사야는 하나님의 권위를 가지고 신속하게 응답했다. 앗수르 왕의 신복에게 들은바 나를 능욕하는 말을 인하여 두려워하지 말라. 중요한 것은 히스기야와 산헤립 사이의 문제가 아니라 앗수르와 하나님 사이의 문제라는 점이었다. 그들이 능욕한 것은 여호와였다.

하나님이 두 가지 일을 하실 것이다. 첫째는 앗수르 왕을 유다에서 물러가게 하실 것이다. 그 결과 예루살렘은 보존될 것이다. 그것은 전적으로 하나님이 하실 일이었다. 히스기야는 아무 일도 하지 않게 될 것이다. 둘째는 하나님이 산헤립을 니느웨에서 죽게 하실 것이다. 그 본국에서 저로 칼에 죽게 하리라. 앗수르 왕은 하나님을 하나의 지역 신으로 여겼다. 그러나 산헤립은 자신의 본국에서도 피할 수 없는 우주적인 하나님으로 하나님을 알게 될 것이다.

**19:8-13.** 앗수르는 하나님에 대한 공격을 점점 더 확대했다. 앞에서 랍사게는 히스기야를 속이는 자(18:29)라고 불렀다. 그리고 여기서는 하나님이 백성들을 속였다고 비난하였다. 너의 의뢰하는 네 하나님이 '예루살렘을 앗수르 왕의 손에 붙이지 않겠다' 하는 말에 속지 말라. 앗수르는 여러 나라와 여러 신들을 패배시킨 기록을 지니고 있다. 그런데 유다의 운명과 유다의 하나님은 그들과 다를 것이라고 어떻게 생각할 수 있겠는가라는 주장이었다. 하나님의 명성이 주된 논제가 되고 있었다.

**19:14-19.** 하나님에 대한 히스기야의 견해는 앗수르인들이 보낸 편지에 대한 그의 반응에서 볼 수 있듯이 이방 왕의 견해와 전혀 달랐다. 편지를 읽은 후 그는 여호와의 전에 올라가서 그 편지를 여호와 앞에 펴놓았다. 성전은 하나님이 특별한 방법으로 백성들 중에 거하시는 곳이었다. 히스기야가 편지를 하나님 앞에 펴놓은 것은 하나님의 물리적 실체에 대한 노골적인 신앙을 드러내기 위해서가 아니라 신뢰하고 의지하는 마음을 표현한 것이다. 그는 앞서 선지자 이사야에게 기도할 것을 요청했었다(4절). 그리고 여기서는 그가 직접 기도했다.

히스기야의 기도는 효과적인 기도의 원리들을 잘 보여준다. 그는 먼저 하나님을 찬양하는 것으로 그의 기도를 시작했다. 앗수르인들의 주장에도 불구하고 그에게 하나님은 이스라엘의 하나님 여호와였다. 또 그 누구와도 비할 수 없는 고귀한 분이시며 우주적인 분이셨다. 천지를 조성하신 만유의 창조주이셨다.

찬양으로 시작한 히스기야는 그가 느끼는 긴박감을 표현했다. 들으시고 보시기를 간청하는 그의 기도에는 절실한 필요가 드러나 있다. 하나님 앞에서 그는 자신의 상황을 현실적으로 인식하고 있었다. 또 앗수르의 세력도 인정하고 있었다. 그는 그들의 공포정치나 정복의 역사를 과소평가하지 않았다. 히스기야의 기도는 하나님의 이름과 영광을 위한 그의 열정이 중요한 특징을 이루고 있었다. 앗수르인들은 사신 하나님을 훼방했다. 히스기야는 적으로부터 구원을 받고 싶어 했던 것이 분명하다. 그러나 예루살렘은 안전과 평화 그 이상의 위기에 처해 있었다. 우리 하나님 여호와여… 우리를 그 손에서 구원하옵소서 그리하시면 천하만국이 주 여호와는 홀로 하나님이신 줄 알리이다. 우리의 평안이나 번영이나 즐거움보다 하나님의 영광에 더 깊은 관심을 보이는 기도에는 하나님이 기쁘게 응답하신다.

**19:20-34.** 이사야가 히스기야에게 응답하기 전에 얼마나 많은 시간이 흘렀는지는 구체적으로 알 수 없다. 열왕기하 19장 19-20절은, 똑같은 내용의 히브리 구절을 이사야서 37장 21절에 "이사야가 보내어 히스기야에게 이르되 이스라엘의 하나님 여호와께서 말씀하시되 네가 앗수르 왕 산헤립의 일로 내게 기도하였도다"라고 번역한 것처럼 그 상관관계를 정확하게 보여주지는 않는다. 그러나 왕의 기도는 곧바로 예언적 선언을 불러왔다. 앗수르 왕의 어리석은 주장에 대한 조롱이 20-28절에 기록되어 있고, 29-31절에는 히스기야에게 확신을 심어주기 위한 징조가 나타나 있다. 그리고 32-34절에는 예루살렘을 보호하실 것에 대한 약속이 들어 있다.

이사야는 또 히스기야를 위해 소망의 말을 전해주었다. 예루살렘은 무너지지 않을 것이다. 좋은 날이 올 것이다. 만군의 여호와의 열심이 그 일을 이루실 것이기 때문이다. 의혹이 남지 않도록 이사야는 하나님의 약속을 가장 구체적인 말로 표현했다. 앗수르 왕이 이루지 못할 것이라는 말을 세 번씩이나 반복하면서 이사야는 산헤립이 예루살렘 성에 이르지 못할 뿐 아니라 포위하거나 공격하지도 못할 것이라고 선언했다. 유다의 소망은 유다 자체의 공적이 아니라 언제나 하나님의 영광과 하나님의 목적을 성취하시는 하나님의 신실하심을 드러내시려는 하나님의 헌신에 있었다. 하나님과 하나님의 백성과 맺으신 하나님의 언약 앞에서 앗수르의 교만은 물러서지 않을 수 없었다.

### D. 하나님의 개입(19:35-37)

| Supporting Idea | 약속을 지키시는 하나님의 신실하심은 하나님의 백성들에게 적과 맞설 수 있는 확신의 근거가 된다. |
|---|---|

**19:35-37.** 열왕기하에는 산헤립의 공격 이야기가 의외로 상당히 자세하게 기록되어 있다. 그러나 그 공격의 결과에 대해서는 비교적 간결하게 기록되어 있다. 하나님은 19장 7절에서 하신 약속을 정확하게 성취하셨다. 산헤립을 후퇴하게 만든 '영'은 첫 번째 유월절 날 밤 애굽을 방문한 죽음의 천사(출 12:29-30)를 상기시켜주는 그런 천사였다. 자세한 기록은 없다. 다만 우리는 하나님의 사자가… 앗수르 진중에서 십팔만 오천 인을 쳤다는 사실만을 알 수 있을 뿐이다. 죽음을 당하지 않은 사람들은 밤새 잘 수 있었지만 눈을 떴을 때는 사방에 죽은 시체들이 널려 있는 것을 보게 되었다! 산헤립이 떠나 돌아간 것은 당연한 일이었을 것이다. 앗수르의 연대기에는 그렇게 많은 사람이 죽임을 당했다는 사실을 기록하지 않았다. 그렇게 엄청난 재난을 기록한 고대 왕이 없었기 때문에 그것 역시 그리 놀랄 일은 아니다.

마지막 정보도 알맞게 제자리에 들어 있다. 산헤립은 니느웨로 돌아갔다. 20년 후 그가 자기 신 니스록의 묘에서 경배할 때(B.C. 681년) 그 아들들이 그를 칼로 죽였다. 앗수르 역대기는 그의 아들들이 반역을 일으켜 그를 죽였고, 그의 아들 에살핫돈이 그의 뒤를 이어 왕이 되었다고 기록하고 있다. 여기서 놓치고 넘어가서는 안 될 사실이 있다. 큰 고민에 휩싸인 채 하나님의 전에 들어간 히스기야는 도움을 얻고 구원을 받게 되었다. 그러나 '대왕' 산헤립은 그의 신의 전에 들어갔지만 그가 어리석게 자랑했던 그 신 앞에서 자기 가족에게 죽임을 당하게 되었다.

| Main Idea 복습 | 살아 계신 하나님과 하나님의 약속을 신뢰할 때 우리는 가장 절망적인 상황 속에서도 우리를 구원하시는 하나님을 경험하게 된다. |
|---|---|

# 결론

## 승리를 위한 자세

위기에 처했을 때 하나님을 이해하고 경험하는 것이 모든 것을 다르게 만든다. 히스기야는 자기 아버지의 길을 버리고 하나님을 기쁘시게 하는 길을 선택하기로 결정한 그 순간부터 위기의 날을 준비하기 시작했다. 그는 하나님께 순종하면서 다져진 삶으로 극히 어려운 상황을 극복할 수 있었다. 앗수르 군대가 공격해왔을 때 그는 하나님을 아는 사람이 되어 있었다.

그리스도를 따르는 우리를 공격하는 적의 핵심 표적은 언제나 하나님께 대한 우리의 신뢰와 확신이다. 그는 하나님의 선하심과 능력에 대한 우리의 확신을 흔들어놓으려 할 것이다. 그런 공격을 막을 수 있는 대책은 하나님의 약속에 기초를 두고 있으며 우리의 경험을 통해 단련된 하나님에 대한 지식이다. 그러나 믿음 안에서 우리가 어떤 경험을 하건 적에 대한 역습 자세는 언제나 하나님 앞에 무릎을 꿇고 있는 것이다. 히스기야는 전쟁터에서가 아니라 성전에서 산헤립으로부터 온 편지를 하나님 앞에 펴놓고 자신의 마음을 하나님께 쏟아놓음으로써 산헤립을 이기고 승리했다. 그는 기도의 사람으로서 나라를 구출할 수 있었다.

▣ 진리 알기

- 하나님을 신뢰하고 순종하는 사람은 하나님을 높이는 선택을 하게 될 것이다.
- 적은 하나님께 대한 우리의 신뢰를 깨뜨리기 위해 모든 방법을 다 동원하려 할 것이다.
- 적은 하나님의 백성들의 명예를 훼손하는 것을 통해 하나님을 공격하려 할 것이다.
- 공격을 받을 때 중요한 문제는 언제나 하나님의 성품이다.
- 우리가 약할 때 겸손하게 하나님을 신뢰하는 것은 피난처를 발견하고 새로운 힘을 얻을 수 있는 확실한 방법이다.
- 우리의 확신은 약속을 지키시는 하나님의 신실하심과 자신의 영광을 드러내시려는 하나님의 헌신을 기초로 한 것이다.

■ 적용하기

- 적의 공격에 맞서기 위한 대책은 하나님을 아는 것을 무엇보다 중시하는 것이다.
- 자신의 안전을 지키려고 노력하기보다는 하나님을 위한 열정을 개발하라.
- 문제를 가지고 하나님께 나아가 그분 앞에 그것을 펴놓으라.

## 삶의 적용

### '기도하는 사람들' 과 '행동하는 사람들'

기도는 우리가 할 수 있는 가장 중요한 것이긴 하지만 우리가 할 수 있는 유일한 것이 될 경우는 거의 없다. 히스기야가 기도만 했다고 생각하는 것은 잘못이다. 그는 앗수르가 공격할 것을 알고 역대하 32장 2-8절에서 볼 수 있듯이 도시와 백성들을 준비시켰다. 또 물 공급원을 보호하기 위해 바위를 뚫어 기혼 샘으로부터 실로암 못까지 통과하는 긴 터널을 만들었다(왕하 20:20). 또 성벽 밖에 외벽을 쌓아 성벽을 보강했고, 군대를 재정비했으며 백성들을 재무장시켰다. 그러나 그 모든 일을 준비하면서도 그는 백성들에게 "너희는 마음을 강하게 하며 담대히 하고 앗수르 왕과 그 좇는 온 무리로 인하여 두려워 말며 놀라지 말라 우리와 함께하는 자가 저와 함께하는 자보다 크니 저와 함께하는 자는 육신의 팔이요 우리와 함께하는 자는 우리의 하나님 여호와시라 반드시 우리를 도우시고 우리를 대신하여 싸우시리라"(대하 32:7-8)는 메시지를 전했다. 히스기야는 준비해야 한다는 것을 알고 있었다. 그러나 그는 또 그런 준비에 한계가 있다는 사실도 알고 있었다. 구원은 하나님께로부터 오는 것이어야 했다.

우리는 먼저 기도해야 한다. 그리고 마지막에도 기도해야 한다. 때때로 우리가 할 수 있는 것은 기도밖에 없을 때도 있다. 그러나 많은 경우 우리는 계획을 세우고 준비할 수 있다. 그리스도인들은 '기도하는 사람' 과 '행동하는 사람' 중 한쪽으로 치우치는 경향이 있다. 히스기야는 우리에게 기도하고 행동해야 할 필요가 있음을 보여준다.

## 기도

주님, 적의 공격을 받거나 우리를 위협하는 문제들에 부딪힐 때 우리는 쉽게 좌절하거나 급히 서두르게 됩니다. 히스기야처럼 하나님 앞에서 우리 자신을 낮추고 우리의 염려와 필요를 하나님께 맡길 수 있게 도와주십시오. 아멘.

## 심층 연구

### A. 히스기야에 관한 연대표(18:1-2)

히스기야에 관한 연대를 재구성하기는 쉽지 않다. 그는 호세아 3년에(B.C. 728년경) 왕이 되었다. 그런데 B.C. 701년에 산헤립이 유다를 공격한 사건이 18장 13절에는 히스기야 14년에 일어난 사건으로 기록되어 있다. 그렇다면 히스기야의 즉위 첫 해는 B.C. 715년이 된다. 해석학자들 중에는 13절은 잘못된 것이며 14년 대신 24년으로 읽어야 한다고 주장하는 사람들도 있다. 그럴 듯해 보이는 주장이긴 하지만 그 주장을 뒷받침해 줄 만한 성경적 증거가 부족하다. 다른 사람들은 히스기야가 B.C. 728년부터 그의 아버지와 함께 통치하기 시작한 때로 거슬러올라간 것이며, 히스기야가 혼자 통치하기 시작한 것은 B.C. 715년부터라고 주장한다. 이 주장은 하나의 해결 방법이 될 수는 있지만 또 다른 문제를 야기한다. 히스기야가 B.C. 728년부터 29년 동안 통치하다가 B.C. 699년에 사망한 것인가, 아니면 B.C. 715년부터 29년 동안 통치하다가 B.C. 687년에 사망한 것인가? 나는 후자의 방법을 선택해왔다. 좀 더 자세히 알아보기 위해서는 에드윈 시슬과 유진 메릴과 로버트 허바드의 저서들을 참고하라.

### B. 느후스단(18:4)

광야에서 생활하는 동안 이스라엘 백성들은 끊임없이 하나님과 모세를 탓하며 불평을 늘어놓았다. 한번은 하나님이 독이 든 뱀을 보내셨다. 백성들이 그들의 죄를 고백하고 모세에게 기도해달라고 간청했을 때 하나님은 모세에게 "불뱀을 만들어 장대 위에 달라 물린 자마다 그것을 보면 살리라"(민 21:8)고 말씀하셨다. 그래서 모세가 놋(nehoshet)으로 뱀(nahash)을 만들었는데 나중에 그 놋뱀은 '느후스단(Nehushtan)'이라 불리게 되었다. 그리고 언제부터인가 그 놋뱀에 마술적인 힘이 있는 것처럼 생각하게 된 사람들은 그것을 유물로 삼아 미신적으로 숭배하게 되었다. 사람들의 우상이 된 그 놋뱀을 히스기야가 부숴버린 것은 종교적인 유물이 얼마나 위험한 물건이 될 수 있는지를 잘 보여주는 것이다.

## 교안

### A. 들어가는 글

1. '교전 지역에서 살아가는 삶' 의 이야기로 시작하라.
2. 배경 설명: 히스기야는 어려운 시기에 왕위에 올랐다. 대내적으로는 그의 아버지가 나라를 약하게 만들었고, 대외적으로는 앗수르라는 강대국이 이스라엘을 막 멸망시킨 때였다. 히스기야는 경건한 지도자가 일으킬 수 있는 변화들을 보여주고 있다.
3. 적용: 유다에서 가장 악한 왕이었던 아하스로부터 가장 훌륭한 왕이었던 히스기야로 왕권이 넘어가게 된 것은 상당히 격려가 되는 매우 다행스러운 일이다. 우리는 먼저 히스기야의 생애를 개략적으로 볼 수 있게 될 것이다. 그런 다음 특징을 이루고 있는 중요한 시기들에 대해 자세하게 살펴보게 될 것이다.

### B. 본문 이해

1. 히스기야의 성품(18:1-12)
2. 히스기야에게 닥친 위기(18:13-37)
3. 히스기야의 반응(19:1-34)
4. 하나님의 개입(19:35-37)

**C. 결론**: '승리를 위한 자세' 를 읽어주라.

## 토의 질문

1. 매우 적대적인 상황 속에서 하나님을 신실하게 따랐던 히스기야에 대해 이야기해 보라. 한 사람을 영적으로 뛰어나게 만들어주고 주위 환경에 휩쓸리지 않게 만들어주는 것은 무엇인가?

2. 적의 공격을 코앞에 두고 어떻게 해야 할지 몰랐던 상황에 처해 있던 히스기야처럼 느껴졌던 경우를 이야기해보라. 그런 상황 속에서 자기 자신과 하나님에 대해 배운 것은 무엇인가? 히스기야의 예를 통해 어떤 교훈을 배울 수 있었는가?

# 열왕기하 20:1-21:26

## 비교 연구

*"사람은 선해지면 선해질수록 자기 속에 숨어 있는 악을 점점 더 선명하게 보고 점점 더 잘 알게 된다. 그러나 악해지면 악해질수록 자신의 악한 모습을 점점 더 보지 못하게 된다. 일반적으로 악한 사람은 자신이 그리 선하지 않다는 사실을 알고 있다. 그러나 아주 악한 사람은 자신에게 아무 이상도 없다고 생각한다… 선한 사람은 선과 악에 대해 잘 알고 있다. 그러나 악한 사람은 그렇지 못하다."*

*- C. S. 루이스(C. S. Lewis)*

**열왕기하 20:1-21:26** 마침내 우리는 선한 왕이 그의 나라에 미친 좋은 영향을 볼 수 있게 되었다. 드디어 유다가 전환기를 맞이하게 되었다. 그러나 하나님이 큰 위기에 대처할 수 있도록 히스기야를 준비시키신 방법들을 살펴본 다음, 우리는 다시 타락의 구렁텅이 속으로 떨어져 들어가는 히스기야의 아들들을 만나게 될 것이다.

### 역사 소개: 앗수르의 왕들

〈산헤립〉

- B.C. 705년부터 681년까지 통치하였다.
- B.C. 701년 히스기야와 예루살렘을 공격했다.
- 수도를 니느웨로 옮기고 바벨론어를 앗수르어로 흡수했다.
- B.C. 681년 그의 두 아들에게 살해되었다(왕하 19:37-38).

〈엣살핫돈〉

- B.C. 681년에서 669년까지 통치하였다.
- 암살된 그의 아버지의 뒤를 이어 왕위에 올랐다.
- 그의 연대기에 므낫세를 자신의 신하 가운데 한 사람으로 기록했다.
- 아슈르바니팔 왕자에게는 앗수르를 통치하게 하고 또 한 아들 사마스섬우킨에게는 바벨론을 통치하게 했다.

〈아슈르바니팔〉

- B.C. 669년부터 627년까지 통치하였다.
- B.C. 664년에 므낫세가 동맹국들 중의 하나로 손을 잡고 있었던 애굽을 물리쳤다.
- 므낫세를 바벨론으로 잡아갔다가 나중에 풀어주었다(대하 33:10-13).
- 바벨론을 위시해 메소포타미아 지역에 있던 주들과 점점 심각한 마찰을 빚게 되었다.
- B.C. 630년 그의 아들을 왕으로 등극시키고 함께 통치했다. 그가 사망한 후 앗수르는 약해지기 시작했고, 국내적인 갈등과 애굽과 바벨론의 부상으로 멸망하게 되었다.

# 들어가는 글

## 가족의 신비

한나 휘톨 스미스(Hannah Witall Smith)는 1875년에 처음 출간되어 지금까지 많은 사람들의 사랑을 받고 있는 「그리스도인의 행복한 삶의 비결(The Christian' s Secret of a Happy Life)」을 쓴 저자다. 그 책은 1894년에 이미 천만 부가 팔렸다. 생전에 그녀는 'Higher Life' 컨퍼런스에서 많은 사람들에게 사랑을 받은 강사였다. 사람들은 그녀가 쓴 책의 제목을 보고 그녀가 아무 문제없는 평탄한 삶을 살았을 것이라 생각하기 쉽다. 그러나 실제로 그녀는 큰 고통을 감수하며 살았다. 잘 알려진 설교자였던 그녀의 남편은 몇 차례나 추문에 휩싸였고, 우울증과 정신분열증에 시달리다가 결국 믿음을 저버리고 말았다.

한나에게는 세 자녀가 있었다. 맏딸 메리(Mary)는 불륜의 관계를 맺고 가톨릭 신자였던 남편과 두 자녀를 버렸다. 둘째딸 엘리스(Alys)는 믿음을 버리고 노골적으로 무신론자라고 주장하던 쾌락주의 철학자 버틀란드 러셀(Bertrand Russell)과 결혼하였다. 아들 로건(Logan)은 기독교 신앙에 적대적인 사람들 사이에서 잘 알려진 작가가 되었고, 주 예수님과는 아무 상관도 없는 삶을 살았다.

한나에게도 결점이 없었던 것은 아니다. 다른 사람들에게 그렇게 많은 도움을 준 사람이 어떻게 자기 자녀들 중에는 그리스도를 따르는 사람이 하나도 없을 수 있었는지 의아하지 않을 수 없다. 그녀의 남편이 부정적인 영향을 미쳤을 것이다. 그리고 한나 자신의 부족한 신학도 영향을 미쳤을 것이다.

우리가 앞으로 살펴보게 될 본문 속에 나타나는 대조적인 모습은 그녀의 경우보다 훨씬 더 극적이다. 아하스는 '유다에서 망령되이 행한' (대하 28:19) 유다 역사상 가장 악한 왕이었다. 그러나 그의 아들 히스기야는 다윗 이후 가장 선한 왕이었다. 히스기야는 나라를 개혁하고 부흥을 불러왔다. 그러나 히스기야의 아들 므낫세는 자기 아버지가 개혁한 모든 것을 망쳐놓은 아하스보다 더 악한 왕이 되었다. 므낫세의 아들 아몬은 그의 아버지처럼 악을 행했다. 그러나 아몬의 아들 요시야는 히스기야 못지않은 영적 지도력을 발휘한 선한 왕이었다.

이 성경 본문은 부모가 자녀들에게 영향을 미칠 수는 있지만 자녀들의 성품이나 믿음을 결정해줄 수는 없다는 사실을 우리에게 상기시켜준다. 이 본문은 우리의 흥미를 자극하는 숨겨진 가족의 활력을 찾아내려 하지 않는다. 대신 우리 각자 자신이 선택한 결정에 대한 책임을 져야 한다는 사실과 성경에 어긋나는 결정론적인 사고방식을 피해야 한다는 사실을 말해주고 있다. 동시에 선한 지도자들이 물려준 유산이 있었음에도 불구하고 죄로 유인해가는 사람들을 쉽게 따라가며 파멸의 길을 가는 나라의 모습을 보여주고 있다.

## 본문 이해

### 비교 연구

| Main Idea | 하나님과 우리의 관계가 건설적인 삶을 살 것인지, 아니면 파괴적인 삶을 살 것인지를 결정한다. |
|---|---|

### A. 병 고침을 받은 히스기야(20:1-11)

| Supporting Idea | 우리의 연약함을 인정하고 하나님의 도우심을 구할 때 하나님은 우리의 기도에 귀를 기울이신다. |
|---|---|

B.C. 701년 히스기야의 왕권과 통치를 휩쓸어버리기로 작정한 앗수르가 예루살렘 성문 앞까지 진군해왔다. 다윗 이래 가장 경건하고 가장 뛰어났던 왕 히스기야는 '새장에 갇힌 새'와 같은 처지가 되었다. 하나님의 약속 외에는 아무것도 의지할 것이 없었다. 열왕기하 18장과 19장에는 포위당한 하나님의 백성들을 기적적으로 구원하신 하나님의 이야기가 기록되어 있었다.

그래서 우리는 20장에서 히스기야의 남은 14년간의 통치 업적을 보게 될 것이라는 기대를 하게 된다. 그러나 열왕기하 기자는 열왕기하 그 어디에서도 그가 하지 않았던 일을 이곳에서 하고 있다. 20장에 기록된 이야기들을 이해할 수 있는 열쇠는 그 이야기들이 산헤립이 등장하기 전에 일어났던 사건들을 회상하고 있다는 사실을 깨닫는 것이다. 그 이야기들은 어려운 위기에 대처할 수 있도록 하나님이 히스기야를 어떻게 준비시키셨는지를 보여준다. 산헤립의 공격을 받게 되었을 때 히스기야의 힘의 원천이 된 영적 확신과 성품을 하나님이 개발시켜주셨다.

**20:1-3.** 그 때에라는 말은 이어지는 이야기가 일어난 때를 말해주는 가장 일반적인 표현이다. 그러나 6절에서 두 가지 중요한 단서를 찾을 수 있다. 이것은 히스기야가 세상을 떠나기 15년 전에 일어난 일이며, B.C. 701년 앗수르가 공격하기 전에 일어난 일이었다. 히스기야는 B.C. 687년경에 사망했다. 따라서 히스기야가 병에 든 것은 B.C. 702년이었으며 그때 그의 나이는 40세였다. 열왕기하 기자는 히스기야의 병에 대한 자세한 내용을 기록하지 않았다. 다만 그가 병들어 죽게 되매라고 간단하게 언급했다. 알려진 의학적 증상은 일종의 피부 발진( '종처' 7절) 같은 것이었다.

하나님의 보내심을 받은 것이 분명해 보이는 이사야 선지자가 왕에게 나아와서 "너는 집을 처치하라 네가 죽고 살지 못하리라" 고 경고했다. 그것은 히스기야가 개인적으로 그리고 왕으로서 해야 할 일들을 정리할 것을 요구하는 경고였다. 죽음이 임박했기 때문에 시간이 별로 없었다. 그러나 비교적 젊은 나이에 맞이하게 된 그의 죽음이 그의 죄 때문이었다는 언급은 찾아볼 수 없다. 회개를 요구하는 내용도 없고, 그가 즉각적인 고백을 했다는 언급도 없다.

히스기야에게 그 소식은 충격적이었다. 그는 낯을 벽으로 향하였다. 자신의 감정을 숨기고 혼자만의 시간을 갖고 싶어서였을 것이다. 그러나 더 중요한 것은 그가 여호와께 기도했다는 사실이다. 그 기도는 고백의 기도가 아니었다. 무엇을 요구하는 기도도 아니었다. 그 기도는 하나님 앞에서 자신이 신실하게 행한 것을 기초로 하나님께 호소하는 기도였다. 그가 자신의 의를 주장했다고 생각해서는 안 된다. 다만 율법은 때때로 순종하는 사람들에게 장수를 약속하고 있다는 사실을 인식해야 한다(신 4:40, 5:16, 30:15-20). 그의 기도는 또 다윗 왕조의 왕들이 '다윗의 행함 같이 마음을 온전히 하고 바르게' (왕상 9:4) 할 것을 요구하신 하나님께 대한 반응이기도 했다. 히스기야는 하나님이 명하신 대로 행했다. 그의 기도는 그저 기계적으로 하는 그런 기도가 아니었다. 그는 심히 통곡했다.

**20:4-7.** 하나님이 속히 응답하셨다. 성읍 가운데(성전과 궁궐 사이)까지도 이르기 전에 여호와의 말씀이 저에게 임하였다. 메시지는 하나님이 직접 말씀하시는 형태로 임했고, 하나님께서 다윗에게 하신 약속을 기초로 하고 있었다. 하나님은 우리의 기도를 들으실 뿐 아니라 우리가 흘리는 눈물도 보신다. 하나님은 히스기야가 구한 것 이상으로 응답해주셨다. 히스기야의 병을 고쳐주시고 신속하게 회복시켜주실 것을 약속하셨다. 그리고 한 걸음 더 나아가 히스기야의 생명을 연장해주시겠다는 약속까지 해주셨다. 죽음을 앞에 두고 있던 사람에게 그것은 놀라운 약속이었다.

임박한 죽음에서 히스기야가 구원받은 것은 유다에 대한 하나님의 약속을 기초로 하고 있었다. 내가 너와 이 성을 앗수르 왕의 손에서 구원할 것이다. 앗수르의 공격은 아직 없었지만 하나님은 히스기야를 준비시키고 계셨다. 그들은 곧 올 것이다. 그리고 나라는 위기에 처하게 될 것이다. 그러나 하나님은 예루살렘에 하나님의 이름을 두셨고 다윗과 언약을 세우셨다. 그러므로 하나님이 하나님 자신과 다윗을 위해 친히 그들과 싸우실 것이다. 이 약속이 18장과 19장에 기록된 사건을 위해 하나님이 히스기야를 무장시키신 약속이었다.

하나님이 기적적으로 병을 고치시는 일이 언제나 의학적인 방법과 무관하게 일어나는 것은 아니다. 이사야는 왕의 신하들에게 무화과 반죽을 가져오게 했다. 말린 무화과는 고대 근동 지역에서 약으로 사용되었다. 무화과가 병을 치료하는 것은 아니었지만 무화과 찜질 약을 바른 것과 병을 고친 것은 상관관계가 있었던 것으로 보인다. 보통 무화과 찜질 약은 부스럼이나 종기 위에 발랐다.

**20:8-11.** 무화과 찜질 약을 상처에 대기 전에 히스기야는 하나님의 말씀을 확증해줄 징조를 구했다. 그 이유는 알 수 없지만 하나님은 그의 요청을 들어주시고 히스기야에게 선택권까지 주셨다. 그 징조는 병의 치료보다 더 인상적인 것이 될 것이다! 이사야는 두 가지 대안을 제시했다. 해 그림자가 십 도를 나아갈 것이니이까 혹 십 도를 물러갈 것이니이까? 아하스의 일영표는 일종의 해시계와 같은 역할을 하던 도구를 언급한 것으로 보인다. 해가 하늘을 지나는 동안 그 도구의 그림자가 생겼다. 히스기야는 더 어렵고 더 밀접한 관계가 있는 것처럼 보인다고 생각되는(시간을 돌리는 것과 관계가 있는 약

속이었다) 쪽을 선택했다. 십 도가 물러갈 것이니이다. 하나님이 시간을 되돌리실 수 있다면 분명히 병도 되돌리실 수 있을 것이다.

히스기야의 요청대로 하나님은 아하스의 일영표 위에 나아갔던 해 그림자로 십 도를 물러가게 하셨다. 그 일은 지역적인 현상으로 나타났기 때문에(대하 32:34) 하나님이 지구를 거꾸로 돌리신 것이 아니라 굴절 현상에 나타난 기적으로 보아야 할 것이다. 그러나 히스기야에게 있어서는 틀림없이 강한 믿음을 세우는 경험이 되었을 것이다. 그리고 그 경험은 산헤립과 맞서 싸울 수 있도록 그를 강하게 해주었다. 그는 연약함 속에서 하나님의 능력을 경험했고 하나님의 약속도 받을 수 있었다.

### B. 히스기야의 실패(20:12-21)

| Supporting Idea | 우리의 실패를 꾸짖으시는 하나님의 책망을 받아들일 때 하나님은 우리를 격려해주신다. |
|---|---|

**20:12-13.** 은혜로 받은 것을 자랑하려는 인간의 마음은 정말 이상한 것이다. 하나님이 우리를 위해 특별한 일을 하실 때 우리는 그 일이 하나님의 영광을 위한 것이 아니라 우리를 위한 것이라고 생각하려는 유혹을 받는다. 역대하 기자는 우리에게 '히스기야의 마음이 교만하여' (대하 32:25)라고 말해주고 있다. 열왕기하 기자는 히스기야의 교만을 다른 방식으로 보여주고 있다. 발라단의 아들 바벨론 왕 부로닥발라단이… 편지와 예물을 저(히스기야)에게 보냈다. 부로닥발라단은 B.C. 721년부터 710년까지 통치한 후 B.C. 709년에 앗수르의 사르곤 왕에게 왕위를 찬탈당했다. 그 후 사르곤이 사망한 뒤 B.C. 704년에서 703년에 걸쳐 8개월 동안 다시 정권을 잡았다. 그러나 다시 산헤립에게 왕위를 내주어야 했다. 이때 바벨론이 그 지역 정세에 관여하는 세력으로 처음 나타나게 되었고, 그 당시 히스기야는 유다의 미래에 바벨론이 어떤 영향을 미치게 될 지 전혀 모르고 있었다.

부로닥발라단이 히스기야에게 사절단을 보낸 것은 히스기야가 병들었다 함을 들었기 때문이다. 같은 사건을 기록하고 있는 이사야 39장 1절과 역대하 32장 31절에 의하면 그는 히스기야의 병과 병 고침과 기적적인 징조에 관한 모든 이야기를 다 들었던 것이 분명하다. 히스기야가 병 고침을 받았다는 소식은 멀리까지 전해졌다. 그러나 바벨론이 히스기야에게 관심을 보인 것은 아마도 다른 이유가 있었을 것이다. 유다의 왕은 앗수르를 반역했고, 부로닥발라단은 동맹국이 될 나라를 찾고 있었다. 그는 앗수르와 맞설 세력을 키우는 일에 히스기야가 동조해주기를 희망하고 있었다.

히스기야는 바벨론의 사절단을 크게 환영했다. 그가 부로닥발라단의 의도를 모르고 있었는지, 아니면 바벨론의 동맹국이 되는 것을 심각하게 생각하고 있었는지는 분명하지 않다. 그러나 강한 힘을 가진 왕이 보인 관심에 우쭐해졌고 **자기 보물고의… 모든 것을 다 보여주며** 환심을 사려 했던 것만은 분명하다. 현명한 왕들은 가장 신뢰할 만한 동맹이라도 자신의 모든 비밀을 다 드러내는 일이 없었다. 그러나 히스기야는 처음으로 대면하게 된 이방인 방문객들에게 자신의 모든 소유물을 다 보여주었다. 그것은 그들에게 좋은 인상을 주기 위한 서툰 노력이었고, 또 하나님을 신뢰하지 않고 이방 국가와 동맹 관계를 맺으려는 어리석은 시도였다.

**20:14-19.** 방문객들이 찾아왔을 때 이사야는 그곳에 없었다. 그러나 그는 누가 히스기야를 방문했는지, 그들의 메시지는 무엇이었는지, 또 무엇을 보여주었는지를 물었다. 히스기야는 이사야를 참 선지자로 여기고 있었기 때문에 그의 질문에 대답해주었다. 선지자의 대답은 히스기야가 어리석게 행동했다는 사실을 분명하게 보여주었다. 히스기야는 바벨론을 믿을 만한 동맹국으로 대우했지만 그들은 결국 유다를 멸망시킬 무시무시한 적이 될 것이다. **날이 이르리니 무릇 왕궁의 모든 것을… 바벨론으로 옮긴바 되고 하나도 남지 아니할 것이요.** 이사야는 그 일이 히스기야가 한 행동 때문에 일어나게 될 것이라고 말하지 않았다. 하나님의 인도하심을 구하지 않고 이방 나라를 의지하려 하면서 터무니없는 방법으로 이방인들에게 좋은 인상을 심어주려 했던 히스기야의 어리석음을 책망한 것이었다. 그들에게 보물고를 보여준 것은 상대방의 공격을 초청하는 행위였으며 동맹을 부추기는 것이었다. 앞으로 총체적인 재앙이 히스기야 당대가 아니라 그의 후손들에게 닥치게 될 것이다.

그 재앙이 유다에 임하기 전까지 한 세기는 족히 걸릴 것이다. 히스기야는 그 기간이 얼마나 될 것인지에 대한 특별한 정보를 얻지는 못했다. 그러나 바벨론이 히스기야 당대에 그런 위협을 가할 수 있을 만큼의 힘을 갖게 되지는 않을 것이라는 사실을 그는 알고 있었다. 앗수르가 가장 큰 위협을 가하지 않을 것이라는 사실을 알게 된 것은 상당히 충격적인 일이었을 것이다. 그는 이미 하나님이 그를 앗수르로부터 구원해주실 것이라는 약속을 받았다. 그러나 그렇다고 해서 유다가 하나님의 심판을 피할 수 있을 것이라는 뜻은 아니었다. 이사야의 말 속에서 우리는 하나님 대신 다른 대상을 찾을 때 하나님은 우리를 심판하실 것이라는 경고를 볼 수 있다. 하나님의 인도하심을 따르지 않고 우리가 찾아내는 즉각적인 해결 방법은 결국 우리를 장기적인 파멸로 몰아넣게 된다.

이사야의 메시지에 대해 히스기야는 "당신의 전한바 여호와의 말씀이 선하니이다… 만일 나의 사는 날에 태평과 진실이 있을진대 어찌 선하지 아니하리요" 라고 대답했다. 그의 이 대답은 두 가지로 생각해볼 수 있다. 어떤 사람들은 히스기야가 자기 자신의 안일만을 생각한 이기적인 대답을 한 것이라고 생각한다. 적어도 바벨론의 공격을 히스기야 자신이 다룰 필요는 없었다. 또 다른 사람들은 히스기야가 유다에 대한 하나님의 의로운 심판을 겸손하게 받아들인 것이라고 본다. 경건한 단념과 순전한 감사가 섞인 반응으로 보는 것이 그의 전반적인 삶의 방식과 좀 더 잘 맞는 것으로 보인다. 그는 하나님의 책망을 거부하기보다는 받아들였다. 그래서 앗수르의 공격이 있을 때 하나님의 도우심을 구할 수 있었다.

어떤 기분을 느꼈건 간에 히스기야는 하나님이 자신을 앗수르의 공격으로부터 구원해주실 것이며, 자신이 살아 있는 동안에는 바벨론으로부터 아무런 위협도 받지 않을 것이라는 사실을 확신했다. 그 확신은 또 산헤립과의 대치 상황을 위해 그를 준비시켜 주는 것이었다. 히스기야는 또 하나님이 심판을 미루신 것은 하나님의 심판에 앞서 유다가 회개할 수 있는 시간을 가질 수 있는 기회가 될 것이라고 기대했을 것이다.

**20:20-21.** 히스기야에 대한 이야기를 결론지으며 열왕기하 기자는 그가 일반적으로 사용해온 형식을 그대로 따랐다. 못과 수도를 만들어 물을 성중으로 인도하여 들인 일은 히스기야가 기혼 샘에서부터 예루살렘 저지대의 실로암 못까지 540여 미터 길이의 터널을 파서 만든 수로를 언급한 것이다. 예루살렘 성이 앗수르의 포위 속에서도 견딜 수 있게 해주었던 그 수로는(대하 32:30) 오늘날까지도 여전히 남아 있다. 그러나 히스기야의 가장 중요한 업적은 영적이고 정치적인 것이었다. 그는 영적인 반역 속에 파묻혀 지내던 나라의 영적 개혁을 주도했다.

## C. 므낫세의 죄와 반역(21:1-18)

| Supporting Idea | 의도적으로 하나님께 등을 돌리고 반역하게 되면 엄청난 타락이 그 뒤를 따르게 된다. |
|---|---|

**21:1-2.** 영적인 온전함은 유전되는 것이 아니다. 유다에서 가장 악한 왕으로 이름을 떨친 사람이 히스기야의 뒤를 이어 왕위에 올랐다. 므낫세는 B.C. 697년, 열두 살의 나이로 왕위에 올라 그의 아버지와 함께 통치했다. 히스기야는 자신의 한계를 알고 미리 어린 아들을 왕위에 올린 후 함께 통치했던 것으로 보인다. 그런데 아이러니하게도 므낫세는 유다에서 가장 오랫동안 통치한 왕이 되었다. 므낫세가 통치하는 동안 앗수르는 강대국으로 그 위상을 떨치게 되었고, 므낫세는 앗수르를 지지하는 정책을 채택했다. 그의 이름은 앗수르 역대기에 두 번이나 언급되어 있다.

므낫세의 이름은 먼저 엣살핫돈(B.C. 681-669)을 위해 건축 자재를 제공해준 속국들의 명단 속에서 볼 수 있다. 그리고 애굽을 공격한 아슈르바니팔(B.C. 669-627)을 도와준 일로 또 한 번 그의 이름이 나타나는 것을 볼 수 있다. 므낫세는 말년에 그에게 분노한 앗수르인들에 의해 사슬에 묶여 바벨론으로 잡혀갔다(대하 33:11). 그러나 나중에 풀려나 예루살렘으로 다시 돌아오게 되었다.

열왕기하 기자는 우리가 므낫세의 악행을 놓치고 넘어가지 않기를 바랐다. 그의 악행은 아합과 이스라엘의 악행과 맞먹을 뿐 아니라 아하스의 악행(왕하 16:2-3)도 능가하는 것이었다. **므낫세는 여호와 보시기에 악을 행하여 여호와께서 이스라엘 자손 앞에서 쫓아내신 이방 사람의 가증한 일을 본받았다.** 이방 사람의 가증한 일들은 그의 아버지가 추구했던 일들과는 정반대되는 것들이었다. 그는 또 그의 아버지가 주도한 모든 개혁을 의도적으로 무산시키고 과거로 되돌아가게 만들었다. 므낫세의 악행은 21장 전체를 통해 곳곳에서 울려퍼지고 있다. 그는 "여호와 보시기에 악을 많이 행하여 그 진노를 격발하였으며(6절)… 백성이 므낫세의 꾀임을 받고 악을 행한 것이 여호와께서 이스라엘 자손 앞에서 멸하신 열방보다 더욱 심하였고(9절)… 유다 왕 므낫세가 이 가증한 일과 악을 행함이… 아모리 사람의 행위보다 더욱 심하였고(11절)… 나(여호와)의 보기에 악을 행하여 나의 노를 격발하였음이니라(15절)… 또 무죄한 자의 피를 심히 많이 흘려 예루살렘 이 가에서 저 가까지 가득하게 하였더라"(16절).

또 바벨론의 맹공격이 드디어 시작되면서 우리는 "이 일이 유다에 임함은 곧 여호와의 명하신 바로 저희를 자기 앞에서 물리치고자 하심이니 이는 므낫세의 지은 모든 죄로 인함이며"(24:4)라는 설명을 듣게 된다.

**21:3-9.** 므낫세의 영적 반역에 대한 어떤 의혹도 남기지 않기 위해 그의 죄에 대한 목록이 기록된 것을 볼 수 있다. 그는 아버지와 아버지의 하나님을 거역하면서 완전히 이방인이 되었다. 첫 번째 죄는 그의 아버지가 특징적으로 했던 모든 일들을 뒤집어엎은 것이었다. 그 부친 히스기야의 헐어버린 산당을 다시 세웠다. 그는 또 아합의 소위를 본받아 바알을 위하여 단을 쌓았다. 바알 숭배는 유다에서 이제 국가의 승인을 얻게 되었다. 아달랴 당시로 되돌아가게 된 것이다. 므낫세는 또 앗수르인들의 인기를 얻는 것이었지만 하나님께는 역겨운 일월성신을 숭배하는 이방인들의 풍습을 유다에 도입했다.

므낫세는 성전의 신성함에 공격을 가했다. 그의 의도는 다신교로 성전을 오염시키는 것이었다. 그는 여호와의 전의 단들을 쌓고 또 여호와의 전 두 마당에 하늘의 일월성신을 위하여 단들을 쌓았다. 예레미야(렘 7:18)와 에스겔(겔 8:1-18)은 둘 다 기본적으로 성전 안에서 행한 우상숭배를 묘사했는데 그것은 기본적으로 므낫세가 한 일들이 빚어낸 결과들이었다. 므낫세는 또 아이들을 제물로 바쳤던 아하스를 본받아 그 아들을 불 가운데로 지나게 했다. 게다가 점치며 사술을 행하며 신접한 자와 박수를 신임하는 등의 다른 이방 풍습들을 따랐다.

므낫세가 앞서 가긴 했지만 백성들 역시 열정적으로 그의 뒤를 따랐다. 그들의 죄는 의도적이고 작정한 것이었다. 우발적인 것이 아니었다. 그들의 반항적인 죄를 강조하기 위해 열왕기하 기자는 하나님이 예루살렘과 성전을 하나님의 이름을 두실 곳으로 지정하시며 하나님이 하셨던 위대한 약속으로 우리를 데려간다. 내가 그들의 발로 다시는 그 열조에게 준 땅에서 떠나 유리하지 않게 하리라. 성전은 다윗 언약뿐 아니라 아브라함에게 하신 약속을 이루신 것이었다. 그러나 조건이 있었다. 하나님의 율법을 지켜야 했다. 그들이 의도적으로 하나님과 맺은 언약을 어긴 것은 그 약속이 지켜질 수 없게 만든 것이었고, 따라서 불가피하게 하나님이 주신 땅을 떠나 유리하지 않을 수 없게 되었다. 므낫세는 백성들을 유인했고 백성들은 기꺼이 그리고 온 마음을 다해 그를 따랐다.

**21:10-15.** 하나님은 아합과 이스라엘에 대한 심판을 선언하시기 위해 엘리야와 엘리사를 세우셨던 것처럼, 므낫세와 유다에 대한 하나님의 심판을 선고하시기 위해 이름

이 알려지지 않은 그 종 모든 선지자들을 세우셨다. 선지자들의 고발은 죄를 지적하는 것으로 시작해서 죄를 지적하는 것으로 끝이 났다. 먼저 므낫세의 죄에 대해 우리는 다시 듣게 된다. 그리고 백성들이 그 죄에 참여한 것을 선포하는 것으로 끝이 나는 것을 볼 수 있다. 나의 보기에 악을 행하여 나의 노를 격발하였음이니라. 그리고 긴 반역의 길 끝에 가서 우리는 서게 된다.

그리고 처음과 끝 사이에서 하나님의 심판이 선고된다. '내가' 라는 말을 반복하신 것은 심판이 하나님으로부터 오는 것임을 강조하고 있다. 하나님은 사마리아와 아합을 심판하기 위해 사용하셨던 것과 같은 기준을 사용하실 것이다. 사마리아를 잰 줄과 아합의 집을 다림보던 추로 예루살렘에 베풀고 완전히 무너뜨리실 것이다. 그리고 그 대적의 손에 붙이신즉 저희가 모든 대적에게 노략과 겁탈이 될 것이다. 이 심판이 언제 임하게 될 것인지는 알려주지 않으셨다. 그러나 반드시 이루어질 것이라는 사실은 분명히 하셨다. 유다와 예루살렘의 몰락은 이제 피할 수 없는 일이 되었다.

**21:16.** 므낫세가 얼마나 깊이 타락하게 되었는지를 알 수 있는 또 하나의 단서가 있었다. 그는 우상을 숭배했을 뿐 아니라 폭력을 행사하기도 했다. 그가 해를 가한 사람들은 아마도 이교도를 따르고 있던 그에게 이의를 제기한 사람들이었을 것이다. 그들은 므낫세의 아버지가 주도한 개혁을 열정적으로 추구하던 사람들이었으며 하나님께 충성한 사람들이었다. 이방 종교를 따르는 왕에게 반대하는 사람들을 제거하고 국가가 지원하는 폭력이 있었던 것을 볼 수 있다. 므낫세의 통치로 유다는 모퉁이를 돌아 확실한 심판을 향해 나아가게 되었다.

**21:17-18.** 므낫세 통치의 끝에 대한 설명은 그가 범한 죄를 다시 상기시켜주고 있으며 열왕기하에서 흔히 볼 수 있는 형식으로 기록되었다. 웃사의 동산이 어디인지는 알 수 없다. 그러나 하나님이 갑작스런 심판으로 치신 사람(삼하 6:1-7)과 관계가 있는 곳이었다. 열왕기하에서는 므낫세가 바벨론으로 끌려간 것과 그가 회개하고 하나님을 인정하게 된 것과 예루살렘으로 돌아와 여러 가지 개혁을 주도했다는 언급은 찾아볼 수 없다. 이 내용들은 역대하 33장 10-17절에 기록되어 있지만( '심층 연구' 를 보라) 열왕기하 기자는 그 일들을 제한적이고 단기적이며 때늦은 일로 보았던 것 같다. 그의 회심은 개인적으로 중요한 의미가 있었지만 국가에는 그리 중요한 역할을 하지 못했다. 주사위는 이미 던져졌다.

### D. 아몬의 죄와 반역(21:19-26)

| Supporting Idea | 경건하지 못한 부모를 모방하고 따를 수도 있을 것이다. 그러나 그 책임은 본인이 져야 한다. |
|---|---|

**21:19-26.** 왕위에 오를 때 아몬은 겨우 스물두 살이었다. 그의 아버지가 45년간 통치했기 때문에 그는 아마도 므낫세의 막내아들이었을 것이다. 도덕적으로, 정치적으로, 특히 영적으로 그는 그의 아버지를 그대로 닮은 아들이었다. 아몬이 그 부친 므낫세의 행함 같이 여호와 보시기에 악을 행하였다. 우상숭배와 다신교는 이제 유대인들의 생활 속에 깊이 배어들어 있었다. 므낫세가 언제 회개했건 그의 아들이 닮은 것은 회개한 므낫세가 아니라 반역적인 므낫세였다.

므낫세는 45년 동안 통치했지만 아몬은 겨우 2년 동안 통치했고, 궁중 측근들이 반란을 일으켰다. 그 신복들이 반역하여 왕을 궁중에서 죽였다. 그 암살의 동기를 확실히 알 길은 없다. 그러나 영적인 이유가 아니었던 것은 분명하다. 권력을 쥐기 위해서였거나 아니면 앗수르를 반대하고 애굽에 동조하기 위해 일으킨 모반이었을 것이다. 그러나 백성들이 반란을 일으킨 지도자들을 그대로 보고 있지 않았다. 그 국민이 아몬 왕을 반역한 사람들을 다 죽이고 그 아들 요시야로 대신하여 왕을 삼았더라. 유다의 백성들은 끊임없이 다윗 왕조를 지지했다(11:12-20, 14:19-21). 따라서 아몬은 슬퍼하는 사람 없이 무대에서 사라지게 되었다.

| Main Idea 복 습 | 하나님과 우리의 관계가 건설적인 삶을 살 것인지 아니면 파괴적인 삶을 살 것인지를 결정한다. |
|---|---|

# 결론

## 가장 큰 차이

히스기야와 므낫세보다 더 큰 대조를 이룬 부자지간을 찾아보기는 힘들 것이다. 중요한 것은 그 두 사람의 관계가 아니라 두 사람이 하나님과 맺은 관계였다. 히스기야에게는 그 당시 가장 강력한 군대를 가진 나라를 상대할 수 있을 정도로 그가 신뢰할 수 있는 하나님이 있었다. 하나님께 대한 그의 확신은 하나님의 말씀을 따르는 것이 사회의 물결을 거스르고, 자기 아버지가 보여준 삶을 거부하며, 정치적인 현실에 부딪히는 것이 된다 할지라도 하나님의 말씀을 따를 수 있게 해주었다. 하나님께 대한 헌신이 있었기 때문에 히스기야는 나라의 진로를 바꿀 수 있는 용감한 지도자가 될 수 있었다.

히스기야의 아들은 하나님을 모르는 사람이었다. 므낫세에게 하나님은 많은 신 가운데 하나였다. 그에게 하나님의 기준은 너무 엄격하게 보였고, 하나님의 계명은 너무 구속적인 것처럼 보였으며, 하나님이 원하시는 예배는 너무 답답해 보였다. 므낫세는 다른 모든 신들이 줄 수 있는 것들을 조금씩 취해보았지만, 앗수르를 대항할 만한 용기를 줄 수 있을 만큼 강력한 신을 찾을 수 없었다. 그 신들은 이 세상에서 볼 수 있는 실제적인 힘이었고 그는 그들에게 복종했다. 므낫세가 따랐던 대부분의 것들은 그 당시 많은 사람들의 욕구에 호소하는 것이었다. 그래서 그들이 원하기만 하면 그는 그것들을 제공해줄 수 있었다. 그 결과 그는 나라의 진로를 바꾸어놓았다. 그러나 그 길은 백성들을 재앙으로 몰아가는 길이었다.

히스기야와 므낫세에게는 유전적으로나 문화적으로나 민족적으로 공통된 부분이 많이 있었다. 그러나 그들은 하나님을 알고 하나님을 대하는 방식에는 공통된 부분이 전혀 없었다. 그리고 그것이 모든 것을 다르게 만들었다.

▣ 진리 알기

- 위기는 어려운 일들을 감당할 수 있도록 하나님이 우리를 준비시키기 위해 사용하시는 한 방법일 때가 많다.
- 연약함 속에서 하나님을 찾을 때 하나님은 우리의 기도를 들어주신다.
- 교만은 우리 모두에게 큰 적이다. 심지어는 경건한 사람들에게도 그렇다.
- 실패를 꾸짖으시는 하나님의 책망을 겸손히 받아들일 때 하나님은 우리를 격려해주신다.
- 의도적으로 하나님께 등을 돌리고 하나님을 거역하면 타락의 길로 가게 된다.

▣ 적용하기

- 시련을 문제로만 보지 말고 하나님이 미래를 준비할 수 있도록 훈련시키기 위한 것으로 보라.
- 도움이 필요할 때 하나님을 찾으라.
- 하나님의 책망을 겸손하게 받아들이라.
- 하나님께 등을 돌리면 큰 악을 범할 수 있다는 사실을 깨닫고 마음을 지키라.

# 삶의 적용

## 지도자의 특징

리더십은 영향력과 밀접한 관계가 있다. 히스기야와 므낫세는 둘 다 중요한 지도자였다. 그러나 한 사람은 재앙이었고 한 사람은 축복이었다. 지도자의 자리에 있다고 해서 모두 다 좋은 지도자가 되는 것은 아니다. 그저 그 자리를 지키며 그 자리에 맞는 역할만 하는 사람들도 있다. 또 다른 사람들을 조종하는 사람들도 있다. 그들은 자신의 이기적인 목적을 위해 자리를 이용하고 소수의 이익만을 생각한다. 자기들의 이익을 위해 다른 많은 사람들이 해를 당하는 것을 기꺼이 목도하려 한다. 2001년 엔론(Enron)사의 붕괴는 회사의 수많은 고위층 지도자들이 리더십에 대한 잘못된 견해에 감염되어 있었다는 사실을 보여주었다. 참된 지도자는 옳은 일을 하는 사람들이다. 그들은 경건한 일에 중요성을 부여하고 그 일에 헌신한다. 그리고 정직하게 앞서 나아가며 본을 보인다.

히스기야는 경건한 지도자의 모범이었다. 그에게는 자신이 확신하는 것을 지킬 수 있는 용기가 있었고, 나라의 악을 제거하기 위해 기꺼이 위험을 감수하는 사람이었다. 그는 백성들이 하나님이 의도하신 사람들이 되어갈 것을 내다보았다. 그는 언행이 일치하는 사람이었다. 그는 하나님의 약속에 헌신했고, 하나님의 선지자에게 조언을 구했으며, 이사야의 적절한 책망을 겸손히 받아들였다. 무엇보다 그는 하나님 앞에서 자신을 겸손히 낮추고 하나님을 의지했다. 그는 어떻게 강해져야 하는지, 또 어떻게 약해져야 하는지를 알고 있는 저력과 비전을 가진 사람이었다. 히스기야가 보여준 본을 따를 때 우리도 지도자로서 변화를 일으킬 수 있다.

## 기도

하나님 아버지, 도움을 구하는 우리의 기도에 기꺼이 귀 기울이시고 응답해주심을 감사드립니다. 하나님이 우리 기도에 응답해주실 때 교만해지지 않고 감사할 수 있게 도와주옵소서. 그리고 그 기도 응답이 우리와 우리의 공로 때문이 아니라 하나님과 하나님의 영광을 위한 것임을 기억할 수 있게 도와주옵소서. 아멘.

## 심층 연구

### A. 구약 성경에 나오는 죽음(20:3)

"우리 구주 그리스도 예수의 나타나심으로 말미암아 나타났으니 저는 사망을 폐하시고 복음으로써 생명과 썩지 아니할 것을 드러내신지라"(딤후 1:10). 이것은 기독교 신앙의 위대한 진리 가운데 하나다. 주 예수님의 부활이 모든 것을 달라지게 했다. 우리는 주 예수님을 믿는 사람에게는 '죽는 것이 유익하다'는 사실을 알고 있다. 왜냐하면 죽음을 통해 '떠나서 그리스도와 함께 있게'(빌 1:21, 23) 될 것이기 때문이다. 구약 성경에 나오는 성도들에게는 그런 확신이 없었다. 그들에게 죽음은 잠과 같이 신비한 것에 불과했다. 죽음은 두려움과 공포를 불러일으켰다(시 55:4-5). 구약 성경에서 소망을 가지고 죽음을 맞이한 경우는 찾아볼 수 없다. 시편 16편 10-11절, 49편 15절, 73편 24절, 다니엘 12장 2절과 에녹과 엘리야의 경험 그리고 욥기 19장 25-27절에 기록된 욥의 고백 등에서 희미하게 나타나는 소망을 볼 수 있다. 그러나 부활의 소망으로 인한 밝은 빛 같은 것은 볼 수 없다. 그런 상황 속에서 히스기야가 눈물을 흘린 것은 이해할 만한 일이었다.

### B. 히스기야의 수로(20:20)

히스기야의 수로(실로암 수로)에는 수로 완성을 기념하기 위해 그 입구에 새겨 넣은 비문이 있다. 그것은 첫 성전 시대 이래 고대 히브리어로 기록된 유일한 비문이다. 비문은 터널 반대편에서 일하는 사람들을 묘사하고 있는데, 그것은 바위에 자연스럽게 생긴 틈으로 서로의 목소리를 들을 수 있었기 때문이었다. "갱도가 뚫렸을 때 석수들은 망치를 두들겨 서로 신호를 주고받았다. 그리고 길이 약 540미터 되는 갱도를 따라 물이 샘에서 못으로 흐르게 되었다." 오늘날 그 수로 속을 걸으며 물이 흐르는 것을 관찰할 수는 없다. 샘물이 각기 다른 시간대에 분출하기 때문에 수위가 늘 일정하지 않다.

### C. 므낫세의 회개(21:17-18)

므낫세의 회개가 열왕기하에 기록되지 않았기 때문에 므낫세의 회개는(대하 33:10-17) 역대하 기자가 꾸며낸 이야기일 것이라고 간단하게 처리해버리려는 해석학자들도 많이 있다. 그러나 모든 사람이 같은 목적과 같은 자료를 가지고 책을 쓸 것이라고 생각하는 것은 잘못이다. 전기작가와 역사가들은 방대한 자료들 중에서 그들의 주장을 뒷받침해주는 사실들을 선택한다. 역대기하의 목적은 성전의 중요성과 성전에 대한 적절한 반응으로 표현되고 국가의 행복을 결정하게 되는 성전 안에서 하나님을 대하는 방식을 보여주는 것이었다. 그런 정황에서 성전에 대한 므낫세의 변화된 자세는 비록 제한적이고 때늦은 것이었지만 매우 중요한 것이었다.

열왕기하 기자는 고국에서 추방당하게 된 이유를 보여주는 데 더 깊은 관심이 있었다. 므낫세의 극심한 타락과 때늦은 회개가 그의 뒤를 이은 그의 아들에게 아무 영향도 미치지 못한 것이 추방을 확실하게 만들었다. 열왕기하 기자는 원대한 국가관을 가지고 있었다. 므낫세의 회개는 '너무 늦은 것이었고 너무 미미한 것이었다.'

## 고안

### A. 들어가는 글

1. '가족의 신비' 이야기로 시작하라.
2. 배경 설명: 열왕기하 기자는 히스기야의 위대한 개혁을 이야기한 다음 앗수르의 위협과 히스기야의 아들이 몰고오게 된 위기에 앞서 일어났던 두 가지 사건으로 우리를 놀라게 한다.

3. 적용: 우리는 뛰어난 능력을 발휘하는 사람을 보면서도 그 사람을 그렇게 만든 훈련에 대해서는 생각하지 않을 때가 종종 있다. 이 본문을 통해 우리는 훈련을 통해 히스기야를 다듬으시는 하나님의 방식을 볼 수 있다.

**B. 본문 이해**

1. 병 고침을 받은 히스기야(20:1-11)
2. 히스기야의 실패(20:12-21)
3. 므낫세의 죄와 반역(21:1-18)
4. 아몬의 죄와 반역(21:19-26)

**C. 결론**: '가장 큰 차이' 를 읽어주라.

## 토의 질문

1. 아하스와 히스기야와 므낫세를 보면서 부모와 자녀 사이에서 볼 수 있는 차이점을 어떻게 설명할 수 있겠는가? 부모는 어느 정도까지 영향을 미칠 수 있으며, 또 그 한계는 어디까지인가? 그 영향과 한계를 인정하면서 부모는 어떤 교훈을 얻을 수 있겠는가? 또 자녀들의 경우는 어떤 교훈을 얻을 수 있겠는가?

2. 백성들은 히스기야의 경건한 삶을 보았음에도 불구하고 므낫세의 타락을 열심히 따랐다. 악하고 부패한 것에 쉽게 끌려가는 인간의 마음에 대해 생각해보라. 예를 들면, 인터넷에서 포르노 사이트가 가장 큰 수익을 올리는 이유는 무엇 때문인가?

# 열왕기하 22:1-23:30

## 영적 소생

*"성령의 검, 즉 하나님의 말씀은 부흥을 일으키는 데 언제나 놀랍게 사용되었던 유일한 무기다."*

*- 요나단 고포스(Jonathan Goforth)*

**열왕기하 22:1-23:30** 요시야는 영적으로 엉망이 된 나라를 물려받은 소년으로 왕위에 올랐다. 그러나 그는 하나님께 깊이 헌신된 삶을 살았다. 하나님의 말씀이 발견되었을 때 그는 그 말씀을 읽고 백성들을 영적 각성과 개혁으로 이끌었다. 그러나 그의 개혁으로도 유다의 악한 성향을 바꿀 수 없었고, 계속되는 그들의 죄를 심판하시려는 하나님의 뜻을 돌이킬 수 없었다.

**역사 소개: 요시야 당시의 주변 국가들**

**〈앗수르〉**

- 지나친 확장으로 곳곳에서 일어나는 반역을 신압하기 위해 많은 에너지를 소모하고 있었다.
- B.C. 627년 아슈르바니팔의 사망에 이어 앗수르 제국은 시민 폭동에 휩싸이게 되었다.
- 메데가 앗수르의 주요 도시들을 - 앗수르(B.C. 614)와 니느웨(B.C. 612) - 점령했고, B.C. 610년에는 바벨론과 메데가 하란을 무너뜨렸다.
- 북방 수리아를 향해 서쪽으로 뻗어가던 바벨론에게 추격을 당했다.

**〈애굽〉**

- B.C. 630년 앗수르에 저항하면서 수리아와 블레셋 해안 저지대를 점령했다.
- B.C. 612년 니느웨가 멸망하자 바벨론에 맞서기 위해 앗수르와 손을 잡고 동맹을 맺었다.
- B.C. 609년 앗수르의 요청에 따라 북방 수리아 쪽으로 군대를 이동했다.

**〈바벨론〉**

- B.C. 626년 나블로폴라살이 자칭 왕이 되어 바벨론의 독립을 이끌었다.
- 메데와 손을 잡고 앗수르를 압박하면서 그 지역 일대의 강대국으로 부상했다.
- 나블로폴라살의 아들 느부갓네살의 지휘 아래 애굽과 손을 잡은 앗수르 군대와 싸우기 위해 북방 수리아 지역으로 진군했다.

**역사 소개: 요시야 당시에 선지서를 쓴 선지자들**

- 스바냐(B.C. 640-609년 경)
- 나훔(B.C. 663-612)
- 예레미야(B.C. 627-562)

# 들어가는 글

대각성

신생국이 어려움에 처해 있었다. 수년 동안 이어진 독립 전쟁으로 도덕적으로나 영적으로 큰 손상을 입게 되었다. 음주가 널리 퍼져 있었다. 오백만 인구 가운데 거의 삼십만 명에 달하는 사람들이 술에 취해 있을 정도였다. 또 결투가 유행처럼 되었다. 폭행을 두려워하는 여자들은 밤에 외출하기를 꺼렸다. 은행 강도 사건이 비일비재하게 벌어졌고, 사생아 출생이 급증했다. 수많은 사람들이 서부로 옮겨갔고, 개척자들의 삶은 거칠고 난폭하고 사나웠다.

미국의 영적인 상태가 쇠퇴하고 있었다. 1770년대에는 인구의 40-50퍼센트가 교회에 출석했지만, 1790년대에는 5-10퍼센트로 감소했다. 자연신교도였던 톰 페인(Tom Taine)은 '30년 내에 기독교는 사라지게 될 것' 이라고 말하며 흡족해했다. 대법원장이었던 존 마샬(John Marshall)은 버지니아 주 메디슨(Madison) 주교에게 "교회가 구원될 수 없을 만큼 너무 멀리까지 가고 말았다" 고 썼다. 하버드 대학에서 실시한 조사에서는 자신이 기독교인이라는 사실을 기꺼이 드러내려는 학생이 하나도 없었다. 프린스턴 대학에서는 두 명, 예일 대학에서는 다섯 명이 고작이었다. 동부에 정착한 교회들은 내부 분열과 낮은 의욕으로 고통을 겪고 있었고, 개척지에서는 교회를 거의 찾아볼 수 없었으며, 너무 멀리 떨어져 있었다. 한 설교자는 "성경을 한 장이라도 보거나 읽거나 들을 수 없는 사람들이 너무 많다!" 고 탄식했다.

뉴잉글랜드에서 아이작 베커스(Isaac Backus)라는 한 침례교 목사가 그리스도인들에게 기도할 것을 요청했고, 그들은 매달 첫 번째 월요일을 기도하기 위해 따로 떼어두기 시작했다. 그리스도께 헌신한 티모시 드와이트(Timothy Dwight)가 예일 대학의 총장으로 지명되었다. 학생들은 그에게 성경에 대한 논쟁을 해보자고 도전했다. 그때 그리고 그 이후 몇 년 동안 드와이트가 제시한 복음으로 1802년까지 학생들의 삼분의 일 정도가 그리스도께 대한 믿음을 고백하게 되었고, 캠퍼스 내에서 복음을 위한 운동이 일어나게 되었다. 개척지에서는 제임스 맥그래디(James McGready) 같은 설교자들이 기도하고 말씀을 전하기 시작했다. 곧 하나님의 성령이 강하게 역사하시며 수만 명의 사람들이 하나님의 나라를 이루게 되었다.

19세기 초에 일어난 두 번째 대각성으로 미국은 또다시 변화하게 되었다. 19세기 초 25년 동안 미국의 인구는 네 배로 늘어났고, 교인들의 수는 열 배로 늘어났다! 하나님의 말씀이 부흥의 불씨가 되었고, 하나님의 백성들의 기도가 그 불길을 타오르게 하는 바람을 일으켰으며, 실제적인 순종이 그 연료가 되었다. 이 세 가지는 언제나 부흥과 각성의 핵심 요소가 되었다. 유다의 마지막 왕들 가운데 한 사람이었던 요시야처럼 그 핵심 요소들에 대한 헌신을 구체적으로 실천했던 사람은 아마도 없을 것이다. 그의 본보기는 부흥을 바라는 신자들에게 격려가 되어왔다. 요시야는 하나님의 심판으로부터 유다를 구할 수는 없었지만 하나님과 의를 위해 지울 수 없는 변화를 일으켰다. 그가 남긴 본보기는 21세기에도 울려퍼지고 있다.

## 본문 이해

### 영직 소생

| Main Idea | 하나님의 백성들이 하나님의 말씀을 따를 때 하나님의 성령이 새롭게 하시는 능력으로 역사하신다. |
|---|---|

#### A. 성전을 정화한 요시야(22:1-7)

| Supporting Idea | 부흥은 우리의 상태를 보고 변화를 바라는 것으로부터 시작된다. |
|---|---|

**22:1-2.** 히스기야처럼 요시야도 그의 선조들과 다른 삶을 살았다. 그의 아버지는 잠깐 동안 왕위에 있었지만 악한 왕이었다. 그의 할아버지는 오랫동안 나라를 다스렸지만

그의 아버지보다 더 악한 왕이었다. 그러나 요시야는 히스기야 못지않게 의로운 삶을 살며 경건한 리더십을 보여주었다. 요시야가 여호와 보시기에 정직히 행하여… 좌우로 치우치지 아니하였더라. 히스기야는 산헤립을 매수하려고 시도했고, 또 바벨론 사절단에게 모든 것을 다 공개하면서 정도에서 벗어나는 실수를 범했다. 그러나 요시야는 그런 실수조차 하지 않았다. 그래서 열왕기하 기자는 23장 25절에서 요시야의 삶을 되돌아보면서 "요시야와 같이 마음을 다하며 성품을 다하며 힘을 다하여 여호와를 향하여 모세의 모든 율법을 온전히 준행한 임금은 요시야 전에도 없었고 후에도 그와 같은 자가 없었더라"고 다시 칭찬했다. 그런 삶은 공부해볼 만한 충분한 가치가 있다!

요시야는 나이 팔 세에 왕위에 올랐다. 그는 그의 아버지를 죽인 사람들을 거부하고 처형한 사람들에 의해 왕위에 오르게 되었다. 그리고 예루살렘에서 B.C. 640년부터 609년까지 삼십일 년을 치리하였다. 여덟 살이었던 그는 분명히 명목상 왕이었을 뿐이고 그를 대신해 섭정한 누군가가 있었을 것이다. 우리는 요시야에게 하나님을 위해 일할 수 있는 영향을 미친 사람이 누구인지 알 수 없다. 역대하 기자는 그가 "오히려 어렸을 때 곧 위에 있은 지 팔 년에 그 조상 다윗의 하나님을 비로소 구하였다"(대하 34:3)고 기록했다. 열여섯 살에 한 그의 그 선택이 요시야의 삶을 결정했다. 스무 살(즉위 12년)에 그는 우상들을 제거함으로 그의 아버지와 할아버지가 추구했던 이방 종교를 타파하기 시작했다(대하 34:3-7).

**22:3-7.** 요시야 왕 십팔 년(그의 나이 스물여섯 살)은 특별한 해였다. 성전의 상태를 본 그의 마음이 동요를 일으켰다. 그의 조상들은 성전을 하나님이 하나님의 이름을 두신 곳으로 보고 존경을 표하는 대신 성전을 경시하고 남용했다. 성전의 상태와 하나님께 드리는 예배가 온전하지 못하다는 사실을 깨닫게 된 요시야는 그 이후 일어난 일들을 추진하기 시작했다. 성전을 수리한 것이 개혁을 추진하기 위한 종합 계획의 첫 번째 단계였다는 것을 보여주는 암시는 찾아볼 수 없다. 그는 성전 관리가 제대로 되지 않고 있다는 사실을 보고 단순히 그 일을 바로잡으려 했을 뿐이었다. 그는 서기관 사반을 대제사장 힐기야에게 보내어 성전 수리와 보수를 지시하게 했다.

요아스가 성전을 수리한 지 거의 200년이 지났고, 오랜 세월과 오용으로 성전은 낡아 있었다. 요시야의 성전 수리 계획은 요아스의 수리를 본딴 것이었다(12:4-16). 성전 수리를 감독하고 일꾼들의 품삯을 지불할 수 있도록 감독하는 사람들에게 돈을 맡기는 공개적인 모금 방식을 채택했다. 성전 수리는 목수와 건축자와 미장이들이 동원되고 재목과 다듬은 돌을 사용하는 대규모 공사였다.

### B. 하나님의 율법을 듣게 된 요시야(22:8-23:3)

| Supporting Idea | 하나님 말씀의 빛에 우리 자신을 비추어보고 합당하게 반응하는 것이 부흥의 핵심을 이룬다. |
|---|---|

**22:8-10.** 성전을 수리하는 과정 속에서 놀라운 일이 일어났다. 대제사장 힐기야가 서기관 사반에게 이르되 "내가 여호와의 전에서 율법책을 발견하였노라." 그 율법책은 아마도 신명기였거나 아니면 모세오경이었을 것이다('심층 연구'를 보라). '율법책'이라는 표현은 신명기에 자주 사용되었고(28:61, 29:21, 30:10, 31:26) 축복과 저주의 내용이 그 뒤를 따랐다.

그렇게 중요한 율법책이 잊혀지고 있었다는 것은 정말 이상한 일이었다. 율법책은 므낫세와 아몬이 행한 모든 일들을 책망하고 있었기 때문에 그들에게 그 율법책은 아무 소용이 없었다는 사실을 기억하게 될 때까지 율법책은 성전 안에 버려져 있었다(어쩌면 율법책을 보존하고 싶어 했던 사람이 성전 안에 숨겨두었을지도 모른다.) 율법책은 두루마리 형태로 되어 있었고 그 두루마리를 받은 사반이 먼저 읽었다. 그리고 그는 왕에게 성전 수리 상황을 보고한 다음 놀랍게 발견된 그 두루마리에 대한 소식을 전했다.

사반이 그 두루마리가 무엇이었으며 또 어느 곳에서 발견되었는지를 언급하지 않고 왕에게 두루마리를 전한 것은 호기심을 자극하는 일이었다. 제사장 힐기야가 내게 책을 주더이다. 요시야는 하나님의 말씀을 본 적도 들은 적도 없었다. 사반은 왕의 앞에서 그 책을 읽었다. 그가 읽은 것이 신명기였다면 아마 두세 시간 정도 걸렸을 것이다. 그리고 만일 모세오경 전체였다면 아마도 하루 종일 걸렸을 것이다.

**22:11-14.** 하나님의 말씀에는 힘이 있을 뿐 아니라 믿을 수 있는 말씀이라는 사실을 그 자체가 증명하고 있다. 특히 하나님의 말씀에 민감한 마음을 가진 사람에게는 더욱 그렇다. 하나님의 말씀이 곧 요시야의 마음속 깊은 곳으로 꿰뚫고 들어갔다. 왕이 율법책의 말을 듣자 곧 그 옷을 찢으니라. 그는 먼저 죄를 깨달았다. 옷을 찢은 것은 슬픔을

표현하는 것이었다. 그는 유다가 하나님의 언약을 어기고 심판 아래 놓이게 되었다는 사실을 깨달았다. 그의 백성들을 심판하실 하나님의 기준이 명백하게 드러나 있었다.

하나님의 말씀을 처음 접하게 된 요시야는 하나님의 말씀에 대한 자신의 해석에 대해 그가 신뢰할 수 있고 예언적 견해를 가진 경건한 사람의 확인을 받고 싶었다. 그는 자신이 존경하는 영적인 사람의 이해에 비추어 하나님의 말씀에 대한 자신의 이해를 확인해야 할 필요가 있다는 사실을 깨닫고 있었다. 그래서 높이 존경받는 사람들을 불러모았다. 제사장 힐기야와 사반의 아들 아히감과 미가야의 아들 악볼과 서기관 사반과 왕의 시신 아사야. 그들의 이름을 세심하게 열거한 것은 그들이 공식적으로 공인된 대표단이라는 사실을 뜻하는 것이다.

그리고 그들에게 이 발견한 책의 말씀에 대하여 여호와께 물으라는 명을 내렸다. '여호와께 물으라' 는 표현은 대제사장들이 손에 우림과 둠밈을 들고 사용할 때 종종 사용되었던 표현이었다. 그러나 여기서는 하나님의 선지자들의 통찰력을 구한다는 뜻으로 사용되었다.

요시야는 자신이 알게 된 내용은 나라에 대한 좋지 않은 소식이라는 것을 확신하고 있었다. 그는 합리화시키거나 핑계를 대기 위한 평가를 하지 않았다. 그는 백성들이 범한 죄악에 경악하고 있었다. 또 자기 아버지의 죄를 다른 사람의 탓으로 돌리려 하지 않았다. 왕과 백성들이 함께 범한 죄에 대한 책임을 인식하고 있었다.

왕이 임명한 대표단이 예루살렘에 살고 있던 여선지 훌다를 찾아갔다. 훌다는 구약 성경에 나오는 다섯 명의 여선지 가운데 한 사람이었다(미리암 - 출 15:20, 드보라 - 삿 4:4, 이사야의 아내 - 사 8:3, 노아댜 - 느 6:14). 그러나 우리는 이 구절에 기록된 내용 외에는 그녀에 대해 아무것도 알 수 없다. 그 당시 예레미야와 스바냐 두 사람 다 선지자로 활동하고 있었기 때문에 그들이 그녀를 찾아간 것은 그녀가 큰 존경을 받고 있었다는 사실을 말해주는 것이다. '예복을 맡은 자' 였던 그녀의 남편 살룸은 왕족이나 제사장들의 의복을 책임지고 있었던 것이 분명하다(왕하 10:22).

**22:15-20.** 훌다에게는 요시야를 위한 두 개의 메시지가 있었다. 하나는 요시야가 가장 두려워하던 것을 확증해주었다. 하나님이 이곳과 그 거민에게 재앙을 내리실 것이다. 그들이 범한 죄는 앞장에 기록된 므낫세의 행동들과 - 십계명의 첫 번째 계명과 두 번째 계명을 어긴 행동들과 - 비슷하다. 나라는 하나님을 거역하고 범죄했다. 훌다의 말은 신

명기 29장 20-28절을 상기시켜주는 것이었다. 너무나 무서운 사실을 진술했다. 나의 이 곳을 향하여 발한 진노가 꺼지지 아니하리라. 요시야의 경건도 하나님의 심판을 막을 수 없었다.

그러나 그것이 선지자가 한 말의 전부는 아니었다. 성경의 위대한 원리들 중의 하나는 하나님이 "거만한 자를 비웃으시며 겸손한 자에게 은혜를 베푸신다"는 사실이다(잠 3:34, 약 4:4, 벧전 5:5). 요시야의 마음은 다윗의 마음과 같았다. 하나님은 이사야를 통해 "마음이 가난하고 심령에 통회하며 나의 말을 인하여 떠는 자 그 사람은 내가 권고하려니와" (사 66:2)라고 말씀하셨다. 하나님의 말씀에 대한 요시야의 반응은 하나님이 자신의 백성들에게서 보고 싶어 하시는 그런 반응이었다. 그러므로 심판을 피할 수는 없었지만 뒤로 미뤄지게 되었다. 요시야는 재앙이 반드시 임하겠지만 그 당대에는 임하지 않을 것이라는 말을 들었다.

**23:1-3.** 요시야는 여선지의 말을 이기적인 감사와 숙명적인 체념으로 받아들일 수도 있었을 것이다. 그러나 그는 그런 사람이 아니었다. 그는 이제 하나님이 원하시는 것이 무엇인지 알게 되었고, 백성들에게 하나님의 뜻을 따르게 하기 위해 그가 할 수 있는 모든 일을 함으로 하나님께 영광을 돌리기로 했다. 그래서 그는 유다와 예루살렘의 모든 장로를 자기에게로 모으고 엄숙한 언약 의식을 거행했다. 그는 나라를 새롭게 하고 개혁하기로 결심했다. 그는 유다 모든 사람과 예루살렘 거민과 제사장들과 선지자들을 성전 뜰에 다 불러모은 다음 여호와의 전 안에서 발견한 언약책의 모든 말씀을 읽어 무리의 귀에 들렸다. 백성들은 65년 만에 처음으로 하나님의 말씀이 공개적으로 읽혀지는 것을 듣게 되었다.

그러나 요시야는 율법책을 읽는 것만으로 만족하지 않았다. 그는 요아스가 대관식을 할 때처럼(왕하 11:14) 대 위에 섰다(왕상 7:21). 그것은 특별히 중요한 의미가 있는 행사를 치르고 있음을 뜻하는 것이었다. 그런 다음 그는 모세(신 29:1-32:52)와 여호수아(수 24:1-27)가 했던 것과 비슷한 방법으로 하나님께 헌신할 수 있도록 백성들을 인도했다. 그가 먼저 왕으로서 개인적인 언약을 갱신했고 백성들이 그 뒤를 따랐다. 유대의 왕들 중 그런 일을 한 사람은 아무도 없었다!

## C. 유다의 예배를 개혁한 요시야(23:4-23)

**Supporting Idea** 영적인 부흥은 언제나 실제적인 개혁으로 이어진다.

**23:4-14.** 요시야의 개혁은 국가의 모든 영역에 그 영향을 미쳤다. 그러나 성전은 특별한 주목을 받았다. 요시야가 제거한 것들은 이교도가 얼마나 깊숙이 오염되어 있었는지를 잘 보여준다. 그는 대제사장 힐기야와 모든 버금 제사장들과 문을 지킨 자들을 동원해 부정한 물건들을 제거하게 하고 이교도의 상징물들을 불사르게 했다. 여호와의 전에 바알과 아세라와 하늘의 일월성신을 위하여 만든 모든 기명(4절, 특히 앗수르의 영향을 보여주는 것이었다)들이 자리를 잡고 있었다. 그것들은 성 밖으로 내어다가 불사르고 그 재는 벧엘로 가져가게 했다. 그는 또 여호와의 전에서 아세라상을 내어 예루살렘 성 밖에서 불사르고 빻아서 가루를 만들어 그 가루를 평민의 묘지에 뿌렸다.

여호와의 전 가운데 미동의 집이 있었다는 것은 놀라운 일이 아닐 수 없다. 그곳은 여인들이 아세라를 위하여 휘장을 짜는 처소와 함께 헐려나갔다. 성전 입구는 태양을 위하여 드린 말들과 태양 수레로(11절) 오염되어 있었다. 그런 장신구들은 앗수르인들의 종교에서 잘 알려져 있던 것들이다. 그것들은 일반적으로 앗수르 신과 신 신에게 바쳐지는 것들이었다. 므낫세가 성전 외 뜰에 그런 물건들과 신상들을 세우게 한 당사자였다.

므낫세와 아몬은 아하스의 다락지붕(지금은 그 위치를 알 수 없는 곳)과 여호와의 전 두 마당에(12절) 이방의 제단들을 세웠다. 요시야는 그것들을 모두 헐어내고 가루로 만들어 없애버렸다.

요시야는 또 다른 폐단들도 제거하였다. 옛적에 유다 왕들이 세워서 산당에서… 우상을 섬기게 한 제사장들과 바알과 다양한 앗수르의 우상들에게 분향하는 자들을 폐하였다(5절). 그밖에도 유다 각 성읍마다 제사장들이 있었다(8-9절). 그들은 이방인들은 아니었지만 예배는 성전에서 드려야 한다는 요건에 어긋나는 일을 하고 있었다. 그들은 예루살렘으로 불려왔다. 그러나 그들은 예루살렘 여호와의 단에 올라가지 못하고 다만 그 형제 중에서 무교병을 먹을 수 있게 되었을 뿐이었다. 그들이 섬기던 산당들은 성문에 있는 것들을 포함해 모두 헐리게 되었다.

요시야는 또 어린아이들을 제물로 바치던 혐오스러운 신전이 있던 도벳을 공격했다

(10절). 그리고 예루살렘 앞 멸망산 우편에 솔로몬이 세운 산당을 헐어내버렸다. 그런 산당이 300년 이상 계속 유지되었다는 것은 놀라운 일이다. 그러나 요시야가 그런 산당들을 제거하자 비로소 사라지게 되었다.

**23:15-20.** 하나님의 율법을 따르고 하나님의 영광을 위한 요시야의 열정은 그의 나라 안에 국한되지 않았다. 율법에 귀를 기울인 그는 열두 지파 모두에 관심을 갖게 되었다. 그래서 왕조가 남북으로 분열된 이래 처음으로 다윗 왕조에 속한 왕이 북쪽으로 그 통치권을 확장하게 되었다. 그 당시 앗수르의 세력은 미약해졌고 사마리아에는 강력한 정부가 없었기 때문에 요시야는 이전 북 왕조 지역까지 밀고올라가는 기회를 가질 수 있었을 것이다. 그는 먼저 여로보암이 만든 이상한 종교의 중심지를 훼파했다. 이스라엘로 범죄케 한 느밧의 아들 여로보암이 벧엘에 세운 단과 산당을 왕이 헐었다. 열아홉 명의 이스라엘 왕 중 그 누구도 그런 혼합주의적 이교 중심지를 제거하지 않았다. 그러나 요시야는 활기차게 그곳을 공격했다.

요시야는 또 산에 있는 묘실들을 정리했다. 묘실에서 해골을 취하여다가 단 위에 불살라 단을 사용할 수 없게 만들었다. 요시야는 아마도 그저 여로보암의 단을 제거하려 했을 것이다. 그러나 그것은 여호와의 말씀대로 한 일이 되었다. 그 예언은 삼백 년 전 유다에서 온 이름을 알 수 없는 한 하나님의 사람이 요시야라는 다윗 왕조의 한 왕이 여로보암의 우상 위에서 뼈를 불사르게 될 것이라고 말한 것이었으며, 열왕기상에 기록되어 있다(왕상 13:2).

요시야는 특별한 비석을 보게 되었다. 그리고 그가 벧엘의 단에서 한 일을 전하러 유다에서 왔던 하나님의 사람의 묘실이라는 말을 듣고 그 묘실을 그대로 두고 그 뼈를 옮기지 말라고 지시했다. 늙은 선지자가 그 하나님의 사람의 예언이 이루어질 것이라고 선포했는데(왕상 13:32) 실제로 그 일이 이루어졌던 것이다. 요시야는 평생 하나님의 말씀대로 - 선지자를 통해 주신 것이건 기록된 것이건 - 살았다.

벧엘은 여로보암이 만든 사교의 중심지였고, 사마리아는 바알 숭배와 왕족들의 본거지였다. 그래서 요시야는 계속 사마리아까지 북진했다. 그곳에서 그는 전에 이스라엘 열왕이 사마리아 각 성읍에 지어서 여호와의 노를 격발한 산당을 다 제하였다. 그는 또 거기 있는 산당의 제사장들을 다 단 위에서 죽이고 사람의 해골을 단 위에 불사름으로 열왕기상 13장 2절에 기록된 예언을 성취하였다. 그는 하나님을 위해 전국을 회복한 다음 예루살렘으로 돌아갔다. 하나님의 백성들에 대한 하나님의 권리에 도전하는 모든 것들을 다 제거했다.

**23:21-23.** 우상들을 제거한 것은 영적 부흥의 한 단면일 뿐이었다. 긍정적인 순종을 통해 하나님과 맺은 언약을 축하해야 할 필요가 있었다. 그래서 요시야는 백성들을 불러모아 언약책에 기록된 대로 너희의 하나님 여호와를 위하여 유월절을 지키라는 명을 내렸다. 유월절은 시내산에서 언약을 맺게 된 일로 이어진 출애굽 사건을 기념하기 위한 절기였다(출 12:1-11, 신 16:1-8). 유월절은 수세기 동안 지켜져 내려오고 있었다. 히스기야가 통치하던 때 전국적으로 특별하게 유월절을 기념했던 일이 기록된 것을 볼 수 있다(대하 30:1-27). 그러나 율법이 정한 대로 엄격하게 지켜져 내려오지 않았던 것이 분명했다. 특별히 성전이 유월절 절기의 중심이 되지 못하고 있었다. 그런 상황 속에서 요시야가 세심하게 율법을 준수했기 때문에 우리는 사사가 이스라엘을 다스리던 시대부터… 이렇게 유월절을 지킨 일이 없었더니 요시야 왕 십팔 년에 예루살렘에서 여호와 앞에 이 유월절을 지켰더라고 한 기록을 읽을 수 있게 되었다.

### D. 끝까지 잘 마무리한 요시야(23:24-30)

| Supporting Idea | 놀라운 영적 부흥도 하나님이 선포하신 심판을 되돌릴 수 있는 것은 아니다. |
|---|---|

**23:24-25.** B.C. 622년은 유다에서 영적 부흥이 일어난 영광스러운 해가 되었다. 그러나 요시야는 그 영적 부흥이 그저 지나가는 사건이 되는 것에 만족하지 않았다. 그는 계속해서 하나님 앞에서 신실한 삶을 살았다. 또 다른 폐단들도 다루었다. 요시야가 또 유다 땅과 예루살렘에 보이는 신접한 자와 박수와 드라빔과 우상과 모든 가증한 것을 다 제하였다. 이런 것들은 공개적으로 드러내지 않고 사적으로 행하던 영적 폐단들이었다. 그러나 요시야는 눈에 보이는 죄만 다루는 것으로 만족하지 않았다.

열왕기하 기자는 또다시 요시야에게 특별한 찬사를 보냈다. 요시야와 같이 마음을 다하며 성품을 다하며 힘을 다하여 여호와를 향하여 모세의 모든 율법을 온전히 준행한 임금은 요시야 전에도 없었고 후에도 그와 같은 자가 없었더라. 이 칭찬의 앞부분은 주 예수님이 가장 큰 계명이라고 말씀하셨던 "너는 마음을 다하고 성품을 다하고 힘을 다하여 네 하나님 여호와를 사랑하라"(신 6:5)는 계명을 독자들에게 상기시켜주려는 의도를 가지고 기록되었다. 요시야는 하나님을 사랑하고 하나님의 율법을 전심으로 순종한 사람의 전형이었다.

**23:26-27.** 요시야는 위대한 개혁가였다. 그러나 그의 의로운 행위로도 악한 백성들에 대한 하나님의 진노를 되돌릴 수는 없었다. 요시야의 잘못은 아니었지만 그의 개혁은 이미 뒤늦은 일이었다. 므낫세 당시 극에 달했던 백성들의 죄는 하나님의 진노를 피할 수 없는 것이었다. 유다의 영혼 속에 밴 우상들을 태워버리게 될 곳은 바벨론이라는 뜨거운 용광로 속이었다. 대대적인 수술만이 재발을 막을 수 있었다. 요시야의 개혁은 그리 오래 가지 못했다. 예레미야와 에스겔은 요시야가 숨진 후 다시 우상을 숭배하게 된 백성들의 모습을 보여주고 있다. 그래서 우리는 하나님의 심판이 선포되는 것을 보게 된다. 여호와께서 유다를 향하여 진노하신 그 크게 타오르는 진노를 돌이키지 아니하셨으니 이는 므낫세가 여호와를 격노케 한 그 모든 격노를 인함이라.

우리는 열왕기상 8장에서 하나님의 전을 봉헌했던 영광의 날로부터 길고 슬픈 여행길을 걸어왔다! 그러나 불가피한 하나님의 심판은 열왕기하 22장 16-18절에서 훌다 여선지가 예고한 그대로였다.

**23:28-30.** 요시야의 통치에 관한 기록 가운데 나라 밖 사건들은 아직까지 언급되지 않았다. 그러나 B.C. 609년 서른아홉 살이라는 젊은 나이의 요시야를 죽이려는 음모가 있었다. 앗수르 제국은 힘을 잃어가고 있었다. 서쪽에서는 애굽이 강대국이 되어 있었고, 동쪽에서는 바벨론이 나블로폴레살의 지휘 아래 새로운 강대국으로 부상하고 있었다. 애굽은 가장 강한 위협을 가하게 될 바벨론을 견제하기 위해 미약해진 앗수르의 남은 군대와 동맹 관계를 맺고 있었다. 앗수르 왕은 애굽의 강력한 통치자였던 바로느고(B.C. 609년부터 595년까지 통치)에게 도움을 청했다. 바로느고는 바벨론에 저항하던 앗수르 왕을 돕기 위해 북부 수리아 지역의 유브라데 하수로 올라갔다. 애굽 왕이 블레셋 지역을 지나는 동안 요시야 왕이 나가서 방비하였다.

요시야가 그렇게 한 이유는 분명하지 않다. 그는 수적으로 약세에 있었다. 그러나 아마도 앗수르를 공격하기 위해서였을 것이다. 그러나 요시야에게 그 전투는 치명적인 것이었다. 애굽 왕이 요시야를 므깃도에서 만나본 후에 죽인지라. 역대기하 역시 요시야가 므깃도에서 치명적인 부상을 입고 예루살렘으로 옮겨진 후 그곳에서 숨을 거두었다고 기록하고 있다(대하 35:24). 이유를 알 수는 없지만 국민이 요시야의 막내아들 여호아하스를 데려다가 저에게 기름을 붓고… 왕을 삼았다.

요시야의 죽음과 함께 심판하시는 하나님의 진노와 막강한 군사력을 가진 바벨론의 공격으로 유다는 급속하게 붕괴되었다. 그러나 요시야가 이룩한 업적은 어둠 속에서 빛나는 불빛처럼 계속해서 그 빛을 발하게 될 것이다.

| Main Idea 복 습 | 하나님의 백성들이 하나님의 말씀을 따를 때 하나님의 성령이 새롭게 하시는 능력으로 역사하신다. |
|---|---|

## 결론

### 변화를 일으킨 사람

요시야는 하나님과 하나님의 말씀을 중요하게 여겼기 때문에 큰 변화를 일으킬 수 있었다. 그가 주도한 영적 부흥이 하나님의 심판을 되돌릴 수 없었다고 해서 그의 영적 탁월성과 그가 남긴 영적 부흥에 대한 교훈들까지 과소평가하는 것은 결코 옳지 않은 일이다.

그는 아무리 절망적인 것처럼 보이는 상황 속에서도 영적 현상을 그대로 받아들여서는 안 된다는 교훈을 우리에게 가르쳐준 삶을 살았다. 하나님의 영광에 깊은 관심을 두고 하나님을 위한 열정을 가진 사람은 팔짱 끼고 앉아 있는 것에 만족하지 못한다. 요시야의 개혁은 하나님을 예배하는 곳을 소중하게 여겨야 한다는 단순한 열의로 시작되었다. 그리고 하나님의 말씀을 접하게 된 그는 하나님과 하나님의 진리 앞에서 자신을 겸손하게 낮추었다. 그러나 그는 하나님의 말씀에 감정적인 반응을 보이는 것만으로 만족하지 않았다. 자신의 개인적인 생활과 나라 살림의 모든 영역에서 하나님의 뜻을 따르기로 헌신했다. 그런 헌신이 바로 영적인 부흥을 열망하는 모든 사람들에게서 볼 수 있는 열정이다.

열왕기하에서는 예레미야와 요시야가 만난 사건을 볼 수 없다. 그러나 예레미야서에 기록된 요시야에 대한 하나님의 말씀은 그의 비문으로 매우 적절한 것이었다. "공평과 의리를 행치 아니하였느냐 그때에 그가 형통하였었느니라 그는 가난한 자와 궁핍한 자를 신원하고 형통하였나니 이것이 나를 앎이 아니냐 여호와의 말이니라"(렘 22:15-16).

■ 진리 알기

- 영적 부흥은 현상 유지에 만족하지 않는 것으로부터 시작된다.
- 하나님의 말씀은 믿을 수 있는 말씀이라는 사실을 그 자체가 증명하고 있다.
- 영적 부흥이 일어나기 위해서는 하나님의 말씀을 듣고 그 말씀에 합당하게 반응해야 한다.
- 하나님은 겸손한 사람들에게 긍휼을 베푸신다.
- 개인적인 각성은 공개적인 헌신으로 이어져야 한다.
- 영적인 부흥은 실제적인 개혁과 적극적인 순종으로 이어져야 한다.
- 영적인 부흥이 일어났다고 해서 하나님이 선포하신 심판을 되돌릴 수 있는 것은 아니다.

■ 적용하기

- 주어진 환경 때문에 불평하거나 실망하지 말고 하나님께 영광 돌릴 수 있는 길을 적극적으로 모색하라.
- 하나님의 말씀을 심판의 기준으로 삼고 따르라.
- 선한 의도나 좋은 느낌이 아니라 하나님의 말씀이 모든 일에서 우리를 인도하는 기준이 되어야 한다.

## 삶의 적용

### 잃어버린 하나님의 말씀

싼값에 성경을 살 수 있고 현대어로 번역된 성경들이 많이 출판되고 있는 요즘 하나님의 말씀을 실제로 잃어버린다는 것은 거의 생각조차 할 수 없는 일이다. 그러나 하나님의 말씀을 평범한 그리스도인들이 읽을 수 있도록 하기 위해 큰 희생을 감수했던 존 위클리프(John Wycliffe)나 윌리엄 틴데일(William Tyndale) 같은 믿음의 영웅들이 있었다는 사실을 잊어서는 안 된다. 또 정부가 성경 반입을 금지하고 있는 나라들과 성경을 가지는 것이 큰 범죄로 여겨지는 나라들을 위해 기도해야 한다. 우리는 하나님의 말씀이라는 보화를 알고 있기 때문에 각 종족에게 그들의 언어로 된 성경을 전해주기 위해 수고하고 있는 위클리프 성경 번역 선교회 같은 단체들의 사역을 지원해주어야 한다.

그러나 하나님의 말씀을 잃어버릴 수 있다. 그리고 그것도 '하나님의 성전' 안에서 잃어버릴 수 있다. 성경이 하나님의 영감으로 된 말씀이라는 사실을 부인하고 믿지 않음으로 하나님의 말씀을 잃어버릴 수 있다. 또 성경 말씀을 하나님의 계시로 보지 않고 하나님을 추구하는 인간에 대한 기록으로 보게 될 때도 하나님의 말씀을 잃어버릴 수 있다. 애석하게도 자유주의 교회들은 성경을 거의 다 '잃어버렸다'. 그러나 성경을 중요하게 생각하는 사람들도 성경을 '잃을' 수 있다. 우리의 경험이나 뛰어난 교사들의 주장을 성경 말씀보다 더 권위 있는 것으로 여길 때 우리는 하나님의 말씀을 '잃게' 된다. 또 탁월한 인간의 통찰력으로 하나님의 권위 있는 말씀을 대신할 때도 우리는 하나님의 말씀을 '잃게' 된다. 또 성경을 하나님의 말씀이라고 주장하지만 실제로는 그 말씀을 이해하고 실천하려는 노력을 거의 하지 않을 때도 우리는 하나님의 말씀을 '잃게' 된다. 성경이 분명히 말하고 있는 것을 설명하기 위해 복잡한 논쟁을 하거나, 왜 현대 사회가 성경을 골동품처럼 여기는지를 설명하려 할 때도 하나님의 말씀을 '잃게' 된다. 성경에 나오는 영웅들보다 우리 사회의 명사들과 더 친숙해질 때에도 하나님의 말씀을 '잃게' 된다. 현대 교회 안에서 하나님의 말씀을 '찾게' 될 때까지 우리는 우리에게 절실하게 필요한 영적 부흥을 경험하지 못할 것이다.

## 기도

하나님 아버지, 교회에서나 일상생활 속에서나 하나님의 말씀을 잃어버리지 않게 도와주옵소서. 성경을 그저 아는 것으로 만족하지 않게 하시고, 하나님의 영광을 위해 하나님의 말씀을 실천하려는 열정을 품게 해주옵소서. 아멘.

## 심층 연구

### A. 율법책(22:8)

이어지는 내용으로 볼 때 '율법책' 은 신명기였거나 아니면 모세오경 전체였던 것이 분명하다. 성경의 대량 생산이 가능해지기 전까지 두루마리에 기록된 성경은 매우 값비싼 것이었으며, 또 쉽게 구할 수도 없는 것이었다. 므낫세와 같은 악한 왕이 통치하던 때 하나님의 율법책을 소홀히 여기고 심지어 숨겨두기까지 했던 것은 그리 놀랄 일은 아니지만 참으로 애석한 일이었다. 얼마 동안이나 하나님의 말씀을 잃어버리고 있었는지는 알 수 없다. 그러나 므낫세 당시 하나님의 말씀을 잃게 된 것으로 본다 해도 큰 무리는 없을 것이다.

성경 비평가들은 그 책은 결코 잃어버렸던 책이 아니었으며 선지자들이 만들어낸 것으로 야훼 지지자들에 의해 그 당시 나타난 것이라고 주장하며, 신빙성을 더하기 위해 '종교를 빙자한 거짓말' 을 모세의 탓으로 돌리고 있다. 그런 견해는 구약 성경의 기록에 대한 비평적 이론을 지지하기 위해 필요한 것이다. 그러나 그런 주장은 언뜻 보아도 있을 수 없는 음모일 뿐 아니라, 성경 본문의 명백한 증거와 히브리 전승의 증거와도 상반되는 것이다.

### B. 유월절(23:21-23)

역대기하 기자는 유월절에 관한 내용을 기록하기 위해 열왕기하 기자보다 훨씬 더 많은 지면을 할애했다(대하 35:1-19). 그의 설명은 유월절의 특성을 이해하는 데 많은 도움이 되고 있다. 특별히 요시야가 율법이 요구하는 대로 정확하게 성전과 제사를 드리는 곳에 초점을 맞추고 있었음을 무엇보다 강조하고 있다. 두 번째 특징은 제사로 드린 방대한 제물의 양이다(35:7-10, 30:24). 세 번째는 '온 유다와 이스라엘 무리' 가 다 모였다는 사실이다(35:18). 아마도 북쪽의 중심 예배 처소가 무너진 이후 이스라엘로부터 오게 된 사람들이 참여하게 된 것은 두 왕조로 분열되고나서 처음 있는 일이었을 것이다. 그것은 오랫동안 단절되었던 일체감을 국가적 차원에서 축하하는 큰 잔치였다.

### C. 요시야의 죽음(23:29-30)

그 당시 요시야는 막강한 애굽 군대와 맞설 수 있는 상황이 아니었다. 따라서 그의 행동은 무모한 것이었다. 그가 왜 바벨론을 지원하고 싶어 했는지는 알 수 없다. 그러나 그가 바벨론을 지원하려 했다면 그것은 바벨론이 유다에 가장 큰 위협을 가하게 될 것이라고 히스기야에게 경고한 이사야의 명백한 예언을(20:16-18) 무시한 처사였다. 그러므로 그보다는 앗수르, 그리고 앗수르와 동맹을 맺은 나라에 대한 뿌리 깊은 저항 의식과 앗수르와 애굽의 동맹군의 승리가 유다에 미치게 될 결과에 대한 두려움이 애굽 군대와 싸우게 된 원인으로 보다 크게 작용했을 것이다. 동맹군 없이 혼자 있는 애굽을 치는 것이 더 나을 것이라 생각했을 것이다. 역대하 기자는 바로느고가 요시야의 어리석은 공격을 단념시키려 했으며(대하 35:21) 이방 왕을 통해 말씀하신 하나님의 메시지를 요시야가 무시했다는(35:22) 사실을 암시해주고 있다.

요시야의 죽음은 치명적인 것이었으며 백성들은 그들이 얼마나 큰 손실을 입게 되었는지를 즉각 인식하게 되었다. "예레미야는 저를 위하여 애가를 지었으며 노래하는 남자와 여자는 요시야를 슬피 노래하니 이스라엘에 규례가 되어 오늘날까지 이르렀으며 그 가사는 애가 중에 기록되었더라"(대하 35:25).

## 교안

### A. 들어가는 글

1. '대각성'의 이야기로 시작하라.

2. 배경 설명: 유다에게 이미 때는 늦었다. 그러나 가장 어두운 때에 하나님은 자신을 따르기로 헌신한 왕을 세우셨다. 비록 심판을 피할 수는 없었지만 하나님의 말씀이 위대한 부흥 운동의 불꽃을 일으켰다.
3. 적용: 나라에 큰 변화를 일으킨 경건한 지도자가 또 한 사람 있었다.

**B. 본문 이해**

1. 성전을 정화한 요시야(22:1-7)
2. 하나님의 율법을 듣게 된 요시야(22:8-23:3)
3. 유다의 예배를 개혁한 요시야(23:4-23)
4. 끝까지 잘 마무리한 요시야(23:24-30)

**C. 결론**: '변화를 일으킨 사람' 을 읽어주라.

## 토의 질문

1. 교회에서 혹은 우리의 일상생활 속에서 하나님의 말씀을 '잃게' 되는 경우들을 이야기해보라. 현대 복음주의 교회들이 하나님의 말씀에 깊은 주의를 기울이고 있다고 생각하는가? 하나님의 말씀에 경의를 표하고 두려워하며 '하나님의 말씀 앞에서 떠는' 것이 현대 그리스도인들의 특징이 되고 있다고 생각하는가?

2. 하나님의 명예를 손상시키는 현상들은 어떤 것들인가? 변화를 일으키기 위해 어떤 준비 단계들이 필요하다고 생각하는가?

# 열왕기하 23:31-25:30

## 청산의 날

*"역사를 통해 알게 된 한 가지 사실은 우리가 역사를 통해 배우려 하지 않는다는 사실이다."*

*- 윈스턴 처칠(Winston Churchill)*

## 열왕기하 23:31-25:30

유다는 이제 마지막 길에 접어들었다. 마지막 네 왕은 요시야가 개혁한 하나님에 대한 절대적인 예배를 거부하고 돌아섰다. 애굽과 바벨론의 위협 앞에서 유다는 무력하고 하찮은 나라로 드러나게 되었다. 잇단 공격으로 예루살렘은 포위된 채 완전히 무너지게 되었고, 백성들은 바벨론으로 끌려가게 되었다. 유다는 완전히 멸망한 것처럼 보였다. 그러나 다윗 왕조의 한 왕과 함께 깜빡이는 작은 희망의 불빛은 여전히 남아 있었다.

### 역사 소개: 유다 말기에 활동한 하나님의 선지자들

**〈하박국〉**

- 바벨론 침공 전에 예언했다. 아마도 요시야 왕이 세상을 떠난 직후였을 것이다.
- 하나님이 범죄한 하나님의 백성들을 심판하시기 위해 이방 나라인 바벨론을 사용하시고, 바벨론도 심판하실 것이라고 예언했다.

**〈다니엘〉**

- 여호야김이 통치하던 B.C. 605년에 바벨론으로 잡혀갔다.
- 바벨론에서 살면서 처음에는 바벨론을 섬겼고 나중에는 바사를 섬겼다.
- 이스라엘이 이방인들의 압제를 받고 있는 동안에도 하나님은 하나님 나라의 역사를 승리로 이끌고 계신다는 것이 그가 전한 메시지의 주제다.

**〈에스겔〉**

- 여호야긴과 함께 바벨론으로 잡혀갔다(겔 1:1-3).
- 그의 예언에는 비록 예루살렘이 멸망하기 전에 타락한 종교의 모습이 생생하게 묘사되어 있긴 하지만, 그의 메시지는 기본적으로 포로로 잡혀간 사람들을 그 대상으로 한 것이었다.

**〈예레미야〉**

- 예루살렘이 멸망할 때까지 예루살렘에서 살았고 마지막 피난민들과 함께 애굽으로 가게 되었다.
- 요시야가 통치하던 때로부터 B.C. 587년 예루살렘이 멸망하게 될 때까지 사역했다.
- 유다의 마지막 네 왕과 백성들의 죄를 고발하고 책망하는 예언을 했다. 특히 성전은 몰락하지 않을 것이라고 굳게 믿고 있었던 유다 백성들의 미신적인 확신을 비난했다.

## 들어가는 글

### 갑자기 신속하게 이루어진 결말

모든 일이 그렇게 신속하게 일어날 수 있었다는 것은 아직까지도 잘 믿어지지 않을 정도다. 소비에트 연방은 전 세계에 미칠 수 있는 막강한 군사력을 가진 세계 초강대국 가운데 하나였다. 레이건(Reagan) 대통령 때문에 유명해진 표현에 의하면 소비에트 연방은 하나의 '악한 제국' (evil empire)이었다.

1985년 정권을 잡게 된 미하일 고르바초프(Mikhail Gorbachev)는 그가 느끼는 정체되고 폐쇄된 사회에 새로운 힘을 불어넣고 싶었다. 그는 빛과 신선한 공기가 들어올 수 있도록 창문을 활짝 열고 '페레스트로이카' (Perestroika, 개혁)와 '글라스노스트' (Glasnost, 개방)를 추진할 것에 대한 자신의 의지를 선포했다. 그러나 봉인된 방에 빛과 신선한 공기를 들어오게 하는 것은 종종 붕괴 속도를 가속화시키는 결과를 불러온다. 소비에트 연방은 경제 침체, 정치적 부패, 민족주의자들의 불만, 자유에 대한 열망, 과다한 군사 지출 등등 여러 가지 문제를 안고 있었다. 그의 새로운 정책들은 반체제주의자들의 주장들을 만족시켜주었을 뿐이었고, 아프가니스탄과 체르노빌 같은 군사와 과학 기술의 문제들이 드러나면서 정부의 신임을 떨어뜨리게 되었다. 그것은 미국이 점점 더 군사적 우위를 점하고 있었고 또 새로운 정보 기술의 발달로 국민들에게 사실을 감추기가 점점 더 어려워졌기 때문이다. 고르바초프의 포부는 컸지만 개혁의 실패로 환멸감만 더 부추기게 되었다.

1989년 '악한 제국' 은 무너지기 시작했다. 바르샤바 블록 국가들은 모스크바로부터의 독립을 선언했고, 12월에는 독일의 베를린 장벽이 무너졌다. 1990년에는 발트 해 연안 공화국들이 그들의 독립을 강력하게 주장하면서 곳곳에서 소수민족들이 분쟁을 일으켰다. 우크라이나 대통령은 나중에 "온 나라가 우리 눈앞에서 무너져내리고 있었다. 그것은 우리가 계획했기 때문이 아니었다"라고 말했다. 1991년 8월 경제가 추락하면서 강경파 그룹이 폭동을 일으켰다. 그러나 그 폭동은 보리스 옐친(Boris Yeltsin)을 중심으로 한 민주 세력이 결집되면서 실패하게 되었다. 수일 내로 공화국들이 독립을 선언했고, 12월 구 소련 연방이 해체되었다. 하나였던 제국이 50개의 나라로 나뉘었고, 10년 전까지만 해도 세계를 제압할 것처럼 보였던 강대국이 역사의 잿더미 속에 묻히게 되었다.

열왕기하의 마지막 부분에서 우리는 너무 쉽게 몰락해버리는 한 나라의 운명에 놀라지 않을 수 없다. 일련의 사건들이 가속도를 내며 내리막길을 달려가고, 청산의 날이 임했다. 어떤 면에서 그 나라는 스스로 몰락했다. 바벨론은 멸망을 불러온 외적 요인이었다. 그러나 유다의 몰락은 오랫동안 하나님과 하나님의 법을 어기고 거역한 역사의 마지막 결과였다. 히스기야와 요시야의 위대한 개혁은 자멸의 과정을 잠시 멈추게 했을 뿐이었다. 유다의 몰락은 나라의 탄생 초기부터 하나님이 경고하셨던 일을 행하신 하나님의 심판이었다. 유다에게 있어서 청산의 날은 그들이 거역한 언약의 하나님의 진노가 임하는 날이었다.

## 본문 이해

### 청산의 날

| Main Idea | 하나님은 무시당하지 않으실 것이다. 고집스럽게 하나님의 언약을 어긴다면 결국 하나님의 심판을 받게 될 것이다. |
|---|---|

#### A. 점령된 예루살렘(23:31-24:17)

| Supporting Idea | 유다의 죄에 대한 하나님의 심판으로 유다는 자유를 잃게 되었다. |
|---|---|

**23:31-35.** B.C. 609년 요시야가 갑자기 바로느고에게 죽임을 당하게 되자 백성들은 여호아하스를 왕으로 추대했다. 여호아하스는 그의 왕명이었고 그의 본명은 살룸이었

다(대상 3:15, 렘 22:10-12). 그는 요시야의 생존한 맏아들이 아니었다. 그의 형 여호야김이 그보다 두 살 위였다(왕하 23:36). 백성들이 왜 그를 왕으로 선택했는지는 알 수 없다. 아마도 그의 어머니(그의 어머니 하무달은 시드기야의 어머니이기도 하다, 24:18) 때문이었거나, 아니면 그의 정치적 견해 때문이었거나, 또는 그의 드러난 지도력 때문이었을 것이다. 만일 후자 때문이었다면 석 달이라는 짧은 통치 기간으로는 그의 지도력을 발휘할 기회를 가질 수 없었을 것이다. 그러나 그 짧은 기간 동안 그는 자신이 요시야가 아니라는 사실을 분명히 보여주었다. 여호아하스가 그 열조의 모든 행위대로 여호와 보시기에 악을 행하였다. 그것은 그가 자기 아버지의 개혁을 수포로 돌리고 우상숭배를 다시 도입했다는 것을 뜻한다.

요시야는 북으로 가던 애굽의 바로느고와 교전을 벌였다. 느고는 계속해서 북방의 수리아를 향해 진군했고 립나를 그의 본거지로 삼았다. 립나는 다메섹 북부에 위치한 도시였으며 하맛 땅에 있는 오론테스 강 유역에 자리 잡고 있었다. 바로느고는 여호아하스를 소환해 하맛 땅 립나에 가두어 예루살렘에서 왕이 되지 못하게 하였다. 유다는 이제 그들의 왕을 결정해주는 외국 군대의 직접적인 통제 아래 놓이게 되었다. 바로느고는 유다를 속국으로 삼고 세금을 징수했으며, 그가 선택한 요시야의 아들 엘리아김을 유다의 왕으로 삼았다. 유다가 애굽의 속국이라는 사실을 더 분명히 하기 위해 바로느고는 엘리야김의 이름을 고쳐 여호야김이라 했다. 두 이름은 기본적으로 같은 뜻이었다('하나님(엘)이 세우셨다'와 '여호와가 세우셨다'). 따라서 이름을 바꾼 것은 바로느고의 권세를 드러내기 위한 것일 뿐이었다.

새로운 왕의 책임은 조공을 바치는 것이었다[은 일백 달란트(약 4톤)와 금 한 달란트(약 34킬로그램)]. 왕은 그 조공을 걷기 위해 백성들에게 세금을 징수했다. 그 동안 그의 동생은 애굽으로 끌려가 거기서 죽었다.

**23:36-24:7.** 여호야김은(엘리야김)은 B.C. 609년부터 598년까지 십일 년을 치리했다. 영적으로 그는 아버지를 닮는 대신 그 동생(어머니는 달랐다)과 다를 바 없었다. 여호야김이 그 열조의 모든 행한 일을 본받아 여호와 보시기에 악을 행하였더라. 통치 초기에 그는 애굽의 지배를 받았다. 그러나 바벨론의 느부갓네살 왕의 침공으로 그 지배는 갑자기 끝이 났다. 느부갓네살은 B.C. 605년 유프라테스 강 유역에서 벌어진 갈그미스 전투에서 앗수르와 애굽의 동맹군을 무찔렀다(렘 46:2). 그 침공으로 여호야김은 느부

갓네살의 속국이 되어 그를 섬겼다.

역대하 기자는 느부갓네살이 여호야김을 "쇠사슬로 결박하여 바벨론으로 잡아가고… 또 여호와의 전 기구들을 바벨론으로 가져다가… 자기 신당에 두었다"(대하 36:6-7)고 기록하고 있다. 그때 다니엘과 그의 친구들도 바벨론으로 함께 잡혀갔다(단 1:1-4). 여호야김은 다시 예루살렘으로 돌아와 삼 년 동안 왕위에 있었다. B.C. 601년 느부갓네살은 애굽을 침공했지만 실패했고, 군대를 재정비하기 위해 바벨론으로 돌아가지 않을 수 없게 되었다. 느부갓네살의 패배와 후퇴가 여호야김에게 용기를 주었던 것이 분명하다. 여호야김이… 돌이켜 저를 배반하였다. 아마도 조공을 바치지 않았을 것이다. 느부갓네살이 곧 군대를 이끌고 와서 반격하지는 않았다. 그러나 그가 돌아올 때까지 유다를 괴롭히기 위해 그 지역에 주둔시킨 군대를 동원했다.

그러나 그 사건들은 시정학적인 수준에서만 이해될 수 있는 것들은 아니었다. 여호와께서… 갈대아의 부대와 아람의 부대와 모압의 부대와 암몬 자손의 부대를 여호야김에게로 보내어 유다를 쳐 멸하려 하셨기 때문이다. 그 침략자들은 각각 그들을 보낸 왕의 명령을 수행하고 있었지만 실제로 그들은 하나님이 사용하신 도구들이었다. 유다 몰락의 주동자는 하나님이셨다. 열왕기상하 전체를 통해 우리는 하나님의 선지자들이 앞서 예언하는 것을 볼 수 있었다. 하나님은 이사야(왕하 20:16-18)와 이름을 알 수 없는 하나님의 종 선지자들(21:10-15)과 훌다(22:16-17)를 통해 유다의 멸망을 예언하셨다. 하나님이 말씀하신 것은 반드시 이루어진다! 착각해서는 안 된다. 이 날은 유다가 그 범한 죄에 대한 삯을 받게 되는 청산의 날이었다. 때가 임했고 하나님의 인내의 한계도 끝이 났다.

여호야김은 그 열조와 함께 자게 되었다. 그러나 그의 죽음에 대해서는 더 이상의 언급이 없다. 예레미야는 그가 나귀같이 매장당할 것이라고 예언했다(렘 22:18-19). 그것은 그가 수치스러운 죽음을 당하게 되리라는 것을 뜻했다. 그는 바벨론 공습이 시작되기 직전에 세상을 떠났고, 반역의 결과는 그의 아들 여호야긴에게로 넘어가게 되었다.

**24:8-17.** 여호야긴(여고냐 또는 고냐라고 불리기도 하였음)은 B.C. 598년 나이 십팔 세에 왕위에 올라 석 달을 치리하였다. 영적으로 그는 그의 두 형제와 조금도 다를 바 없었다. 바벨론 군대가 예루살렘을 에워쌀 때에 바벨론 왕 느부갓네살도 그 성에 이르렀다. B.C. 597년 3월 15일 혹은 16일에 예루살렘 성이 무너졌다.

열왕기하 기자가 그 사건을 바벨론 왕 팔 년에 일어난 사건으로 묘사하면서 모든 것이 달라졌다. 이방 왕의 통치 연대를 기준으로 사건이 설명된 것은 이때가 처음이었다. 유다의 왕실 연대기는 끝이 났고 이방인의 지배가 시작되었다. 느부갓네살은 왕을 포로로 잡아갔을 뿐 아니라 무의식중에 하나님의 말씀을 성취하였다(20:17). 하나님이 선포하셨듯이 느부갓네살은 여호와의 전의 모든 보물과 왕궁 보물을 집어내고 또 이스라엘 왕 솔로몬이 만든 것 곧 여호와의 전의 금 기명을 다 훼파하였다.

솔로몬을 언급한 것은 유다가 죄 때문에 얼마나 타락하게 되었는지를 보여주기 위한 것이다. 그 물건들은 하나님을 예배하기 위해 봉헌된 물건들이었다. 또 역사적인 상징물들이었고 국가적인 보물들이었다. 도시 자체는 저항했기 때문이 아니라 항복했기 때문에 보존될 수 있었다. 그러나 하나님을 예배하기 위해 구별해두었던 물건들은 이제 이방 왕의 통제를 받게 되었다.

유다의 멸망은 느부갓네살이 유다의 가장 중요한 사람들을 포로로 잡아가면서 확연하게 나타나기 시작했다. 그는 여호야긴 왕과 함께 왕의 모친과 왕의 아내들과 내시와 나라에 권세 있는 자도 예루살렘에서 바벨론으로 사로잡아갔다. 그리고 또 용사 칠천과 공장과 대장장이 일천 곧 다 강장하여 싸움에 능한 자들을 바벨론으로 사로잡아갔다. 에스겔 선지자도 그 포로들 중에 포함되어 있었다(겔 1:1-3). 따라서 나라는 지도자들을 잃게 되었다. 느부갓네살의 계획은 적국으로부터 재능 있는 사람들을 찾아 자기 나라를 풍요롭게 하고, 동시에 점령한 나라에서는 재능 있는 지도자들을 제거함으로 저항할 수 있는 능력을 빼앗아버리는 것이었다. 그리고 대신 자신의 꼭두각시를 점령한 나라의 왕위에 앉혔다. 바벨론 왕이 또 여호야긴의 아자비 맛다니야로 대신하여 왕을 삼고 그 이름을 고쳐 시드기야라 하였다.

## B. 예루살렘의 멸망(24:18-25:21)

| Supporting Idea | 유다의 죄에 대한 하나님의 심판은 국토를 잃게 되는 결과를 불러왔다. |
|---|---|

**24:18-20상.** 시드기야는 하무달이 낳은 요시야의 아들이었다. 그녀는 여호아하스의 어머니이기도 하다(23:31). 시드기야는 B.C. 597년부터 587년까지 십일 년을 치리했다. 그의 형의 실패에도 불구하고 그는 형의 뒤를 따랐다. 시드기야가 여호야김의 모든 행위

를 본받아 여호와 보시기에 악을 행한지라. 그는 처참한 멸망의 날을 앞에 두고 있는 나라를 통치하게 되었고, 그의 미련함과 영적 반역이 그날을 앞당겼다. 그러나 왕실의 어리석음과 이방 세력 너머에 전능하신 하나님께서 심판을 행하시며 서 계셨다.

**24:20하-25:7.** 끝은 시드기야가 바벨론의 멍에에서 벗어나려고 한 불행한 시도와 함께 시작되었다. 예레미야는 시드기야에게 바벨론의 멍에에 굴복하는 것이 하나님의 뜻이라고 말하며 반역을 꾀하지 말라고 경고했다(렘 22장). 그러나 시드기야는 애굽으로부터 도움을 받을 수 있다고 주장하는 거짓 선지자들의 말을 믿었다. 열왕기하 기자는 어리석고 무익한 반역에는 관심이 없었다. 그러나 그 반역에 대한 바벨론의 반응에는 관심을 보였다. 느부갓네살이 무력으로 맞섰다. 그는 B.C. 589년 군대를 거느리고 예루살렘을 치러 올라왔다. 백성들을 굶주리게 하고 항복을 강요하기 위해 예루살렘 주위에 진을 치고 사면에 도성을 쌓았다. 그리고 성중에 기근이 심하여 그 땅 백성의 양식이 진하여 질 때까지 18개월 동안 예루살렘을 포위하고 있었다.

B.C. 587년 7월 성벽이 무너지고 바벨론 군대가 성을 장악했다. 유다의 군대는 왕과 함께 도망할 계획을 세웠다. 바벨론 군대의 봉쇄는 그 지역을 잘 알고 있는 사람들이 도망칠 수 있을 만큼 허술했던 것이 분명했다. 그러나 도망치려는 계획은 실패로 끝나고 말았다. 시드기야가 동쪽을 향해 도주하는 동안 갈대아 군사가 왕을 쫓아가서 여리고 평지에 미쳤다. 아이러니하게도 이스라엘의 주권은 여호수아의 지휘 아래 여리고를 정복하면서 가나안 땅을 점령하기 시작하게 된 곳 근처에서 끝이 났다.

시드기야는 이제 무력한 포로가 되었다. 느부갓네살은 20년 전 바로느고가 그의 본거지로 삼았던(23:33) 립나에 그 지역을 다스리기 위한 본부를 설치했다. 시드기야는 립나에 있던 바벨론 왕에게 끌려가 신문을 받았다. 판결은 바벨론의 잔인함을 보여주는 것이었다. 시드기야의 아들들을 저의 목전에서 죽였다. 그것은 왕위를 주장할 수 있는 사람들을 제거하고 반역을 일으키려는 사람들을 위협하기 위한 것이었다. 목숨을 잃은 아들들을 본 것이 시드기야가 본 마지막 장면이었다. 바벨론 사람들이 시드기야의 두 눈을 빼고 사슬로 결박하여 바벨론으로 끌어갔기 때문이다. 그는 반항하는 노예와 같은 대접을 받았고, 그것이 바벨론 사람들이 그를 바라보는 시각이었다.

**25:8-17.** 한편 예루살렘에서는 도시가 파괴되었다. 8월에 느부갓네살이 그의 시위대장관 느부사라단을 예루살렘에 보내어 도시를 파괴하게 했다. 거듭된 반역에 대한 대가

로 약탈과 강탈과 부분적인 파괴는 불충분했다. 느부사라단은 여호와의 전과 왕궁을 사르고 예루살렘의 모든 집을 귀인의 집까지 불살랐으며… 예루살렘 사면 성벽을 헐었다. 성벽이 없는 도시는 실제로 도시가 아니었다. 성벽은 광대했다. 그러므로 성벽을 허는 일은 상당히 큰 작업이었을 것이다. 영광스러웠던 예루살렘 성이 연기 나는 잿더미로 변해버렸다.

그런 다음 느부사라단은 사람들을 다루기 시작했다. 인구는 십 년 전 추방으로 이미 급격하게 줄어든 상태였다. 그런데 이제 느부사라단이 성중에 남아 있는 백성과 바벨론 왕에게 항복한 자와 무리의 남은 자를 다 사로잡아갔다. 도시에는 남은 사람이 아무도 없게 되었다. 빈천한 국민들만 그 땅에 남겨두어 포도원을 다스리는 자와 농부가 되게 하였다. 바벨론은 앗수르와 달리 다른 곳에서 포로로 잡은 사람들을 유다로 옮기는 일을 하지 않고 사람이 없는 땅으로 그냥 남겨두었다. 예레미야 선지자는 그 땅에 남은 사람들과 함께 유다에 남아 있었다(렘 39:11-40:6).

몰락은 간결하고 냉정하게 묘사되었다. 소중하게 여기던 모든 것이 파괴되고 붕괴되고 옮겨지는 것을 보며 백성들이 느꼈을 절망감은 예레미야 애가에 잘 묘사되어 있다. 열왕기하 기자는 다시 성전에 초점을 맞추고 있다. 솔로몬 성전의 영광에 대한 묘사로(왕상 5-8장) 이야기를 시작한 그는 이제 그 영광이 수치로 전락하게 된 모습을 생생하게 그리며 이야기를 마치고 있다. 그는 바벨론에 빼앗긴 성전의 도구들을 자세하게 설명했다. 동으로 만들어진 큰 물건들은 쉽게 이동하기 위해 쪼개졌다. 예배에 사용되었던 나머지 기명들도 바벨론으로 옮겨져 이방인들의 손에 넘어가게 되었다. 과거의 영광을 독자들에게 상기시켜주기 위해 열왕기하 기자는 솔로몬이 여호와의 전을 위하여 만든 두 기둥과 한 바다와 받침들을 하나하나 열거하며 그 광대함을 상기시켜주고 있다. 그러나 솔로몬의 영광은 이제 회복할 수 없는 과거의 한 부분이 되었다.

**25:18-21.** 느부사라단이 한 마지막 일은 나라의 지도자들을 숙청한 것이었다. 지도자들을 포로로 잡아갔다. 그는 성전을 섬기던 사람들과 궁에서 섬기던 사람들과 왕의 시중들과 서기관과 국민 육십 명을 잡아가지고 립나 바벨론 왕에게 보냈다. 그리고 바벨론 왕이 그곳에서 그들을 다 쳐죽였다. 그것으로 저항할 수 있는 잠재력을 가진 지도자들은 실제로 다 제거되었다.

나라의 멸망이 준엄하게 선언되고 있다. 이와 같이 유다가 사로잡혀 본토에서 떠났더

라. 이 멸망 기사는 17장 23절에 '이스라엘이 고향에서 앗수르에 사로잡혀가서 오늘까지 미쳤더라" 고 기록되어 있는 이스라엘의 멸망을 생각나게 한다. 그러나 17장과는 달리 국가의 운명에 대한 신학적 소견은 더 이상 언급하지 않았다. 유다의 역사 전체를 통해 언급해왔기 때문이다.

### C. 애굽으로 피한 사람들(25:22-26)

| Supporting Idea | 유다의 죄에 대한 하나님의 심판은 사실상 나라의 멸망을 불러왔다. |
|---|---|

**25:22-26.** 인구가 급격히 감소되긴 했지만 완전히 제거된 것은 아니었다. 느부갓네살은 유다에 남아 있는 사람들을 다스리기 위해 바벨론 관리를 남겨두어야 할 필요는 없다고 생각했다. 대신 유다 땅에 머물러 있는 백성은… 그달리야로 관할하게 하였더라. 그달리야는 영향력 있는 가문의 일원이었다. 그의 할아버지 사반은 요시야 당시 서기관이었으며(22:3), 그의 아버지 아히감은 요시야(22:14)와 여호야김(렘 26:24)을 섬기며 예레미야를 여호야김으로부터 구해낸(렘 26:24) 사람이었다. 그런 배경 때문에 그가 바벨론 사람들을 위한 지방 관리로 선택된 것은 자연스런 일이었다. 예루살렘이 멸망한 후 예루살렘으로부터 북쪽으로 약 13킬로미터가량 떨어진 곳에 위치해 있던 미스바가 행정의 새로운 중심지가 되었다.

유다에는 여전히 노병들이 남아 있었다. 그달리야가 방백이 되었다는 소식을 들은 모든 군대장관과 그 좇는 자들이 그달리야를 찾아갔다. 그들은 자신들이 유다를 위해 싸웠기 때문에 적으로 여겨지고 있는 것은 아닌지, 또 자신들이 어떤 신분인지 알고 싶었다. 그달리야는 저희와 그 좇는 자들에게 맹세하며 바벨론의 숙청은 끝났다는 약속을 해주었다. 그런 다음 두려워 말고 이 땅에 거하여 바벨론 왕을 섬기라고 명했다. 그것은 저항하지 말고 복종할 것을 요구하는 명령이었다.

그러나 그것은 그들이 따르기 어려운 명령이었다. 그들 중 왕족… 이스마엘이 다윗왕조를 다시 일으켜 세우려는 포부를 품고 있었던 것으로 보인다. 그가 어떤 동기를 가지고 있었는지 확실하게 알 수는 없지만 십 인을 거느리고 와서 그달리야를 쳐서 죽였다. 예레미야는 암몬 왕이 그를 부추겼으며(렘 40:13-14) 그 결과 이스마엘이 포악한 행동을

(렘 41:1-10) 하게 되었음을 시사해주고 있다. 사람들은 바벨론이 그런 포악한 가해자에게 분을 발할 것이라는 사실을 알고 있었다. 그래서 대소 백성과 군대장관들이 다 일어나서 애굽으로 갔다. 갈대아 사람이 두려웠기 때문이다. 그것은 예레미야의 조언에 반하는 행동이었다. 그러나 결국 예레미야도 그들과 함께 가게 되었다(렘 42-44)장. 그것은 역출애굽이었으며 출애굽에 반하는 일이었다! 예레미야는 애굽의 북서쪽 나일강 어귀 삼각주 지역에 있는 다바네스라는 곳에서 정착하게 된 피난 생활을 묘사했다(렘 43:7).

예루살렘은 이제 유령 도시가 되었다. 성벽은 무너졌고, 백성들은 끌려갔으며, 지도자들은 처형되었고, 남은 사람들은 도망을 쳤다. "본래는 거민이 많더니 이제는 어찌 그리 적막히 앉았는고… 유다는 환난과 많은 수고로 인하여 사로잡혀갔도다… 우리의 끝이 가깝고 우리의 날이 다하였고 우리의 마지막이 이르렀도다" (애 1:1, 3, 4:18).

## D. 약하게 가물거리는 희망의 빛(25:27-30)

| Supporting Idea | 유다의 죄에 대한 하나님의 심판으로 하나님이 약속하신 희망까지 사라진 것은 아니었다. |
|---|---|

**25:27-30.** 그러나 예루살렘의 몰락이 이야기의 끝은 아니었다. 갑자기 우리는 27년이라는 세월을 뛰어넘어 유다 왕 여호야긴이 사로잡혀간 지 삼십칠 년 되는 미래로 가게 된다. 여호야긴이 B.C. 597년에(24:15) 포로로 잡혀갔기 때문에 그때는 B.C. 561년이었다. 앞을 보지 못하게 된 시드기야가 포로로 끌려가게 되면서(25:7) 유다 왕들의 이야기가 비참하게 끝나게 되었다는 생각을 하게 될 즈음 오랫동안 잊혀졌던 여호야긴이 아직 살아 있다는 사실이 밝혀지게 된다. 그는 살아 있었다. 그리고 그뿐이 아니었다. 바벨론 왕 에윌므로닥의 즉위한 원년 십이 월 이십칠 일에 유다 왕 여호야긴을 옥에서 내어놓아 그 머리를 들게 하였다. 새로운 통치자가 즉위하게 되면 정치 포로들을 사면해주는 것이 관례로 되어 있었다. 그래서 느부갓네살의 아들이 왕위에 오르게 되었을 때 여호야긴은 석방될 수 있었다. 그는 그를 포로로 잡아갔던 사람보다 더 오래 살았던 것이다! 그는 또 석방되었을 뿐 아니라 존경을 받으며 포로가 되었던 다른 왕들보다 높은 지위에서 왕실 연금을 받게 되었다.

여호야긴은 백성이나 국토가 없는 명목상의 왕이었다. 영광을 누리던 솔로몬 시대는 먼 과거의 일이 되었다. 그러나 더 나은 미래에 대한 소망이 남아 있었다. 하나님이 살아 계셨고, 족장들과 맺으신 언약이 그대로 유지되고 있었으며, 다윗 언약을 이어갈 고리가 여전히 남아 있었다. 그러나 그 이후 다윗 왕조의 왕들은 예루살렘에서 다시 통치할 수 없게 되었다. 위대한 다윗의 자손이 그 도시에서 그의 백성들을 위해 목숨을 바치셨다. 그리고 어느 날 영광과 능력으로 다시 돌아오실 것이다. 그런 다음 다윗 왕조의 왕이 솔로몬이 누렸던 영광을 능가하게 될 영광으로 그 이름을 다시 걸게 될 성에서 영원한 보좌에 앉으시게 될 것이다. "솔로몬보다 더 큰 이가 여기 있느니라" (마 12:42).

| Main Idea 복습 | 하나님은 무시당하지 않으실 것이다. 고집스럽게 하나님의 언약을 어긴다면 결국 하나님의 심판을 받게 될 것이다. |
|---|---|

# 결론

## 결국 은혜로

이야기의 끝이 되었다. 민수기는 "너희가 만일 그같이 아니하면 여호와께 범죄함이니 너희 죄가 정녕 너희를 찾아낼 줄 알라" (민 32:23)고 경고하고 있다. 이스라엘과 유다의 죄는 결국 드러났다. 청산의 날은 심판이라는 형태로 찾아왔다. 두 나라의 멸망은 하나님과 맺은 언약을 어겼기 때문이다. 특히 하나님만을 섬기라고 하신 십계명의 첫 번째 계명과 우상을 섬기지 말라고 하신 두 번째 계명을 어겼기 때문이다. 역사서를 기록한 중요한 이유 가운데 하나는 포로로 잡혀가 있는 사람들에게 그들이 왜 포로로 잡혀가게 되었는지를 설명해주기 위한 것이었다. 이 사실을 깨닫고 그들은 그들과 언약을 맺으신 하나님의 계명에 순종하기로 재헌신하는 것이 필요했다.

거듭해서 범한 백성들의 죄 때문에 한때 영광을 떨치던 도시가 연기 나는 잿더미로 변하긴 했지만 하나님의 은혜는 여전했다. 하나님은 자신의 영광과 다윗과 맺으신 언약을 지키기 위해 역사를 통해 친히 일해오셨다. 소망은 여호야긴이라는 사람에게 있는 것이 아니라 그가 다윗 언약과 다윗 왕조를 대표하는 왕이라는 사실에 있었다. 열왕기하의 끝에 이르게 된 우리는 '다윗의 등불' 이 가물거리는 희미한 불꽃으로 작아진 것을 보게 된다. 그러나 하나님은 그 불꽃을 타오르게 하실 것이다. 포로 생활과 귀환 생활 속에서 메시아에 대한 소망의 불꽃이 점점 더 밝게 타오르게 되었다. 그 불꽃은 '때가 차' (갈 4:4) 주 예수님이 오실 때까지 계속 타올랐다. 그분은 다윗의 자손이었으며 만유의 주님이 되시기에 충분히 합당한 분이셨다. 우리는 '유대 지파의 사자 다윗의 뿌리' (계 5:5)이신 주님이 영광 가운데 '만왕의 왕이요 만주의 주' (계 19:16)로 오시기를 간절히 기다리고 있다.

▣ 진리 알기

- 영적 각성을 경험했음에도 불구하고 다시 죄를 짓는다면 빠른 속도로 타락하게 될 것이다.
- 죄는 무거운 대가를 치르게 될 것이다. 왜냐하면 하나님은 무시당하실 분이 아니시기 때문이다.
- 죄에 빠져 무력해진 지도자들은 위기에 처한 백성들을 이끌 수 있는 지혜도 품성도 지닐 수 없게 될 것이다.
- 하나님의 백성들의 소망은 하나님의 참으시는 자비와 약속을 지키시는 신실하심에 있다.

▣ 적용하기

- 타락한 우리에게는 다시 죄를 지을 수 있는 위험이 언제나 따라다닌다. 그러므로 타협의 여지를 남겨놓아서는 안 된다.
- 하나님의 자비와 사랑을 진지하게 받아들이듯이 심판에 대한 하나님의 경고와 징계도 심각하게 받아들이라.
- 하나님께 대한 충성과 성숙하고 경건한 성품을 지도자들의 중요한 자질로 여기고 끊임없이 요구해야 한다.
- 하나님이 어떻게 약속을 지키실 것인지 볼 수 없을 때에도 하나님의 신실하심을 신뢰하라.

## 삶의 적용

### 지름길은 없다

이스라엘과 유다의 왕들에 대한 역사 공부를 마치면서 우리는 그 역사를 통해 무엇을 배울 수 있었는지 자문해볼 필요가 있다. 열왕기상하 기자는 우리를 염두에 두고 글을 쓴 것이 아니다. 이 책의 독자들은 바벨론에 포로로 끌려가 생활하면서 무너져내린 고국과 고국에서의 생활을 그리워하는 사람들이었다. 그들은 앞으로 어떤 일이 벌어지게 될 것인지를 염려하면서 왜 그들이 그런 상황에 처하게 된 것인지 알고 싶어 했다. 게다가 그들은 바벨론의 생활 방식과 종교 제도를 받아들이라는 유혹을 받고 있었다. 그들은 그들의 현 상태를 타개할 수 있는 여러 가지 방법들에 귀를 기울였을 것이다. 열왕기하는 그들이 포로 생활을 하게 된 이유들을 설명하기 위해 기록되었다. 그러나 그보다 중요한 것은 깊은 영적 문제들을 해결하기 위해 피상적이고 표면적인 해결 방법들을 찾지 않도록 도와주기 위한 것이었다. 다양한 제안을 하는 수많은 목소리들이 있을 때 어디에서 진리를 찾을 수 있을 것인가?

그들의 과거를 하나님이 주신 통찰력에 비추어볼 때만 미래를 위한 지혜로운 선택을 할 수 있었다. 하나님께 대한 절대적이고, 철저하며, 타협하지 않고 순종하는 충성이 요구된다고 주장하지 않는 모든 대답은 멸망이나 죽음을 불러오는 초대장과 같은 것이다. 다원주의나 혼합주의나 율법주의나 의식주의나 국수주의나 다른 수많은 가능성들 속에서는 답이 없다. 회개와 믿음과 순종 속에서만 해답을 찾을 수 있다.

오늘날 하나님의 백성들이 어떻게 살아야 하는지를 제안하는 수많은 목소리들이 대안과 지름길과 타협을 제시하고 있다. 최신 유행에 솔깃해지고, 최근에 개발된 프로그램과 가장 설득력 있는 강사의 말을 따르게 되기가 쉽다. 그러나 이스라엘의 역사는 우리에게 하나님의 계명을 떠나는 것은 멸망을 초래하는 길이라는 사실을 말해주고 있다. 지혜롭게 과거를 살펴본다면 우리는 모든 계명 가운데 가장 기본이 되는 계명을 잊지 않고 확신을 가지고 앞으로 나아갈 수 있다. “너는 나 외에는 다른 신들을 네게 있게 말지니라”(출 20:3). “하나님은 한 분이시요 또 하나님과 사람 사이에 중보도 한 분이시니 곧 사람이신 그리스도 예수라" (딤전 2:5).

## 기도

하나님 아버지, 하나님이 죄를 보시듯이 우리도 그렇게 볼 수 있기 원합니다. 죄를 매력적이고 바랄 만한 것이 아니라 불쾌하고 혐오스러운 것으로 보고 멀리하며 거부할 수 있기 원합니다. 죄가 약속하는 것들은 거짓이며 죄의 삯은 사망이라는 사실을 볼 수 있게 도와주옵소서. 하나님을 기쁘시게 하려는 더 큰 열정을 갖게 하옵소서. 주 예수님 안에서 하나님의 약속의 등불을 언제나 밝혀주심을 감사드립니다. 아멘.

## 심층 연구

### A. 여호야김과 여호야긴(23:37)

예레미야 선지자는 여호야김이 "여호와 보시기에 악을 행하였더라"(23:37)고 한 열왕기하의 평가에 동의했다. 그는 여호야김을 악을 조장하고 의로운 사람들을 핍박한 왕으로 경멸했다. 예레미야는 여호야김이 정직하지 못하고, 자신의 권력을 확대하며, 폭력을 사용하고, 가난한 사람들을 착취한 것을 비난하고 책망했다(렘 22:13-23). 여호야김은 우리야 선지자를 죽였고(렘 26:10-23), 예레미야를 옥에 가두려 했으며(렘 36:19, 26), 하나님의 말씀이 기록된 선지서들을 불태웠다(렘 26:20-26).

### B. 시드기야와 예레미야(25:19)

예레미야서는 시드기야를 좀 더 잘 이해하는 데 도움이 된다. 그는 바벨론에게 저항하고 싶어 하는 '강경론자들'과 예레미야 사이에서 갈팡질팡하는 나약하고 우유부단한 사람이었다. 예레미야는 바벨론과 아무 관계도 없었다. 그러나 하나님은 바벨론을 심판의 도구로 사용하실 것이라는 사실을 분명히 보여주셨고, 바벨론에게 저항하지 말고 복종할 것을 명하셨다(렘 29장, 34:1-22, 38:19-26). 거짓 선지자들은 유배 생활이 2년 내에 끝날 것이라고 주장했다(렘 28:1-4). 시드기야는 때때로 예레미야의 말을 믿으려 하지 않았다(렘 37:1-2). 그리고 예레미야가 투옥되는 것을 허용했다(렘 37:11-16, 38:4-6). 또 때로는 예레미야를 은밀하게 만나기도 했다(렘 37:17, 38:14-16). 결국 시드기야는 강경론자들의 말을 듣고 하나님을 거역함으로 예레미야가 경고했던 재앙을 거두게 되었다.

### C. 바벨론에서 풀려난 여호야긴(25:27-30)

바벨론에서 여호야긴이 풀려나게 된 사실을 묘사하고 있는 마지막 그림은 매우 다른 방식으로 이해되어왔다. 어떤 사람들은 이스라엘의 비극을 보여주는 마지막 그림으로 보았다. 이스라엘의 유일한 왕이 고국으로 돌아갈 기회를 얻지 못한 채 외국 땅에 포로로 잡혀 살고 있었다. 그러나 그것이 여호야긴을 이야기에 다시 등장시킨 이유로 보이지는 않는다. 죽은 것으로 알고 있었던 그가 갑자기 다시 나타났다. 그는 그의 강력한 정복자 느부갓네살보다 더 오래 생존해 있었다. 따라서 그것은 소망을 보여주는 그림으로 보지 않을 수 없다. 다윗 언약이 사라지거나 없어진 것이 아니었다. 다윗 왕조가 살아남아 있었다.

예레미야서에서도 이 소망이 강하게 나타나는 것을 볼 수 있다. 바벨론 침공은 심판하시는 하나님의 뜻이었고, 유다는 바벨론에 복종해야 한다는 주장을 예레미야보다 더 강력하게 주장했던 사람은 아무도 없었다. 그러나 그는 또 70년이 차면 하나님이 하나님의 백성들의 '장래에 소망을' 주고자 하시는 것이 그분의 뜻이라고 주장했다(렘 29:10-14). 다윗 언약에 대한 소망은 끝나지 않았다. 심판 뒤에 은혜가 따라올 것이다. "너희는 너희 하나님 나 여호와를 섬기며 내가 너희를 위하여 일으킬 너희 왕 다윗을 섬기리라"(렘 30:9). 미래에 대한 유다의 소망은 유다 왕들의 경건함이나 유다 백성들의 순종이 아니라, 그들과 언약을 맺으신 하나님의 약속과 하나님의 성품에 달려 있었다.

## 고안

### A. 들어가는 글

1. '갑자기 신속하게 이루어진 결말'의 이야기로 시작하라.
2. 배경 설명: 우리는 다윗 왕조의 왕위에 오른 마지막 네 왕을 만나게 된다. 여러 가지 면에서 그들은 유다가 죄악에 대한 청산의 날을 맞이하게 된 이유를 대표적으로 보여주고 있다. 그들 모두 악을 향해 나아갔고, 하나님을 신뢰한 사람은 아무도

없었다. 그 결과 그들은 바벨론에 저항했다. 그러나 그 저항은 어리석고 무익한 것이었다. 하나님의 심판이 고집스러운 하나님의 백성들에게 임했다. 그러나 그 심판 속에서도 소망의 등불은 빛나고 있었다.

3. 적용: 유다의 멸망은 나약하고 어리석은 지도자들과 강하고 단호한 적이라는 치명적인 형태로 찾아왔다. 요시야의 아들들이 그들이 의지하고 있던 모든 것을 다 포기하는 데는 그리 오랜 세월이 걸리지 않았다.

**B. 본문 이해**

1. 점령된 예루살렘(23:31-24:17)
2. 예루살렘의 멸망(24:18-25:21)
3. 애굽으로 피한 사람들(25:22-26)
4. 약하게 가물거리는 희망의 빛(25:27-30)

**C. 결론**: '결국 은혜로' 를 읽어주라.

## 토의 질문

1. 이스라엘 백성들의 죄와 적국의 공격에도 불구하고 이스라엘 백성들이 계속 살아남게 된 것은 기적과도 같은 일이었다. 그러나 현재의 이스라엘은 삼위일체 하나님을 믿는 나라는 아니다. 이스라엘과 맺으신 언약에 대한 - 현재의 이스라엘이 아니라 - 하나님의 무조건적인 헌신에 비추어볼 때 중동 지역에서 일어나는 사건들을 우리는 어떻게 평가해야 하는가? 현재의 이스라엘이 무슨 일을 하건 그리스도인들은 그들을 지지해야 하는 것인가?

2. 바벨론에 포로로 잡혀간 유대인이 되었다고 생각해보라. 그리고 처음으로 열왕기하를 듣게 되었다고 생각해보라. 그런 당신에게 열왕기하가 전해주는 가장 중요한 메시지는 무엇이었겠는가? 그리스도인으로서 열왕기하를 묵상하면서 배울 수 있는 중요한 교훈은 어떤 것들인가?

## ■ 용어 해설

1. **천사**(angel) - 하나님의 지시나 경고나 소망의 메시지를 전하도록 하나님이 보내시는 사자로 천상의 존재일 수도 있고 사람일 수도 있음.
2. **고백**(confession) - 죄를 자인하고 다른 사람들에게 용서를 구하는 일.
3. **봉헌**(consecration) - 하나님을 위해 따로 구분해 드리는 일.
4. **언약**(covenant) - 하나님이 하나님의 백성들에게 주시는 자비로운 약속과 그 결과 생기는 그들과 하나님과의 관계를 표현하는 계약 또는 협약.
5. **징계**(discipline) - 하나님의 자녀들에게 의로운 삶을 살아가도록 훈련시키기 위해 하나님이 사용하시는 훈계 또는 교육.
6. **악**(evil) - 하나님의 계획에 대항하는 모든 사람 또는 모든 것.
7. **유배 생활**(exile) - B.C. 722년 이후 앗수르로 끌려간 이스라엘 백성들의 생활과 B.C. 587년 이후 바벨론으로 끌려간 유다 백성들의 생활.
8. **출애굽**(exodus, the) - 애굽에서 노예로 살던 이스라엘 백성들을 하나님이 구출하신 사건으로 구약 성경 중에서 가장 중요한 국가적 차원의 구원 행위.
9. **이방인**(Gentiles) - 혈통적으로 하나님이 선택하신 백성이 아닌 사람들. 따라서 '이교도'로 여겨질 수 있다.
10. **은혜**(grace) - 다른 사람들로부터 받는 분에 넘치는 사랑과 인정, 특히 죄인들에게 구원을 베푸신 하나님의 특징적인 성품을 보여주는 태도.
11. **대제사장**(high priest) - 이스라엘의 최고위 종교 관리였으며, 유대교에서는 속죄일에 지성소에 들어가서 제사를 드릴 수 있는 유일한 사람으로 대제사장을 임명했다.
12. **거룩**(holy) - 하나님을 모든 피조물과 구별해주는 하나님의 특징적인 성품. 그리스도인들이 예수 그리스도 안에 계시된 하나님의 성품을 반영하기 위해 노력하고 추구해야 할 도덕적 목표.
13. **지성소**(holy of holies)- 성막과 성전의 가장 깊고 가장 신성한 곳으로 하나님이 임재하시는 곳이며, 속죄일에 대제사장이 들어가 제사를 드리는 곳.
14. **우상숭배**(idolatry) - 하나님이 아닌 다른 것을 숭배하는 행위.
15. **예루살렘**(Jerusalem) - 구약 당시 이스라엘 백성들의 수도.

16. **율법**(law) - 하나님과 다른 사람들을 어떻게 사랑해야 하는지를 하나님의 백성들에게 알려주시기 위해 하나님이 명하신 규정들. 구약 성경 전체를 뜻할 경우도 있지만 일반적으로는 모세오경(창세기에서 신명기까지)을 뜻함.
17. **메시아**(Messiah) - 선지자들을 통해 약속된 오실 왕. 하나님이 선지자들을 통해 말씀하신 약속을 성취하신 예수 그리스도.
18. **기적**(miracle) - 하나님이 행하시는 것으로 인간의 이해를 초월하기 때문에 놀라움을 일으키고, 하나님의 위대하심을 드러내며, 사람들에게 이 세상에서 일하시는 하나님을 인식하게 해주는 것.
19. **일신교**(monotheism) - 유일하신 하나님을 믿는 신앙.
20. **이교도**(pagans) - 성경이 증거하는 살아 계신 하나님이 아닌 다른 신이나 신들을 숭배하는 사람들.
21. **유월절**(Passover) - 출애굽을 기념하는 유대인들의 절기(출 12장). 예수님과 제자들도 최후의 만찬에서 유월절을 기념했다.
22. **모세오경**(Pentateuch) - 히브리 성경 맨 앞에 있는 다섯 권의 책. 창세기, 출애굽기, 레위기, 민수기, 신명기.
23. **다신교**(polytheism) - 하나의 신 이상을 믿는 종교. 성경이 기록된 당시에 널리 퍼져 있던 이방 종교.
24. **선지자**(prophet) - 하나님을 대신해 말하는 사람.
25. **회개**(repentance) - 죄를 뒤로하고 하나님께 돌아선 결과 나타나는 마음과 생각의 변화를 뜻하는 것으로, 회심을 불러오고 믿음을 통해 표현된다.
26. **의**(righteousness) - 하나님과 올바른 관계를 맺고 있는 상태 또는 그 자질. 다른 사람들과의 바른 관계를 통해 하나님과의 바른 관계를 구체적으로 실천하게 됨.
27. **안식일**(Sabbath) - 구약에서 일을 중단하고 하나님을 묵상할 것이 요구되었던 창조의 일곱 번째 날에 해당하는 날로 일주일의 일곱 번째 날.
28. **제사**(sacrifice) - 모세 율법에 따라 죄를 속죄하기 위해 또는 감사를 표현하기 위해 하나님께 제물을 드렸던 의식.
29. **70인역**(Septuagint) - B.C. 3세기 헬라어로 번역된 히브리 구약 성경.
30. **샬롬**(shalom) - 하나님과 세상과 다른 사람들과 자기 자신과 화목하게 된 풍성한 삶을

뜻하는 온전함과 평화로움을 뜻하는 히브리 단어.

31. **죄**(sin) - 하나님을 거역하고 삶의 목적을 잃은 채 하나님 대신 악에게 복종하는 인간의 행동.

32. **주권**(sovereignty) - 아무 제약도 받지 않는 하나님의 자유. 제한받지 않고 창조 세계를 지배 또는 통제하시는 하나님의 통치.

33. **야훼**(Yahweh) - 모세에게 계시해주신 하나님의 히브리 이름. 유대인들에게는 너무 거룩해서 입에 담을 수 없는 이름으로 여겨졌다. 종종 '주' 또는 '여호와' 라는 말로 번역된다.

## ■ 참고 도서


Auld, A. Graeme. *I & II Kings*. The Daily Study Bible. Philadelphia: Westminster, 1986.

Bright, John. *A History of Israel*. 3rd edition. Philadephia: Westminster, 1981.

Bronner, Leah. *The Stories of Elijah and Elisha as Polemics against Baal Worship*. Leiden: Brill, 1968.

Brueggemann, Walter. *1 Kings*. Knox Preaching Guides. Atlanta: John Knox, 1982.

_______. *2 Kings*. Knox Preaching Guides. Atlanta: John Knox, 1982.

_______. *1 and 2 Kings*. Smith and Helwys Bible Commentary. Macon, Ga.: Smith and Helwys, 2000.

Cogan, Mordechai. *I Kings*. Anchor Bible. Garden City: Doubleday, 2000.

Cogan, Mordechai, and Hayim Tadmor. *II Kings*. Anchor Bible. Garden City: Doubleday, 1988.

Cohn, Robert. *2 Kings*. Collegeville, Minn: Liturgical Press, 2000.

Crockett, William Day. *A Harmony of the Books of Samuel, Kings and Chronicles*. Grand Rapids: Baker, 1951.

Davis, Dale Ralph. *The Wisdom and the Folly: An Exposition of the Book of First Kings*. Fearn, Ross-Shire: Christian Focus, 2002.

De Vries, Simon. *1 Kings*. Word Biblical Commentary. Waco: Word, 1985.

Dillard, Raymond. *Faith in a Time of Apostasy: The Gospel According to Elijah and Elisha*. Phillipsburg, N.J.: Reformed and Presbyterian, 1999.

Ellul, Jacques. *The Politics of Man and the Politics of God.* Grand Rapids: Eerdmans, 1972.

Gray, John. *I and II Kings: A Commentary*. Old Testament Library. Philadelphia: Westminster, 1963.

Hamilton, Victor. *Handbook on the Historical Books*. Grand Rapids: Baker, 2001.

Handy, Lowell K. (ed.) *The Age of Solomon: Scholarship at the Turn of the Millennium*. Leiden: Brill, 1997.

Harrison, R. K. *Old Testament Times*. Grand Rapids: Eerdmans, 1970.

Hauser, Alan J., and Russel Gregory. "From Carmel to Horeb: Elijah in Crisis." *Journal for the Study of the Old Testament Supplement Series 85*. Sheffield, England: Almond Press, 1990.

Hendricks, Howard. *Standing Together*. Gresham, Oreg.: Vision House, 1995.

Hobbs, T. R. *2 Kings*. Word Bible Commentary. Waco: Word, 1985.

Honor, Leo L. *Book of Kings 1*. The Jewish Commentary for Bible Readers. New York: Union of American Hebrew Congregations, 1955.

House, Paul. *1, 2 Kings*. The New American Commentary. Nashville: Broadman & Holman, 1995.

______. *Old Testament Theology*. Downers Grove: InterVarsity Press, 1998.

Howard, David. *An Introduction to the Old Testament Historical Books*. Chicago: Moody Press, 1993.

Hubbard, Robert L., Jr. *First and Second Kings*. Everyman's Bible Commentary. Chicago: Moody Press, 1991.

Jones, Gwilym H. *1 and 2 Kings, Volume I and II*. The New Century Bible Commentary. Grand Rapids: Eerdmans, 1984.

______. "The Nathan Narratives." *Journal for the Study of the Old Testament Supplement Series 80*. Sheffield, England: JSOT Press, 1990.

Kaiser, Walter C. *A History of Israel*. Nashville: Broadman & Holman, 1998.

______. *Revive Us Again*. Scotland: Christian Focus, 2001.

Keil, C. F. *The Books of Kings*. Biblical Commentary on the Old Testament. Grand Rapids: Eerdmans, 1954.

LaSor, William. *Great Personalities of the Old Testament: Their Lives and Times*. Westwood, N.J.: Fleming H. Revell, 1959.

Long, Burke O. *1 Kings: With an Introduction to Historical Literature*. Forms of Old Testament Literature. Grand Rapids: Eerdmans, 1984.

______. *2 Kings: With an Introduction to Historical Literature*. Forms of Old Testament Literature. Grand Rapids: Eerdmans, 1991.

Merrill, Eugene. *Kingdom of Priests: A History of Old Testament Israel*. Grand Rapids: Baker, 1987.

Montgomery, James A., and Henry Snyder Gehman. *A Critical and Exegetical Commentary on the Books of Kings*. The International Critical Commentary. Edinburgh: T & T Clark, 1951.

Moore, Rick Dale. *God Saves: Lessons from the Elisha Stories*. Sheffield: Sheffield Academic Press, 1990.

Nelson, Richard. *First and Second Kings*. Interpretation. Louisville: John Knox, 1987.

Patterson, R. D., and Hermann Austell. *First and Second Kings*. Expositor's Bible Commentary. Volume 4. Grand Rapids: Zondervan, 1988.

Payne, David F. *Kingdoms of the Lord*. Grand Rapids: Eerdmans, 1981.

Phillips, Richard D. *Turning Back the Darkness*. Wheaton: Crossway, 2002.

Provan, Iain. *1 and 2 Kings*. New International Biblical Commentary. Peabody, Mass.: Hendrickson, 1995.

______. *1 & 2 Kings*. Old Testament Guides. Sheffield: Sheffield Academic Press, 2001.

Rice, G. *Nations under God: A Commentary on the Book of 1 Kings*. International Theological Commentary. Grand Rapids: Eerdmans, 1991.

Roper, David. *Seeing Through*. Sisters, Oreg.: Multnomah, 1995.

Swindoll, Charles. *Elijah*. Nashville: Word, 2000.

Thiele, Edwin R. *The Mysterious Numbers of the Hebrew Kings*. 3rd edition. Grand Rapids: Eerdmans, 1983.

Wallace, Ronald S. *Elijah and Elisha*. Grand Rapids: Eerdmans, 1957.

______. *Reading in 2 Kings*. Eugene: Wipf and Stock, 1997.

Walsh, Jerome T. *1 Kings*. Collegeville, Minn.: Liturgical Press, 1996.

Whitcomb, John. *Solomon to the Exile*. Grand Rapids: Baker, 1971.

Wiersbe, Warren W. *Be Distinct*. Colorado Springs: Cook, 2002.

______. *Be Responsible*. Colorado Springs: Cook, 2002.

Wiseman, Donald J. *1 and 2 Kings*. Tyndale Old Testament Commentaries. Downers Grove: InterVarsity, 1993.

Wood, Leon. *A Survey of Israel's History*. Grand Rapids: Zondervan, 1970.

______. *Israel's United Monarchy*. Grand Rapids: Baker, 1979.

Zuck, Roy B. (ed.). *A Biblical Theology of the Old Testament*. Chicago: Moody Press, 1991.

Main Idea로 푸는

# 열왕기상·하

1쇄 인쇄 | 2009년 5월 26일

2쇄 발행 | 2016년 4월 17일

책임 편집 | 맥스 앤더스(Max Anders)

지은이 | 게리 인리그(Gary Inrig)

옮긴이 | 마영례

펴낸이 | 고종율

펴낸곳 | 주)도서출판 디모데 <파이디온선교회 출판 사역 기관>

등록 | 2005년 6월 16일 제 319-2005-24호

주소 | 서울특별시 서초구 서초대로 141-25(방배동, 세일빌딩)

전화 | 마케팅실 070) 4018-4141

팩스 | 마케팅실 031) 902-7795

홈페이지 | www.timothybook.com

값 25,000원

ISBN 978-89-388-1414-2 03230